중국이 말하지 않는 중국

중국이 말하지 않는 중국

현대 중국 탄생에 숨겨진 빛과 그림자

빌 헤이턴 지음 | 조율리 옮김

디싄
초딩

사랑을 베풀어 주시고 행동으로 보여 주신

부모님께 이 책을 바칩니다.

애써 주심에 감사합니다.

감사의 말

이 책은 이스턴 코네티컷 주립 대학교의 브래들리 캠프 데이비스Bradley Camp Davis 교수와 옴니 뉴 헤이븐 호텔 바에서 나눈 대화에서 시작되었다. 우리는 뉴캐슬 브라운 에일 맥주 두어 병을 마시면서 베트남 국경 지방에 얽힌 골치 아픈 역사에 관해 이야기를 나누었다. 어느 순간, 브래들리 교수는 내가 19세기 국경에 관해 별생각 없이 던진 질문에 "중국이 무엇을 의미하느냐에 따라 달라지죠"라는 답변을 내놓았다. 머리를 한 대 얻어맞은 것만 같은 순간이었다. 그 후 몇 년 동안 나는 중국이 무엇을 의미하는지 생각하고 망설이며 연구하고 글을 썼다. 이 책은 그와 나눈 대화의 결과물이다. 독자들이 '중국이 무엇을 의미하는지' 이해하려는 시도가 나만큼 독자에게도 흥미로웠으면 하는 바람이다.

의식의 새로운 차원으로 들어가는 입구가 되어 준 런던 동양 아프리카 연구 학원 도서관이 없었다면 그 무엇도 불가능했을 것이다. 동양 아프리카 연구 학원에서 일하는 모든 분께 감사의 말씀을 드린다. 학문의 세계로 떨리는 첫 발걸음을 내디뎠을 때, 크레다(Kreddha, 국경 분쟁 해결을 위한 비영리 단체-옮긴이)가 2016년 9월 캘리포니아 데이비스 대학교에서 개최한 콘퍼런스에 참석한 적이 있다. 콘퍼런스에서 다른 참가자들과 토론을 하면서 나는 크게 고무되었다. 거기서 마이클 반 월트 반 프라그Michael van Walt van Praag, 미크 볼트제스Miek Boltjes, 오리건 대학교의 고故 아리프 디를릭 교수님, 브리티스 컬럼비아 대학교의 티모시 브룩Timothy Brook 교수님과 인연을 맺게 되었고, 모두 내 꿈을 아낌없이 지지해 주셨다.

앞서 언급한 교수님들은 그중 몇 명일 뿐. 계속되는 어수룩한 질문에 답해 주신 학자들은 수도 없이 많다. 특히 다음 분들께 감사의 말씀을 드리고 싶다. 동양 아프리카 연구 학원의 팀 배럿Tim Barrett, 앨라배마 대학교의 채드 베리Chad Berry, 홍콩 성시 대학교의 메이 보 칭, 토론토 대학교의 크리스 청Chris Chung, 다트머스 칼리지의 파멜라 카일 크로슬리Pamela Kyle Crossley, 홍콩 대학교의 스티븐 데이비스Stephen Davies, 홍콩 대학교의 프랑크 디쾨터Frank Dikötter, 요크 대학교의 조시 포겔Josh Fogel, 복단 대학교의 지 자오광, 윌리엄 & 메리 칼리지의 마이클 깁스 힐Michael Gibbs Hill, 홍콩 성시 대학교의 혼쯔기, 런던 정치 경제 대학교의 크리스 휴즈Chris Hughes, 웨일스 트리니티 세인트 데이비드 대학의 토마스 얀센Thomas Jansen, 라이프치히 대학교의 엘리사베스 카스케Elisabeth Kaske, 말레이시아 국립 대학교의 청 추위 쿠익, 바오황희 장학 포럼의 제인 룽 라슨Jane Leung Larson, 라 트로브 대학교의 제임스 레이볼드James Leibold, 펜실베이니아 대학교의 빅터 마이어Victor Mair, 케임브리지 대학교의 멜리사 마우트Melissa Mouat, 예일 대학교의 피터 퍼듀Peter Perdue, 텍사스 대학교 오스틴 캠퍼스의 에드워드 로즈Edward Rhoads, 코크 유니버시티 칼리지의 율리아 슈나이더Julia Schneider, 라이스 대학교의 리치 스미스Rich Smith, 노스웨스턴 대학교의 레이첼 월너Rachel Wallner, 캘리포니아 대학교 어바인 캠퍼스의 제프 와서스트롬Jeff Wasserstrom, 코네티컷 대학교의 피터 자로우Peter Zarrow. 모두 감사드린다.

스와드모어 대학교의 조지 인George Yin 교수님은 번역과 어원에 관한 질문에 조언을 아끼지 않으셨다. 제프 웨이드Geoff Wade는 명나라에 관한 부분을 바로잡아 주었다. 에반 파울러Evan Fowler와 트레이 메네피Trey Menefee는 홍콩 부분에 조언해 주었다. 에릭 슬라빈Erik Slavin은 요코하마에서 동행해 주었고 제레미아 제네Jeremiah Jenne는 베이징에서 큰 도움이 되었다. 또 브리티시컬럼비아 대학교의 폴 에반스Paul Evans, 브라이언 욥Brian Job, 이브 티버기안Yves Tiberghien은 밴쿠버에 방문했을 때 나를 맞아 주고 도와줬다. 티모시 리처드Timothy Richard의 증손녀 제니퍼 펠레스Jennifer Peles와 그의 전기 작가 고故 유니스 존슨Eunice Johnson도 선교사이자 교육자였던 티모시 리처드의 생애와 업적을 연구하는 데 도움을 주었다.

예일 대학교 출판부에 계신 모든 분께 감사드린다. 특히 이 책을 출판하는 위험을 감수해 준 헤더 맥칼럼Heather McCallum, 글쓰기를 살펴봐

준 마리카 리샌드루Marika Lysandrou, 제작 과정을 책임진 클라리사 서덜 랜드Clarissa Sutherland와 퍼시 에드겔러Percie Edgeler, 그리고 꼼꼼하게 교열을 봐 준 샬럿 채프먼Charlotte Chapman에게 고맙다. 원고를 심사한 익명의 심사위원 세 분도 굉장히 유용한 의견을 주셨다. 이에 감사드린다.

밤늦은 연구를 견뎌 준 BBC 동료들과 출장을 허락한 가족에게 정말 고맙다. 아내 파멜라 콕스Pamela Cox는 진정한 역사가로, 어떻게 하면 참된 역사가가 될 수 있는지를 직접 보여 주었다. 아내에게 사랑하는 마음을 전한다. 우리 아들딸, 테스Tess와 패트릭Patrick도 아낌없는 격려와 행복을 선사해 주었다. 고맙다. 이제 같이 저녁밥을 먹을 수 있겠구나.

2020년 3월, 영국 콜체스터에서

서문

중국은 미래에 어떤 나라가 될까? 우리는 중국의 인구수가 엄청날 거란 건 알고 있다. 그리고 현 추세가 유지된다면, 경제적으로, 또 군사적으로 부강해질 것이다. 하지만 이 초강대국은 어떤 행보를 보일까? 자국민과 이웃 국가, 그리고 다른 국가를 어떻게 대할까? 10억 명 이상의 인구와 대규모 군대, 핵무기를 갖추고 국경 분쟁이 끊이지 않는 국가는 전 세계에 두 국가밖에 없는데, 중국이 그중 하나이다. 인도가 국제적 안정을 위협한다고 보는 사람은 거의 없는 한편, 중국을 그러한 존재라고 보는 견해는 정책 입안자들과 분석가들, 평론가들을 지배한다. 중국은 좀 다르다. 중국의 부상을 하나의 기회—무역, 투자, 이익, 발전의 기회—로 여기는 사람은 숱하게 많지만, 한번쯤 의구심을 품어 보지 않은 사람은 거의 없을 것이다. 중국은 어떤 나라인가? 그리고 중국은 어떤 세상을 만들어 나갈 것인가?

이 질문에는 손쉬운 답변이 하나 존재하는데, 이는 중국 공산당과 여러 논평가에게 정석이 되었다. '백년국치(百年國恥, 제1차 아편전쟁 (1840~1842년) 이후 반식민지로 전락한 중국의 모든 인민이 1949년 중국 공산당에 해방되기 전까지 겪어야만 했던 수치스러운 100년간 굴욕의 역사를 의미한다. -옮긴이)'의 시대가 돌아왔다는 것이다. 2017년 10월 18일, 시진핑(習近平, 습근평) 주석은 제19차 중국공산당전국대표대회에서 공산당을 상징하는 기호, 낫과 망치 앞에 서서 정석적인 답변을 한 문단으로 요약했다. "5000년 이상의 역사를 가진 우리 민족은 눈부신 문명을 창조하고, 인류에 놀라운 공헌을 했으며, 세계에서 가장 위대한 국가로 거듭났습니다." 시진핑은 청중에게 말했다.

> 1840년 발생한 아편전쟁으로, 중국은 내부적으로는 혼란스러운 암흑기를 맞았고, 외세의 침략을 받았습니다. 전쟁으로 유린당한 인민은 고향이 갈기갈기 찢기는 걸 보며 가난과 절망 속에서 살았습니다. 하지만 수많은 헌신적인 애국자들은 끈기와 영웅 정신을 가지고 역경에 맞서 싸우고, 수단과 방법을 가리지 않고 구국을 도모하였습니다. 그러나 구습에 물들어 있는 사회의 본질과 중국 인민이 궁지에 처한 상황 앞에서 그 노력은 무용지물이었습니다.[1]

이는 과거를 바라보는 특이한 관점이다. 이 말은 1세기 동안 '중국 인민'은 외세의 침략을 받은 운 나쁜 피해자였고, 중국의 운명에는 별로 영향을 미치지 못했다는 사상을 바탕으로 한다. 권위주의적인 공산당이 왜 이 관점을 유용하다고 생각하는지 한눈에 알 수 있다. '중국 인민'이 행위의 주체가 되지 못하게 만들어, 중국이 왜 이렇게 변했느냐는 까다로운 질문과 답변을 피해 갈 수 있기 때문이다. 그 결과 중국 학교에서 가르치는 역사는 시진핑의 관점에서 바라본 역사가 되었고, 해외에서 거주하는 많은 사람 또한 그러한 역사를 받아들이게 되었다. 하지만 최근 연구 결과는 시진핑의 역사관의 면면에 도전장을 내민다. 안타깝게도 이 책과 연구에 드러난 견해는 중국에 대한 담화의 주류를 구성하지는 않는다. 도서관에 있는 책이나 전문 학술 세미나에서 조용하게 다뤄진다. 이 책에서 나는 이러한 관점을 바깥 세계로 내보내려고 한다. 시진핑의 역사관이 '고대'부터 내려오는 만고불변의 '중국다움'이 아닌 근대의 발명품이라는 것을 보여 주고자 한다. 근대 중국의 민족적 정체성과 국경, '민족국가(하나의 민족이 하나의 정부를 두는 나라 - 옮긴이)'의 개념 모두 19세기 후반과 20세기 초에 이루어진 모든 혁신으로부터 창조되었다.

나는 이 책에서 어떻게 중국이 자기 자신을 '중국'이라고 생각하게 되었는지를 보여 주려고 한다. 주권, 인종, 민족, 역사, 영토의 개념이 어떻게 중국의 집단주의적 사고의 일부가 되었는지를 들여다보기 전에 먼저 '중국'이라는 개념 자체에서부터 시작하여, 중국 엘리트들이 생소한 사상들을 어떻게 채택하게 되었는지 살펴볼 것이다. 중국 지식인들이 해외로부터 어떤 핵심 개념을 빌려, 5000년 역사를 자랑하는 하나의 국가이자 민족이라는 신화를 창조하기 위해 그 개념을 어떻게 각색했는지를 보여 줄 것이다. 이 책은 학술적인 작품만은 아니다. 중국 엘리트들이 어쩌다가 근대화 비전을 받아들였는지, 그 안에 어떤 미래의 문제들이 내재해 있는지 알지 못한다면, 남중국해, 대만, 티베트, 신장웨이우얼자치구, 홍콩에 얽힌 문제뿐만 아니라 궁극적으로 오늘날 중국 자체에서 일어나는 문제를 이해하지 못할 것이다. 오늘날 중국이 그렇게 행동하는 이유는 크게 봐서는 100년 전 지식인들과 운동가들이 내린 선택에 영향을 받았기 때문이다. 또한 그들이 채택하고 퍼뜨린 사상이 국가 전체를 바꿀 수 있을 만큼 족히 많은 사람에게 충분히 잘 받아들여졌기 때문이다. 서로 다른 정치적 이익을 추구하는 라이벌 간에 사상을 논의한 방법과 결정을 내린 방법은 오늘날까지도 여전히 이어지고 있다.

이러한 측면을 볼 때 중국은 여느 나라와 다르지 않다. 현대의 모든 '민족국가'—몇 개만 이야기하자면 독일, 터키, 이탈리아, 영국을 들 수 있다—도 같은 과정을 거쳤다. 터키 출신의 마르크스주의자이자 역사학자인 아리프 디를릭에게는 친근한 주제다. 구舊 청나라가 근대 중국으로 발전하는 과정은 불과 몇 년 후 오스만제국이 터키로 이행하는 과정과 궤를 같이하기 때문이다. 표면상으로는 단순한 과정—폭력적인 정권 교체—으로 보일지라도, 사실상 한 사회의 세계관과 통치자와 피통치자의 관계, 일어나는 일을 묘사하는 방식 등을 근본적으로 바꿔야 가능한 일이다. 이 주제에 관해 책을 쓰기 시작한 것도 디를릭의 '중국'이라는 제목의 소논문에 영감을 받아서다. 디를릭은 자신의 소논문에서 제국에서 근대 민족국가로의 변화는 사실 정반대의 방향으로 진행

됐다고 지적했다. 변화는 언어에서부터 시작했다. 지식인들은 급속한 근대화가 낳은 문제점들을 설명하고 해결하는 데 어려움이 있었다. 그래서 전례 없는 상황을 설명하기 위해 새로운 단어들―아니면 기존 단어의 의미를 수정했다―을 만들어 냈다. 새롭게 창조해 낸 단어는 사회를 바라보는 시각을 확고하게 하고, 통치자와 피통치자 간의 관계를 변화시켰다. 그 결과 정부가 무너졌다.

실제로 디를릭을 만난 건 단 한 번에 불과하다. 이 책을 쓰기 시작하자마자 세상을 떠났다. 그를 대하기가 어렵다는 사람도 있었지만, 나는 디를릭이 좋았고 디를릭을 통해 이 주제에 눈을 떴다. 디를릭은 근대 중국의 근거가 되는 사상의 출현이 항간에 잘 알려지지 않았던 이야기가 아니라, 오늘날 신흥 초강대국의 행동을 계속해서 움직이게 하는 살아 있는 이슈라고 믿었다. 사실 오늘날 중국을 들여다보면 100년 전 사회와 정치의 본질에 관해 새로운 사상을 창조하고, 이 사상을 믿으라고 국가―그리고 더 넓은 세계―의 나머지를 설득한 소수가 승리했다는 걸 알 수 있다. 그들의 사상은 국가, 국민, 영토, 국경에 관한 서구의 근대적인 사상과 역사, 지리, 사회 적법 질서에 관한 전통적인 관념을 무질서하게 융합해 놓은 것이다.

이 책은 '중국의 발명'을 다루긴 하지만, 중국을 저격하여 특별히 비판하려는 건 아니다. 모든 근대 국가는 표면상으로 일관성 있고 통일된 미래 비전을 제시하기 위해, 과거의 면모를 선별하여 기억하고 잊는 '발명'의 과정을 거쳤다. 나는 지금 브렉시트 문제가 들끓고 있는 영국에서 이 글을 쓰고 있다. 정치체제의 '정통성 있는' 기반을 마련하기 위해 영국과 유럽 대륙 또는 아일랜드섬과의 관계, 또는 영국과 스코틀랜드의 연합의 측면들을 선별적으로 기억하거나 잊으려는 정치인들과 논평가들을 매일 본다. 주권과 정체성, 통합을 둘러싸고 억눌러 왔던 문제들이 터지면서 이는 감정과 대립이 나오는 새로운 근원이 되었다. 수천 킬로미터 떨어진 홍콩은 화염에 휩싸였고, 적어도 100만 명의 투르크계 회족이 '재교육 수용소'에 수감되어 있다. 맥락과 결과는 대단히 다르지만, 그 원인은 비슷하다. 민족국가가 만들어 낸 주권, 정체성, 통합 간에는 모순이 존재하기 때문이다.

베이징 관광객들은 한때 조공국 사신과 특사, 하급 관료가 드나들던 성문을 통과해 자금성(紫禁城, 명·청 왕조의 궁궐 - 옮긴이)으로 들어간다. 거대한 붉은 성벽을 지나가면 겹겹이 친 방어벽이 눈을 사로잡는다. 이 방어벽은 실제로 방어의 기능을 수행했을 뿐만 아니라 상징적인 의미도 있었다. 성문을 통과하면 해자垓字가 보인다. 남쪽을 향해 휜 활 형태의 해자가 펼쳐져 있는데 이는 적국에 경고하기 위함이다. 해자 너머에는 한때 황실 의식이 열렸던 큰 마당이 있다. 마당을 지나면 황제들이 즉위했던 태화전(太和殿, 자금성 정전)이 나오며, 태화전 너머로는 보화전(保和殿, 황제가 조공국 사절단을 위해 연회를 주최한 장소이다. - 옮긴이)이 있다. 자금성의 중심 축선을 따라 북쪽으로 가다 보면 방문객들은 점차 더 사적인 구역으로 들어간다. 건청궁乾淸宮, 즉 황제의 침궁(침실)과 새해와 하지, 동지를 맞이하는 교태전(交泰殿, 동지, 정월 초하루, 생일 등에 하례를 받던 곳이다. - 옮긴이)이 있다. 길은 마지막으로 곤녕궁坤寧宮으로 이어진다. 곤녕궁은 원래 황후의 거처로 지은 건물이지만, 1645년 베이징이 점령당한 후 청나라는 곤녕궁을 다른 목적으로 사용했다.

청나라는 둥베이 지방 출신의 침략자, 만주족에 의해 세워졌다. 만주족은 고유의 언어와 문자를 갖추었고 샤머니즘의 일종인 자신들만의 종교를 따르고 있었다. 만주어와 민속 종교는 1912년 청나라가 무너질 때까지 청나라 황실에서 공식적으로 채택되었다. 인도를 침략한 영국이나 아라비아반도를 정벌한 오스만제국처럼, 청 엘리트는 일반 대중과는 다르다는 느낌을 간직하고자 했다. 특히 자금성에 거주하는 사람들은 둥베이 지방의 산에서 조상들이 행했던 여러 의식을 지속했다. 둥그렇게 휜 활로 활쏘기를 연습하고, 만주식 춤을 추었으며, 곤녕궁에서 동물을 제물로 바쳤다.

샤머니즘 전통에 따라 매일 아침 예배가 끝나면, 자금성에 거주하던 왕족들은 정전(태화전)에 모였다. 그리고 돼지를 받아 도축하고 부위별로 요리를 했다. 기름지고 반만 익힌 고기는 그곳에 모인 만주 귀족들에게 넘겨졌다. 귀족들은 가장 맛있는 부위를 너도나도 먹으려고 앞다퉜다. 궁전은 지저분해졌다. 궁전 바닥에는 고기 기름이 덕지덕지 껴 있었고 서까래에는 삶은 돼지고기 냄새가 뱄다.[2] 하지만 왕족들은 신경 쓰지 않았다. 자금성은 외부인이 들어올 수 없는 아주 은밀하고 폐쇄적인 곳이었다. 너무 은밀한 나머지 황제는 시도 때도 없이 사랑을 나눴다—물론 그 후에는 깨끗하게 치웠을 것이다. 궁궐에서 일어난 일은 궁궐 밖으로 새어 나가면 안 됐다.

이러한 전통은 1911~1912년 혁명(신해혁명)이 발생했을 때까지 계속되었다. 하지만 근대 자금성의 수호자들은 황실 생활의 이런 모습을 흐릿하게 지워 버렸다. 중국 황제의 전통적인 이미지와는 맞지 않는다는 이유에서다. 천자天子 하면 생각나는 전통적인 이미지는 기름진 바닥에 쪼그려 앉아 있는 게 아니라 보좌에 덤덤하게 앉아 있는 모습이기 때문이다. 궁에 남아 있는 만주족의 흔적을 부정하거나 최소화함으로써 관광 가이드들은 중화인민공화국의 정통성을 지키는 데 아주 중요한 역할을 하고 있다. 중화인민공화국은 스스로를 지난 수천 년간의 연속적인 역사를 가진, 중국 최후의 통치자라고 여긴다. 이러한 관점에서 역사는 태평양에서 중앙아시아까지 뻗어 있는 광대한 영토에 대한 합법적인 권한을 부여하여, 중화인민공화국이 티베트, 신장, 몽골, 만주, 대만을 통치할 수 있는 권리를 뒷받침한다. 또한 중국인은 누구이며 어떻게 행동해야 하는지를 정의하는 권한을 부여한다.

하지만 곤녕궁의 역사가 보여 주듯, 268년 동안 '중국'은 만주 제국에게 점령당한 하나의 성省에 불과했다. 히말라야부터 신장 산까지 통치 범위를 확장한 것은 바로 만주족이었다. 1912년의 변천은 이 제국을 뒤집어 놓았다. 중국 민족주의자들은 대체로 비중국적인 제국의 변방도 통치할 권리가 있다고 믿었다. 또한 누가 중국인인지, 중국다움을 어떻게 표현해야 하는지, 어떤 언어를 사용해야 하는지 등을 결정할 권리가 있다고 가정했다. 현 중국 수뇌부는 민족주의자들의 후계자이다. 공산당은 중국과 중국인이 된다는 것이 무엇을 의미하는지에 대해 획일적인 관점을 가지고 있다. 그리고 어떤 대가를 치르더라도 자신의 관점을 강제하기로 한 듯하다. 그들은 과거를 특정하게, 정치적으로 바라보는 관점을 언급하면서 자신들의 행동을 누차 정당화시킨다. 중국의 미래 행보를 이해하려면 먼저 역사관의 기원을 이해해야 한다. 이 책은 과거 제국의 질서가 무너지고 잔해 속에서 현대의 '민족국가'가 등장했던 100년 전을 추적하며 답을 제시한다.

* * *

용어에 관해 몇 마디 덧붙이고자 한다. 제목에 쓴 '발명Invention'이라는 단어에 동의하지 않는 사람도 있을 것이다(이 책의 원제 중국의 발명The Invention of China를 말한다.-편집자). 전문 역사가들은 내가 '건설Construction'이라는 표현을 사용하길 선호할 것이다. 하지만 중국의 발명 대신 '중국의 건설'이라고 제목을 붙이면 토목공학 서적으로 분류될 위험이 있다. 내가 전하려는 의미는 학자들이 말하고자 하는 바와 같다. 나는 중국이 백지상태로 있다가 어느 한순간에 발명되었다는 것을 주장하려는 게 아니다. 일관적인 영토와 매끄럽게 이어지는 역사를 가진 중국이라는 사상은 당대에 특정한 환경에서 활동했던 개인들이 상반되는 증거를 뒤죽박죽 섞어 적극적으로 건설/발명된 것이라는 걸 말하고 싶었을 뿐이다. 개인이 차용하고 각색하며 주장한 사상과 논거, 내러티브는 당대의 산물이기는 하나 오늘날까지 중국 지도부의 행동을 지배한다.

또한 나는 '중국China'이라는 용어를 적절한 때만 사용하려고 노력했다. 일반적으로 1912년 중화민국이 설립 이후 시기만 중국이라고 부른다. 이 시기 이전의 국가에 '중국'이라는 이름을 붙이는 일은 국가가 속하지 않는 과거까지 용어―그리고 그 의미―를 투영하는 민족주의의 덫에 빠지는 것이다. 이는 동시에 세월을 거친 땅덩어리를 정확히 뭐라고 불러야 하는지에 관한 질문으로 이어진다. 디를릭은 '동아시아의 심장부'라는 표현을 썼다. 편리하긴 하지만 어감이 다소 부담스럽다. 나는 티모시 브룩의 표현을 빌려 1644년에서 1912년 사이의 중국에 대해 '대청국Qing Great-State'이라는 표현을 일반적으로 사용했다. 브룩에 따르면, '대국(Great-State, 大國)'은 동북아시아만의 독특한 통치 형태였으며, 몽골 제국 이후부터 자국을 묘사할 때 대국이라는 단어를 사용하기 시작했다고 한다. 그러므로 '제국'이라는 서구의 용어보다 적절하다.[3]

마지막으로, 이 책은 지난 수십 년 동안 신세대 학자들이 수행한 선구적인 연구를 합친 작품임을 분명히 하고 싶다. '신청사新淸史' 학파(만주족이 한족에 동화된 적이 없다고 주장하는 사조 – 옮긴이)와 '비판 한학' 학파(한족의 역사와 정체성을 비판적으로 바라보는 사조 – 옮긴이)는 오래된 질문을 새로운 시각으로 바라보게 해 주었다. 나는 두 학파에 속한 많은 학자의 글을 본문에 인용했고 감사의 말에도 이름을 올렸지만, 더 자세히 알고 싶은 독자를 위해 추천 문헌 부분에 문헌 목록을 실었다. 나는 학자들의 전문성에 크게 빚을 졌다. 또, 북미와 호주, 유럽과 일본 대학교들의 학문적 자유 덕분에 중국의 과거를 재검토할 수 있었다. 이러한 주제들, 즉 주권과 정체성, 통합의 문제 등은 중화인민공화국 안에서 터놓고 이야기 나눌 수 없고 여전히 매우 민감한 주제이다. 왜 그런지를 이 책을 통해 설명하고자 한다.

제1장

외부인의 시선에서

탄생한 이름, 중국

인민대회당 연단에서 시진핑은 행운을 상징하는 여덟 계단을 올랐다. 세 명의 군악대의 트럼펫 소리는 시진핑이 아시아 지역 권력의 단상에 오르는 것을 예고했다. 시진핑 주석은 연단 높이에서 특유의 따분하다는 듯한 표정을 지으며, 주빈 테이블에 앉아 있는 정부 수석 36명과 국제기구의 수장 여러 명, 그리고 기대감을 품고 기다리는 배우자들의 모습을 위에서 내려다보았다. 그 뒤에는 1000명 이상의 외국 대표단이 둘러앉은 126개의 작은 테이블이 인민대회당 구석까지 놓여 있었다. 시진핑은 배열의 한가운데에 홀로 서 있었다. 중국이 세계의 중심이라는 것을 더 강조할 필요는 없었는데도, 세트 디자이너는 그렇게 배열을 짰다. 연단에는 한 쌍의 거대한 몽타주가 양옆으로 놓여 있었다. 고대 실크로드의 역사적인 장소와 기념비를 모은 작품으로, 주빈 테이블의 화려한 꽃장식과 대조를 이뤘다. 내빈 사이에 있는, 테이블 안쪽에 놓

시진핑 국가 주석의 모습

인 장식용 연못은 백합으로 장식되어 있었고, 백조가 사이좋게 노닐었다. 공작새는 미니어처 정원을 가로질렀으며 비둘기는 우아한 숲속에서 날개를 펼쳤다.

2019년 4월 26일 베이징에서 제2회 일대일로一帶一路 국제 협력 고위급 포럼 개막식이 열렸다. 시진핑은 지역 협력에 관해 그럴듯한 말을 하면서, 역사에 관해서도 이야기하고 싶어 했다. "수천 년 동안 실크로드는 어떻게 다른 국가와의 교역을 통해 발전과 번영을 이루고, 교류하며 문화를 살찌웠는지 증명했습니다." 시진핑이 대표단을 향해 말했다. "오늘날 중국은 무수한 도전에 직면하여 있습니다. 우리는 실크로드의 역사에서 지혜를 얻고, 오늘날 윈-윈 협력 관계 안에서 강점을 찾으며, 모든 국가가 발전을 공유하는 밝은 미래로 함께 인도하기 위해서 전 세계 국가와 파트너십을 구축할 수 있습니다."[1]

역사, 하나의 특정한 역사관이라고도 말할 수 있는 역사는 이러한 행사를 뒷받침한다. 시진핑은 연단에 서서 중국을 동아시아를 자연스럽게 주도하는 국가이며, 어쩌면 동아시아를 넘어 세계를 이끌 수도 있는 국가라고 유려한 말투로 소개했다. 실크로드의 비유는 하나의 외교적 수단으로 사용되었다. 결국 모든 길은 베이징으로 통한다. 이 수단은 아이러니하게도, 유럽이 처음으로 발명했다. 1838년 근대 지리학의 시조, 독일 지리학자 칼 리터Carl Ritter에 의해 '실크로드'라는 명칭이 처음으로 만들어진 이후, 1877년 지리학자 페르디난트 폰 리히토펜Ferdinand von Richthofen에 의해 채택되었다. 그리고 스웨덴 탐험가 스벤 헤딘Sven Hedin에 의해 1930년대에 널리 알려졌다.[2] 이 중 그 무엇도 시진핑과 전혀 연관이 없는 것처럼 보인다. 중국의 공식적인 역사관에 따르면, 실크로드는 중국이 계속해서 중심적 역할을 했다는 걸 증명한다. 중국은 언제

독일의 지리학자 칼 리터의 모습

나 마땅히 지역 정치의 정중앙에 있어야 했다. 이것은 자연스러운 역사적 질서이자 미래에 펼쳐질 상황이다.

그러나 시진핑이 이러한 사건들에 투영하는 중국에 대한 관점은 정치적인 주작이다. 이 장에서 나는 중국을 바라보는 관점이 중국이 스스로 창조한 사상이 아닌 유럽인들이 가진 중국의 이미지를 아주 많이 차용했다는 것을 보여 줄 것이다. 이름에서 볼 수 있듯이 '실크로드'는 본래 유럽에서 기원하여 아주 복잡하고 혼란스러운 역사에 상상 속의 질서를 부여한다. 한마디로 '중국'이라는 바로 그 이름은 서양인들에 의해 채택되었고, 동아시아로 돌아와 새로운 의미를 부여받았다. 수 세기에 걸쳐 유럽인들은 탐험가들과 선교사들이 본국으로 보낸 글에서 정보를 모아 '중국'이라 불리는 장소의 비전을 창조했다. 그 후 작가와 동양학자들은 이 비전을 확장했다. 유럽인들의 마음속에 '중국'은 동아시아 대륙의 일정 부분을 차지하는, 고대 국가이자 독립 국가, 과거부터

연속적으로 존재해 왔던 국가로 자리매김했다.

　사실 그 당시 '중국'이라는 국가는 존재하지 않았다. 1644년부터 1912년까지 '중국'은 사실상 내륙 아시아(Inner Asia, 동아시아, 중앙아시아, 북아시아의 내륙부 지역 – 옮긴이)의 한 제국, 즉 대청국의 식민지였다. 청은 다민족으로 구성되어 있었는데, '중국 본토('China Proper', 中國本部, 중국 본부라고도 한다. 중국 본부의 범위는 옛 한나라의 영역과 거의 일치하는데, 만주, 내몽골, 신장, 티베트 등을 제외한 만리장성 이남 지역을 의미한다. 중국 대륙보다는 범위가 좁다. – 옮긴이)'—패배한 명조의 15개 성省—는 청에 속하는 한 부분에 불과했다. 청나라 이전의 명나라는 약 300년 동안 명맥을 유지했지만, 중국이라는 명칭을 사용하지 않은 건 마찬가지이다. 명나라 이전, 이 영토는 지중해까지 뻗어 있던 몽골 대국의 일부였다. 동아시아는 몽골 대국 영토 한 부분에 불과했다. 몽골 대국 전에는 라이벌 국가인 송宋나라, 하夏나라, 요遼나라의 지배를 받았다. 이 국가들은 오늘날 우리가 중국이라고 부르는 영토의 여러 부분을 차지했고, 결과적으로 그전에 존재했던 분열된 국가들과는 달랐다.

　국가마다 영토의 범위와 민족 구성은 달랐지만, 그 지역을 통치했었던 국가를 정당하게 계승했음을 스스로 보여 줄 필요가 있었다. 그래서 나라를 통치하게 된 새로운 엘리트 모두는 관료들과 기존보다 더 많은 백성의 충성심을 유지하기 위해, 전통의 연속성을 주장해야 했다. 즉, '천명'을 받았다고 말하기 위해서는, 특정한 방식으로 말하고 지배계급의 의식을 행해야 했다. 어떤 시대에는 진정한 믿음을 가지고 의식을 행했을 수도 있고, 다른 시대에는 정치적 쇼가 되어 버렸을 수도 있는데 몇몇 시대에는 노골적인 속임수로 쓰였다. 몽골과 청 엘리트들은 내부적으로는 내륙 아시아의 문화를 유지하면서도 외부적으로는 한족 통치 전통의 상속자라고ー적어도 몇몇 속국에는ー스스로를 소개했다. 그렇다면, '중국'은 어디에 있었을까? 한마디로, '중국'은 외국의 상상 속에서만 존재하는, 통일되고 경계가 잡힌 국가로 존재했다. 19세기 말까지 중국 지도층은 '중국'이라는 이름조차 들어 보지 못했을 것이다. 더 중요한 점은 외국인들이 그 단어를 썼을 때, 그 단어가 대표하는 의미를 이해하지 못했을 것이라는 것이다.

서양의 사상가들은 아시아에서 정치적으로 형성된 다른 어느 것보다 '중국'에 특권을 부여하고, 이론적으로는 배후 지역보다 지위를 더 높게 쳐주었다. 서양인들의 마음속에서 '중국'은 아시아의 역동적인 엔진이었던 반면 내륙 아시아 국가들은 말을 탄 자국의 무리가 중국을 쳐들어가 부녀자를 강간하고 약탈했을 때만 중국을 주시했다. 유럽인들의 눈에는 역사 무대에서 '중국'이 끊임없이 등장하는 반면, 내륙 아시아는 대륙에 계속해서 '의지'하는 역할만을 하다가 역사의 뒤안길로 후퇴하는 모습으로 비추어졌다. 그래서 '실크로드'가 탄생한 것이다. 중국을 교역을 이끄는 국가라고 간주했고, 내륙 아시아 국가들은 단순히 교역의 통로로만 생각했다. 19세기 후반과 20세기 초, '중국'이라는 기발한 관념은 유럽에서 동방과 동남아를 거쳐, 청 지식인들의 사담과 학술지에서 등장하며 새로운 보금자리를 찾았다. 이러한 청 지식인들은 주로 해외에서 견문을 넓힌 사람들이었고, 외부의 시선으로 조국을 돌아볼 수 있었다. 추방지나 유배지에서, 다른 서양인들과 마찬가지로 '중국'이라는 장소를 상상하기 시작했다. 그들은 고향으로 돌아와, 정치 위기를 타파하기 위해 새로운 사상을 애타게 찾던 사람들 사이에서 참신한 시각—규정된 영토의 한 부분으로 연속적인 역사를 가진 나라—을 전파했다. 생각의 진화가 일어난 중요한 사건은 국호를 둘러싼 논쟁이었다.

오늘날 시진핑을 비롯한 중국 지도자들은 중국을 두 가지 이름으로 부른다. 중국(Zhong guo, 中國)과 중화(Zhong hua, 中華). 어원을 살펴보면, 두 가지 표현 모두 지역적인 우월성을 담고 있다. 둘 다 영어로 '차이나China'라고 번역하지만, 중국어로 두 단어는 특수한 의미를 띤다. 중국Zhong guo은 말 그대로 '중심 국가'로, 이상적인 정치 위계질서를 상징한다. 중화Zhong hua는 '중앙에서 꽃이 피다'라는 뜻이다. 하지만 사실상 '문명의 중심'을 비유하는 표현으로, 내륙 지역의 오랑캐들보다 문화적으로 우월하다는 것을 주장한다. 이 두 용어의 역사적 뿌리는 깊지만, 19세기가 완전히 끝날 때까지는 국호로 사용하지 않았다. 민족과 국가에 관한 서구 사상의 영향을 받아 국가 사상이 탈바꿈했기에 이 두 용어는 국호가 되었다. 그 과정에서 두 국호의 의미는 크게 바뀌었다. 이제부터는 중국과 중화에 얽힌 이야기를 소개하고자 한다.

광둥성과 푸젠성에 펼쳐진 해안을 따라, 현지 상인과 문인들은 갈레오테 페레이라Galeote Pereira를 환영했다. 그는 인도 제국의 백단향과 향신료를 저렴한 가격에 팔았다. 사람들은 페레이라가 가져온 식품과 물건에 시장 가격보다 두 배의 값을 쳐줬다. 젠트리 군인이었던 페레이라는 귀족 가문 출신이었다. 포르투갈 고위급 인사들과 연줄 덕분에 사업을 하기에 유리한 위치에 있었다. 유럽에 불어닥친 동아시아 원정 물결의 1세대를 상징하는 인물로 거듭났다. 제국의 이익을 도모하고 자기 계발을 한다는 명목을 앞세운 후, 약간의 가톨릭 교리를 내세웠다. 페레이라는 고향을 떠나 10년간 인도에서 상인으로 활동했다. 시암(Siam, 暹羅. 즉 오늘날의 태국 - 옮긴이)에서는 용병이었으며, 1548년에는 말라카와 동쪽 지역을 항해하며 동방과 남아시아의 사치품 무역에 종사했다.

총독(지방 행정구역인 성의 모든 행정을 통할하는 직책 - 옮긴이)과 베이징에 멀리 떨어져 있는 명나라 조정은 갈레오테 페레이라를 싫어했다. 그들의 눈에 갈레오테 페레이라는 외국 밀수입자였다. 포랑지佛郎機 —'프랑크족'(아랍 상인들로부터 용어를 차용했다)—와의 무역 금지 칙령을 어기면서 밀수품을 들여왔다. 20년 전, 명나라의 외교 의례에 대한 무지와 공권력을 향한 오만한 태도로 포르투갈 사람들은 이미 입국이 전적으로 금지된 상태였다. 페레이라와 다른 포르투갈인들은 쫓고 쫓기는 게임을 했다. 중앙 정부의 눈을 피해, 아모이와 리암포(오늘날 샤먼시와 닝보시에 해당)라 불리는 도시 사이, 해안을 둘러싸고 있는 수천 개의 섬 사이에 숨어 있다가 지역 상인과 거래를 했다.

1549년 3월 19일, 게임은 끝났다. 푸젠성과 저장성 총독 주환朱紈은 성 해안경비대에게 밀수 무역을 뿌리를 뽑으라고 명했다. 그들은 샤먼시 근처 주마계走馬溪 정박지에 소리 소문 없이 숨어 있던 페레이라와 두 척의 배를 발견했다. 그들은 선원들을 내리라고 한 후 성도(省

郡, 행정구역 단위인 성의 행정 중심지 - 옮긴이) 푸저우에 있는 감옥에 넣었다. 주환의 명령에 따라, 대부분 현지 부랑자들이었던 96명의 선원이 처형되었다.

주환은 쉬지 않고 법을 집행했고, 이는 결국 주환과 밀수 무역의 꿀맛을 본 지역 유지들─'예복을 입고 모자를 쓴' 계급─ 사이를 소원하게 만드는 계기가 된다. 그들은 밀수품을 지켜야 했다. 그래서 같은 편인 황실의 관료들과 주환을 탄핵할 음모를 꾸몄다. 주환이 권한을 남용했다는 이유를 들었다. 범죄자들을 처형하려면 조정의 공식 허가가 있어야 했다. 그 결과 페레이라에 씌운 혐의는 무효가 되었고, 주환은 횡령 혐의를 받았다. 페레이라와 목숨을 구한 선원들은 가벼운 형벌을 받은 한편 주환은 처형당했다.

페레이라는 2~3년간 다양한 형태로 수감 생활을 했을 것이다. 하지만 힘들이지 않고 아주 편안한 감옥 생활을 했다. 그리고 결국 뇌물을 주고 풀려났다. 1553년 2월 27일, 그는 이미 자유의 몸이었다. 오늘날 홍콩 밑에 있는 상촨다오(上川島, 상천도. 오늘날 중국 광둥성 타이산시 서남쪽에 있는 섬 - 옮긴이)에서 프란치스코 하비에르Francis Xavier─예수회 공동 창설자─의 유해 발굴 작업에 참석했다는 기록이 있기 때문이다. 이렇게 아주 소수의 포르투갈인은 중국에 정착─전향과 밀수를 발판으로 삼았다─하였고, 지방 엘리트들은 눈감아 주며 이 소식이 조정의 귀에 들어가지 않도록 쉬쉬했다. 하비에르는 예수회가 동양에서 널리 퍼질 만한 잠재력이 있다고 믿었었다. 포르투갈 제국주의의 양쪽 진영 모두 시장 점유율을 늘리기 위해 무역로를 장악하려고 분투하자, 하비에르는 영성보다 재물에 관심이 있었던 사람들과 거리낌 없이 손을 잡았다.

페레이라는 부하들과 함께 포르투갈로 돌아와 명나라에서 경험을 유럽 독자들에게 이야기로 풀어냈고, 이는 명조에서의 삶을 다룬 최초의 글이 되었다. 내용은 놀랍지 않았다. 그의 글은 수감 생활과 처벌에 관한 것이었고, 우상숭배와 남색 행위('무엇보다 가장 잘못한 일')를 비판하는 내용도 포함했다. 그런데도 그는 도로와 교량의 질, 위생적인 젓가락 문화, 부자들의 광대하고 세련된 사유지를 높게 쳐줬다. 하지만, '중국'이라고 불리는 신비로운 나라를 찾아 뱃길을 떠난 유럽인들을 어리둥절하게 하는 사소한 한 가지가 있었고, 이에 페레이라는 머리를 쥐어짰다.

> 우리는 이 나라를 차이나라, 국민을 친스Chins라고 부르지만, 감옥에서 그들이 한 번도 그런 표현을 쓰는 걸 들어 본 적이 없다. 그래서 뭐라고 부르는지 알아보기로 했다… 인도에 사는 사람들은 당신네를 친스라고 부른다고 대답했다… 그리고 너희 나라를 뭐라고 부르냐고 물어봤다… 그들이 말하길, 고대에는 많은 왕이 있었고, 지금은 한 명(왕)의 지배를 받지만, 그런데도 왕국마다 원래 이름이 있었다는 것이다. 여기서 말하는 왕국은 성省이다…결론적으로, 이 나라 전체를 타멘(Tamen, 大明, 대명)이라고 부르고 거주민을 타멘진(Tamenjin, 大明人, 대명인)이라고 부른다고 했다. 그러므로 중국이나 친스라는 명칭은 없다.[3]

한마디로, 중국인들은 스스로를 중국인이라고 부르거나 조국을 '중국'이라고 부른 적이 없다. 그 대신에 '타멘'이라고 불렀다—요즘 식으로 쓰자면 다밍Da Ming이고 '대명(Great Ming, 大明)'이라 번역된다. 그들은 스스로를 '타멘진'—또는 다밍런(Da Ming Ren, 大明人), '대명의 사람들'이라고 불렀다. 페레이라가 만난 사람들은 자기 자신을 민족이나 영토 일부의 구성원이 아닌, 통치하는 왕조의 피지배자라고 본 듯하다. 그들이 유일하게 언급한 장소명은 자신이 살았던 마을이나 성이었지, 국가가 아니었다. 페레이라가 가정했던 것처럼 모든 사람이 한 국가에 속해 있지 않았다.

몇십 년 후 16세기 말, 포르투갈 상인과 선교사들의 삶은 페레이라의 삶보다 훨씬 순탄했다. 그들은 상촨다오를 발판으로 삼아, 조금 더 큰 섬 마카오로 무대를 바꿨다. 프란치스코 하비에르가 희망을 건 선교 활동은 열매를 맺었다. 조정은 이제 예수회를 환영했다. 사제이자 과학자인 마테오 리치Matteo Ricci는 감옥에 갇히기는커녕 자금성에 최초로 입성한 유럽인이 되었다. 관료들은 일식과 행성의 움직임을 예측하는 리치의 능력

예수회 선교사이자 과학자인
마테오 리치의 모습

에 매료되었다. 황제는 알현을 거절했지만, 귀빈으로 환영받았고, 교회를 지을 수 있는 땅을 하사받았으며, 조정의 비공식 고문이 되었다.

페레이라처럼 리치도 처음에는 똑같은 문제에 고개를 갸우뚱했다 —국호의 부재. 하지만 수년간 거주한 후, 일기장에 다음과 같이 썼다. '중국인들은 근본적으로 외국인들이 자기 나라에 붙인 여러 가지 명칭을 들은 적이 없고, 또한 그 존재조차 몰랐는데, 우리 눈엔 이상하지 않아 보인다… 한 가문이 다른 가문에게 통치권을 넘겨줄 때마다, 통치권을 넘겨받은 주권자가 새롭게 국호를 부여해야 하는 게 옛날부터 이 나라에 유구하게 내려오는 관습이다.' 페레이라와 리치는 유럽의 신흥 민족국가와 비교했을 때, 중국은 아주 다른 식으로 정치적인 충성심을 묘사한다는 것을 발견했다. '대명인'은 통치 왕조의 피지배자였다. '중국'에 살거나 '중화' 민족의 일원이라고 느끼지 않았다.

하지만 리치는 새로운 사실을 주목한다. '중국인들 사이에서는… 새로운 통치자가 등장할 때 붙이는 국호 외에도, 이 나라에는 수 세기 전부터 내려오는 국호가 있고, 그 국호에 다른 명칭들을 결합한다. 오늘날 우리는 이 나라를 일반적으로 Ciumquo, 또는 Ciumhoa라고 부른다. 앞 단어는 왕국을, 뒤의 단어는 화원을 뜻한다. 두 단어를 조합하면, "중심에 있다"로 번역된다.' 근대에 들어서는 Ciumquo를 중국Zhoug guo으로, Chiumhoa를 중화Zhong hua로 표기한다. 하지만 리치는 중국Zhoug guo을 국호가 아니라, 정치적 위계질서의 표현이라고 이해했다. '중국인은… 지구가 평평하고 중국이 세계의 중심에 있다고 상상했다… 주변의 왕국들은… 자신의 평가에 따르면 고려할 만한 가치도 없었다.'⁴. 이 두 단어는 여전히 쓰인다. 중화Zhong hwa와 중국Zhong guo은 '영국 연합 왕국'과 '영국', '미합중국'과 '미국'처럼 한 국가를 공식적·비공식적으로 일컫는 표현으로, 앞 예시와 같은 방식으로 거의 혼용하여 쓸 수 있다.

'중국'이라는 표현은 유서가 깊다. 근대에 허난성에서 발견된 '갑골문자'에 새겨져 있었다고 한다. 그 기원은 상나라(商朝, 기원전 1600년~기원전 1000년경)로 거슬러 올라간다. 몇 세기 후, '동주東周라고 불리는 시대—약 2500년 전(기원전 770년~기원전 221년)—에 중국은 베이징 서쪽과 남쪽에 있는 황하 유역 중원 지역, '중원中原'에 세워진 봉건 국가들을 지칭했다. 그 국가들은 통틀어 '중심 국가'—중국—였다. 하지만 일류 중국 지도 제작 전문가로 손꼽히는 리처드 스미스Richard J. Smith에 따르면, 당시에 이는 사실 상호 연관된 세 가지 의미를 담고 있었다. 장소이자 문화, 그리고 정치체제를 뜻했다.⁵ 기원전 5세기경 편찬된 역사서 《전국시대의 전략》(《전국책戰國策》)에서는 다음과 같이 언급되어 있다.

> 중국은 지적이고 분별력 있는 사람들이 살고, 무수한 생명체와 유용한 도구들이 함께 자리한 곳이다. 현인과 지자智者들이 가르치고, 자비가 넘치며, 사람들이 올바르게 행동하는 곳이다. 시와 역사, 의식, 음악에 관한 책이 읽히는 곳이다. 서로 다른 사상과 기법이 시도되는 곳, 먼 나라 사람들이 참관하러 오는 곳이다. 심지어 (중국인이 아닌) 만인과 이인異人도 적절하게 행동하는 곳이다.

다시 말해, 중국은 오늘날 우리가 '중화' 또는 더 정확히는 '한족'이라 부르는 특정한 문화를 가진 곳이었다.

1000년이 넘는 시간이 지난 후, 12세기 송나라 작가들은 내륙 아시아의 침략 위협에 직면하자 자국의 정체성을 주장하기 위해서 중국이라는 표현을 사용했다고 전한다. 오래된 아시아의 심장부라는 물리적인 장소를 가리키면서 또 문화적인 기억을 담아 냈다. 송나라는 몽골에 현재 중원 지역에 해당하는 영토를 뺏긴 후에도, 여전히 자신을 중국의 수호자라고 생각했다. 하지만 여기서 중요하게 짚고 넘어가야 할 점은, 자국을 중국이라 부르지 않았다는 것이다. 스스로 대송국大宋國이라는 이름을 붙였다. 2세기 후, 명나라의 태조 주원장朱元璋은 자신을 몽골을 물리친 통치자라고 선언하면서, "나는 이제 중국의 통치자로, 천하는 태평하다"라고 말했다. 하지만 조국을 '중국'이라고 부르지 않았다. 다시 한번, 그는 자신의 왕조의 이름을 따서 '대명국大明國'이라고 국호를 붙였다.

명나라의 태조 주원장의 모습

'중국'이라는 명칭이 아주 오래전에 사용되었고 오늘날 중국을 그렇게 부른다는 사실은 민족주의 역사학자들이 '중국'이 3000년, 아니 심지어 5000년을 가로질러 존재하는 연속적인 국가라는 것을 주장할 수 있는 근거를 주었다. 하지만 증거를 신중하게 살펴보면 사실 그렇지 않다. 이 용어들은 오늘날의 의미를 띄기까지 시공간을 가로지르는 오랜 여정을 거쳤다. 하버드 대학교 중국어과 피터 볼Peter Bol 교수는 이 용어가 3000년 동안 간헐적으로 사용되었다며, 일관성 있게 발견되는 원칙은 특정한 국가를 지칭하기 위함이 아닌, 중국 안팎의 사람들, 즉 내부인과 이적夷狄이라 불리는 오랑캐 간의 문화적 차이를 구분하기 위함이었다고 주장한다.[6] 중국은 국가의 이름으로 쓰려던 게 아니라 이 용어를 통해 국가의 정당성을 주장하고자 했다. 몇몇 작가들은 이를 '중간국Middle kingdom'이라고 번역했지만, 호빗이 사는 중간계를 연상시킨다. 그보다 '중심 국가Central state'나 '세계의 중심Centre-of-the-world'으로 번역하는 게 더 적절하다. 내부의 '우리'와 외부의 '그들' 사이의 정치적 위계질서를 설명하기 때문이다.

여기서 살펴볼 수 있듯이, '중국과 '중화'라는 용어들은 19세기 후반 근대 민족주의자들에 의해 부활하고 새로운 의미를 부여받았다. 이러한 이데올로기는 과거를 바라보는 새로운 시각을 구성하여 각각 다른 일화를 연결 짓고, 중국이 영구적으로 존재했던 것처럼 역사를 구성했다. 이 이야기는 사실 더 복잡하고, 흥미로우며, 오늘날의 중국의 모습과 행보를 잘 설명해 준다.

그렇다면 영문명인 '차이나'는 어디에서 온 걸까? 가장 보편적인 설명은 '차이나'라는 명칭이 오늘날 간쑤성에 해당하는, 근대 중국 시베이 지방에서 조그만 봉토를 형성하던 고대 진 왕조(秦朝, Qin이라 쓰지만 'chin'이라고 발음한다)에서 유래했다는 것이다. 진秦나라의 국호는 기원전 987년 진 땅에 조그만 영지를 받았다는 데서 기원한다.[7] 6세기 동안, 진나라는 황하와 그 지류에 있던 국가들의 '전국시대'를 이끌었다. 진나라는 지역을 통치하며 점차 영토를 확장해 나갔으나 진시황제가 기원전 221년 마지막 남은 라이벌 국가를 멸망시킬 때까지 그 지역에서 군림한 적이 없었다.

중원 지역과 황하·장강長江 하류 유역의 대부분을 (비록 잠깐이지만) 손에 넣은 새로운 유형의 통치자로서, 진시황제는 새 왕호王號를 채택했다. 시황제始皇帝, '최초의 황제'라는 뜻이다. 불로장생을 원했던 진시황제는 오늘날 시안西安 근처에 무덤을 짓고, 진흙으로 빚은 병마용을 둘러 묻었다. 그러나 진시황제가 사망한 후, 진나라는 오래가지 못했다. 그가 사망한 지 4년 만에, 전 진나라 관료였으나 이제 반란군 지도자가 된 유방劉邦은 진시황제의 후계자들을 내쫓았다. 왕위를 점령하고 왕조를 창건하여 한漢이라고 이름 붙였다. 과거를 돌아봤을 때, 진나라는 오늘날 중국의 핵심 영토를 통일한 첫 번째 통치자로 간주된다. 발음이 비슷해서 '진'이 '차이나'가 되었다고 쉽게 비약할 수도 있겠지만, 사실 왕조명 진이 영토를 가리키는 명칭으로 사용된 적이 있다는 증거는 없다. 오히려 이를 반증하는 중요한 자료가 있다.

인도 출신의 중국학 교수 하라프라사드 레이Haraprasad Ray에 따르면, 산스크리트어 경전에서는 진나라가 탄생하기도 전에 중국을 '시나Cina'라고 지칭했다고 한다. 기원전 5세기에서 4세기 사이에 쓰였다고 추정되는 힌두교 경전《바유푸라나Vayupurana》(비슈누 신의 아바타들에 대한 박티(헌신)를 주된 내용으로 하는 힌두교 경전으로《마하푸라나Mahapurana》

들 중 하나이다. - 옮긴이)에서는 '시나' 출신 사람들을 언급한다. 예를 들어, 기원전 4세기에 쓰인 《마트샤푸라나Matsyapurana》(비누슈 신의 아바타이자 물고기 형상을 한 마츠야Matsya에 대한 내용을 주된 내용으로 하는 힌두교 경전으로 《마하푸라나》들 중 하나이다. - 옮긴이)에는 '시나' 사람들은 죽음과 매장 의례를 적절하게 치르지 않는다고 쓰여 있다. '시나'는 또한 각각 기원전 4세기와 기원전 3세기에 쓰인 고대 힌두교의 대서사시 《마하바라타Mahabharata》와 《라마야나Ramayana》에도 등장한다. 기원전 4세기경 저술된 정치 논문 《아르타샤스트라Arthashastra》(공공 행정과 경제 정책, 군사 전략 보고서 - 옮긴이)도 '시나'를 언급하고, 기원전 4세기 의학 서적 《수슈루타Susruta》는, '시나의 천'—시나파타Cinapatta—가 붕대로 사용하기에 좋다고 설명한다. 따라서, 산스크리트어로 쓰인 글을 종합해 볼 때 '시나'는 진나라 이전에 존재한 것처럼 보이는 히말라야 바로 뒤에 있던 땅을 지칭하는 것으로 보인다.

레이는 위 주장을 뒷받침하는 다수의 증거를 수집한 중국 학자 쑤중샹(蘇仲湘, 소중상)의 연구를 이어 가고 있었다. 영어권 화자에겐 이상하게 들릴 수도 있지만, 쑤중샹에 따르면 '시나'의 정확한 기원은 진나라보다 훨씬 전에 존재했던 국가 '형(荆, Jing)나라'로 거슬러 올라간다. 형나라는 중국 문헌에서 초(楚, Chu)나라라고도 불리기도 한다. 수 세기에 걸쳐 발음이 바뀌고 지금 '형'과 '시나'가 다소 달라 보여서 그렇지, 발음 간의 관계는 훨씬 가까웠을 것이다. 형/초나라의 중심은 오늘날의 후베이성으로, 묘족苗族이 살았다. 이후 한漢대의 역사가들이 남긴 글에서 묘족을 '오랑캐'인 외부자(이인)라 묘사한 걸 볼 수 있다.[8]

호주 출신 학자 제프 웨이드는 언어를 살짝 바꿔 보면, '시나'라는 말이 다른 민족에서 기원했을 수도 있다고 주장한다. 중국 윈난성 시난 지역 산에 거주하던 사람들을 오늘날의 중국어로는 '예랑夜郎'이라 부른다. 하지만 기원전 5세기경으로 거슬러 올라가 서사시 모음을 살펴보면, 이들은 자신을 '지나Zhina'라 부른다. 제프 웨이드는 '지나'가 산스크리트어 '시나'와 음운학적으로 거의 완벽하게 맞아떨어진다고 주장한다. 오늘날 윈난성에 해당하는, 이 집단의 전통적인 영역은 중국과 인도 사이의 육로 무역로 통제를 가능하게 하였다. 동쪽 산맥을 넘고 이 지역을 거쳐 인도에 도착한 물건들은 '시나'에서 왔다고 자연스레 회자되었을 것이다.

위 두 이론을 뒷받침하는 증거는 있지만, 아직 확고한 결론이 나진 않았다. 그래도 이 중 하나가 진실이라면, 아이러니하게도 오늘날 서양에서 가장 많이 사용하는 중국China이라는 단어는 전통적인 '중국의' 심장부라고 일반적으로 여겨지는 장소 밖에서 파생되었다—'중국' 밖에서 말이다. 한 걸음 더 나아가면, 당시 그 지역에 살던 사람 대다수는 민족적으로 '중국인'이 아니었다. 현재 '중국인'이라는 단어가 정의하는 바와는 달랐다는 것이다. 형/초나라에는 묘족이 살았고, 예랑/지나 국가에는 이인이 살았다. 심지어 '시나Cina'는 애초부터 '중국' 안에 있던 게 전혀 아니었을 수도 있다! 하지만 어떤 설명을 선호하든, 분명한 것은 20세기 이전 그 어떤 '중국' 국가도 자국의 영토를 '차이나China'라고 부르지 않았다는 것이다. 외지인들만이 사용하는 명칭이었다.

그러나 중국이 부상하면서 '차이나'라는 명칭은 멀리 퍼져 나갔

지리학자 프톨레마이오스의 모습

다. 서기 2세기 무렵, 그리스-로마 지리학자 프톨레마이오스Claudios Ptolemaeos가 쓴 글에는 Sinæ와 Thinae가 등장한다. 비록 정확한 위치는 파악하지 못했을지라도 말이다. 사실상 이 책 전체가 비유하는 바와 같이, 차이나라는 이름은 외부에서 의미를 획득했지, 내부에서 의미를 가진 적은 단 한 번도 없다. 유럽에서 차이나는 비단이 나고 경이로운, 신화적인 장소를 의미하게 되었다. 유럽인들은 '차이나'라고 불리는 곳이 어떤지 전혀 모르면서도 그 모습을 상상했다. 유럽인들은 동양의 다른 장소에 관한 이야기도 들었다―캐세이Cathay는 비단이 나고 경이로운 장소이지만 차이나보다 분명히 더 북쪽에 있다고 생각했다. '캐세이'는 오늘날의 중국 북부, 몽골, 러시아 동부에 걸쳐 있던 요遼나라를 설립한 내륙 아시아 '거란Khitan'에서 유래했다. 육로로 '캐세이'에 도달할 수 있는 한편, '차이나'는 해로로 접근할 수 있었다. 하지만 이 둘은 사실 모두 '동아시아의 심장부' 중국을 일컫는다.

1500년대부터 차이나/캐세이는 포르투갈, 스페인, 네덜란드, 영국의 동양 원정의 목적지가 되었다. 하지만 갈레오테 페레이라 등의 탐험가들이 목적지에 도착했을 때, 자신들이 상상했던 모습의 '차이나'

는 존재하지 않는다는 것을 발견했다. 그러나 3세기 후, 유럽인들의 국가에 대한 관념, 즉 고대에 기원을 두고 연속적으로 존재하던 국가라는 아이디어는 '차이나' 사회의 소수 엘리트 집단에 의해 채택된다. 그들은 그렇게 차이나가 되기로 했다.

1689년 여름, 러시아 차르국 두 명의 차르, 표트르Pyotr 1세와 이반Ivan 5세는 시베리아 네르차강 연안에서 청나라의 제4대 황제 강희제康熙帝가 보낸 사절단과 함께 자리했다. 러시안들은 의자에 앉았던 반면, 청나라 사절단은 방석을 선호했다. 모스크바에서 동쪽으로 5000킬로미터, 베이징에서 북쪽으로 1300킬로미터 떨어진 곳에 특별하게 설치된 텐트에서, 누가 러시아와 중국과 국경을 마주하고 있는 국가들을 착취할 권리가 있는지 논쟁을 벌였다. 청 왕조는 일찍이 17세기부터 자신들이 '중국'이라고 부르는 국가의 통치자였다는 주장에 정당성을 부여하기 위해 이 사건(네르친스크 회담)을 가끔 활용하기도 했다. 하지만 어떤 일이 일어났는지 자세히 살펴보면 잘못된 것이라는 게 드러난다. 그 대신,

청나라 황제 강희제의 모습

외국인들이 중국을 발명했다는 증거가 더 두드러질 뿐이다.

수십 년 동안 러시아의 개척자들은 아무르강(러시아·중국·몽골·북한의 유역에 걸쳐 있는 강으로 헤이룽강, 흑룡강이라고도 한다.-옮긴이)과 그 지류를 따라 점점 더 먼 곳까지 탐험하고 정착했다. 청나라가 합법적으로 자신의 영토라고 주장하는 지역에 닿으면서 말이다. 청나라는 저항했고 그 결과, 1680년대에 일련의 갈등이 생겼다. 1680년대 말, 청나라는 침략을 멈췄고, 두 국가는 평화를 협상할 준비가 되어 있었다. 서로 전갈을 공유한 후, 러시아가 최근에 정복한 네르친스크의 성 밖에서 러시아가 회담을 열기로 동의했다.

청나라에 살던 사람들은 어떤 사람들이었을까? 오늘날 중국 둥베이 지방에서 오고 일종의 시베리아어인 만주어를 구사하는 만주족이었다. 1644년, 만주족은 추운 고향을 떠나 쓰러져 가기 일보 직전인 명나라를 점령했다. 중국 밖에서 온 사람들이었지만, 예전의 명 영토를 성공적으로 통치하기 위해서는 전임자들의 몇 가지 통치 기법을 계승해야 한다는 것을 빠르게 깨달았다. 하지만 명나라를 계승하면서도, 만주족의 정체성을 잃어버리지 않았다. 만주족은 미국 역사학자 파멜라 크로슬리가 '동시 통치Simultaneous Ruling'라고 명명한, 내륙 아시아 스타일로 계속해서 통치했다.[9] 문화적으로 적절하다고 생각되는 바에 따라, '대국'의 각 지역은 다르게 통치되었다. 그런데도 그 핵심에는 만주어와 문자가 공식어와 공식 문자로 남아 있었고, 새로운 엘리트들은 승마, 활쏘기, 사냥, 의례, 기도, 조상에게 바치는 제사 등 만주족의 전통을 보존하려 했다. 더 중요한 점은 만주족이 정복한 사회를 통제하기 위해 만주족의 체제—깃발군(군사 행정 조직으로, 일반적으로 8개의 깃발군으로 되어 있어 팔기八旗라 부른다. 팔기는 만주 여진족의 수렵 조직에서 비롯되어 청나라 사회생활과 군사 조직의 기본 제도를 형성했다.-옮긴이)이라 알려져 있다—를 유지했다는 것이다. 사실상, 19세기 중반부터 중국은 만주 '대국'의 성省이 되었다.

강희제는 네르친스크 회담의 주도권을 잡기 위해 자신의 친척 두 명, 색액도(索額圖, 호는 우암愚庵. 색중당索中堂, 색상索相, 색우암 등의 별칭으로도 불림. 강희제의 통치 기간에 권신으로서 활동하였다.-옮긴이)와 동국강(佟國綱, 강희제의 외숙으로서 만주 양황기鑲黃旗에 속한 인물이다. 내각 내신으로서 일등공一等公 작위를 세습했고, 강희 27년[1688]에 색액도를 따라가서 네르친스크조약을 체결하는 데에 참여했다.-옮긴이)을 보냈다. 둘 다 러시아어를 구사하지 못했다. 러시아 차르국은 표도르 알렉세예비치 골로빈Fyodor Alexeyevich Golovin 백작을 대표로 보냈지만, 만주어를 몰랐다. 협상의 진행될 수 있었던, 그리고 협상이 성공적일 수 있었던 건, 두 유럽 예수회 사제들의 공이 컸다. 두 사제는 프랑스 출신 장 프랑수아 제르비용Jean-François Gerbillon, 포르투갈 출신의 또 다른 페레이라, 토마스 페레이라Thomas Pereira였다. 조정은 만주족 손에 넘어갔지만, 예수회는 계속해서 조정에 특별히 출입할 수 있었다. 1689년까지, 토마스 페레이라는 16년 동안 청나라 조정에 소속되어 있었다. 서양의 수학을 설명하는 교과서를 만주어로 저술했을 정도니, 만주어를 유창하게 구사했다는 사실을 알 수 있다.[10]

토마스 페레이라는 대단한 사람이었다. 귀족 가문의 둘째 아들로 태어나, 아버지의 직위를 물려받을 수 없자 그 대신 성직자의 길을 택했다. 열일곱 살에 예수회에 합류한 후, 코임브라 대학교에서 공부했고 수학과 음악 과목 둘 다에서 출중한 성적을 거두었다. 같이 공부한 사람 중에는 최초의 마카오 태생 예수회 신부 정마낙鄭瑪諾이 있었다. 아마도 정마낙에게 영감을 받았을 것으로 생각되는 페레이라는 스무 살이 되던 해 동쪽으로 항해를 했다. 선교단 중 막내로 아시아로 떠났다. 인도 고아와 마카오에서 더 많은 공부를 한 후 베이징에 파견되었고, 1673년 초에 스물여섯 살의 나이로 베이징에 도착한 이래 평생 그곳에서 살았다.[11]

예수회는 젊은 황제에게 좋은 인상을 줘야 했다. 그래서 시계, 과학 기구, 파이프 오르간을 만드는 일을 페레이라에게 맡겼다. 그가 만든 작품 중에 가장 화려했던 건 새장 속 새와 10개의 종 세트로, 새가 물을 마시거나 모이 상자를 열 때마다 멜로디가 연주되었다. 어느 정도 후에는 대중들의 반응도 수그러들었을 것이다. 하지만 과학 기술 덕분에 페레이라는 강희제를 잘 알고 지냈던 것 같다. 1680년 그는 황제의 방에서 황제와 오랜 대화를 나눴다고 예수회 고위 성직자들에게 편지를 썼다. 1688년, 페레이라는 예수회에 '조정에 (내가 마음만 먹으면) 비밀은

토마스 페레이라의 흉상

없다'라고 적었다.[12] 페레이라는 자신감이 있었고 강희제는 더 넓은 세계에 대한 예수회의 지식을 높이 샀다. 그래서 강희제는 토마스 페레이라와 갈레오테 페레이라를 네르친스크 회담에 보내 러시아인들과 자리하게 했다.

청나라 대표단이 협상 중에 무언가를 말하고자 할 때면 예수회 사제들에게 만주어로 얘기했다. 예수회 사제들은 만주어를 라틴어로 번역해 폴란드 통역사인 안드레이 벨로보츠키Andrei Belobotski에게 전달했다. 그러면 벨로보츠키는 골로빈을 위해 라틴어를 러시아어로 번역했다. 두 사제는 대화가 어떻게 오갔는지 세세하게 기록을 남겼고 언어 그 이상의 무언가를 통역한 건 분명하다. 또한, 두 사제는 서부 유럽과 동아시아의 법과 정부, 정치적 권위의 본질에 관한 개념을 번역하는 임무를 맡았다.

토마스 페레이라는 회고록에서, 러시아인들이 야만인이 아니라, 조약을 체결할 수 있는 문명인이라고 청나라를 설득시켜야 했다고 서술한다. 하지만 그는 청나라가 자기들을 바라보는 방식을 향해 다소 분노를 표한다. '중국은 초창기부터 조공을 바치는 국가의 국민 외에는 외국인을 받아들이지 않았다.' 토마스 페레이라는 일기장에 적어 나갔다. '세계를 바라보는 무신경하고 무지한 시각으로 인해, 타타르인(즉, 청나라인)은 중국인들만큼이나 자부심을 품고 타국들을 주변국들과 마찬가지의 유목민족 수준으로 여겼다. 그들은 자랑스럽게 소위 '천하(天下, 말 그대로 하늘 아래라는 뜻으로, 공통된 가치관과 통일된 질서가 정립되고 정치 이상이 실현되는 이념적 세계로 정의된다.-옮긴이)'—즉, '하늘 아래' 모든 세상

만물이 중국의 일부라고 생각했다. 마치 다른 세상은 존재하지 않는 것처럼 말이다.'[13] 페레이라의 이야기에 따르면, 자신이 유럽인들이 '국제법'이라고 부르기 시작한 개념을 청나라에 도입시켰다고 한다─국가를 국경과 주권을 가진 영토의 주인으로 보는 관점으로, 다른 국가들은 받아들여야 할 의무가 있었다. 국제사회를 바라보는 비교적 참신한 견해였다. 네르차강 근처에서 회담이 열리기 딱 40년 전에, 1648년 30년전쟁(유럽에서 로마가톨릭교회를 지지하는 국가들과 개신교를 지지하는 국가들 사이에서 벌어진 종교전쟁 - 옮긴이)을 종결지은 베스트팔렌조약에서 구체화한 개념이었다.

러시아 차르국의 지도자들은 이 '베스트팔렌조약(베스트팔렌조약은 최초의 근대적인 외교 회의를 통해 나온 것으로, 국가 주권 개념에 기반을 둔 새로운 질서를 중부 유럽에 세웠다. 국제법의 출발점이라고도 한다. - 옮긴이)'에 담긴 세계관을 합리적으로 이해했다. 예수회도 이 세계관을 이해했다(비록 교황이 인정하지 않았을지라도 말이다). 청나라가 이 관점을 충분히 받아들여 러시아 차르국 사절단과 정식 국경 협정에 서명할 수 있도록 설득시키는 건 예수회의 몫이었다. 양측이 말할 때마다 세 언어를 통역하느라 시간이 오래 걸렸고 조약이 불발될 뻔한 순간도 여러 번 있었다. 하지만 1689년 9월 6일, 끝내 협상은 종결되었고 네르친스크조약을 체결하였다. 의미심장하게도 중국어로 된 조약문을 쓰지 않았다. 예수회와 벨로보츠키는 최종 조약문을 라틴어로 남기기로 동의했으며, 각 장에 러시아어와 만주어─청나라의 공식어─로 번역본을 달았다. 중국어 번역문은 시간이 훨씬 지나서야 완성되었다. 사실 글자를 읽을 수 있는 중국인들에게 조약문을 기밀로 유지하려고 한 듯하다.

조약문 라틴어본에서는 청나라를 '시니치 제국Imperii Sinici'이라 지칭했다. 만주어본에서는 '둘림바이 구룬'이라고 일컬었는데, 이는 '중심 국가'로 번역될 수 있다. 명백하게도 이는 중국에 해당하는 만주어다. 하지만 명심해야 할 점은 유럽 예수회가 청나라의 세계관을 해석했다는 것이다. 페레이라는 청 조정이 다른 명칭, 즉 천하를 사용했다고 밝혔지만 사실 청나라가 '천하에 있는 만물'을 다스린다는 주장이 러시아가 따른다고 주장하는 '만국공법萬國公法'과는 맞지 않는다는 걸 알고 있었다. 그 이유로 조약문을 중국 대중에게 비밀로 유지하려고 했던 것이 거의 확실하다. 황제가 국경 협정에 서명했다는 걸 알게 된다면, 결국 황제는 '천하의 만물'—천하의 통치자가 아니라는 결론을 내렸을지도 모른다. 중국이라는 단어가 내포하는 정치 철학은 파멸을 불러일으킬 수도 있었다.

이후 네르친스크조약문은 중국이 외세에 자국을 '중국'이라고 지칭한 최초의 문서로 유명해졌다. 하지만 사건의 이러한 해석은 실제로 일어난 일을 오해할 소지가 있다. 회담에 참석했던 사람들의 설명은 공식 협상에서 사용한 언어가 중국어가 아니라는 점을 분명하게 한다. 협상 임무에 소속된 중국인 관료가 없었고(그래서 중국어 기록이 남아 있지 않다), 청나라 사절들이 만주어나 몽골어를 썼다고 페레이라가 명백히 밝혔기 때문이다. 네르친스크조약문은 신생 '중국'이 '성숙했다는 걸' 보여 주는 문서라고 보기보다는, 유럽인이 이해할 수 있는 언어로 예수회가 한 아시아 국가를 소개하려는 시도로 보는 게 더 정확할 것이다. 이런 의미에서, 제르비용과 페레이라는 단순히 언어만 번역한 게 아니라, 정치 질서와 국가 본질의 개념을 전혀 다르게 해석했다. 청과 러시아 사이의 평화라는 더 큰 이익을 위해, 대청국의 본질을 유럽 외교 질서에 끼워 맞춘 것이다. 후대의 민족주의자 역사가들이 뭐라 썼던, 네르친스크조약은 '중국의' 국가가 자기 자신을 최초로 중국이라고 부른 순간은 아니었다. 예수회 사제들이 동서양에 관한 지식을 활용하여 국가를 영토가 아닌 통치자를 향한 충성에 따라 정의하는, 꽤 다른 지역적 질서를 '만국공법'에 적응시키는 순간이었다.

강희제는 북부 국경 지역에 찾아온 평화를 감사하게 생각했을지도 모르지만, 조정이 네르친스크조약 공표를 위해 만국공법을 암묵적으로 찬성하는 것에 썩 열광하진 않았다. 예수회 신도이자 조지타운 대학교의 20세기 중국학자 조셉 세베스Joseph Sebes는 그 당시 어떤 중국어 자료에도 네르친스크조약이 글로 남겨진 흔적을 찾아볼 수 없다고 지적했다. 하지만, 예일 대학교의 피터 퍼듀Peter C. Perdue 중국사 교수는《강희실록康熙實錄》(강희제 말기에 편찬된, 강희제의 일상을 기록한 책 – 옮긴이)에 조약문 사본이 실려 있다는 걸 발견했다. 네르친스크조약이 체결된 지 약 200년이 지난 지금까지도 공개되지 않은 듯싶다. 19세기 말, 청나라가 러시아와 무력으로 대치하는 상황이 발생했고 조약문 원문을 근거로 들어야 할 필요성이 생겼다.

인원은 적을지라도, 17세기와 18세기 동안 청나라 궁정에서 예수회가 행사한 영향력은 매우 컸다. 때때로 사제들은 베이징에서 수십 년을 살면서(토마스 페레이라는 베이징에서 32년을 살았다) 관료들과 직접 이야기를 나누고 심지어 황제를 알현하기까지 했다. 사제들은 예수회와 가톨릭교회 상부에 상세한 보고서를 보냈고, 보고서를 통해 유럽 사람들은 동양의 신비한 나라에 관해 더 잘 알게 되었다. 이 나라에 '중국'이라는 이름을 부여하고 지도와 책으로 유럽 대중에 소개한 건 기본적으로 예수회 사제들이다. 갈레오테와 토마스 이후, 두 페레이라의 글에서부터 진짜 '중국'이 시작되었다고 말할 수 있다.

러시아와 협상 시 예수회가 '중국'을 대청국을 나타내는 칭호로 선택한 것은 한 명칭을 다른 언어로 번역한 것 훨씬 그 이상이었다. 예수회가 시작한 과정을 통해 중국은 자국을 새롭게 소개하고 나아가 자국을 새로운 관점에서 생각하게 되었다. 중국은 수천 년간 쓰였지만, 청 말기가 돼서야 국제 관계에서 흔하게 사용되기 시작했다. 일본의 역사학자 가와시마 신의 연구에 따르면, 19세기 전반까지 작성된 28개의 외교문서에서만 청과 중국이라는 표현을 섞어서 사용하였다고 한다. 하지만 중국은 19세기 후반에 더 널리 쓰였다. 예를 들면, 1861년 러시아, 1880년 미국과 맺은 조약들에서 등장한다. 하지만 1861년 중국-페루 무역협정의 표현을 보면 중국을 '대청국大淸國'이라고만 언급한다. 아리프 디를릭은 협정에서 정부의 행동을 가리킬 때 청나라 사절단은 '대청국'이라는 단어를 사용하고, 하나의 영토를 가리킬 때는 '중국'을 사용했다고 추정한다.[14]

하지만 미국의 지리학자 리처드 스미스는 역사적으로 중국이 일관성이 있게 사용된 이름은 아니었다고 한다. 이 확실한 형태가 없는 영토를 설명하기 위해 고문서에서 사용된 용어 중 하나일 뿐이었다. 중화中華—'꽃이 피는 중심', 신주神州—'영적인 지역', 구주九州—'아홉 개의 지역', 중토中土—'중앙의 땅', 그리고 천하天下—'하늘 아래의 만물' 등의 용어도 있었다고 밝힌다. 이러한 용어 간의 관계와 고문서에서 정확한 의미의 차이는 전혀 명확하지 않다고 한다. 20세기 중국 역사학자 첸 리안카이(陳連開, 진연개)는 중화가 3~4세기에 최초로 사용되었고, 이는 중국과 화하華夏—금金나라가 통치했던 '문명화된' 지역을 설명하는 두 가지 표현—가 합쳐진 것이라고 피력한다. 첸은 중국Zhong guo과 중화Zhong hwa라는 용어가 그때부터 호환하여 사용되었다고 주장한다. 컬럼비아 대학교의 리디아 리우Lydia H. Liu 중국어학과 교수는 '중국' 안에 거주하는 '뛰어나고' '문명화된' 사람들과 중국 밖의 '오랑캐', 즉 이夷 또는 이적夷狄을 구분하기 위해 화華와 하夏라는 용어를 모두 사용했다고 한다. 리우는 화華와 하夏라는 단어가 정체성의 '본질'을 망라한다고 말하면서도, 실제 및 함축된 의미는 수천 년에 걸쳐 변했다는 것에 동의한다.[15]

일대일로 국제 협력 고위급 포럼 등의 행사에서 현대 중국이 보여주는 자아상은 19세기 말과 20세기 초 지식인들과 운동가들의 상상력과 논의를 바탕으로 만들어지고 주입된 결과물이라고 볼 수 있다. 상하이와 같은 식민 도시의 사상가들과 해외로 망명한 사람들 간의 논의를 걸쳐 창조되어 나온 것이 마치 중국 본토에서 잉태한 민족국가의 구상에서 나온 척 굴지만, 실제로는 서양의 '중국'에 대한 관념에서 나온 이미지를 바탕으로 구체화되었다는 걸 우리는 이 책에서 살펴보게 될 것이다. 이러한 논의는 새로운 국가가 개혁된 입헌군주제를 채택해야 하는지 또는 혁명 공화국이 되어야 하는지, 그리고 단일민족국가가 되어야 하는지 아닌지에 관한 두 가지 쟁점과 떼놓고 생각할 수 없다.

장더이(張德彝, 장덕이)는 19세기 후반 대청국을 대표하는 인물이다. 그는 청나라 신민 최초로 유럽과 미국을 여행하고 거주했다. 만주 조정 내 개혁파가 제2차 아편전쟁 이후 청나라에 들어와 외세의 압박을 가하는 신규 파견 사절들과 협력을 도모하기 시작할 때였다. 1862년, 장덕이는 15세의 나이로 베이징 소재 동문관同文館—통번역 대학—에 입학했다. 장덕이는 최초로 동문관에 입학한 열 명의 학생 중 한 명이었다. 개혁파가 설립한 동문관은 '청나라 해관(해외 무역을 담당하는 세관 - 옮긴이)'의 지원을 받아 조정과 외세가 공동으로 운영했다.

해관은 아편전쟁이 낳은 또 다른 결과물이었다. 숱한 피를 흘린 태평천국의 난과 유럽 열강의 일제 공격, 그리고 청조 내부의 쿠데타 등 혼돈 속에서 탄생한 기관으로, 아리송한 혼합 조직이었다. 케임브리지 대학교 역사학자 한스 반 드 방Hans van de Ven은 그 기원을 1854년 영국과 청나라 간에 체결한, 상하이를 국제적으로 '할양'하는 비공식 협정에서 찾는다. 1861년, 베이징 외곽에 있는 황제의 여름 별장용 궁전(원명원圓明園)이 영국과 프랑스 군대에 의해 파괴된 지 얼마 되지 않아, 이곳은 관공서가 되었다. 해관은 명목상으로 황제의 권한 아래에 있었으나 실제로는 영국 관리들이 운영했다.[16] 그래서 업무 운영을 위한 통역사가 필요했고, 통번역 대학(동문관)을 설립하였다. 하지만 이 대학은 단순히 문서를 번역하는 것 이외에도 서구의 사상이 청나라 엘리트 사회로 유입되는 결정적인 관문이 되었다.

장덕이는 통번역 대학에서 3년간 영어와 프랑스어를 배웠다. 1866년, 조정은 유럽의 실상 조사를 위한 사절단을 꾸렸고, 장덕이가 후보자였다는 건 너무나 명백했다. 그 후 1868년에는 미국과 유럽으로 파견되어 길게 체류했고, 1871년 프로이센-프랑스 전쟁(통일 독일을 이룩하려는 프로이센과 이를 저지하려는 프랑스 제2제국 간에 벌어진 전쟁 - 옮긴이)이 끝나자마자 프랑스로 갔다. 그는 여행기를 쓰며 —갈레오테 페레이라와 토마스 페레이라가 300년 전에 그랬듯이— '기이한 복장과 이상한 취향'을 가진 사람들에게 받은 인상을 기록했다.[17] 만난 사람들 대부분에게 영감을 받았지만, 조국을 잘못된 이름으로 부르는 유럽인과 미국인들이 답답했다. '수십 년간 동서양이 외교 관계를 맺고 교역을 하니, (그들은) 우리나라가 대청국 또는 중화(꽃이 피는 중심)라고 불리는 걸 매우 잘 알고 있었다. 하지만 계속 차이나, 자이나Zhaina, 키나Qina, 시인Shiyin, 지나Zhina, 키타Qita 등으로 부른다.' 장덕이는 불평했다. '4000년이 넘는 역사에서 중국은 그런 이름으로 불린 적이 없다. 무슨 근거로 서양인들이 그렇게 부르는지 도통 알 수가 없다!'[18] 장덕이에게는 통치하고 있는 왕조명을 부르는 게 맞았고, 한 영토를 묘사해서는 안 됐다.

장덕이는 서양의 교섭 담당자들을 설득시키려고 1871년 5월에 이 글을 썼지만, 서양인들을 설득시키는 데는 실패했다. 대신 그 이후로 수십 년간, 심지어 동료들 사이에서도 다른 의견이 우세해졌다. 1887년, 외교관 황준헌黃遵憲은 '제대로 된 국명'이 없다고 불평했다. 황준헌은 1877년 일본에 새로 부임한 청나라 공사의 참사관으로 파견되어, 일본이 개항하고 근대화에 시동을 거는 모습을 5년간 지켜보았다.[19] 급격한 생활수준 향상에 감명을 받은 그는 본국에 있는 동료 외교관들에게 실상을 알려 주기 위해 자신이 목격한 일본의 변화를 긴 글로 풀어냈다. 하지만 다른 외교관들은 그다지 관심

청나라 외교관 황준헌의 모습

이 없었다. 황준헌의 글은 주목을 받지 못하다가 1894~1895년 청일전쟁에서 일본이 중국에 승리한 후, 일본에 관해 중국어로 기록한 가장 중요한 정보로 떠올랐다.

황준헌의 책은 일본의 근대화를 찬양하는 글로 시작하지 않는다. 황준헌은 조국을 비판했다. 국호의 부재를 지적하는 게 최우선이었다.

연구에 따르면, 영국이나 프랑스 등 전 세계 여러 국가는 자신만의 국호를 자랑한다. 중국만 국호가 없다… 여러 언어로 우리나라는 '차이나'라고 번역되지만, 우리는 스스로를 그렇게 부른 적이 없다. 최근 외국인과 대화할 때 우리는 '중화(가운데서 빛나다)'라는 용어를 쓰기 시작했다. 하지만 이웃 국가들은 세상 모든 국가가 스스로를 중심에 있다고 생각한다면서 비난했다. 게다가 내 나라가 '빛나고' 다른 국가를 '야만적'으로 취급하는 건 타국

을 비하하기 위해 자국의 영광을 높이는 꼴밖에 되지 않는다.[20]

1897년, 황준헌은 일본, 샌프란시스코, 런던, 싱가포르에서 외교관으로 재직했다. 그 후 후난성 '안찰사按察使'로 임명되었다. 황준헌은 직위—공식적으로는 지방 관료를 감독하기 위해서였다—를 이용하여 청나라의 개혁을 지지했다. 그는 성도省都 창사(長沙, 장사. 후난성의 성도-옮긴이)에 '시무학당時務學堂'이라는 학교를 건립하고 당대의 가장 유명한 개혁가였던 량치차오(梁啓超, 양계초)를 대표 교수로 초청하였다. 전년도에 황준헌과 량치차오는 《강학보强學報》—'학습에 힘쓰는 신문'—를 공동 창간(또 다른 개혁가 담사동譚嗣同도 함께하였다)하였고, 이 학보는 나중에 특히 큰 영향력을 발휘하게 된다.[21]

황준헌과 량치차오는 헌법 개혁이 필요하고, '적절한' 국호를 갖춰야 한다는 데 동의했지만, 무엇을 국호로 정할지에서는 의견이 갈렸다. 황준헌은 '중앙'을 뜻하는 '중(中, Zhong)'을 좋아하지 않았다. 1887년에는 중국보다 더 위대한 뜻을 담은 화하華夏가 국호로 적절하다는 글을 썼다. 말 그대로 번역해 보면 '번영하는 위대함'이지만, 동시에 국가의 본질이라고 생각했던 사람들을 지칭하는 오래된 명칭, '화華'와 '하夏'를 살리고 싶었다. 그러나 화하가 국가 이름보다 민족을 일컫는 데 적절하다는 다른 이들의 주장 속에 황준헌의 의견은 대체로 묻혔다.

량치차오의 모습

새로운 자리에서 두 사람은 계속해서 근
대화에 압박을 가했다. 량치차오의 멘토이
자, 급진파 학자 캉요우웨이(康有为, 강유위)
와 함께 헌법 개혁을 위해 어린 광서제를 만
나게 해 달라고 부탁했다. 1898년, 광서제
에게 압력을 가한 결과, 그는 교육과 군사,
공무 조직의 온건한 변화를 담은 40개의 칙
령을 공포했다. 극적으로 바뀐 것은 없었지

캉요우웨이의 모습

만, 조정 보수파의 걱정은 하늘을 찔렀다. 103일 후, 광서제의 이모인
서태후(권좌 뒤의 실세였다)가 쿠데타를 일으켰고 광서제는 새로운 칙령
을 포기해야 했다. 광서제는 그 후 10년간 계속해서 왕위를 유지했으
나 사실 실질적인 권력을 빼앗긴 것과 마찬가지였다. 실제로는 서태후
가 광서제를 통해 나라를 통치하고 있었다. 백일유신(캉요우웨이를 비롯
한 변법파는 9월 21일부터 103일 동안 변법 제정과 국회 개설이라는 제도 개혁과
경사대학당 설립 등 인재 양성을 중심으로 한 갖가지 개혁안을 상유上諭를 통해 발
표했다. 이를 무술변법 또는 백일유신이라고 한다. -옮긴이)을 추진한 무술 6군
자는 처형을 당한 한편, 캉요우웨이와 량치차오, 황준헌은 몸을 피했
다. 황준헌은 남부에 있는 고향(광둥성)으로 피신했고, 정계에서 물러나
시를 썼다. 처형이 목전으로 다가오자, 캉요우웨이와 량치차오는 더 멀
리 일본으로 도망친 후 계속해서 활동했다.

오늘날 요코하마 차이나타운의 네온 불빛은 관광객을 끌어들인다.

20세기의 전환기, 오늘날의 관광 명소인 그곳에서는 체제 전복을 꿈꾸는 중국인들이 북적거리며 모였다. 량치차오는 그곳을 기점으로 두고, 일본이 이미 걸어간 길, 즉 조국을 근대화의 길로 나아가게 하는 사상을 퍼뜨리기 위해 글을 쓰고 신문을 발간하였다. 하지만 근대 민족국가는 국호가 필요했다. 1901년에 쓰여 널리 읽힌 글 '〈중국 약점의 근원(중국적약소원론中國積弱溯源論)〉'에서, 량치차오는 '외국인들은 우리나라를 "시나" 또는 "차이나"라고 부른다. 하지만 우리가 스스로를 바라보는 관점과는 다르다'라고 독자들에게 이야기하며 30년 전에 활동한 장덕이와 뜻을 같이했다. 하지만 장덕이와는 달리, 량치차오는 특히 '대명국' 또는 '대청국' 같이 통치 왕조의 이름을 따서 국호를 붙이는 전통적인 명명법에 불만이 있었다. 중국 국가가 애초에 존재하지 않는다는 걸 내포할까 두려웠다. 호주 출신의 중국학자 존 피츠제럴드John Fitzgerald에 따르면, 량치차오에게 국호가 없다는 건 중국인의 문화적·지적 미숙함을 방증하는 것이었다. 량치차오는 이를 '모든 이의 머릿속에 박힌' 개념적인 오류라고 불렀다.[22]

량치차오가 선택한 단어는 사실 그가 쓴 글 제목(〈중국적약소원론〉)에 등장하는 중국이었다. 그는 '중심 국가'라는 뜻의 중국에서 역사관을 차용했는데, 여기서 '중심'이란 오래된 계급주의적 우주론의 관점에서 '세계의 중앙'을 의미했고, 량치차오는 여기에 새로운 의미를 더했다. 중국은 더 이상 지역적 정치 제도를 대표하지 않는 단순 명칭이 되었지만, 수 세기 동안 사용되었다고 주장할 수 있는 '이름'이 되었다. 중국이라는 개념은 외국인이 쓰는 '차이나China'와 완벽하게 대응하는 중국으로 대체되었다. 단어를 유지하면서도 그 의미를 완전히 바꾸는 것은 근대 중국을 구성—발명—하는 과정의 핵심이었다. 량치차오는 완전히 실용적인 이유로 중국을 선택했다. 청나라가 다른 나라와 외교를 할 때 이미 사용되기 시작한 이름이었기 때문이다. 하지만 앞서 살펴보았듯이, 이 과정조차도 말처럼 간단하진 않았다. 대청국의 국토를 상징하는 중국을 선택함으로써, 량치차오는 자신도 모르는 사이에 외국에서 유래한 사상을 채택한 것이다.

중국Zhong guo은 오늘날 중국어로 중국China을 뜻하는 단어이지만, 20세기 첫 10년간은 국호의 영광을 누릴 수 있는 후보 중 하나에 불과했다. 특히 개혁에는 관심이 없고, 대청국을 무너뜨리는 게 최종 목표인 혁명파의 반대를 샀다. 그중에는 장빙린(章炳麟, 장병린)이라는 청년이 있었다. 장빙린은 성년이 되자 경서를 공부하고 사대부가 되어 벼슬에 나갈 준비를 했다. 하지만 1894~1895년 중일전쟁에서 청나라가 패하자, 신사의 꿈을 버리고 상하이에서 캉요우웨이와 량치차오의 개혁 운동에 합류했다. 1896년에는 개혁주의 신문에 기고하기 시작했고, 량치차오가 발간한 《시무보時務報》(시사 잡지)의 편집장이 되었다. 하지만 둥글지 않은 성격 탓에 상사와 주필, 관리들과 사이가 틀어졌다. 결국

장빙린의 모습

1898년 말, '백일유신'을 추진한 개혁가들에 대한 핍박을 피해 장빙린은 대만으로 망명해야 했다. 대만은 1895년 종전 이후 일본에 할양되었다. 대만에서 장빙린은 량치차오가 이어서 개간한《청의보清議報》(순수한 의견을 담은 잡지)에 글을 쓰기 시작했다.《청의보》는 보황회保皇會(황제 보위 협회)의 대변자 역할을 했다. 캉요우웨이와 량치차오는 개혁을 추진하고 특히 광서제의 권력을 회복하는 데 힘쓰기 위해 보황회를 설립하였다. 1899년에 더 많은 문제가 생기자, 량치차오는 장빙린을 일본으로 초대했고, 장빙린은 일본으로 가서 몇 달간 머물렀다. 하지만 그해 말이 다가오자 그는 상하이 조계로 돌아와 더 급진적인 성향의 신문《소보蘇報》에 투고했다.

상하이는 청나라 지식인이 모이는 중심지였다. 서구의 자본주의와 서양 문화의 거품이 쇠퇴하는 제국으로 쏟아졌다. 23제곱킬로미터 크기(약 7000평)의 조계는 서구 열강의 식민지로, 기본적인 언론의 자유가 다소 보장되었다. 해로로는 외국과 연결되어 있었고, 신문과 출판 도서를 통해 내지와도 연결되어 있었기에 상하이는 사상이 교류되고 대중을 선동하기가 쉬웠다.

서양에는 '의화단운동'이라 알려진 외세 배척 운동이 서부에서 일어났을 때, 장빙린은 상하이에 살고 있었다. 의화단은 베이징 외국 공사관이 모여 있는 지역을 포위했고, 해외 8개국은 자국민을 구하기 위해 파병했다. 양쪽의 피로 물든 잔혹한 여름은 의화단의 패배와 청 왕실의 도주로 끝이 났다. 장빙린은 의화단운동에 개입하지는 않았지만, 청나라를 바라보는 관점이 급격하게 바뀌었다. 외국 군대가 베이징으로 진격하자 그는 개혁에 대한 믿음을 버렸다. 나아가 청나라가 무너져야 한다고 주장하기 시작했다.[23] 그는 혁명파가 되어 결국 량치차오와 캉요우웨이와 결별한다.

장빙린의 변화 중 가장 중요하게 살펴보아야 할 것은 인종주의에 대한 믿음이 깊어졌다는 것이다. 무술변법이 실패하고, 청 조정이 의화단운동에 어떻게 대응하는지 직접 눈으로 본 장빙린은 청 지도층이 부패하고 무능할 뿐만 아니라 외국인이라는 사실을 깨달았다. 둥베이 지방의 외지인인 만주족이 1644년 명나라를 손에 넣은 건 맞지만, 그렇다고 청나라를 통치할 권리는 없었다. 1901년 8월, 그는 국내 최초의 혁명 학생 잡지《국민보國民報》에서 만주족은 근본적으로 우리와 다른 민족이므로 국가의 통합에 대한 량치차오의 주장은 옳지 않다고 피력했다. '만주족은 독자적인 글쓰기 체계를 가지고 있고', 펠트 요에서 자고, 유제품을 먹는다고 지적했다.[24]

장빙린이 량치차오를 맹렬하게 비판하는 동안, 외국 군대는 베이징을 점령하여 주둔하고 있었다. 외국 군대는 1901년 청나라가 제국주의 세력에 배상금을 지급해야 한다는 내용인 평화조약(신축조약, 1900년 8월에 8개국 열강 연합군이 의화단운동을 진압하고, 청나라 베이징을 점령한 다음 이듬해 1901년 9월 7일 열강 세력이 청나라 정부를 압박하여 체결한 불평등조약을 말한다.-옮긴이)에 서명한 후에야 청나라를 떠났다. 장빙린은 자신이 우러러보던 개혁파가 외세에 항복하는 모습을 보고 신물을 느꼈다. 누가 봐도 실패한 만주족을 조국에서 제거하고 싶었기에 혁명의 필요성이 더 간절해졌다. 개혁파와의 결별을 보여 주기 위해 이름을 장빙린에서 장타이엔(章太炎, 장태염)으로 바꿨다. 청나라를 타도하겠다는 새로운 믿음의 공공연한 다짐이었다. '타이엔'은 250년 전 청의 정권 장악에 저항했던 두 학자의 이름에서 유래한 것이다. '타이(太, 태)'는 황종희黃宗義의 필명 태충太沖에서, '옌(炎, 염)'은 고염무顧炎武의 이름에서 따왔다.[25] 장빙린은 '명나라에 충성을 다한' 이 두 학자를 진정한 국가 정신의 수호자이자, 내륙 아시아의 침략자들(만주족)에 저항한 영웅으로 여겼다. 1903년, 그는 황제를 공공연하게 직접 비판할 준비가 되어 있었다―만주/청 왕조를 개혁할 수 있다고 지금까지 믿는 사람들도 말이다. 그래서 국가의 미래와 올바른 적절한 국호에 관해 다시 생각해 보게 된다.

이 불타는 움직임에 장빙린을 동경하는 한 젊은이, 리우스페이(劉師培, 유사배)가 발을 들인다. 1903년 초, 리우스페이는 관직 진출을 위해 애썼지만, 그해 말에는 청나라를 무너뜨리고 싶어 했다. 관점을 변화시킨 기폭제 중 하나는 갓 이름을 바꾼 장타이엔과의 만남이었다. 대대로 전통적인 학자와 관료를 배출한 집안 출신이었던 리우스페이는 청나라 엘리트의 길을 걸으리라고 예상되었다. 1903년, 열아홉 살이 되던

리우스페이의 모습

해, 부모님은 과거 시험인 진사를 치르라고 리우스페이를 베이징으로 보냈지만 낙제의 고배를 마셨다. 실망한 부모님 얼굴을 볼 면목이 없었던지 그는 고향으로 돌아가지 않고 장강을 따라 상하이까지 200킬로미터를 여행했다. 상하이에서 리우스페이는 33세의 장타이엔을 만나게 된다. 장타이엔은 정치 개혁을 하다 부침을

여러 번 겪었고 실패의 쓴맛을 보았다. 장타이옌은 청과 결별하고 혁명의 길을 걸을 준비가 되어 있었다. 그렇게 장타이옌은 리우스페이를 혁명의 길로 인도한다. 거의 하룻밤 사이에 리우스페이는 관직 후보에서 청나라를 무너뜨리고자 하는 선동가로 변했다.[26]

1903년 중반, 장빙린은 상하이 조계에서 상대적으로 보장된 언론 자유를 이용해 청나라에 직접 도전한다. 《소보》에 실은 '혁명에 관한 캉요우웨이의 글을 반박하다'라는 기사에서, 장빙린은 황제를 '우둔한 광대'라고 거세게 비판했다.[27] 그 결과 청 조정에서 체포 영장이 발부되었다. 1903년 6월 30일, 장빙린은 조계 경찰이 자신을 체포하는 걸 순순히 허락했다—한편으로는 혁명에 뜻이 있다는 걸 보여 줄 수 있었고,[28] 다른 한편으로는 청나라에 체포되면 사형을 선고받을 게 뻔했기에 피하는 게 나았다. 사형은 간신히 면한 대신 장빙린은 명예훼손죄로 상하이의 영국 감옥에서 3년 형을 선고받았다. 하지만 아이러니하게도 감옥 생활이 너무 힘들어 자살을 생각하기도 했다. 그는 불교로 마음을 위로했고 수감 생활 동안 반만주 감정은 더 커져 갔다.

한편, 장빙린의 젊은 친구 리우스페이는 만주족을 타도하는 글을 쓰는 작가로서의 경력을 시작하려던 참이었다. 1904년, 불과 스무 살의 나이에 첫 작품,《양서攘書》(추방에 대한 책)를 발간했다. 독일 출신 중국학자 율리아 슈나이더는 '양이攘夷'—'오랑캐를 추방하자'—라는 표현이 동시대인들에게 널리 쓰였으리라 지적한다. 중국 지도층들은 지난 수천 년의 역사를 다룬 다양한 사화史話에서 양이를 언급했다. 이 책은 중국 역사에서 오랑캐를 '축출'하고자 하는 목적으로 쓴, 외국인을 조국에서 쫓아내기 위한 전주곡이었다. 이 일로 리우스페이는 외국인으로부터 해방된 조국에 어울리는 이름이 무엇인지 고민하게 되었다.

《양서》에서 리우스페이는 고서를 근거로 국호가 될 수 있는 몇 가지 후보를 언급했다. 그중에는 하夏, 대하(大夏, 위대한 하), 제하(諸夏, 다양한 하), 제화(諸華, 다양한 화) 그리고 이 두 글자를 조합한 화하華夏가 있었다. 리우스페이는 내부인과 외부인을 분명하게 구분하기 위해 국가의 경계를 정하는 국호를 원했다. 진나라 이전의 역사에 기원을 두면서, 진정으로 정통성을 보여 줄 수 있는 이름이 필요했다. 리우스페이에게 진秦은 찬탈자들이었기 때문이다. 그래서 당시의 고전 《산해경山海經》(선진先秦 시대에 저술되었다고 추정되는 대표적인 신화집이자 지리서 - 옮긴이)을 참조했다. '우리를 네 방향 이인(오랑캐)과 구분하려면 대하를 국호로 정해야 한다'라고 주장했다.[29] 리우스페이는 대하가 외부 통치자의 지배를 받지 않는 고대 문명을 뜻한다고 생각했다―청으로부터 자유로운 미래 국가에 적절한 이름이었다.

쑨원의 모습

1894년 11월 24일, 청나라 해군이 일본군에 패배한 지 두 달이, 일본군이 랴오둥반도를 점령한 지 3일이 지났다. 2주 전 만 28세 생일을 맞은 쑨원(孫文, 손문. 본명은 쑨떠밍[광둥어, Syūn Dāk-mìhng)은 이후 스스로 문文이라 이름을 바꿨다. 호는 중산中山으로 일본에 있을 때 사용한 가명인 나카야마中山에서 유래하였다. 현대 중국인들에게는 쑨중산(孫中山, 손중산)이라는 경칭으로 불리고 있다. 영미권에선 호 이셴逸仙의 광둥어식 발음 얏센으로 더 잘 알려져 있다.─옮긴이)과 형, 친구 몇 명은 하와이에서 모여 혁명을 약속했다. '타타르족을 몰아내고, 쇠약해진 국가를 다시 일으키며, 통일된 정부를 세우겠다'라고 약속했다. 앞의 말은 흥중회興中會─말 그대로 '중앙을 부흥시키고자 하는 모임'이라는 뜻의 흥중회 창립회의 선언문 중 일부다. 흥중회는 소규모 결사에서 시작하여 17년 후, 대청국을 정복하는 단체로 발전한다. 그때쯤이면 쑨원은 쑨중산이나 쑨얏센으로 더 잘 알려졌을 것이다.

쑨원의 부모는 열세 살이 되던 해 아들을 하와이로 보냈다. 그 후에는 홍콩에서 유학했다. 쑨원의 스승 대부분은 영국인 또는 미국인이었다.[30] 그날 하와이에서 모인 다른 흥중회 회원과 마찬가지로, 영어를 유창하게 구사하던 쑨원은 어디에서 왔느냐는 질문을 많이 받았다. 영어로 물었을 때는 답할 수 있었다─'중국China'. 하지만 중국어로 물어봤다면 뭐라고 대답했을지 생각해 보는 계기가 되었을 것이다.

홍콩에서 의대를 다니던 시절, 쑨원은 청 지도층에 강렬한 적대감을 느꼈다. 1884~1885년에 인도차이나 국경을 두고 프랑스와 벌어진 갈등에서 청나라가 패배하는 것을 지켜보는 동시에, 전투에서 파손된 프랑스 군함 수리를 거부한 주룽九龍 조선소의 무장 노동자들에게 큰 감명을 받았다. 쑨원은 당연히 조국을 대청국이라고 부르지 않을 터였다. 쑨원과 혁명파 동지들이 선택한 국호는 중국이 아니라 중화였다. 국호를 선택하는 과정에서 쑨원은 역사를 직접적으로 인용했다─이를 이해하는 사람에게는 분명하게 인종주의적 의미가 담긴 표현이었다.

홍중회의 서약문은 명나라를 건국한 주원장의 구호를 빌려 온 것이었다. 14세기 몽골인들과 맞섰을 때 주원장은, '타타르족을 몰아내고 중화를 부흥하자'[31]라는 구호를 썼다. 이러한 서약을 채택함으로써 쑨원과 혁명 동지들은 만주어를 쓰는 둥베이 지방 출신인 청의 통치자들도 '타타르족'이라고 선언했다. 그들 눈에 만주족과 몽골족은 다를 바가 없었다. 어쨌든 내륙 아시아의 외부인은 중국을 지배할 권리가 없었다.

역사학자 피터 자로우는 중화—화하에 언어적 뿌리를 두고 있다—가 중국보다 더 민족적인 의미를 내포한다고 지적한다. 리디아 리우 교수가 짚은 바와 같이, 화인(華人, 중국 인구 대다수를 차지하고 있는 한족의 원류가 되는 화하족의 후예-옮긴이)의 땅을 뜻하는 것으로 보인다—따라서 '타타르족'을 암묵적으로 배제한다. 중화라는 이름은 '외국'인 청이 중화의 근대 문제의 원인이라고 봤던 혁명파의 마음을 끌었을 것이다. 또, 외교 협상에서 청이 자신을 중국이라 칭한다는 단순한 이유로, 이 국호에 편견을 가지게 되었을 수도 있다.

그 후 10년간 홍중회는 무력으로 청을 전복하려고 여러 번 시도했지만 실패했다. 무장봉기가 실패로 돌아가자, 1905년 다른 혁명 단체와 힘을 합친다는 뜻을 담아 동맹회同盟會를 결성했다. 동맹회는 실질적으로 도쿄에서 결성되었고 연합 지도부는 홍중회의 기존 강령을 유지하고 이에 두 강령을 추가하기로 했다. 그 결과 '타타르족 축출, 중화 부활, 공화국 창립, 토지 소유의 균등 분배'라는 강령이 마련되었다.

장타이옌이 상하이에서 수감 생활 중이었을 때 동맹회는 이러한 입장을 채택했다. 동맹회는 장타이옌이 동맹회를 열렬하게 지지해 줄 것이라는 걸 알았고 1906년 6월 말, 출소일에 혁명파 대표단을 보내 석방을 축하했다. 또 동맹회 기관지《민보民報》(국민의 잡지)[32]— 편집장 자리를 제안했다. 장타이옌은 바로 제안을 받아들여 상하이 부두에서 일본행 배에 몸을 실었다. 일본에서 장타이옌은 영웅급 환영을 받았다. 1906년 7월 15일 장타이옌을 보기 위해 약 2000명의 인파가 몰렸다. 그중 대부분은 중국인 학생이었다.[33] 약 1년 후, 장타이옌은 미래의 국가를 위한 국호 후보를 제안했고 이는 중국의 국호가 될 것이었다. 그는 수감 생활 동안 품어 왔던 생각을《민보》에 술술 풀어냈고, 반만주 혁명을 주장했다. 1907년에 쓴 긴 글에서는 만약 혁명이 성공한다면 우리나라를 뭐라고 불러야 하는지 질문을 던지기도 했다. 청 왕조가 물러나고 무너졌는데 대청국이라고 부를 수는 없는 노릇이었다. 장타이옌도 량치차오의 중국을 지지하지 않았다. '중국은 국토의 경계를 사방으로 정할 때만 의미 있다'라는 글을 썼다. 또, 인도와 일본에도 '중심국가'라고 자국을 통칭하는 비슷한 표현이 있었다. '이 표현은 한漢족의 땅만을 가리키는 건 아니다.'[34] ('한漢'이라는 용어의 발달사는 제3장 참조)

이때쯤 리우스페이도 일본에 도착했다. 일본에 도착한 리우스페이는 자신을 무정부주의자라고 선언하고《민보》에 투고했다. 하지만 아직 발족하지도 않은 국가에 대하라는 이름을 붙이라고 운동가들을 설득하는 데는 실패했다. 리우스페이처럼 장타이옌도 민족을 기반으로 하는 이름을 국호로 사용하고 싶어 했다. 하지만 국가와 국가에 거주하는 민족을 구분하고 싶었다. 장타이옌은 '하夏'가 민족을 지칭하기에는 적절한 용어라고 생각했다. 중국인은 하강〔夏河〕 연안에서 온 사람들이기 때문이다. 하지만 1907년에는 이는 '본래 국가가 아닌, 부족을 지칭한다'라고 썼다. 이게 리우스페이가 황준헌과 의견을 달리하며 근대 국가의 이름이 하夏가 되지 않았으면 하는 이유였다.

대신 장타이옌은 화華—말그대로 '꽃이 핀다'는 뜻이지만 '문명화되었다'는 함의를 담는다—가 더 낫다고 주장했다. 율리아 슈나이더에 따르면, 당시 망명한 혁명파들은 만주족이 화인華人이 될 수 없으므로 화에 민족적 함의가 있다고 보았다. 장타이옌은 화를 선택한 이유로 그럴듯하게 꾸민 역사적 설명을 들었다. '화는 우리 민족이 처음으로 점령한 지역에서 유래한 말이다… 화산華山(산시성의 화산)이 국경을 형성하였으므로, 이 나라에 화라는 이름을 붙였다… 화는 원래 민족이 아닌 국가를 일컫는 말이었으나, 오늘날에는 두 가지를 모두 뜻하는 일반적인 용어가 되었다.'[35] 율리아 슈나이더에 따르면, 화는 신흥 국가의 핵심을 담는 동시에, 코에 붙이면 코걸이, 귀에 붙이면 귀걸이처럼 꽤 유연했기 때문에 장타이옌이 선호했다고 한다. '중국인이 살았던 영토 전체를 비롯해, 장타이옌이 중국의 문화에 동화되었다고 가정한' 시베이 지방의 융(雍, 옹)과 량(凉, 양) 두 주州, 그리고 오늘날의 한국과 베트남까지 확장할 수 있었다—장타이옌의 말을 빌리자면 2000년 전 한나라 시대 '화인이 흙을 간' 장소까지 확장된다.

장타이옌은 거기에 중中을 붙여, 중화, 즉 '중앙의 화'라고 불렀다. 그리고 '화인의 고급 문화와 이족(오랑캐)의 저급 문화를 구분하기 위함'이었다고 선언했다.[36] 이름의 마지막 부분은 동맹회의 '공화국 건립'

강령을 충족시켜야 했고, 그래서 민국民國을 말이 만들어졌다—말 그대로 '민중의 나라'라는 뜻이다. 기사 마지막에는 청나라 다음에 올 국가의 이름은 중화민국中華民國이어야 한다고 썼다—말 그대로 '꽃이 피는 중심에 있는 민중의 국가'를 뜻했다.

피터 자로우에 따르면, 투옥 생활을 견뎌 낸 장타이옌은 혁명파 무리에서 엄청난 추앙을 받았고, 그의 주장은 특히나 비중 있게 다뤄졌다고 한다. 1907년에 장타이옌이 글을 발표하자, 미래의 국가의 새로운 국호를 무엇으로 할 것인지에 관한 혁명파 내부 논쟁이 매듭지어졌다. 량치차오는 혁명적 의제에 따라 중국을 고집했을지도 모르지만, 동맹회는 500년 전 명나라 주원장의 선언문에서 등장하고 반몽골주의에 뿌리를 두는 표현, 중화민국을 택했다. 량치차오는 계속해서 쑨원과 서구식 교육을 받고 혁명파에서 급부상하는 혁명가들을 중국의 역사나 문화를 이해하지 못하는 사람이라고 여겼다. 하지만 이는 중요하지 않았다. 결국 권력을 잡은 이들은 혁명파였기 때문이다—량치차오가 아니었다.

한편 리우스페이는 더는 무정부주의자가 아님을 밝히고, 고향으로 돌아와 청나라에 충성을 다짐했다. 1908년, 그는 장쑤성과 안후이성에 해당하는 양강兩江 총독의 민간 비서관으로 일하기 시작했다. 몇몇 이야기에 따르면 과거의 혁명 동지들에게 이 사실을 전했다고 한다. 장빙린/장타이옌은 결국 민족에 관한 견해를 바꿨지만, 하인夏人이 아닌 사람들이 중화민국에 포함되어야 하는가 마는가에 관해서는 확고한 자세를 유지했다. 그는 하인이 아닌 사람들이 하인의 물을 흐리리라고 생각했다. 하지만 그 이후로 국호를 둘러싼 토론에서는 발을 뺐다.

바다 건너 일본에서 망명 생활을 하는 소수 사이에서만 국호에 대한 열띤 토론과 주장이 오갔다. 하지만 혁명이 일어난 지 5년이 채 되지 않아 1912년 1월 1일 쑨원은 중화민국中華民國 초대 임시 총통에 선출되었다. 량치차오가 선택한 명칭―중국―은 새로운 국가의 공식 국호로 채택되지는 않았지만, 결론적으로는 더 좋은 보상을 안겨주었다. 오늘날 모든 중국인은 자국을 비공식적으로 중국Zhong guo이라고 지칭하기 때문이다. 그러나 다시 한번 이야기하지만, 실제 영광은 예수회에 돌아가야 할 것이다.

일대일로 국제 협력 고위급 포럼이 열린 금요일 저녁, 그 자리에 모인 정부 수장들은 시진핑 버전의 역사에 축배를 들며 무의식적으로 과거의 행동을 반복하고 있었다. 사람들은 자연스럽게 동아시아를 이끄는 리더는 중국이라는 이미지를 확인하기 위해 그 자리에 모였다. 하지만 이는 애초에 외국인들이 구성하고 나중에 민족주의자들이 의도적으로 채택한 이미지이다. 그리고 지금, 공산당 지도부는 고위급 포럼에서 이러한 이미지를 다시 세계에 투영하고 있었다. 베이징이 지역 질서의 중심 도시라는 사상은 새롭지 않다. 하지만 그러한 '질서'는 내륙 아시아의 국가들이 베이징을 행정 중심지로 삼았기 때문에 생겼다. 현재 동아시아 영토라고 정의된 장소의 지역 질서를 '차이나'라고 불리는 국가가 이끈다는 개념은 근대의 발명품이다.

서양인들은 중국과 교류하고 있던 인도와 캐세이 국경에 사는 사람들의 입을 통해 중국에 관한 이야기를 처음으로 들었을 것이다. '차이나'는 베일에 싸인 동아시아 왕국의 약칭이 되었다. 그리고 무역상들이 신비로운 나라에 처음으로 도착했을 때, 그들은 정치관의 차이에 어리둥절해졌다. 갈레오테 페레이라와 마테오 리치가 발견한 바와 같이, 16세기 중반 중국 내에서 '차이나'라는 개념은 존재하지 않았다. 그리고 '중국'이라는 표현은 국호보다는 주변 국가와 조공국 지도자들보다 정치적으로 우월하다는 걸 보여 주기 위한 엘리트들의 주장이었다. 청나라 사람들은 청이 '하늘 아래 만물'―천하―를 다스린다고 생각했다.

중국 국내 정책은 '중화' 사상을 중심으로 계속해서 움직인다. 중국의 문화가 새로운 민족에 뻗어 나갈 수 있고, 타민족을 변화시키고 동화시킬 수 있다는 관념을 압축한 사상이다. 다음 장에서 보겠지만, 아리프 디를릭이 말한 '소유권적 인식'―무언가를 소유한다는 느낌―은 지금도 중국이 지배하는 소수민족 지역 정책을 움직인다.[37] 그래서 묘족, 만주족, 몽골족이 거주했던 지역은 화인의 땅으로 간주된다. 한편, 티베트와 신장웨이우얼자치구에서는 문화적 투쟁이 계속되고 있다. 대만과 홍콩과의 갈등 역시 중화 문화의 경계 안에 대만과 홍콩이 원래부터 포함되어 있다는 관념에서 유래한다.

19세기 말이 되어서야 청나라 정치 엘리트는 유럽인이 중국을 바라보는 관점을 이해하기 시작했다. 망명자들―일본이 되었든, 미국이 되었든, 동남아가 되었든―이 외국에서 얻은 감수성으로 고국을 돌아보았던 게 결정적인 역할을 했다. '차이나'라고 불리는 나라에 대한 국제적인 사상을 중국으로 해석한 게 바로 이 사람들이다. 이 사람들은 외부인이 중국을 바라보는 관점으로 자국을 바라보았다. 정해진 영토를 가진 경계가 있는 국가. 하지만 이를 위해서는 민족과 역사·지리·주권이라는 서구적인 개념을 받아들여야 했다. 다음 장에서는 그중에서도 주권을 자세히 살펴볼 것이다.

제2장

중국의 주권은 어떻게

발명되었는가?

2009년 12월 18일 금요일. 전 세계 지도자 대부분은 코펜하겐 남부 근교에 있는, 북유럽 최대 규모의 콘퍼런스 센터인 벨라 센터에 모였다. 세계 기후 위기에 대응하는 국제 협정을 체결하기 위함이었다. 영국 총리는 이를 '제2차세계대전 이후 가장 중요한 회담'이라고 다소 과장을 섞어 표현했지만, 회담은 순탄하게 흘러가지 않았다. 중국의 원자바오溫家寶 총리는 다소 외교적인 모욕을 당했다며 호텔 밖으로 나오는 걸 거부했다. 그 대신 차관급인 허야페이何亞非 외교부 부부장을 고든 브라운Gordon Brown 영국 총리, 버락 오바마Barack Obama 미국 대통령, 앙겔라 메르켈Angela Merkel 독일 총리, 니콜라스 사르코지Nicolas Sarkozy 프랑스 대통령, 만모한 싱 인도 총리와 그 나머지 사람들과 함께 정상급 테이블에 앉혔다. 계산된 외교적 모욕이었다.

선진국들은 이미 탄소 배출을 80퍼센트 줄이고 개발도상국들이 탄소 배출을 줄일 수 있도록 자금을 지원하겠다고 약속했다. 미국은 1000억 달러를 지원하겠다고 했고, 유럽연합은 2020년까지 배출량을 30퍼센트 감축하겠다고 말했다. 기꺼이 탄소 배출을 포기하겠다는 개발도상국은 어느 나라였을까? 1년이라는 시간을 두고 협상을 진행했지만 정상회담의 마지막 날마저도 협상은 교착 상태에 빠져 있었다. 장·차관들은 10일 전부터 세부 사항을 논의했다. 정부 수장들과 허야페이는 열 시간에 걸친 대화를 나눴다. 통역 부스에서 녹음된 오디오 파일은 다음에 무슨 일이 일어났는지를 들려준다. 버락 오바마는 허야페이에게 직접 경고했다. "상호 이해가 없다면 미래를 향한 의미 있는 발걸음을 내딛지 못할 것입니다."

오바마 대통령은 합의 내용과는 상관없이 미국에 돌아가면 깐깐한 검토를 거쳐야 한다는 것을 알고 있었다. 모든 조약은 상원의원 3분의 2가 찬성해야 비준을 받을 수 있기 때문이다. 1997년 클린턴 대통령Bill Clinton이 교토 의정서에 서명했을 때도 그런 시험을 거쳐야 했다(상원의 반대로 교토 의정서 비준이 물거품으로 돌아간 적이 있었다. - 옮긴이). 왜 미국인이 낸 세금이 자국의 이익을 희생할 준비가 되지 않은 나라를 위해 쓰여야 한단 말인가? 그리고 합의한 내용을 다른 국가가 성실히 이행한다는 걸 무슨 수로 세금을 내는 미국인들이 알겠는가? 그래서 오바마 정부는 개도국의 협약 약속을 확실히 하기 위해, 기후 협약이 '측정과 보고, 검증을 할 수 있어야 한다'라는 조항을 뒤늦게 포함하기로 결정 내렸다. 하지만 이는 중국에 지나친 요구였다. 허야페이는 수장들에게 산업혁명의 역사를 장황하게 설명하면서, 오늘날 부유한 선진국들이 기후 변화를 책임져야 한다고 비난했다. 앙겔라 메르켈은 모든 선진 국이 탄소 배출량을 0으로 줄일지라도, 중국은 지구의 기온 상승을 막기 위해 계속해서 탄소 배출량을 줄여야 한다고 꼬집었다. 그러자 상황은 더욱 나빠졌다. 허야페이는 한술 더 떠 협약서에 적힌 선진국의 목표량마저 빼야 한다고 주장했다. 그 자리에 있던 사람들은 얼떨떨했다. 중국이 유일하게 약속한 건 '가능한 한 빨리' 온실가스 배출을 감축하겠다는, 막연한 다짐이었다. 이어 허야페이는 원자바오와 협의해야 한다고 휴식 시간을 요구했다. 그 후 회의는 재개되지 않았다. 다른 지도자들은 계획된 시나리오였다고 생각했다.

라르스-에릭 릴젤룬트Lars-Erik Liljelund 스웨덴 환경보호청장은 "중국은 숫자를 좋아하지 않는다"라고 말했다.[1] 더 정확하게 말하자면, 중국 정부는 국제적으로 합의된 숫자뿐만 아니라 모든 숫자의 검증을 강력하게 반대했다. 중국 대표단이 받아들일 준비가 된 유일한 안은 자발적인 '국가 간의 정보 공유'뿐이었다.[2] 하지만 그런 타협조차 수포로 돌아갔고, 어쩔 수 없이 문서로 '기록'하자는 최종 합의를 보았다. 그 자리에서 해수면 상승으로 군소 도서 국가의 존속이 위협받고 있다고 경고했던 마크 라이너스Mark Lynas 환경 운동가의 말을 빌리자면, "중국이 코펜하겐 협약을 망쳤다."[3]. 그 결과 세계의 굴뚝인 중국은 계속해서 탄소를 배출하고 빙하는 녹고 있다.

2015년 12월 12일, 거의 정확히 6년 후 파리에서 열린 유엔 기후변화 회의의 형국은 완전히 달랐다. 195개국과 유럽연합은 반기문 전 유엔 사무총장이 "인류와 지구를 위한 기념비적 승리"라고 빗댄 협약(파리 협약)을 체결했다. 이번에는 무엇이 달랐을까? 요약하자면, 세계 지도자들은 중국의 주권에 대한 우려를 고려하여 세계 기후변화 정책의 강도를 낮췄다. 코펜하겐에 모였을 때, 대부분은 탄소 배출 감소를 위해 국제적으로 합의되고 법적 구속력을 갖춘 목표를 마련하기를 원했다. 중국이 왜 반대하는지 이해하지 못했다. 그 후 몇 년 동안 중국을 이해하게 되었고 접근 방식을 바꿨다.

파리 협약이 성공적으로 체결될 수 있었던 핵심은 '국가별 감축 목표'였다. 각국은 탄소 배출 감축 목표를 세웠고, 과정은 자발적이었으며, 각국 정부에게 목표 이행을 강요할 집행 기관이 없었다. 중국은 6년이라는 중요한 시간 동안 국제 협약 체결을 미룸으로써 그 어떤 외부 세력도 어쨌든 자신이 원하는 대로 무슨 일을 하라고 강요할 수 없다는 걸 분명하게 보여 줬다.[4] 이게 바로 양보할 수 없는 중국의 '주권' 원칙이다.[5]

주권은 14세기 유럽에서 등장하여 서구 국제법의 초석이 된 개념이다. 중국 원주민의 사상과는 거리가 멀지만, 어쨌든 중국 외교 관계의 근간이 되었다. 2017년 10월 17일, 시진핑은 5년마다 열리는 중국 공산당 전국대표대회에서 3시간 30분 동안 연설을 했다. 연설의 중반쯤, "새로운 시대에 중국적 특성을 띤 사회주의를 지키고 발전시키려는 노력을 뒷받침하는" 열네 가지 새로운 기본 원칙을 공개했다. 시진핑은 "인류를 위한, 공동의 미래를 가진 공동체 건설을 촉진한다promoting the building of a community with a shared future for mankind"를 열세 번째 원칙으로 선언했다.[6] 이 문구와 대안 번역문인 "인류 공동의 운명common destiny for mankind"은 외국인의 눈에는 별 의미가 없고 애매해 보이지만, 시진핑과 공산당 전국대표대회에는 아주 구체적인 의미를 지닌다. 국제 관계의 중심에 놓여 있는 주권 국가들이 내정간섭을 받지 않는 미래를 의미하는데, 이는 사실상 1945년 이후로 세계를 지배하려고 하는 국제 질서, 즉 국제기구·동맹·공유 주권을 골자로 하는 다자주의에 대한 공격이다. 중국은 현재 국제법의 일반적인 개념에 근거한 몇몇 개입과 제한에 짜증이 난 상태이기에 이를 재정의하고자 한다. 국제사회에서 중국의 영향력이 지대해지면서, 세계가 어떻게 재편되어야 하는지에 관한 중국의 관점도 더 큰 영향력을 행사할 것이다.

공산당 전국대표대회의 '공동의 미래'라는 비전은 과거의 유산이자, 유럽의 국제법 사상과 청나라가 세상의 중심이라는 중국 국가관이 충돌하여 낳은 후손이다. 두 사상의 충격적인 조우는 무너져 가는 제국에 강제로 총구를 들이밀었고 주권 근본주의Sovereignty-Fundamentalism라는 기이한 혼종을 탄생시켰다. 이제 중국 정부는 주권 근본주의를 새로운 세계 질서를 위한 하나의 틀로 바라본다.

1795년 1월 9일, 한 미국인이 최초로 중국 황제의 환영을 받으며 베이징에 발을 딛었다. 이름은 안드레아스 에버라르두스 반 브라암 후키제스트Andreas Everardus van Braam Houckgeest로, 이름에서 볼 수 있듯 네덜란드 출생이다. 그는 14년간 광저우와 마카오에 있는 네덜란드 동인도회사에서 일했으나, 1783년 사우스캐롤라이나주 찰스턴에 정착하여 신생 독립국인 미국의 시민권을 얻었다. 벼 재배에 관한 지식이 있었기에, 플랜테이션 농장을 세웠으나 성공을 거두지는 못했다. 1790년, 그는 다시 아시아로 돌아와 네덜란드 동인도회사에서 일했다.

1794년 네덜란드는 전년도에 영국이 청나라로 세간의 이목을 끄는 '사절단'을 보냈으나 퇴짜를 맞은 것을 반면교사로 삼았다. 그리고 어떻게 하면 이 상황을 네덜란드에 유리하게 만들어 상업적 이익을 취할 수 있을까 모색하기 시작했다. 영국 정부는 조지 맥카트니George Macartney(전직 러시아 대사이자 아일랜드 총리로, 영국령 카리브 제도 마드라스 식민지 총독을 역임했다. – 옮긴이) 자작을 중국으로 보내, '평등하고 공정한' 무역을 요구하고 동등한 외교 관계를 수립하자고 건륭제에게 요청했다. 값비싼 모험이었다. 황제에게 좋은 인상을 남기려고, 맥카트니 자작은 성좌 투영기(태양계의 각 천체의 운행을 설명하기 위한 모형 – 옮긴이)와 황실 마차, 열기구 등 근대의 기술이 집약된 물건들을 배 세 척에 싣고 갔다. 하지만 맥카트니 자작의 행보는 두고 두고 실패로 회자된다. 맥카트니 자작은 황제에게 고두叩頭의 예를 올리는 걸 거부했고 황제에게 안 좋은 인상을

청나라 황제 건륭제의 모습

남겼다. 건륭제는 맥카트니 자작 편에 조지 3세에게 편지를 보내, 천조(天朝, 중국을 가리키는 별칭들 가운데 하나로, 동양의 조공 체제에서 중국의 지배자는 곧 하늘의 아들인 천자로 칭해졌으며 정통성 있는 천자의 왕조를 천조라고 했다. -옮긴이)는 "부족한 것 없이 모든 걸 넘칠 만큼 소유했고", "외국인들이 만든 상품을 수입할 필요가 없다"라고 말했다. 무역할 권리에 대한 요청을 거부했고 동등한 외교 관계를 맺는 사상은 심지어 이해하지도 못했다.[7]

반 브라암은 기회를 엿보아 스스로 임무를 계획했다. 그는 1795년이 건륭제 등극 60주년이라는 걸 알고 있었다. 광저우의 인맥을 이용해 반 브라암은 기념식에 초청받았다. 그래서 어느 겨울날, 사절단과 마차와 가마를 타고 2000킬로미터의 여정을 떠났다. 베이징에 도착하기까지는 무려 47일이 걸렸다. 반 브라암은 춘절(중국의 음력 설-옮긴이)에 맞춰 도착했다.[8] 영국과는 달리 선물을 제대로 포장하지 않았고 반 브라암의 말을 빌리자면 "성한 건 아무것도 없었다."[9] 하지만 또 영국과 달랐던 점은 황제가 원하는 만큼 고두의 예를 표할 준비가 되어 있었다는 것이다. 사실 그들은 한 걸음 더 나아갔다. 국제 사기를 저지른 것이다.

이 일화는 역사학자 리처드 스미스에 의해 검토되었는데, 그는 어떻게 반 브라암이 기가 막히게 아부하는 네덜란드 국왕의 서신을 건륭제에게 보여 주었는지 설명한다. '(우리 외국인들은) 중국 문명의 영향을 받아 변화하였습니다.' 글이 술술 읽힌다. '역사를 통틀어 건륭제 같은 고고한 평판을 가진 군주는 없었습니다, 고귀한 황제시여.' 이에 대한 답변으로 건륭제는 '충성과 진심으로 맺어진 유대를 강화하고, 왕국을 건실하게 보존하기를 희망합니다. 국왕님께서는 저의 영원한 존경을 받을 것입니다'라는 메시지와 함께 선물을 보냈다. 이 외교 교류의 유일한 문제는 네덜란드 왕이 실제로 존재하지 않았다는 것이다. 1795년은 네덜란드는 공화국이었다. 하지만 반 브라암은 근대적인 통치 제도로는 왕에게 감명을 줄 수 없으리라 생각했다. 그래서 청나라가 원하는 조공을 바칠 수 있는 군주를 발명했다.

유럽 정부와 청 조정이 처음 만났을 때 어땠는지 세부 사항을 둘러싸고 여러 의견이 오가지만, 하나는 분명하다. 청나라 황제들은 청나라가 국제사회를 동등하게 구성하는 개별적인 주권 국가라고 생각하지 않았다. 황실 의례는 청나라가 국제 질서의 우위에 있다고 믿게 했다. 청나라가 선택한 지도만 봐도 분명했다. 리처드 스미스에 따르면, 청나라는 16세기와 17세기에 예수회 사제들이 명나라 황제들을 위해 그린 지도를 사용하지 않고, 새로운 지도를 의뢰했다고 한다. 새로운 지도에서는 주변 국가를 비롯해서 멀리 떨어져 있는 유럽과 아프리카마저 청나라 서쪽에 붙어 있는 부속 국가로 묘사했다. 1795년, 건륭제는 진짜로 네덜란드를 자신의 대국에 조공하는 조공국이라 믿었다.

황제와 조정을 속인 반 브라암과 동료들은 고국으로 돌아가는 길에 마음이 편치 않았으면서도 자기네들끼리 웃었을지도 모른다. 하지만 황제에게 이는 중요하지 않았다. 청 조정의 프로토콜을 따랐기 때문이다. 외국인들은 황제 앞에 복종함으로써, 건륭제가 '하늘 아래 만물', 중국어로 천하의 통치자임을 실제로 확인시켜 주었다. 외국에서 온 방문객들이 황제에게 굽신거림으로써, 중앙에 있는 국가, 즉 중국 황제의 지위가 강화되었다. 머리를 조아려 절하는 조공 의례에는 주로 중국인들이 참석해 그 자리에서 황제와 제국, 관료와 유교 사상의 정당성을 확인했다. 중국학자 존 페어뱅크John Fairbank가 언젠가 말한 적 있듯이, "중국의 통치자는 천명을 받아 전 인류를 다스린다고 주장했다. 외국인이 이를 인정하지 않는다면, 중국인이 인정하려 들지 않는 건 시간문제이지 않겠는가?"[10] 천하에는 공식적인 경계가 없었다. 전 우주가 될 수도 있었다. 천하는 황제의 지혜로운 통치를 받고 문명화된 화인과 통치를 받지 않은 야만인 이인으로 나뉘었다. 중국의 세계관에서 '유교' 문화와 질서를 받아들인다면 이인도 한 차원 높은 화인이 될 수 있었다.[11]

조공 의례로 청나라가 경제적으로 득을 보는 건 거의 없었다. 조정은 사절단을 맞이했다. 규모가 큰 사절단도 있었고, 수 주간 머물렀으며, 차고 넘치도록 선물을 받았다. 사절단은 상대적으로 소량의 조공 물품을 가져왔다. 사회 지도층을 위한 상아, 백단유, 보석 같은 귀한 물건들이었다. 그 대가로 조공국 사절단들은 본국에 돌아가 훨씬 값비싸게 되팔 수 있는 상품을 받았다. 이 모든 과정은 비용이 많이 들고 부담스러웠지만, 청 조정은 그럴 만한 가치가 있다고 생각했다. 아니, 사실 꼭 필요한 과정이었다. 조정이 주는 혜택은 상징적이면서 정치적이었다. '조공국'이라 혜택은 더 직접적이고 특별했다. 사절단들이 황궁의 값진 선물을 받은 것 외에도 무역상들은 사절단과 동행하여 상품을 판매하거나 물건을 생산할 수 있었다. 무형의 보상도 받았다. 사절단이 먼저 중국 황제의 역할을 인정하였기에, 황제도 사절단을 인정하여 그들의 정치적인 위치를 확인해 주었다.

반대로 서구 엘리트들은 중국과의 관계에서 아무런 득을 보지 못했다고 생각했다. 황제가 조공국 지위를 인정한 건 아무런 의미도 없었다. 오히려 외세의 지배에서 벗어나기 위해 싸우고, 자랑스럽게 독립을 쟁취한 국가에 종속적인 지위를 부여하려는 위협으로 간주하였다. 전쟁의 여파는 전 세계에 여전히 물결치고 있었고, 궁극적으로 천하에 대한 황제의 순진한 망상을 깨부술 것이었다.

1808년, 나폴레옹Napoléon Bonaparte이 지휘하는 프랑스군이 스페인을 침략했다. 나폴레옹은 왕을 강제로 퇴위시키고 스페인 왕자를 포로로 잡았다. 몇 달이 채 지나지 않아. 스페인령 아메리카 국가들은 화염에 휩싸였다. 귀족과 군사 장교들이 도시를 장악했고, 베네수엘라, 콜롬비아, 멕시코는 독립을 선언했다. 독립 전쟁은 10여 년 동안 계속되었다. 1825년이 되자, 중남미 대륙의 모든 식민지는 모두 스페인으로부터 독립했다. 전쟁으로 가장 큰 타격을 받은 것은 스페인령 아메리카에서 사용했던 화폐, 페소Peso의 안정성이었다. 독립 전쟁 전, 페소는 90퍼센트 이상 순은을 함유하고 있었고 전 세계적으로 가치를 높게 인정받았다.

중국 상인들은 특히나 찰스 3세나 찰스 4세 등 '외국인 얼굴'이 그려진 동전을 좋아했다. 영국 동인도회사의 경리들에 따르면, 1790년대 중국 상인들은 '카롤루스Carolus' 은화에 들어간 실제 은의 값보다 주화를 9퍼센트 더 비싸게 주고 살 의향이 있었다고 말한다. 휴대가 쉽고 알아보기 쉬웠으며 은의 품질을 확인할 필요가 없었다. 카롤루스 은화는 신뢰할 만했다. 프랑스와 네덜란드 은화 등 다른 은화들도 있었지만, 카롤루스 은화보다 15퍼센트 낮은 가격에 거래되었다. 카롤루스 은화는 타의 추종을 불허했다. 북미 무역상들은 중국에 은화를 판매하면서 높은 수익을 올렸다. 1808년부터 1833년까지 2247톤의 은화가 태평양을 가로질러 중국에 도착했다.

하지만 경제사학자 알레한드라 이리고인Alejandra Irigoin이 보여 준 것처럼, 스페인령 아메리카 독립 전쟁은 페소의 명성을 심각하게 훼손했다. 중남미 엘리트층(지도층)이 전쟁 비용을 대기 위해 주화에 불순물을 섞은 것이다. 설상가상으로 중남미 혁명가들은 스페인 왕의 두상 없이 동전을 찍어냈다. 동전의 크기나 품질은 어디에서 만들었는가에 따라 달랐다. 이는 비단 스페인과 스페인령 아메리카만의 문제가 아니었다. 중국에도 큰 영향을 미쳤다.

페소의 가치가 흔들리기 시작했다. 1820년대에 왕의 두상을 넣은 구舊 '카롤루스' 은화의 가격은 실제 동전에 들어간 은의 값보다 최대 30퍼센트나 높았다. 하지만, 독립 혁명 이후 주조한 은화 가격은 정반대로 흘러갔다. 중국 무역상들은 동전에 들어간 은의 값어치보다 은화의 가격을 15퍼센트 낮게 평가했다.[12] 카롤루스 은화에 대한 신용이 깨지자, 무역상은 카롤루스 은화를 거래하거나 빌리거나 빌려주기 어렵게 되었다. 상인들은 구舊주화를 시장에 내놓지 않았고, 신新주화를 보이콧했다. 이렇게 중남미 신주화의 수요가 감소했다. 1828년에 카롤루스 주화 수입량은 몇 년 전의 15퍼센트에 불과했다. 신뢰할 수 있는 페소의 공급이 감소하면서 중국의 은 가격은 상승했다. 수천 킬로미터 떨어진 유럽과 중남미에서 벌어지는 일이 중국 경제에 중대한 영향을 끼친 것이다.

당시, 청 조정은 동전 말고 은괴로 납세를 요구했다(일상생활에서 동전을 사용하고 있었으나 세금을 낼 때는 은으로 교환해야만 했다. - 옮긴이). 구리 동전을 주조하여, 구리 동전과 은 동전의 교환 비율을 정하고, 자체적인 은의 가격 측정 기준을 세웠다. 공식 교환 비율은 은 고평(庫平, 청대에 만든 표준 저울 - 옮긴이) 1냥당 1000개의 구리 주화였다. 하지만 1820년대 후반 카롤루스 동전이 희귀해지면서, 고평 1냥이 구리 주화 1400개 값어치를 하게 된다. 구리로 봉급을 받았던 농민들은 은값의 급등으로 세금을 제때 내는 게 어려워졌다. 그 결과 정부의 세수입도 하락했다. 장거리 무역에 사용되었던 표준 은화가 자취를 감췄기 때문에 사업비용은 증가했고 대출이 어려워졌다. 수요는 하락했고 실업률은 상승했다. 은의 가격이 상승함에 따라, 은으로 측정된 상품 가격도 하락했다. 전형적인 디플레이션이 발생한 것이다.

기존의 경제 문제에 디플레이션의 충격이 가해졌다. 청나라의 인구는 전 세기에 비해 (적어도) 두 배나 증가했지만, 경작 토지의 면적은 과거의 절반에 불과했다. 중남미에서 옥수수, 땅콩, 고구마와 같은 작물이 새로 들어왔어도 대국에 식량이 부족해지기 시작했다. 토지의 과도한 경작은 토양 비옥도를 감소시켰고, 침식이 증가했으며, 홍수가 발생했다. 식량 가격이 증가하고, 일자리가 감소했으며, 부패와 잘못된 국정 운영으로 상황은 악화했다. 여러 성省에서 심각한 반란이 일어났다. 조정 안에서는 누가 봐도 안정적인 건륭제의 모습으로 궁 밖의 불안한 형세를 숨겼다. 황제는 '외국 물건을 수입할 필요가 없다'라고 했을지 몰라도, 수백만 명의 소작민은 굶주리고 있었다. 하지만 외국 상품의 수입이 줄어들자, 중국이 수출하던 실크와 면화의 세계적인 수요가 감소하면서, 문제는 더 심각해졌다. 요약해서 말하자면 건륭제의 손자인 도광제가 왕위에 오른 1820년, 대국은 경제 위기에 직면하게 되었다.

다른 문제도 있었다. 외국인 무역상들은 이전에 은 무역으로 짭짤한 수익을 올렸다. 중국 무역상들은 페소 은화를 선호하는 반면 다른 국가 상인은 은괴를 선호했기 때문이다. 그래서 은화와 은괴를 교환하면서 차익을 보았다. 알레한드라 이리고인에 따르면, 1828년 신뢰할 만한 은화(카롤루스 주화)의 공급이 말라붙기 전까지는 이러한 체제가 잘 작동했다고 한다. 문제는 차액 거래로 돈을 버는 중개인들이 다른 상품에 눈을 돌리면서 시작되었다. 1828년, 1만 8000개의 아편 상자가 중국으로 수출되었다. 하지만 1839년에 그 숫자는 배 이상이 되어 4만 개의 아편 상자가 중국으로 들어왔다.[13] 얕은 바다를 빠르게 항해하는 '게잡이' 어선은 돛과 노를 달고 해안과 내륙 지방의 도시로 불법 화물을 수송했다. 아편은 황제부터 시작해, 수년간 청 엘리트 계층의 삶의 한 부분으로 자리 잡았다. 하지만 1830년대 아편이 중국이 대규모로 유입되자, 사회를 위협하는 물건으로 바라보게 된다.

1839년, 조정 예산에 문제가 생기자, 도광제는 압력을 받아 표면상으로는 온건했으나, 뒤돌아보면 천하의 관에 미리 못을 박는 칙령을 선포한다. 조공 사절단을 맞이하는 건 너무 큰 비용이 들었다. 일반 상인은 이익을 취하기 위해 청 조정을 이용하고 있었고 그 비용은 고스란히 청나라의 몫이었다. 안남(베트남), 시암(태국), 류큐 제도(일본 남부)는 매

청나라 황제 도광제의 모습

년, 또는 격년으로 바치던 조공을 4년마다 바쳐야 했다.[14] 일본 역사학자 다케시 하마시타에 따르면 목적은 크게 두 가지였다. 청을 방문하는 사절단에게 주는 '조공 상품'을 줄여 돈을 아끼고, 조공을 무역으로 바꾸어 세수를 증대시키는 것이었다. 상인들은 세금을 더 내야 했고, 해관의 관료들이 세금을 챙겨 가는 대신 세수는 바로 조정의 주머니로 들어왔다. 경제적인 이유로 조공 절차가 간소화되자, 지역적 위계질서를 하나로 묶던 유대감이 느슨해졌다.

평소와는 다르게 제국 조정이 현실을 분명하게 인식한 순간이었다. 중국, 동남아와 유럽 상인들은 형식적 조공 절차를 무시하고 현지 관리와 상인과 직접 거래함으로써 이미 큰 이익을 보고 있었다. 그중 가장 유명한 사람은 '국가 상인Country Traders'이라 불리던 윌리엄 자르딘William Jardine과 제임스 매티슨James Matheson이었을 것이다. 그 어떤 정부의 통제도 받지 않는 국가 상인들은 바다 위에 떠 있는 배를 창고로 사용했다. 그들은 아편을 포함한 밀수품 수백만 킬로그램을 중국으로 밀반입하여, 공식 유통 경로가 충족시키지 못한 수요를 충족시켰다.

1834년 영국 정부는 (영국) 동인도회사의 중국 무역 독점권을 종식했고, 중국 무역상들은 더 자유롭게 거래할 수 있게 되었다. 도광제의 정책에는 연안 부근에서 활동하는 국가 상인들과 그 공모자들을 다시 조정의 통제하에 묶어 두려는 의도가 있었다. 하지만 문제가 있었다. 동부 연안의 성들은 조정의 세금 징수보다, 성의 수입을 늘리는 데더 관심이 있었다. 미국의 중국학자 제임스 폴라체크James Polachek는 중앙과 연안 지방의 싸움을 '가혹하고 강력한 외국인 혐오와 기회를 왔다갔다 하는' 형세라고 묘사했다.[15] 국제 질서가 청나라의 이익에 더더욱반하는 방향으로 흘러갔음에도, 다음 수십 년 동안 조정과 연안의 성들은 이 문제를 두고 엎치락뒤치락했다. 저항은 1840년 '아편전쟁'으로이어졌고, 아편전쟁에서 패하자 두 지역은 이익을 조정하기로 한다. 하지만 저항은 멈추지 않았고 결국 1860년 또 다른(제2차) '아편전쟁'으로 이어졌다. 패배한 청나라는 두 지역 간에 문제를 또다시 재조정하기로 하는 등 문제는 계속되었다. 세기말, 청 조정은 입지의 약화를 공식적으로 인정할 수밖에 없었다. 청나라는 더 이상 '중심 국가', 중국이 아니었다. 황제는 더는 '하늘 아래 만물'—천하—을 다스리지 않았다. 수많은 주권 국가 중 단 한 국가를 통치할 뿐이었다.

1844년, 비옥한 장강 유역 허페이合肥 출신의 스물한 살짜리 학생은 아버지의 오래된 동급생이 운영하는 학교에서 공부하며 시험을 준비했다. 이홍장李鴻章이 이미 누리고 있었던 특권적 교육의 전형이었다.

형부(刑部, 법을 집행하는 실무 기관 - 옮긴이) 원외랑(員外郎, 직위 중 하나로 정원 외 벼슬을 뜻한다. - 옮긴이)이었던 아버지 덕에 부족함 없이 자랐고, 좋은 집안답게 스승을 보는 눈도 탁월했다. 이홍장의 부모는 당시 청 조정의 떠오르던 스타 증국번曾國藩을 아들의 스승으로 택했다. 증국번은 진사, 즉 청 조정의 가장 높은 과거 시험에서 27세라는 눈에 띄게 젊은 나이에 합격하였다. 그리고 총 33명의 국무원國務院 고문 중 한 명으로 보직되었다. 황제의 가장 가까운 고문이 된 것이다. 그는 고문으로서 대국의 황실령과 기타 문서의 초안을 작성했다. 정무에서 능력을 인정받자, 더 높은 관직에 오를 수 있는 문이 열렸다. 하지만 고관으로 승진하기 전, 고문은 지방 관리 등용 시험에 응시하는 후보들을 지도해야 했다―그렇게 증국번은 이홍장의 스승이 되었다.

1896년 이홍장의 모습

이홍장의 스승 증국번의 모습

이홍장의 가족은 현명한 선택을 했다. 불과 3년 후에 이홍장은 스물네 살이라는 더 어린 나이에 진사에 3등으로 급제한다. 그렇게 이홍장은 앞길이 창창한 학생만 입학의 영광을 누릴 수 있는, 한림원(翰林院, 중국 당나라 이후의 궁정 학예 기관으로, 문필가들이 모인 관청이었다. 문화 학술 사업의 전승뿐 아니라 정치에 참여하여 조정에 대한 논의를 활발히 하였다. 한림 제도는 과거제도와 함께 중국 문관 제도의 기본 구조였다. - 옮긴이)에 입학했다. 한림원은 조정의 사무국이기도 했지만 동시에 대국에서 한어를 사용하는 지역(청나라는 만주족이 점령해서 만주어를 국어로 칭하기도 했었지만, 강희제, 옹정제, 건륭제를 거치면서 만주어 대신 한어를 주로 사용했다. - 옮긴이)의 관변 유교 이념(관변(관방官方)은 정부 또는 관리가 공식적으로 지켜야 할 예법을 뜻한다. - 옮긴이) 파수꾼 역할을 하기도 했다. 한림원 소속 학자들은 황제와 조정에서 이루어지는 심의의 길잡이가 되는 고전을 해석해야 했다. 진사에 통과하려면 거의 고전만 심도 있게 꿰고 있으면 됐다. 청 조정은 국정 운영과 국가 통치의 지침서는 고전만으로도 충분하다고 생각했고, 혁신을 추구하거나 새로운 지식을 습득하려는 마음이 없었다. 그리고 과거 시험을 통과한 사람들만이 고전을 해석하고 조언할 권리가 있었다.

이러한 '사대부'는 청나라의 주축이었고, 도덕적으로 우월한 믿음 체계의 수호자라고 생각되었다. 얼마만큼의 고전과 유교 사상을 독식하느냐에 사회적 지위가 달려 있었고 그 지위를 유지하기 위해 노력했다. 변화에 회의적이었고, 외국인에게 적대적이었으며, 중국 밖의 세상에는 전혀 관심을 두지 않았다.

이홍장도 비슷한 관점으로 세계를 바라보고 있었다. 하지만 한 가지 핵심적인 차이점은 있었다. 그는 유교 사상과는 동떨어진 야망을 품었다. 키가 195센티미터인 그는 동료들 사이에 단연 튀었고, 만나는 사람마다 이홍장을 기억했다. 이홍장은 눈에 띌 만한 경력을 쌓았다. 이홍장이 세상을 떠난 지 2년 후, 이홍장을 찬미하던 어느 서양인이 "리홍장(이홍장)의 전기를 쓰는 건 곧 19세기 중국의 역사를 쓰는 것이다"라는 말을 남길 정도였다. 이홍장 전기를 저술한 사회운동가이자 선교사의 부인 앨리시아 리틀Alicia Little은 "외국 사절들이 합리적으로 대화를 나눌 수 있다고 생각한 유일한 중국인"이라고 평했지만, "동시대를 살아가던 많은 사람들은… 이홍장을 조국의 명예를 실추시키는 사람이라고만 생각했다"라고 지적하기도 한다.[16] 이홍장은 청 조정의 고위 관료들과 더 넓은 세상을 연결하는 중개자 역할을 맡았고, 천하 세계에서 주권의 세계로의 이행에 결정적으로 이바지한 인물이 되었다. 이러한 이행이 가능했던 핵심적인 이유는 이홍장이 미 전 대통령과 전 국무부장관 등 미국 지도층과 연줄이 있었기 때문이다.

이홍장은 청나라가 영국 해군의 화력에 처음으로 피를 본 지 얼마 되지 않았을 때 증국번 밑에서 공부를 시작했다. '제1차 아편전쟁'의 패배는 1842년 8월 난징조약의 체결로 이어졌다. 청나라는 광저우 외에도 영국과의 무역을 위해 4개의 항구를 추가로 개항해야 했다. 또한, 홍콩섬을 영구적으로 영국에 할양해야 했고, 광저우 당국이 전투 중 못 쓰게 만든 아편의 보상금으로 2100만 '달러'(사실 카롤루스 페소를 의미한다)와 전비 배상금을 영국에 내야 했다(물론 전쟁 중 청나라인 약 2만 명이 사망했고 수천 명이 부상을 입었지만, 영국은 아무런 배상을 하지 않았다). 중국의 미래 국제 관계에서 난징조약이 갖는 가장 중요한 의의는 청나라가 '자유'무역에 동의하면서, 조공 활동보다 상업 활동의 노선을 택했다는 것이다. 영국 관리들은 난징조약으로 개항항에 거주하고, 청 관료와 직접 소통할 권리를 부여받았다. 또, 영국인들은 그들이 악랄한 법이라고 간주했던, 청나라 법을 적용받지 않았다. 그해 말 미국은 영국이 싸워서 얻어 낸 권리를 거저 달라고 하는, '자칼 외교Jackal Diplomacy'를 처음으로 행했다. 처음에는 미국의 요청을 거부했지만, 1843년 황제는 난징조약의 내용을 모든 외국인에게 평등하게 적용할 것이라고 밝혔다.[17]

증국번도, 이홍장도 제1차 아편전쟁에서 어떠한 역할도 하지 않았지만, 제1차 아편전쟁의 여파는 두 남자의 삶을 결정지었다. 새롭게 유입된 외국 사상은 국내에 소요를 일으켰고 다른 국가의 분리 독립을 촉발했다. 반복되는 위기로 청 관료들은 외국에 도움을 청해야 했다. 증국번은 영웅급으로 추앙받았고, 이홍장도 더불어 유명해졌다. 하지만 증국번이 노쇠해 정신이 오락가락하자, 배신자라고 비난받았다(증국번은 중국이 서양보다 열세에 처해 있다고 간주했고, 그래서 외세와 화해 국면을 조성해야 한다고 주장했다. 하지만 이홍장은 이를 굴욕적이라 보았다. 그래서 증국번이 처음에는 영웅급으로 추앙받다가 나중에는 비난을 받게 된다. - 옮긴이).

1851년 초, 경제가 궁핍해지고 식량이 고갈되자 중국 시난 지방에는 영국 해군보다 청 왕조를 더 심각하게 위협하는 세력이 등장했다. 기독교 신학과 사회주의적 유토피아주의를 믿고 만주족 엘리트를 혐오하는 반란군 집단이 스스로를 '큰 평화를 누리는 하늘의 왕국', 즉 태평천국太平天國이라고 칭했다―이들은 태평군이라고 더 널리 알려져 있다. 1853년 3월에 태평군은 이홍장의 본가인 허페이에서 멀지 않은, 장강 유역 하류에 있는 난징을 점령하여, 만주족 출신 난징 주민 4만 명을 학살했다. 그 후 난징은 11년간 태평군의 근거지가 되었다. 1854년 1월, 태평군은 허페이시 그 자체를 점령했다.[18] 증국번의 형제는 허페이시를 1858년에 수복하려던 와중에 사망했고 시도는 실패로 돌아갔다. 1860년에는 장강과 장강 지류에 놓인 5개의 성 모두 태평군의 지배를 받았다.

청의 군대는 목숨을 걸고 태평군과 싸웠다. 하지만 동시에 영국과 프랑스 정부는 더 거센 개방정책을 요구하며 청 조정을 압박했고 미국도 여기에 암묵적으로 가세했다. 난징조약의 위반으로, 영국과 프랑스군은 항구도시 광저우와 베이징으로 가는 관문인 톈진까지 점령했다. 1858년 6월, 서양식 무기에 압박을 받은 톈진 관료들은 더 많은 항구에 접근할 권리와 장강을 항행할 권리, 여행·통상·기독교 포교의 권리를 부여하는 톈진조약을 체결했다. 앞서 언급한 내용만큼 중요한 것은 이 조약들로 외국 정부가 베이징에 영사관을 설치하는 게 가능해졌다는 점이다. 외국인은 조공국의 시민이 아니라 주권을 가진 평등한 사람으로 대우받길 원했다.

하지만 중요한 점은 톈진의 관료들이 조약들을 영구적 효력이 있는 공식적인 약속으로 생각하지 않았다는 것이다. 톈진조약 서명인 중 한 명인, 만주족 계량(桂良, 중국 청나라 때의 정치가로 영국과 프랑스군의 침입을 받았을 때 흠차대신으로서 교섭을 전담하여 1858년 톈진조약을 체결하였다. ─옮긴이)은 대담하게 '영국과 프랑스와 맺은 평화조약들을 진짜라고 받아들일 수 없습니다. 이 몇 장의 종이는 영국과 프랑스 군대와 군함을 해안가에서 내쫓기 위한 수단에 불과합니다'라고 황제에게 상서上書를 올렸다.[19] 하지만 영국과 프랑스는 당연히 이러한 관점에서 바라보지 않았다. 서명 후 2년이 지났는데도 청 조정은 조약들을 비준하지 않았고, 그래서 1860년에 영국과 프랑스군은 조약 비준을 강제하기 위해 홍콩에서 청나라로 항해했다. 이렇게 '제2차 아편전쟁'이 시작됐다.

영·프 연합군은 해강(海河, 중국식으로 읽으면 하이허강으로 허베이성 최대의 강이다. - 옮긴이)의 방어선을 뚫고 베이징으로 진격했다. 베이징으로의 쌀 수송을 차단했고, 베이징을 약탈할 준비가 되어 있는 것처럼 보였다. 함풍제(1850년에 사망한 도광제의 아들)는 베이징을 벗어나 피신했고, 영국·프랑스군과의 교섭 과정을 이복동생 공친왕 이신奕訢에게 고스란히 남겼다. 태평군과 유럽 군대가 쌍방에서 목을 죄어오자, 청은 러시아의 요구 사항을 수락하는 대가로 영국과 프랑스, 청나라 사이를 중재하겠다는 니콜라이 파블로비치 이그나티예프Nikolay Pavlovich Ignatiev 러시아 공사의 제안을 받아들였다. 사실 이그나티예프는 영국과 프랑스와 전혀 관계가 없었다. 하지만 청나라는 개의치 않고, 시베리아에서 가장 비옥한 약 34만 제곱킬로미터의 영토에 대한 권리를 러시아에 양도해 주는 데 서명하였다.[20] 하지만 대청국의 외교 관계에 획을 그을 또다른 사건이 발생했다. 공친왕 이신이 1860년 10월 24일, 영국과 베이징조약을 체결하고, 다음 날 프랑스와 비슷한 조약을 체결한 것이다.

베이징조약에 따라, 청나라는 홍콩 맞은편에 있는 주룽반도의 약

1860년 공친왕 이신의 모습

52제곱킬로미터의 영토를 영국에 할양했다. 또, 대외무역을 위해 톈진항을 개항했다. 더 중요한 건, 청 조정이 베이징에서 외교관이 영주할 권리를 양도한 것이다. 외교관은 광저우에서 베이징까지 수레를 타고 먼 길을 오지 않아도 됐다. 유럽인들은 자신들을 조공국의 대표가 아닌, 국제 체제의 평등한 일원으로 보았지만, 청나라는 여전히 합의한 내용을 이해하지도, 수용하지도 못했다. 여전히 황제가 '하늘 아래 만물'의 정당한 통치자로 서 있는 천하의 관점에서 세계를 바라보았다. 청나라가 멸망하기 전 50년 동안, 두 세계관은 끝없이 충돌했고 그 충돌의 중심에는 이홍장이 있었다.

거리는 빈곤으로 물들었다. 한 중년 여성이 도로변에 앉아 울부짖었다. 오늘날 베이징의 한가운데 통곡이 울려 퍼져도 도와주는 사람은 없다. 도와줄 수 있는 사람은 곳곳에 널렸지만, 그 누구도 손을 내밀지 않는다. 골목을 따라 조금만 더 가면, 간이 의자에 앉아 글씨로 빽빽이 채운, 모두가 볼 수 있을 정도의 큰 종이를 들고 있는 여성이 보인다. 삿대질하면서 잔소리를 하는 험한 인상의 남자들에 둘러싸여 있다. 여자 편을 들어주는 유일한 사람은 남자들을 향해 소리 지르는, 휠체어에

탄 농부 여성이다. 남자들은 조폭인지 사복 경찰인지 구분하기가 어렵다. 어쩌면 둘 다일지도 모른다.

저 여성의 비통은 동당자 골목(東堂子胡同港子裡)의 한 건물에서 시작되었다. 낮은 건물은 높은 회색 벽에 가려 거의 보이지도 않는다. 거리에서 보이는 건 낡은 기와지붕뿐이다. 49번지는 중화인민공화국 공안부公安部의 공식 민원실로, 시민이 경찰이 저지른 학대에 보상을 신청하러 오는 곳이다. 실제로 보상을 받을 확률은 미미하지만, 9월 어느 날 오후, 건물 외벽에 걸린 석판 아래 사람들이 줄지어 서 있었다. 그 석판에는 이 궁전의 불행한 역사가 쓰여 있다.

지금은 믿기 어렵겠지만, 이 건물은 한때 베이징 외교의 중심이었다. 19세기 후반, 이 건물에는 총리아문總理衙門이 있었다. 바다 건너의 오랑캐들과의 외교를 관할하기 위해 설립한 최초의 '외교부'였다. 오늘날에는 지나치게 화려한 풍의 '레전데일 호텔(Legendale Hotel, 또는 려준 호텔)'이나 청나라풍을 구현한 진바오 플레이스(金寶匯, 금보회) 쇼핑몰 등 화려한 주변 경관에 가려, 이제는 초라해 보일지 몰라도 말이다. 안쪽에는 또 모조 청 궁궐이 있다. 베이징 홍콩 경마회(香港賽馬會的北京所), 신흥 부자들이 호화스러운 궁궐에 출입할 때 뒷골목에서는 슬픈 광경이 펼쳐진다. 역사는 똑같이 반복되지 않을지언정 그 흐름은 반복된다.

1861년 1월 13일, 제2차 아편전쟁의 결과로 청 조정은 어쩔 수 없이 총리아문을 세웠다.[21] 유럽 열강은 개항항 관세 수입에서 800만 냥 은화를 할부로 지급할 것을 요구했다.[22] (영국과 프랑스는 자국을 침략했다는 명목으로 청나라에 거리낌 없이 배상금을 요구했다) 베이징 협약 협상에 참여하고 서명한 세 청나라 관리들은 조약 이행을 감독하기 위한 관청의 신설을 황제에게 제안했다. 하지만 그들도 조약이 영구적으로 효력을 발휘하리라 생각하지 않았다. '(태평군과 다른 반란군을 진압하는) 군사 작전이 끝나고 다른 국가와 문제가 정리되자마자, 새로운 기관은 폐지될 것이고, 예전처럼 그 기능은 군기처(軍機處, 청나라 군사·정무의 최고 기관 - 옮긴이)에 편입될 것입니다'라는 상소문을 조정에 올렸다.

이 세 명의 관리들은 모두 만주족 출신 고위 관리였다. 중국 이름 공친왕이라는 이름으로 더 잘 알려진 이신과, 이신의 노쇠한 장인이자 1858년 톈진조약을 강력하게 반대한 하다 구왈기야(중국 이름은 계량桂良이다) 그리고 수완 구왈기야(중국 이름은 문상文祥이다)였다.[23] 이신은 신설한 관청을 '다양한 국가의 외무를 관할하는 기구(총리각국사무아문總理各國事務衙門, 또는 총리아문)'라고 이름 붙였지만, 달라진 현실을 인정하지 않는, 조정의 보수파 사대부의 반대에 맞닥뜨려야 했다. 관료들은 새 기관의 중요성을 낮추고 싶었기에 '각국의 상무를 관할하는 기구(총리각국통상사무아문總理各國通商事務衙門)'로 이름을 바꾸었다―사실상 외교적인 기능을 부인한 것이다. 공

총리아문의 신설을 제안한 문상의 모습

친왕 이신은 명칭을 다시 바꾸기 위해 물밑 작업을 했지만, 절반만 성공했다. 결국 '총괄하는 상급 관아' 또는 중국어로 총리아문이라는 밍밍한 이름을 붙이게 되었다. 양쪽이 기대하는 바는 완전히 달랐다. 총리아문과 접촉한 영국 외교관들은 바로 '외교부'라고 불렀다. 청나라는 모욕을 줘서 영국이 확실히 청나라 밑에 있다는 걸 느끼게 하기로 마음먹었다. 황궁에서 멀리 떨어진 뒷골목─동당자 골목 '은화부'(공식 명칭은 철전국 공소鐵錢局公所, 즉, 철과 돈을 관리하던 기관이다.─옮긴이) 건물이었던 곳에 총리아문을 설치했다. 총리아문을 최초로 방문한 외국인들은 '작고 불편하고', '더러우며 칙칙하고 아무것도 없다'라고 표현했다.[24] 역사의 비통함이 서려 있는 이곳을 방문하는 오늘날의 관광객들도 아마 동의할 것이다.

공친왕과 문상, 계량은 총리아문을 통해서만 청 조정이 외국 정부와 소통함으로써 유럽의 위협을 저지할 수 있길 바랐다. 하지만 총리아문의 역할은 외교적인 요구 사항을 처리하는 데만 국한되지 않았다. 청 말기의 엘리트층이 더 넓은 세계를 접하는 창구가 되기도 하였다. 가장 먼저 한 일 중 하나는 1862년 통번역 대학교, 즉 동문관을 세워, 외국인 교사를 임용하고 서적과 서양 사상을 중국어로 번역하기 시작한 것이었다. 그중에는 서양인들이 '국제법'이라고 부르는 내용이 있었다. 공친왕 이신과 문상, 계량에게는 완전히 낯선 개념이었고 1860년 영국과 프랑스와 조약을 체결하였을 때는 이를 오해했으나. 청나라를 공격해오는 국가에 국제법이 얼마나 중요한지를 알게 되자 태도를 빠르게 바꿨다. 국제법에 관해 더 잘 알고 싶었다.

1861년 8월 함풍제가 세상을 떠났을 때, 공친왕은 함풍제의 부인 서태후에게 사실상 권력이 넘어가도록 쿠데타 조직을 도왔다. 불과 다섯 살밖에 되지 않았던 서태후의 아들, 동치제가 공식적으로는 황제가 되었지만 누가 진짜 황제였는지는 의심할 여지가 없었다. 서태후는 다음 반세기 동안 실권을 잡고 막후에서 청나라를 통치했다. 쿠데타의 성공으로 공친왕의 개혁파 파벌(양무파, 부국과 강병을 내세우면서 서양을 모델로 삼아 강력한 군사력을 갖추고, 근대 산업을 일으켜 난국을 타개하려는 근대화 운동을 추진하는 무리로, 서태후와 공친왕 이신을 중심으로 새로운 정권이 수립되면서 약 30년간 청조의 고관은 양무운동을 적극적으로 추진하였다. - 옮긴이)은 조정에서 강력한 입지를 다질 수 있었지만, 보수 세력은 흔들리지 않을 정도로 튼튼했다. 사대부는 전국에서 권위 있는 자리를 차지하고 무리를 형성했다. 고전 교육을 계속 독점하여 수입을 올리고 영향력을 행사할 수 있었기 때문이다.

청나라를 실질적으로 통치한 서태후의 모습

이런 일들이 베이징에서 벌어지는 동안 상하이에서는 훨씬 더 피를 튀기는 투쟁이 대단원의 막을 내리려고 하고 있었다. 태평천국의 난으로 목숨을 잃은 사람의 숫자는 헤아릴 수조차 없었다. 하지만 적어도 2000만 명 이상이 사망했으리라고 예측한다―아편전쟁 사망자 수보다 1000배나 많다. 조정은 충분한 군사적 지원을 제공할 수 없었기에, 증국번 등 각 성의 지도자에게 반군과 맞서 싸울 수 있는 군대를 자발적으로 조직하는 권한을 부여했다. 증국번은 공식적 지위(관료이기도 했고, 토비를 진압하라는 함풍제의 명령을 받았다.―옮긴이)를 활용하고 비공식적 인맥에 호소하여 군비를 모으고 무기를 사들였다. 새롭게 조직된 지방 군대는 몇 번 승리를 거두었지만, 태평군을 막지는 못했다. 태평군이 상하이 개항항을 향해 진격하자, 상하이 엘리트들은 어찌할지 몰라 외국인들에게 도움을 요청했다. 개항항 체제에 따라 이미 3000명의 영국과 인도, 프랑스군은 상하이에 주둔해 있었고 여기에 3000명의 중국인을 추가로 모집하여 서양 용병들이 군대를 지휘하게 했다. 이를 '상승군常勝軍'이라 부른다. 그 후 1861년 말, 증국번은 이홍장에게 고향 안후이성에서 군대를 새롭게 조직하여 상하이로 오라고 명했다.[25]

1862년 4월에는 이홍장의 세계가 바뀌었다. 이홍장과 '안후이군'은 상하이 상인들이 보낸 영국 소함대에 올라 상하이로 향했다. 이홍장은 그때 처음으로 상하이에서 서구식 근대화를 접했다. 이홍장은 유럽의 무기와 훈련받은 군대가 태평군을 산산이 조각내는 것을 지켜보았다. 이홍장의 일기와 서신을 살펴보면, 서양식 군대를 보자마자 이홍장은 서양처럼 중국 사회를 강하게 만들겠다는 결심을 했다. 하지만 그는 여전히 마음속으로 '사대부'였고, '서양인'이 되는 데는 관심이 없었다. 1862년 4월 23일 그는 증국번에게 자신의 군대를 유럽군으로부터 분리하겠으며, '자강自强해지기 위해 노력하고 외국인과 섞이지 않겠다'라고 편지를 썼다.

이홍장은 아마 '자강'이라는 표현을 증국번에게 배웠을 것이다. 전년도에 증국번은 개혁에 뜻을 둔 신사였으나 군사령관으로 전향한 풍계분馮桂芬에게 설득당했다. 풍계분은 외세에 휘둘리는 청나라를 보고 굴욕을 느껴 수필집을 썼다. 수필집에서 그는 '오랑캐들로부터 배울 점은 딱 하나 있다. 튼튼한 선박과 효과적인 총이다'라고 주장했다.[26] 이러한 사상은 '자강 운동'이 탄생하는 계기가 되었다. 풍계분과 증국번, 이홍장이 주도한 이 운동은 외국의 기술을 받아들이는 한편 청나라 고유의 사상을 지키는 것을 골자로 했다.

자강 운동가 좌종당의 모습

증국번에게 서신을 쓴 지 이틀 후 이홍장은 장쑤성 총독으로 임명되었다. 상하이도 장쑤성에 포함되어 있었다. 1862년 8월, 이홍장은 상하이 개항항의 중국 상인들이 청 조정보다 외국의 통치를 선호한다는 사실에 깜짝 놀랐다. 자강 운동가 좌종당(左宗棠, 미국에는 '제너럴 초스 치킨General Tso's Chicken이라는 음식명으로 더 잘 알려져 있다)에게 보낸 서신에서 이홍장은 '현지 관료와 국민의 마음은 오래전부터 외국인들에게 넘어갔습니다'[27]라고 썼다. 외세에 대한 분노와 외세가 권력을 잡은 수단을 완전히 익히려는 욕구는 2년 후 태평군을 진압할 때까지 커져만 갔다.

1863년 3월 이홍장은 남양통상대신南洋通商大臣으로 임명되었다. 조정이 총리아문을 설립하는 동시에 만든 관직으로, 역할은 비슷했다. 외국인을 관리하는 것이었다. 통상 대신은 두 명으로, 한 명은 개항한 남항들을, 다른 한 명은 북항들을 관리했다. 남양 대신과 북양 대신은 '이번(理藩, 청대에 몽고, 티베트 등의 외번을 일컫는 말 - 옮긴이) 관원'으로 서구의 신식 총포 앞에 어쩔 수 없이 내어 준 특권을 도독都督하는 역할을 했다. 외국인들은 상업 활동에만 관심이 있다고 했지만, 이홍장은 외국인들이 더 넓은 청 영토를 넘보고 있다고 확신했다. 그해 말 그는 친구에게 "장기적으로 문제가 되는 건 서양인들이네. 화하華夏는 위대하지만, 힘을 잃어 결국 이 지경까지 이르게 된 걸세"라고 경고했다.[28]

하지만 이홍장은 주변 사람들의 태도에 좌절했다. 1864년 봄, 그는 총리아문에 직접 서신을 보냈다. 동료 사대부들은 현실 문제를 다루기보다는 '글을 쓰고, 해서체楷書體와 소전체小篆體 서예를 하는 구습에만 몰두해 있다'라고 불평했다. 조정은 관료에게 새로운 기술을 연구하라고 명할 필요가 있었다. 풍계분의 사상을 따른 이홍장은, '외국인을 통하지 않고도 바로 서양의 기술을 사용할 수 있도록', '서구식 기술을 배우는 것'이 우선순위라고 피력했다. 이신은 이홍장의 말에 공감하여, 황제에게 상서를 올렸지만 어떠한 조처도 취해지지 않았다.

몇 달 뒤 1864년 7월 19일, 증국번의 군대는 태평군의 근거지 난징을 함락시켰다. 피비린내가 진동하는 전투였다. 급여가 적었던 증국번의 용병 부대는 고삐가 풀렸다. 10만 명 정도 죽었다고 추정되나, 대부분은 항복 후에 살해되었다. 아동과 노인을 학살했고, 여자들은 전리품이 되었으며, 도시 전체를 약탈했다. 난징은 남김없이 탈탈 털렸다.[29] 증국번의 세계관으로는 수백 년 동안 내려온 유교적 가치관을 버린 이들에게 동정을 베풀 필요가 없었다.

태평군의 위협이 사라지면서, 조정은 마침내 산산이 조각난 사회를 재건하고 서양이 내민 도전장에 응할 수 있었다. 1864년부터 청일전쟁이 발발한 1894년까지 30년은 자강 운동의 시대였다. 증국번, 이홍장, 풍계분과 지지자들로 구성된 근대화된 엘리트층은 외국인과 손잡고 기계 상점을 열고, 해군을 현대화했으며, 전문 군대를 갖추는 데에 상당한 희망과 자존심을 걸었다. 하지만 모든 노력은 결국 물거품으로 돌아갔다.

자강파는 제2차 아편전쟁과 1861년에 쿠데타, 그리고 태평군을 무찌른 이후 주도권을 쥐었지만 베이징에서는 확고한 반대 세력과 마주해야 했다. 조정은 총리아문과 대학, 즉 동문관의 설립을 어쩔 수 없이 승인했다. 그래서인지 동문관은 본래의 기능이 제대로 작동하지 않았다. 본래 이 대학은 영국과 프랑스인과 교류할 수 있도록 한 세대의 통역사를 배출하는 것을 목표로 두었다. 총리아문 설치를 주도했던 세력은 서양인들과 어느 정도 거리를 두고 싶었지만, 몇 달 후 다음과 같은 결론에 이르렀다. '심도 있는 외국어 지식을 보유한 중국인은 없으므로… 외국인 중에서 교수진을 찾을 수밖에 없었다.'[30] (여기서 '외국인'은 '유럽인'을 의미한다는 점에 주목할 필요가 있다. 청은 대국 안에서 쓰이는 다른 언어를 구사하는 통역관들을 이미 보유하고 있었다)

동문관이 처음으로 채용한 어학 교사 두 명은 공식 통역사 양성보다 기독교 전도를 위한 선교 학교를 세우는 데 더 관심이 많았던 영국 선교사들이었다. 하지만 둘 다 다른 지역에서 중국어를 배워 북방관화 방언(北方官話方言, Mandarin dialect, 만다린, 북방어, 북방화, 북방 방언이라고 불린다. 관리들이 쓰는 말을 칭하며, 명나라 시대에 중국 대륙 각지에서 베이징으로 올라온 관리들이 관화를 소통 언어로 사용했기에 구분이 생겼다. - 옮긴이))을 구사하지 않았기 때문에 1년 만에 사임했다. 학생들 수준은 더 가관이었다. 포부가 큰 학생들은 고전을 공부해 관직에 등용되리라는 야망을 품었기 때문에 전반적으로 실력이 없는 학생들만이 동문관에 진학했다.[31]

하지만 청나라 조정 해관에 새로 부임한 로버트 하트Robert Hart 총세무總稅務가 동문관에 관심을 가지기 시작하자 상황은 바뀌었다. 로버트 하트는 수입 관세를 총리아문에 전달하는 해관의 담당자였다. 관세 일부는 영국과 프랑스의 최근 전쟁 '배상금'으로 돌아가고, 다른 일부는 조정의 비용을 댔다. 해관은 청의 기구였지만, 사실 외국인들 — 영국인, 프랑스인, 미국인, 프로이센인 등 — 이 해관을 관리하고 상당한 수입을

로버트 하트의 모습

올렸다. 따라서 하트는 예산도 있었고 자신과 상대할 관료의 자질을 향상하고자 하는 동기도 있었다. 행동 방식은 그의 직위에 너무나도 걸맞았고, 북아일랜드 출신 로버트 하트는 총리아문에서 근무하는 상대편과 쉽게 친분을 쌓을 수 있었다.

일찍이 하트는 청나라 관료들이 서양의 국제법에 관한 식견을 넓혀야 한다고 생각했다. 일기를 살펴보면 1863년 7월 15일 하트는 영어로 된 국제법 논문을 최초로 번역하기 시작했다. 미국 변호사이자 외교관인 헨리 휘튼Henry Wheaton의 국제법 이론서《국제법의 요소Elemennts of International Law》였다. 그달 말, 하트는 총리아문에 번역본 몇 부분을 제출했다. 서양인들은 외국 수도에 주재하는 외교관의 권리가 보장되지 못할까 우려하고 있었다—아마 서방 강대국에는 가장 시급한 문제였을 것이다. 역사학자 리처드 스미스는 로버트 하트의 일기를 살펴본 결과, 하트가 1863년 여름 내내 휘튼의 논문을 번역하는 데 몰두했고, 번역문을 총리아문에 전달했다고 한다.[32] 당시 공친왕의 말에 따르면, 외국인들이 이 책을 자기네들끼리만 보고 싶어 한다는 느낌을 받았다고한다. 하지만 로버트 하트는 거리낌 없이 공유했다.

국제법 소개에 이바지한 사람은 하트뿐만이 아니었다. 그해 프랑스는 청이 조공국으로 간주했던 안남(오늘날의 베트남)으로 진격했다. 1863년 4월 14일 프랑스군은 베트남 황제에게 강제로 후에 조약Treaty of Hue에 서명하고 영토 일부를 프랑스에 할양하게 했다. 총리아문은 베이징에 주재하던 미국 앤슨 벌링게임Anson Burlingame 공사에게 후에 조약이어떤 조약인지 알려 달라고 부탁했다. 미국의 언어사학자 리디아 리우에 따르면, 벌링게임은 휘튼의 책을 읽어 보라고 추천했다고 한다. 그는 미국 선교사 윌리엄 마틴William A.P.Martin이 중국인 기독교인 네 명의 도움을 받아 휘튼의 책을 번역한다는 소식을 들었다.[33] 윌리엄 마틴은 이미 미국 외교관들 사이에서 잘 알려져 있었다. 1858년 톈진조약 당시 미국 사절단의 통역사였기 때문이다. 사실, 미국 외교관 윌리엄 리드William B.Reed가 중국에 있을 때 휘튼의 책 사본을 마틴에게 건네주었다고 한다. 본인 말에 의하면 마틴은 국제법 번역이 선교사로서의 소명의 연장선이라고 여겼다. '무신론적 정부에 하나님과 그분의 영원한 정의를 알리는 일'이라고 추후에 정의한 바 있다.[34]

마틴은 언어를 번역할 때 겪는 일반적인 어려움보다 더 많은 어려움에 부닥쳤다. 사실 180도 다른 세계관을 가지고 있는 사람들에게 새로운 세계관을 이해시키고 있었다. 그는 세계관 간의 격차를 줄이기 위해 새로운 단어를 만들어 내야 했다. '이 책에 등장하는 단어와 표현

윌리엄 마틴의 모습

은 어색하고 읽기가 쉽지 않을 수도 있다'라고 나중에 출판된 책 서문에 썼다. '…(하지만) 번역가들이 정말 필연적으로 최선을 다했다는 걸 깨닫게 될 것이다.'[35] 청 관료에게 '주권'이라는 개념을 소개한 사람은 마틴이었다. 하지만 기존의 단어에 다른 의미를 부여해 다른 용도에 맞게 고쳐야 했다. 마틴의 번역문에서, 'Sovereignty'는 중국어로 주권主權

이 되었다. '주권'은 기원전 7세기 고대 문헌《관자管子》에 처음으로 등장한다―하지만 그 문헌에서는 전혀 다른 의미로 쓰였다. 윌리엄 캘러핸William Callahan에 따르면, 주主는 국가가 아니라 '통치자', '주인', 심지어 '소유자'를 뜻했다고 한다. 마틴은 '권리'를 의미하는 권權 자를 선택했지만, 역사적으로 이 단어는 '권력'을 의미하면서, 권력이 독단적이거나 기회주의적이었다는 의미를 내포했다. 따라서 주권의 문자적인 의미는 '정당성을 부여받은 국가 권력'과 동시에 '통치자의 독단적인 권력'이었다. '주권을 지나치게 행사하면 실패할 것이다'[36]와 같이,《관자》에서 이 단어는 무언가를 경고하는 맥락에서 등장한다. 서구적 개념의 '주권Sovereignty'과 다른 뜻이 담겨 있는 중국의 주권을 대응어로 만들어 놓았다는 것을 알면, 오늘날 중국의 '주권 근본주의'를 더 쉽게 이해할 수 있을 것이다. 이 시대의 중국인이 '통치자의 권위'라는 함의가 담긴 '주권'이라는 단어를 사용한다면, 주권은 상대적이지 않고 절대적일 수밖에 없다. 어떤 통치자가 권위를 축소하는 걸 원하겠는가? 이러한 차이점에서 중국 국제 관계의 독특한 틀인 '운명 공동체'라는 표현이 등장한 것이다.

1863년 10월, 몇 달간 한 세계관을 다른 세계관으로 번역하느라 머리를 꽁꽁 싸맨 후에 마틴은 마침내 번역본을 전달하러 동당자 작은 골목의 '좁고 불편한' 총리아문으로 향했다. 윌리엄 마틴은 로버트 하트의 친구였기에, 총리아문에 마틴이 들어가는 건 쉬운 일이었다. 마틴과 하트는 총리아문에서 공친왕과 문상 그리고 다른 동료 관료들에게 번역본 네 권을 전달했다.

공친왕은 확실히 휘튼의 책에 관심이 있었지만, 조정 보수파는 눈길조차 주지 않았다. 슐레스비히 전쟁(1848년부터 1851년까지 덴마크 왕국과 슐레스비히 공국-홀슈타인 공국Schleswig-Holstein 사이에 일어난 내전 - 옮긴이)이 아니었다면 번역본은 영영 출판되지 못했을지도 모른다. 1864년 봄, 덴마크 왕국과 프로이센은 북유럽 두 지방의 영유권을 두고 갈등을 빚었고, 이 갈등은 톈진항까지 번졌다(1864년 3월에 중국 주재 프로이센 공사 레프스G.von Rehfues가 다구에서 톈진으로 가던 중 바다에 정박 중인 덴마크 선박 세 척을 발견하고는 이를 나포했다. 그리하여 이 문제로 중국은 프로이센과 외교적 마찰을 빚게 되었다.- 옮긴이). 새로 부임한 프로이센 공사는 군함을 타고 도착하자마자 덴마크 상선 세 척을 나포했다. 공친왕은 휘튼의 책에서 새롭게 습득한 내용을 근거로, 다른 나라의 영해에서 그런 행위를 하는 것은 불법이라고 주장했다. 공친왕은 프로이센인들이 국제법을 인정하고, 배를 풀어 주었으며, 심지어 덴마크인들에게 배상금을 지불하는 것이 인상 깊었다.[37] 사건의 여파로, 1864년 8월 30일, 이신은 신비로운 책의 효용성을 제시하며 조정에 상소를 올렸고 '(국제법은) 외국 영사들을 상당한 범위까지 통제할 수 있는 법률로 그 유용성은 의심할 여지가 없다'라는 주장을 밝혔다.

공친왕은 휘튼의 책을 외국인을 관리하는 수단으로 사용하는 데 관심이 있었지만, 청나라 조정이 국제법에 근거하여 행동해야 하는 명분을 찾지 못했다. 서신에서 그는 휘튼의 주장이 대국에 아무런 영향을 미치지 않을 것이라고 황제를 안심시켰다. '폐하의 신하들은 중국이 독자적인 법과 제도를 두고 있고, 외국의 책에 실린 내용을 따르는 게 번

거롭다며, 국제법을 따르려는 (마틴의) 시도를 미리 막았습니다'라고 설명했다. 공친왕은 윌리엄 마틴의 번역서를 편집하고 출판하기 위해 500은냥의 예산을 승인했다는 말로 글을 끝맺었다.[38] 윌리엄 마틴은 공친왕에게 번역본의 서문을 써 줄 수 있냐고 부탁했으나 거절했다. 외국 사상과 공공연하게 엮이고 싶어 하지 않았던 것 같다. 총리아문은 책조차 출판하지 않았다. 스웨덴 중국학자 룬 스바르베루드Rune Svarverud에 따르면, 1864년 5월 마틴은 한 베이징 선교 학교에 소속된 출판사에서 스스로 번역본을 출판했다고 한다.[39]

다음 해 마틴은 동문관의 영어 교사로 임명되었고 1867년에는 동문관에서 국제법을 가르치는 교수가 되었다. 이 시기부터, 동문관은 새로운 지식을 수용할 수 있는 청나라 엘리트층 사이에서 지식 변혁을 일으키는 엔진이 되었다. 하지만 그들은 극소수에 불과했다. 자강 운동에 몸담은 사대부 계급 내에서도 공친왕의 노력을 단호하게 반대하는 사람이 있었다.

그중 가장 보수적이었던 사람은 왜인倭仁이라는 유명인이었다. 왜인은 몽골인으로, 대국의 핵심 관청 몇 군데가 동시에 설립되었을 때, 과거에 급제하여 관직에 올랐다. 그는 유교 고전을 엄격히 따르라고 촉구하는 올바르고 금욕적인 사람으로 대중적 이미지를 굳혔다. 흰 밀가루가 주는 즐거움을 피하려고 '겨 먹는 모임'을 만들었다는 풍자적인 이야기도 전해 내려온다. 그러나 높은 관직에 오르자 높은 보상도 따라왔고, 고급 음식과 아편을 즐기는 위선자라는 소문도 있었다. 함풍제는 그와 거리를 두었다—심지어 왜인을 청나라에서 멀리 떨어진 투르키

스탄에 한동안 발령 보내기도 했다. 하지만 함풍제가 사망하고 그 이후 쿠데타로 서태후가 권력을 잡자, 왜인은 재빨리 고위 관직 자리를 꿰찼다. 1866년 그는 대학사大學士로 호부(户部, 재정과 지방 행정 담당했다. ─옮긴이)를 감독했을 뿐만 아니라, 공부상서(工部尚書, 공부는 공공 공사를 담당하는 기관, 상서는 관직명이다. 상서는 명·청 시대에 정부 각 부의 최고 장관이었다. ─옮긴이), 도찰원좌도어사(都察院左都御使, 도찰원은 지방 행정 관료를 감찰하고 내부 고발자의 역할도 수행했다. ─옮긴이)였고, 한림원장원학사翰林院掌院學士이자 어린 황제(동치제)의 스승을 지냈다.[40]

공친왕과 왜인의 충돌은 1867년 3월, 하위 관료와 학자들이 동문관이 가르치는 수학과 천문학이라는 새로운 과목을 배워야 하는지를 두고 가시화되었다. 왜인은 '국가가 기본적으로 필요로 하는 것은 국민의 도덕성이지 기술이 아니다'라는 근거를 들으며 반대했다.[41] 또, 대학이 외국인을 고용해서는 안 된다고 주장했다. 유교의 보전이 최우선이여야 했다. 황제는 왜인의 변론을 일축했다. 기분을 상하게 하여 자신의 처지를 납득시키기 위해 외교에 관해 더 배우고 오라고 왜인을 총리아문의 행주行走로 임명했다. 그는 본래 보수적이고, 그러한 관직을 맡을 준비가 되지 않았다면서 인사를 재고해 달라고 빌었다. 건강이 좋지 않다는 핑계를 댔다. 관직을 맡던 날 왜인은 낙마하여 발을 다쳤다고 한다. 그 후 왜인은 어린 황제의 스승을 제외한 모든 공식 직책을 사임하고 공직 생활에서 물러났다.

그런데도 왜인의 희생은 '성리학자들'에 큰 승리를 안겨다 주었다. 홍콩 출신의 역사학자 데이비드 퐁David Pong에 따르면, 서태후는 공친왕을 지지하고 왜인을 타도했으며 보수파의 비판에 맞서 총리아문을 지원했지만, 사대부에 직접적으로 대항할 준비가 되어 있지 않았다. 그래서 관료를 동문관에서 공부시키자는 움직임은 제법 흐지부지됐다. 총리아문이 나중에 보고한 바에 따르면, '왜인이 반대한 이후로, 사대부는 무리를 형성해 방해물(동문관)에 대항하는 음모를 꾸몄다… 그 결과 총리아문 입학시험에 응시하는 사람이 없었다.' 조정은 유교의 정통성에 손을 들어 주는 선택을 내렸고, 더 넓은 세계에 관해 견문을 넓히는 걸 반대했다. 이러한 논쟁은 '서양과 관련된 사무'─양무洋務─연구를 중심으로 전개되었지만, 청 조정의 근본적인 세계관을 바꾸는 어떠한 움직임도 절대적으로 거부했다. 외국인들이 물리력을 가해 청나라에 진출하여 무역할 권리를 얻어 냈을지라도 청조는 서양의 세계관과는 거리를 두었다. 서양의 세계관은 여전히 총리아문의 관리를 거쳐 들어왔다.

이는 조정이 보낸 서신에서도 확인할 수 있다. 1858년 체결한 톈진에서 서명한 조약문들에는 10년 후에 양측이 조약의 개정을 요구할 수 있는 조항이 포함되어 있었다. 1867년 말, 그 날짜가 다가오자 공친왕은 외국인과 교류한 적이 있는 전국지방대신全國地方大臣들에게 칙령을 내렸다. 영국과 프랑스가 청나라에 무엇을 요구할 것이며, 조정은 어떻게 대응해야 할지 그들의 조언이 필요했다. 이신의 질문에 이홍장, 증국번, 좌종당을 포함한 17명의 관료가 답했다. 그들이 주고받은 비밀 서신은 청 조정이 어떤 세계관을 가지고 세상을 바라보았는지 많은 것을 보여 준다. 여기서 가장 주목해 보아야 할 점은 관료들이 주변에서 일어나는 변화를 잘 이해하지 못했다는 것이다. 제국적 세계관의 본질은 그대로였다. 청나라는 중국, 즉 세계의 중심이었고, 문화적으로나 도덕적으로나 오랑캐들보다 우월했다. 미국 출신 중국 역사가 나이트 비거스탭Knight Biggerstaff에 따르면 '무지와 맹목이 스스로의 발목을 잡았다'. '공격적인 서구 열강에 대처하는 과정에서, 청나라가 직면한 심각한 문제를 실질적으로 이해했다고 보여 준 사람은' 이홍장과 증국번, 좌종당뿐이었다.[42] 하지만 어떻게 그럴 수 있었을까? 캐나다 출신 역사학자 존 크랜머-빙John Cranmer-Byng의 말을 빌리자면, '중국은 주변 상황으로, 또 자국의 약점 때문에 국제 체계로의 편입을 강요받고 있었다. 하지만 그들 눈에는 국제 체계에 도덕적 타당성이 없었기 때문에 국제 체계를 믿지 않았다.'[43]

그러나 공격적인 서구 국가들은 결국에는 1858년에 체결한 조약들의 개정을 요구하지 않았다. 일반적으로 1860년대는 서양 강대국과 청나라가 협력하는 시대였다. 유럽인들과 미국인들은 강제로 얻어 낸 무역권을 누리고 있었고, 자강 운동가들은 외국의 기술로 산산조각이 난 대국의 국방을 재건하려 했다. 개항항들은 근대 문물이 들어오는 작은 교두보였지만, '성리학자'들은 어디에서나 명맥을 유지했다. 두 세계관이 나란히 존재했던 것이다.

개항항의 외국 은행들의 존재는 (중남미의 정치가 다시 안정됨에 맞물려) 또 다른 파급 효과를 낳았다. 1853년경부터 신뢰할 만한 멕시코 은화가 청나라로 다시 유입되기 시작했다. 구리 주화를 은화로 교환함으로써 발생했던 경제 문제가 개선되기 시작했다. 동시에 사람들은 태평천국의 난 동안 쌓아 두고 묻어 놓았던 은을 꺼냈다. 페소 주화의 공급이 재개되면서 경제가 회복됐다. 은이 활발하게 유통됨에 따라 서양 상인들은 아편 거래에서 손을 떼기 시작했다. 대신, 가정에서 재배한 마약이 빠르게 보급되기 시작했다. 1860년대 말까지 아편 국내 생산량은 수입량보다 많았다.[44]

하지만 마지못한 상생의 세월은 10년을 넘지 못했다. 1870년 6월 21일, 가톨릭 고아원이 어린이들을 납치했다는 소문과 프랑스 영사관의 성급한 과잉 반응이 합쳐져 톈진 학살이 일어났다. 중국인과 외국인 등 약 60명의 기독교인이 목숨을 잃었다. 유럽인들은 배상을 요구했다. 프랑스 군함이 도시에 접근하자, 조정은 위기 대처를 위해 톈진시를 포함하는 직례성(直隸省, 허베이성의 옛 이름 - 옮긴이) 총독에 이홍장을 임명했다. 폭동을 일으킨 혐의가 있는 몇몇은 처형당했고, 사과를 위해 프랑스로 사절단을 파견했다. 소요 사태는 잠잠해졌다. 직례성 총독 역할을 맡은 지 3개월 만에, 이홍장은 북양통상대신이 되어, '황제의 관리', 즉 흠차대신(欽差大臣, 특정 사안에 대해 황제로부터 전권을 위임받아 대처하는 특별 고위 관리 - 옮긴이)으로 승진했다.[45]

이렇게 이홍장은 청나라에서 가장 영향력 있는 관리가 되었다. 톈진 외에도 베이징 주변 지역을 포함하는 직례성을 관할했고, 주변도 포함했다. 그리고 북양통상대신으로서 상하이 북쪽 개항항들(북항)에서 외국인과 이루어지는 거래의 총책임자가 되었다. 이후 25년간, 베이징에 가려는 서양인들은 이홍장이 관리하는 지역을 거쳐 가야 했다. 물리적으로 베이징에 가든, 베이징 정계에 닿으려고 하든 이홍장을 통하지 않고서는 불가능했다. 그리고 이홍장을 거쳐 간 서양인 중 한 명은 그에게 영향을 주었고, 이홍장을 통해 청과 더 넓은 세계의 관계에 지대한 영향을 미쳤다.

윌리엄 페티크William N. Pethick는 미국 남북전쟁 후반에 참전했다. 1864년 난징에서 태평군이 패배했을 당시, 페티크는 사병으로 뉴욕 제 25 기병 사단에 입대했다. 1865년 6월에 연대가 해산되었을 때까지 셰리든Philip H. Sheridan 장군이 이끄는 부대 소속으로 셰넌도어 계곡에서 싸웠다. 그해 말, 불과 열아홉 살의 나이에 페티크는 모험을 찾아 더 멀리 중국으로 떠났다. 링컨Abraham Lincoln 대통령이 주중 미국 앤슨 벌링게임 '대사'에게 페티크를 소개하는 서한을 써 주었다는 이야기도 있고,[46] 초반에는 영국 무역 회사에서 일했다고 하는 설도 있다. 무슨 이야기가 맞든지 간에, 페티크는 그 후 여행을 떠났다. 사람들의 말에 의하면, 2년 동안 수천 킬로미터를 방랑하며 다양한 중국어 방언을 배웠고 현지 문화에 빠져들었다. 베이징으로 돌아오자 아무래도 이홍장이 페티크에게 만남을 요청했던 것 같다.[47]

두 사람은 빠르게 가까워져 1901년, 며칠 차이로 둘 다 세상을 떠날 때까지 친구로 남았다. 1872년 페티크는 주 톈진 미국 영사로 임명되었고 그즈음, 개인적으로 이홍장 밑에서 일하기 시작했다.[48] 1874년 11월, 해관에서 일하던 로버트 하트는 그를 '이홍장이 믿을 수 있는 가장 유능한 직원'이라고 묘사했다.[49] 이러한 이중적인 역할을 맡다 보니, 페티크는 미국과 이홍장 사이를 중재할 이상적인 인물이 되었다. 미국은 이홍장을 통해 청 조정에 닿을 수 있었다. 상업 기회를 엿보고 무역 분쟁을 해결하는 데 시간 대부분을 쏟았지만, 페티크는 중국 외교 관계의 중심에 있었다. 앞으로 20년간 일어날 네 번의 국제 위기에서도 이홍장은 페티크를 통해 미국과 소통했다. 미국은 개입할 때마다 청나라가 천하의 중심에 있다는 견해를 일축했고, 적어도 외부적으로는 주권의 법칙과 서양의 국제법을 받아들이도록 강요했다. 페티크 개인 또는 미국 정부의 의도적인 전략은 아니었다. 단순히 미국인들의 세계관이 낳은 결과물이었다.

1870년대에 이홍장은 유교 학자이자 청 관료였다. 그래서 베이징의 황제가 지역적 질서의 중심이며 황제가 관료와 백성, 사방에 있는 조공국들에 위력을 행세한다는 세계관을 자연스럽게 받아들였을 것이다. 이론적으로 안남(베트남), 조선(한국), 난장(라오스), 류큐(류큐 열도), 섬라(시암/태국), 면전(버마/미얀마) 6개 국가는 여전히 청나라에 조공을 바쳤다. 다른 몇몇 국가들은 덜 정기적으로 조공을 바쳤다(1908년 네팔이 조공을 위해 사절단을 보낸 것이 가장 마지막이다). 하지만 청의 경제 위기와 이어지는 정치 위기의 결과로 관계는 느슨해졌다. 그런데도 '조공 제도', 아니, 조공 제도의 기초가 되는 천하 사상이 국가의 공식 사상인 것은 변함없었다. 천하 사상은 황제가 통치할 권리를 뒷받침했다. 심지어 1793년 처참했던 맥카트니 사절단(Macartney Embassy, 최초의 영국 사절단-옮긴이)도 조정 행정관들은 영국이 바친 '조공'이라고 기록했다. 원정의 요점과는 완전히 모순되었지만 말이다.[50] 존 크랜머-빙에 따르면 '중국의 전통적 세계 질서를 토대로 한 사상보다 전통적 세계관 자체가 먼저 붕괴했다.'[51] 청 엘리트층은 무슨 일이 일어나고 있는지 이해하지 못했다.

중국의 세상은 사라지고 있었다. 태평천하의 난 동안, 시암과 난장은 조공을 바치는 걸 멈췄다. 두 국가 모두로부터 마지막으로 조공을 받은 건 1853년이었다. 중국과 동남아 상인들은 새로운 개항항들에서 동남아 상인들과 거래하는 것만으로도 큰돈을 벌 수 있다는 걸 알았다. 1862년, 일단 태평천국의 난이 수습되자 청 당국은 오래된 관계를 복원하려 했다. 광둥 총독은 시암 정부에 조공 임무를 재개하라고 말했다. 하지만 시암은 청나라의 요청을 무시했다.[52] 시암은 조공을 바치는 걸 중단했다.[53] 라오스도 마찬가지였다.

다음으로 무너진 국가는 류큐 왕국(지금 오키나와에 해당하는 독립 왕국 - 옮긴이)이었다. 1879년 3월, 일본은 일본과 대만 사이에 뻗어 있는 섬 무리(열도)를 병합하였다. 류큐 왕국의 엘리트들은 분노했다. 약 250년 동안 대청국과 일본 사이에 직접적인 교역이 금지되면서, 그들은 중간상인으로 활약하면서 이익을 누렸다. 일본은 류큐 왕국에 더 큰 영향력을 행사했지만, 계속해서 원만한 상업 활동을 하기 위해 청나라에 조공을 바치게끔 부추겼다. 류큐 왕국은 1875년 4월 광서제가 왕위에 오르기 전까지만 해도 청나라에 조공을 바쳤다.[54] 하지만 그다음 달, 청나라에 여러 번 도움을 청한 류큐 왕국이 못마땅했던 일본 정부는 조공을 멈추라고 명했다. 청나라는 도와주지 않았다. 섬나라의 통치자들은 천하를 떠나 '주권'의 세계로 진입하려던 참이었다.

《국제법의 요소》 중국어 번역본은 1864년 베이징에서 출간된 지 1

년 만에 간분(일본 한문 - 옮긴이)으로 번역되었다. 일본은 그 책의 가치를 단번에 알아차렸고, 1876년 출간된 일본어 완역본을 포함해 다음 20여 년간, 20권의 각각 다른 번역본이 출판되었다.[55] 청나라 고관들이 책을 의심쩍은 시선으로 보았던 것과는 완전히 대조적으로, 도쿄에서 책은 전적으로 환영받았고 채택되었다. 국가는 자주적이고 독립적이라는 책의 근본적인 메시지는 일본이 적절한 지역적 지위를 확보해야 한다는, 새롭게 퍼지던 사상과 맞아떨어졌다. 1850년대, 미국 해군이 일본을 강제 개항한 후 일본 내에서는 이렇듯 새로운 사상이 피어나고 있었다. 당시 일본 정계에는 유럽인들에게 배워 유럽인들처럼 제국을 손에 넣자는 저돌적인 부류가 있었다. 그들은 주변 국가의 땅을 탐내기 시작했고, 가장 먼저 행동으로 옮긴 대상은 류큐 왕국이었다. 팽창주의자들은 휘튼에게서 배워 그의 주장을 자신에게 유리하게 끌어 썼다.

일본의 류큐 왕국 병합은 기정사실이었다. 류큐 국왕은 몸을 피하느라 정신이 없었고 왕국은 일본에 흡수되었다. 청나라는 다음 행보를 결정해야 했다. 류큐 왕국을 조공국으로 둔다 해도 재정적으로 얻을 수 있는 것은 없었다. 1878년 5월, 이홍장은 주 도쿄 청나라 공사 하여장何如璋과 동일한 내용의 서신을 주고받았다.[56] 이 둘의 관계는 상징성을 띠기에 중요하다. 일본의 병합은 지역 질서의 위배이자 황제에 대한 모욕이었다. 게다가, 류큐 왕국의 폐위된 왕은 직접적으로 도움을 호소했다. 전통적인 질서가 유지되었다면, 청은 도움을 줘야 할 의무가 있었다. 이제 현실 정치 문제도 있었다. 서양의 내정간섭을 받은 지 약 40년 지난 시점에서, 청나라 고위 관료들은 열도를 이양하면 더 큰 공격을 받을 수도 있다고 생각했다.

이홍장과 공친왕은 이 주제를 둘러싸고 논쟁을 벌였다. 이홍장은 열도를 두고 싸울 가치가 없다고 느꼈으며, 외교 관계와 국제법의 적용을 택했다. 1871년, 이홍장이 일본 정부와 개인적으로 협상하고 서명한 조약의 제1조(청일 수호 조약 또는 청일 수호 조규라고 불린다. - 옮긴이)는 '모든 측면에서 어느 한 나라가 소유한 영토에 대해 양국 정부는 서로 존중하여야 하며, 어느 한 치의 침범이나 점령도 없어야 한다'였다.[57] 이홍장의 관점에서 일본은 조약을 어겼고, 하여장 공사에게 항의 서한을 보내라고 지시했다. 그러나 서한의 어조는 너무 고압적이었고, 옛 질서에 흠뻑 젖어 있어서 일본은 이 문제에 관해 더 이상 논의하기를 거부했다.

하지만 페티크는 생각이 있었다. 과거 자신의 군사령관이자 현재 미국 대통령인 율리시스 그랜트Ulysses S.Grant가 백악관에서 8년의 임기를 마치고 세계 순방 중이었다. 1879년 5월 6일 그랜트는 샤먼, 상하이, 텐진과 베이징으로 향하기에 앞서 광저우(광둥)에 배를 정박했다. 하지만 펼쳐진 풍경에 감명받지는 않았다. 6월 6일, 베이징에서 친구 아돌프 보리Adolph E. Borie에게 보낸 서신만 봐도 알 수 있다. '3일 동안 수도에 머무르면서 볼 수 있는 모든 것을 보았는데, 나의 이목을 끄는

율리시스 그랜트의 모습

건 거의 없었네… 톈진은 상하이보다 인구가 많은데, 혐오스러울 정도
로 지저분하더군.'[58]

그랜트의 여행에 윌리엄 페티크가 동행했다. 페티크는 이홍장에게
율리시스 그랜트를 소개했다. 그리고 그 둘은 어떻게 그랜트가 류큐 분
쟁을 중재할 수 있을지 이야기를 나눴다. 미국 출신 채드 베리Chad Berry
연구원에 따르면, 이홍장은 자국 영토의 온전함을 보존하기 위해 전쟁
에서 싸운 반제국주의자 율리시스 그랜트가 중국의 입장에 공감하리
라 믿었던 듯싶다.

베이징에서 그랜트는 공친왕을 만났다. 공친왕은 그렌트에게 일본
이 류큐 열도 영유권 주장을 포기하고 예전 상태로 돌아가기를 바란다
고 말했다. 그랜트는 톈진에 돌아와 다시 이홍장과 자리했다. 이홍장은
국제조약에 관한 지식을 이용하여 주장을 펼쳐 나갔지만, 그랜트는 모
순을 지적했다. 1871년 청일 수호 조약을 들어, 이홍장은 류큐 왕국이
청에 속한다고 말한 것처럼 보인다. 하지만 1853년 류큐국과 미국 간
에 체결한 조약을 근거로 들었을 때는 류큐 왕국을 별개의 국가라고 주
장했다. 이홍장은 류큐 왕국을 '반 독립 국가'라고 묘사하며 요지를 뭉
뚱그렸다. 그랜트는 청을 돕는 데 동의했다. 하지만 그 대가를 원했다.
중국인의 미국 이민을 제한하는 협정을 원했던 것이다. 두 번의 대통령
임기 동안 10만 명이 넘는 중국인이 미국에 이민 오면서, 백인들은 반
대는 하늘을 찔렀다. 중국인의 이민을 중단하겠다는 공약을 내세우면
삼선의 포부를 이루는 데 큰 도움이 될 터였다. 6월 13일 마지막 회의
후, 이홍장은 이러한 조건으로 타협할 의향이 있다는 뜻을 그랜트에게

전해 달라고 페티크에게 부탁했다.

율리시스 그랜트는 일본으로 향했고 일본의 빠른 근대화에 깊은 감명을 받았다. 그래서 일기에 일본은 '자유롭고 깨어 있었다'라고 적었다. 청과 너무나 분명하게 대조됐다. 마음이 일본 쪽으로 기울었던 것같다. 청나라의 편을 들어 주려던 일말의 욕구마저 사라졌다. 중미 관계 전문 역사학자 마이클 헌트Michael H. Hunt에 따르면, 1879년 7월 그랜트는 일본 관료들과의 회담에서 류큐 왕국의 분할을 제안했다고 한다. 그랜트는 주권 국가와 합의된 국경이라는 세계관 안에서 살았다. 한 국가의 주인이 두 국가인 걸 이해할 수 없었다. 하지만 이를 직접적으로 표현하면 엄청난 논란이 되리란 걸 알았던 듯싶다. 왜냐하면 공친왕과 일본 총리에게 보낸 서신에서는 중국이 일찍이 하여장 공사가 보냈었던 문제가 되는 서신을 철회하고, 양측이 만나서 추가로 논의하는 걸 권고한다고 썼기 때문이다. 그다음에 그는 미국으로 돌아갔다.[59]

청과 일본의 회의가 실제로 열리기까지는 1년이 걸렸다. 1880년 8월 15일, 공친왕은 총리아문에서 일본 대사를 만났다. 두 달간의 대화 끝에, 양국은 율리시스 그랜트가 이전에 일본에 제안했던 것처럼 류큐 왕국을 분할하기로 절충했다. 그렇게 중국은 류큐 열도 최남단에 있는 두 개의 섬을 받되, 일본은 그 나머지를 가지기로 했다. 또한, 일본은 '최혜국 대우'를 받게 되었다—서구 열강과 동일한 통상 권리를 얻었다. 하지만 이홍장은 이 거래를 듣고 격렬하게 반대했다. 1881년 2월에 그랜트에게 보낸 편지에서 '조공국 왕자의 불만이 뭐였던 간에, 조공국을 다른 나라와 나눠 가지는 건 청의 위신에 적합하지 않습니다. 중국은 일본의 류큐 왕국 합병에 반대한 이후부터, 중국의 자존심과 세계의 평가를 저버리고 갑자기 입장을 바꿔 독단적이라고 비난했던 행위에 참여할 수 없습니다'라고 썼다. 이홍장은 여전히 천하의 지성 세계에서 살고 있었다. 이홍장에게 필요했던 건 조공의 상징적 질서를 보존하는 것이었다. 조공 없이는 대국의 정치 질서가 무너졌다. 조공국마저도 지킬 수 없는데 어떻게 세계의 중심이라고 주장할 수 있겠는가? 그러나 추가 협상은 이루어지지 않았고, 일본은 류큐 왕국 전체에 지배권을 공고히 했다. 중국은 조공국이 없어지는 데 동의하지 않았음에도 조공국을 잃었다. 이홍장은 이 사건을 통해 서양의 국제법이 어떻게 작동하는지 객관적인 교훈을 얻었다. 국제법 뒤에 법률을 집행하는 권력이 없다면 아무짝에도 쓸모가 없었다.

1880년 여름, 여전히 류큐 왕국을 둘러싼 논의는 진행 중이었지만, 이홍장은 그 지역을 방문한 또 다른 미국인이 있다는 이야기를 듣게 되었다. 로버트 슈펠트Robert W.Shufeldt 준장은 미국이 한국과의 조약 협상을 요청하기 2년 전, 상원 결의안에 따라 USS 타이콘데로가함에 탑승했다. 한국은 여전히 '은자隱者의 왕국'이었고, 서방에 문호를 닫았다.

슈펠트는 일본에 도움을 청하기 위해 나가사키에 입항했다. 나가사키 중국 영사는 이 소식을 톈진에 전했고, 이홍장은 계획을 세우기 시작했다. 개인적으로 이홍장 밑에서 일하면서 미국 외교관으로서 두 가지 역할을 했던 페티크를 통해, 이홍장은 로버트 슈펠트에게 톈진을 방문하라고 초청했다.

이홍장은 일본의 팽창주의와 동양을 넘보는 러시아의 야망에 우려를 표했다. 류큐국과 마찬가지로 조선은 전통적으로 중국의 조공국이었다. 그리고 일본은 류큐 왕국에서처럼, 한국에도 야심을 품었다. 일본은 서양의 책들을 본보기 삼아, 1876년 한국 해안 지방에 군함을 보내 첫 번째 국제조약(강화도조약)을 체결하라고 조정에 강요했다. 한국은 마지못해 일본 무역상에게 두 항구를 개방하고 일본 공사의 조선 주재를 합의했다.[60] 이홍장은 류큐 왕국에서 벌어지고 있는 일에 비추어 보았을 때 일본의 야망이 더 커진 게 아닌지 의심했다. 페티크가 통역했으리라 추정되는 1880년 8월 26일 슈펠트와의 회담에서 이홍장은 이러한 우려를 표하며, 미국이 한국에서 외교 활동을 할 수 있도록 돕겠다고 제안했다. 이홍장은 중국에 적대적인 의도가 없어 보이는 미국을 이용하여 일본과 러시아의 활동을 무력화함으로써 '오랑캐를 이용해서 오랑캐를 통제하려(이이제이以夷伐夷)' 했던 것 같다. 슈펠트에 따르면, 이홍장 또한 해군 병력 구축을 위해 미국이 지원해 주길 바랐고, 슈펠트에게 지휘관 역할을 주겠다고 제안했다.

청 조정과 조공국과의 공식적인 관계를 관장하는 것은 정부 상위 6개 부처 중 하나인 '예부禮部'였다. 청에는 관계 위계질서 유지를 위해 따라야 하는 엄격한 절차가 있었다―안드레아스 반 브라암은 이를 90년 전에 알아냈다. 예부는 수 세기 동안 중국과 한국과의 관계를 관리했으나, 1881년 봄부터 이 역할은 총리아문으로 이전되었다. 동시에 청나라 황제는 한국의 왕(고종)에게 서한을 보내 미국과 조약을 체결할 것을 부추겼다. 이러한 움직임은 분명 공친왕의 요청이었고, 사소해 보일지라도 청 조정 대외 관계의 근본적인 변화를 나타냈다. 청 조정은 오래된 의례적인 관계만으로도 충분하리라고 생각했지만, 더 이상 충분하지 않았다. 중국은 대외 정책에 적극적으로 나서야 했다. 하지만 공친왕과 이홍장의 숨겨진 목적은 서양인들을 이용해 일본을 저지하고, 그럼으로써 전통적인 조공 관계를 유지하는 것이었다.

　로버트 슈펠트는 1881년 7월 텐진으로 돌아왔다. 한국으로부터 답을 받지 못해서 기다려야 했다. 12월이 되어서야 슈펠트는 이홍장이 한국 조정에 조약 체결을 설득할 수 있었다는 걸 알았다. 다음 해 2월, 슈펠트는 베이징으로 가 체스터 홀콤Chester Holcombe 미국 대리 공사를 만나 조약문 초안을 작성했다. 초안에는 한국의 조공국 지위가 언급되지 않았다. 서구의 주권 개념을 바탕으로 작성되었기 때문이다. 하지만 공친왕도 이홍장도 상황을 이렇게 이해하지 않았다. 첫째, 한국인들에게 조약문을 보여 주기 전에 베이징에서 조약 내용이 합의되어야 한다고 주장했다. 둘째, 이홍장의 조약문은 한국이 청나라의 조공국으로 남는다고 규정했다.

　이홍장의 단어 선택에 미국인들은 당황을 금치 못했다. 이홍장의 조약문 초안 제1조에는 '조선(한국)은 중국 왕국의 속국임에도 불구하고, 내정과 외교 사안 전반에서 독자적인 주권을 행사했다'라고 적혀 있었다. 이홍장에게는 말이 되는 문장이었겠지만, 미국인의 관점에서 보면 한 문장에 상반되는 두 가지 내용을 담겨 있었다. 독립 없이 주권은 아무 의미가 없었다. 그런데도 이홍장은 이 조항은 협상의 여지가 없다고 말했다. 이홍장이 진짜 원했던 건 분명했다. 미국이 청나라의 한국

종주권을 인정해 줬으면 했다. 슈펠트는 답변으로, 한국이 주권을 가지고 있다면, 미국은 중국을 배제하고 독자적으로 이 문제를 다룰 권리가 있다고 주장했다. 이게 청과 서구 세계관 간의 결정적인 차이였다.

마침내 1882년 4월 10일, 이홍장은 편리하지만 큰 함의를 띠고 있는 결정을 내렸다. 자신이 선택한 단어들을 빼는 데 동의했다. 사실상 한국의 조공국 지위가 끝났고 한국이 외교 관계에서 주권을 행사하는 결정을 독립적으로 내릴 수 있다는 지역적·정치적인 타협을 인정한 것이다. 그나마 위로가 될 만한 소식이라면 조약 체결 후 한국의 왕이 미 대통령에게 별도의 서한을 보내, 청나라의 동의 아래 조약이 체결되었다고 알린 것이다. 청나라의 존엄성을 지키기 위한 눈속임이었다. 가장 중요한 문턱은 넘겼다. 이홍장은 한국에서 일본의 영향력을 최소화하려고 미국과 손을 잡는 게 너무 불안했던 나머지, 전통적인 조공 관계를 포기하고 한국에 주권국으로 가는 문을 열어 주었다. 다른 출처에 따르면, 그리고 이후 이홍장의 행동에 비추어 보았을 때 그는 한국 조정과 개인적인 접촉을 통해 조공 관계의 본질을 유지할 수 있다고 믿었던 것 같다. 하지만 결국 이런 일은 일어나지 않았고 새로운 형태의 주권 관계가 과거의 관계를 대체하였다.

한 달 후 USS 스와타라함은 바다를 건너 한강 입구에 정박하였고, 이홍장과 슈펠트 간 합의된 조약이 한국 대표단에 전달되었다. 이홍장은 이 일을 진행하기 위해 청 관료를 파견했다. 하지만 로버트 슈펠트는 주권국 대 주권국으로서, 한국의 왕에게 친히 체스터 아서Chester Arthur 대통령의 서한을 전달하며 주권국으로서의 답변을 요구했다. 한국은 이의를 제기하지 않았고, 5월 22일 해변에서 조약이 체결되었다 (제물포에서 조미수호통상조약이 체결된 것이다. - 옮긴이). 이틀 뒤 왕이 보낸 서한이 도착했다. 하지만 서한의 내용은 조약과 모순됐다. '조선(한국) 은 중국의 속국이지만, 국정, 내정, 외정에는 항상 주권이 부여됐었다.' 따라서, 한국 조정이 본 중국과의 관계는 이홍장의 초안에 담긴 시각과 일치했다. 미국의 관점에서 이는 똑같이 모순적이었다.

로버트 슈펠트의 노력은 거의 물거품으로 돌아갔다. 하지만 본 조약은 7월 말에 미 상원에서 비준되었다. 미국인은 조선의 개항항에서 무역 활동을 하고 거주할 수 있었지만 실제로 그렇게 한 사람은 거의 없었다. 체스터 아서 행정부와 미디어는 슈펠트 사절단에 관심을 기울여 주지 않았고, 돌아온 감사의 인사는 슈펠트가 한 고생에 비해 너무 미미했다. 심지어 이홍장이 약속한 해군 부대 지휘관 역할도 얻지 못했다. 하지만 다른 서방 강대국들은 로버트 슈펠트의 업적의 가치를 보았다. 한국과 해변(제물포)에서 조약을 체결한 지 몇 달 만에 영국, 독일, 이탈리아, 프랑스, 오스트리아는 한국과 개별적인 조약을 체결하였다. 이홍장은 서구 '오랑캐'를 이용하여 일본을 통제하려는 전략이 결실을 맺기를 희망했다. 하지만 희망은 오래가지 못했다.

외세의 영향력에 무너진 다음 조공국은 안남이었다. 청나라와 프랑스는 베트남을 계속해서 안남이라고 불렀다. 프랑스군은 1859년 사이공을 점령했지만, 욕심은 거기서 그치지 않았다. 1862년, 프랑스는 베트남 뜨득 황제(사덕제嗣德帝)에게 남부의 3개 주를 프랑스령 코친차이나Cochinchina로서 할양하라고 강요했다. 1874년 프랑스는 더 나아가 '제2차 사이공 조약'을 체결한다. 제2조의 내용은 '안남의 왕의 주권과 모든 이름의 모든 외세로부터의 완전한 독립을 인정한다'인 반면, 제3조에는 '안남의 왕은 프랑스의 대외 정책과 부합하는 대외 정책을 펼쳐야 한다'라고 나와 있다.[61] 명백한 외교적 마찰을 빚으며 이 조약은 오래된 조공 관계의 막을 내렸다. 안남이 스스로 결정을 내릴 수 있는 독립국이라고 언급했기 때문이다. 실제로 안남은 프랑스의 보호국이 되었다. 안남은 1880년 베이징에 마지막으로 조공 사절단을 보냈다.[62] 하지만 또다시, 프랑스는 더 많은 것을 원했다. 특히, 청나라 시난 외곽에 있는 윈난성과 이어져 있는 무역로를 개방하기를 원했다.

1883년 7월, 뜨득 황제가 사망하자, 정치적 위기가 뒤따랐다. 베트남에서는 1년 안에 다섯 명의 황제가 바뀌었다. 대부분은 황궁에서 살해당했다. 혼란 가운데, 한 황제는 윈난성과 국경 근방의 통킹 지방을 프랑스 보호령으로 인정하는 조약을 체결했다. 프랑스 부대는 진군하기 시작했다. 청 조정은 이번에는 군사력을 동원하여 조공국이 사라지는 것을 막을 수 있으리라고 생각했다. 프랑스군과 대전하기 위해, 청나라는 안남에 여러 준군사 조직과 '흑기군' 등의 무장 세력을 파견했다.[63] 외교적인 도움도 필요하다는 것을 인식한 이홍장은 다시 미국으로 눈을 돌렸다.

당시 주청 미국 공사는 존 러셀 영John Russell Young이었는데, 율리시스 그랜트의 순회 여행에 동행한 특파원이었다. 정치 인맥을 이용해 외교관이 되어 다시 아시아로 돌아왔고, 위기를 이용해 이름을 떨치고자

존 러셀 영의 모습

했다. 1883년 8월, 지역 정세에 구름이 드리우자 그는 흥미로운 사실이 담긴, 이홍장과 나눈 대화 내용을 워싱턴에 보고했다.

영 왜 차이나는 영토를 규정하지 않습니까?

이홍장 제국의 경계는 이미 잘 규정되어 있습니다. 차이나가 있고 차이나의 조공국들이 있지요. 이 조공국들은 황제에게 충성한다는 것만 제외하고는 자국을 통치했습니다. 충성심을 표하는 건 조공 행위와 의례면 되었습니다.

영 근대에, 그리고 일반적으로 문명화가 된 지금 시대에 조공국과 같은 제도는 존재하지 않습니다. 식민지는 수도처럼 제국의 큰 부분입니다… 이게 바로 문명국가의 원칙입니다. 중국은 이 원칙을 따라야 하고, 제국을 공고히 하고 자국 영토의 정확한 경계를 전 세계에 알려 낭패를 피해야 합니다.

이홍장 수 세기 동안 중국과 멀리 있는 다른 국가 간에 맺어 왔던 관계를 왜 외부 국가가 파괴해야 하는지 그 이유를 모르겠습니다.[64]

두 국가의 세계관이 일치하지 않는 건 너무나도 분명했다. 영은 프랑스의 행보에 반대했을지언정, 그 행동의 근거에는 동의했다.

영은 프랑스군과 맞서지 말라고 이홍장에게 조언했다. 이홍장은 그 조언을 기쁘게 받아들였다. 일본과 대적하기 위해서는 북부 함대를 아껴 두어야 했기 때문이다. 이홍장은 협상을 선호했고, 영에게 중재를 해 달라고 요청했다. 그러나 프랑스는 관심이 없었다. 단지 안남과 통킹이 자신의 영토라는 걸 인정해 주기를 요구했고, 넉넉한 재정적 배상금을 바랐을 뿐이다. 청 조정은 거부했고, 그래서 1884년 8월, 요구 사항을 관철하기 위해 프랑스는 전통적인 유럽 관행을 따라 해상 포격을 가했다. 한편, 프랑스는 베트남에게 청나라와의 조공 관계를 중단하라고 강요했다. 1884년 8월 30일, 베트남 조정은 프랑스 외교관들 앞에서 청나라가 베트남에 1804년에 수여한 공식 인장을 파괴했다. 아름답게 각인된 6킬로그램의 은을 녹여 추한 쇠붙이로 만들었다.[65]

프랑스는 베트남인들에게 청나라와의 조공 관계를 끊으라고 강요했다. 하지만 베트남을 포기하라고 청나라를 설득하기 위해서는 또다시 포격해야 했다. 프랑스 내에서 이에 반대하는 의견이 있었고, 청나라군이 프랑스군에 대항하여 통킹에서 몇 번 승리를 거두면서 파리의 야망을 눌러 버렸다. 영은 여전히 중재를 시도하고 있었지만, 프랑스의 베트남에 대한 종주권을 인정하지 않는 태도를 버리라고 이홍장을 설득하는 데만 성공했다. 안남과 통킹의 지배를 인정하는 대가로 휴전하라고 프랑스를 설득한 건 사실상 청나라 조정 해관 총세무사 로버트 하트였다. 조약은 1885년 6월 9일 톈진에서 체결되었다. 조공국 하나가 더 사라졌다.

흥미롭게도 영국은 다른 접근법을 취했다. 1885년 말, 제3차 영국-버마 전쟁이 발발했다. 영국은 제3차 영국-버마 전쟁에서 제1·2차 전쟁에서 손에 넣지 못한 지역을 함락시켰다. 1886년 1월 1일, 영국은 버마 전체를 공식적으로 합병했다. 하지만 영국은 프랑스와는 달리 버마가 10년마다 청나라에 조공을 보낼 수 있게 했다. 1886년 7월 24일 '버마와 티베트에 관한 영·중 협약' 제1조는 이 점을 분명히 하고 있다. 한편, 제2조는 '모든 사안에 걸쳐… 영국은 적합하고 적절하다고 간주하는 행위를 자유롭게 할 수 있다'라고 명시한다.[66] 영국에 '조공'은 한낱 무의미한 상징일 뿐이었고 제국의 주요 관심사를 계속 지켜 나가기 위해서는 이쯤은 눈감아 줄 수 있었다. 청 조정은 정반대였다. 그 상징이 주요 관심사였다. 영국이 버마를 점령한 후, 실제로 조공 사절단을 파견하는 일은 없었던 것으로 밝혀졌다. 1897년 영국과 중국 사이에 체결된 또 다른 협약에 따라, 조공 절차는 공식적으로 막을 내렸다. 하지만 첫 10년간, 외양적인 틀은 보존했다.[67]

안남 사태에 뒤따라 베이징의 보수 세력은 주도권을 잡았다. 다수의 중하급 사대부가 머리를 맞대 '순수주의자들의 당'—청류당清流黨을 만들었고, 프랑스에 대한 소극적인 대응을 비난하고 무력 행위를 주장했다. 그들은 외국인과 교류해 보지 않았고 근대 전쟁을 겪어 보지 못했지만, 유교 가치로의 회귀는 청나라를 방어하기에 충분한 명분이라고 주장했다. 압박을 받은 서태후는 총리아문의 기존 관료들을 해고하거나 처벌했다. 공친왕도 그중 하나였다. 이홍장은 서태후와 개인적으로 가까웠기 때문에 간신히 질책을 피할 수 있었다. 이홍장의 군대 덕에 서태후는 1861년 막후 실력자가 될 수 있었고, 그래서 자강 운동을 펼치는 동안 둘은 협력 관계를 유지할 수 있었다. 또한, 이홍장은 서태후의 사치와 공금의 남용을 눈감아 주었다.

서태후가 얼마나 사치스러웠는지 볼 수 있는 몇몇 증거가 베이징 서북쪽 근교에 남아 있다. 날씨가 좋은 날엔 수천 명의 방문객이 인공호수와 산, 석교石橋, 기념비적인 사찰들이 있는 큰 규모의 원화원愿和園을 찾는다. 서태후 시절에 허용했을 법한 방문객 수보다 훨씬 더 많은 사람이 방문한다. 1889년부터 5년간 선박을 구매하는 데 쓰여야 했던 국고 수백만 냥이 1894년 서태후의 환갑 축하연에 쓰였다. 원화원에서 서쪽으로 멀리 떨어진 곳은 전 해군사관학교 자리다. 오늘날 낮은 회색 건물 앞 관광 안내 표지판에는 다음의 글이 적혀 있다. '1886년에 지어진, 청나라 군대에서 복무할 해군 장교를 양성하기 위한 특수 학교이다. 원화원 재건에 해군 자금을 몰래 빼돌리기 위한 위장 용도로도 쓰였다… 학생들은 호수에서 서태후를 위해 수많은 군사 훈련을 해야 했고, 호수를 즐겁게 유람할 수 있도록 황실 유람선을 기선(증기, 기계력 등을 동력으로 하여 추진하는 배로, 과거 강이나 해안을 따라 다니던 작은 보트를 일컫는다. - 옮긴이)으로 끌어야 했다.' 기선 모양의 대리석 부속 건물이 오늘날까지도 그 자리에 보존되어 있다. 해군 역사학자 사라 페인Sarah Paine은 이 건물을 가리켜 "1889년부터 1894년 사이 서태후가 북양 함대에 유일하게 이바지한 것"이라고 언급했다.[68] 하지만 청나라군처럼 대리석 부속 건물은 오래가지 못했고, 일본의 손에 들어가 불명예스러운 종말을 맞이했다.

일본과의 전쟁이 일어나게 된 즉각적인 원인은 한국의 상황이었다. 이홍장은 서양의 오랑캐를 이용해서 일본 오랑캐를 통제하려 했지만, 반도의 지배권을 쥐려는 도쿄의 호전파를 막을 수 없었다. 1880년대 내내 두 라이벌 세력은 자국을 지지하는 조선 엘리트들과 각각 머리를 맞대, 쿠데타와 반反쿠데타를 사주했다. 1894년 6월 3일, 한국의 국왕 고종은 다른 반란(동학농민운동)을 진압하기 위해 청나라에 도움을 요청하여, 일본이 찾고 있던 구실을 주었다. 6월 중순, 6000명의 일본군이 서울을 향해 진군했다. 일본 정치인들은 '작은 왕국을 문명화의 길로 이끌고' 조공국 지위를 벗어나게 해 줄 국가적인 의무에 관해 이야기했다. 7월 23일, 일본은 서울의 궁궐(경복궁)을 습격해 고종을 인질로 잡고 일련의 개혁안을 받아들이라고 요구했다. 새로 들어선 정부는 청나라의 조공국 지위를 포기했다.[69]

고종의 모습

베이징의 보수주의자들은 행동을 요구했다. 그들은 강력한 대국이 바다 건너 빠르게 떠오르는 제국을 무찌를 수 있으리라고 생각했다. 청류당의 사대부들은 당시 23세였던 광서제의 지지를 받으며 호전적으로 변해 갔다. 한편, 이홍장은 자신의 군대가 근대화된 일본과 맞수가 되지 않는다는 걸 알고 갈등을 피하고자 했다. 대신, 서양 오랑캐들이 다시 개입하도록 노력했다. 서양인들은 관심이 없었다. 사실 서양 강대국들은 아시아 국가들을 근대화해야 한다는 일본의 뜻에 크게 공감했다. 수십 년간 청나라에 개혁을 설득하는 걸 실패한 서양인들은 따끔하게 패배하면 청나라도 교훈을 얻으리라 생각했다. 얼마 지나지 않아 이날이 다가왔다. 7월 25일, 일본군은 중국 군함 한 척을 침몰시키고 다른 두 척에 피해를 주었다.

청나라 황제 광서제의 모습

일주일 후 일본은 정식으로 선전포고했고 청나라도 이에 똑같이 반응했다. 광서제는 선전포고문에서 일본인을 여섯 번이나 왜인(倭人─난쟁이─이라고 불렀다. 전통적으로 일본인을 비하하는 표현이다.

난쟁이들은 전쟁에서 결국 낙승을 거두었다. 육상전이든, 해전이든, 전투마다 청군은 맞수가 되지 못했다. 10월 말, 일본 군대는 한반도를 장악했다. 11월에는 보하이만(渤海灣, 발해만) 동쪽에 있는 아서항 해군 기지를 점령했다. 1895년 2월에는 서쪽 웨이하이웨이(현 웨이하이(威海, 위해))에 있는 또 다른 주요 해군 기지를 점령했다. 베이징으로 가는 길이 활짝 열렸다. 청 조정의 첫 번째 반응은 일단 일어나고 있는 모든 일을 부정하는 것이었다. 두 번째 반응은 이홍장의 패배와 근대화를 하려는 시도를 탓했다. 이홍장의 명예는 실추되었다. 만약 서태후가 수도를 방어하기 위해 이홍장의 군대가 필요하다는 걸 깨닫지 않았다면 처형되었을 것이다. 이홍장은 그 대신 일본에 굴욕적인 항복을 협상하는 임무를 부여받았다. 영원히 이홍장의 명성을 얼룩지게 할 임무였다.

1895년 3월 19일, 이홍장은 100명이 넘는 사람들을 이끌고 시모노세키항에 도착했다. 그중에는 청나라가 비싼 돈을 들여 고용한 미국인 고문도 있었다. 미국 전 국무장관 존 포스터John W. Foster였다. 장관직에서 물러난 후, 존 포스터는 워싱턴에 있는 중국 공사관에서 자문관으로 일했고, 이홍장은 복잡한 국제법이 적용되는 시모노세키조약의 길잡이 역할을 해 달라며 다시 그를 고용했다. 이홍장은 처음에 양국이 국제법을 무시하고, 같은 '황인종'으로서 서양인에 맞서 협력하기를 일본에 간청했다. 하지만 일본은 거절했다. 일본은 휘튼이 번역한 국제법을 적용하여 낡은 조공 질서를 무너뜨리고자 했다.

존 포스터의 모습

비록 이홍장이 존 포스터를 고용했을지라도, 존 포스터는 지적인 세계에서 왔고, 그 세계 국제 관계의 '자연적인 질서'에서 조공 체계는 설 자리가 없었다. 그는 낡은 지역 질서의 관에 마지막 못을 박았다. 4월 5일, 그는

시모노세키조약의 모습을 묘사한 삽화

일본이 보내온 평화조약 초안에 대한 답변으로서 네 가지 요점을 적은 초안을 이홍장 대신 작성했다. 한국이 완전무결한 자주 독립국임에 동의하고, 청나라와 공식 조공 관계를 끝낸다는 게 첫 번째 요점이었다. 한국은 청나라에 마지막으로 남은 공식 조공국이었다. 하지만 다음 내용은 더 안 좋았다. 일본군은 3월 25일 대만을 침공했는데, 일본의 요구 목록에는 대만의 할양이 있었다. 대만은 조공국이 아니라 청나라의 성이었기 때문에 한국을 잃는 것보다 더 굴욕적이었다. 하지만 일본의 압도적인 군사력 앞에 이홍장과 포스터는 어쩔 수 없이 동의했다.

1895년 4월 17일, 안드레아스 에버라르두스 반 브라암 후키제스트가 건륭제에 조공을 바친 지 약 100년 만에 청나라의 세계는 뒤집혔다. 직례성 총독이자, 북양통상대신, 문화전대학사文華殿大學士 그리고 황태자의 대스승으로 대청국 중신重臣이었던 이홍장은 시모노세키의 작은 호텔에서 황제가 '하늘 아래 만물'의 통치자가 아니라, 단순히 많은 국가에 둘러싸이고 상당히 국력이 약한, 한 국가의 수장이란 걸 공식적으로 인정해야 했다. 이홍장과 양아들은 황제를 대신하여 시모노세키조약에 서명했다. 이로써 한국의 독립국 지위를 인정하고, 대만을 할양했으며, 일본에 배상금으로 7500톤의 은을 지급했다. 전적으로 굴욕을 당했다—너무나 굴욕적이었던 나머지 조정에 돌아가 고개를 들고 자초지종을 설명할 수도 없었다. 대신 포스터를 베이징으로 보냈다.

군기처가 외국 사절과 대면한 건 이번이 처음이었다. 포스터는 군기처와의 첫 만남에 그다지 감명 깊어 하지 않았다. 이 만남은 포스터에게 왜 대청국이 난장판이 되었는지를 보여 줬는데, 특히, 황제의 스승 옹동화翁同龢가 유럽 전쟁사와 전쟁이 서양 국제법을 탄생시킨 배경에 관해서는 아무것도 모르는 걸 보고 납득이 갔다. 하지만 결국 군기처는 현실을 직시해야 한다는 데 동의했다. 계속되는 군사적 굴욕의 유일한 대안은 조약 체결이었기 때문이다. 조정은 시모노세키조약의 세부 내용을 비밀로 하려고 했다. 그런데도 세부 내용이 외부로 유출되었고, 2500명의 사대부는 반대 청원에 서명했다. 반대 세력을 결집한 두 사람은 거침없는 개혁주의자, 캉요우웨이와 량치차오였다.

청류당은 이홍장에게 비난의 화살을 쏘기로 마음먹었다. 이홍장의 조카이자 양아들인 리징팡(李經方, 이경방)이 대만을 일본에 할양하는 칙령에 서명하라고 조정에 압박을 넣었다고 말이다. 이홍장은 대만 출신 사신仕紳들이 조약의 조항들에 분노하여 조카를 살해하는 건 아닐까 걱정했다. 그래서 조약 체결식에 리징팡과 동행해 달라고 존 포스터를 설득했다. 1895년 5월 30일, 리징팡과 존 포스터는 대만 연안에서 일본 관료들과 만났다. 배에서 내려 육지로 가지 않고, 지룽항基隆港에 정박한 일본 선박 요코하마루에서 조약문에 서명했다.[70]

청의 세계 질서는 막을 내렸다. 패배의 결과로 서방 대사들은 청 조정으로부터 영토를 할양받기 위해, 정치적 지원이 필요한 청의 상황을 이용했다. 서방 국가들은 더 이상 변방의 2급 오랑캐로 받아들여지지 않았다. 1894년부터 자금성의 심장, 문화전에서 외국인은 청나라인과 동등하게 대우받았다. 100년이라는 시간이 흘렀다—1795년 2월, 청나라 황제가 네덜란드 왕국이 조공을 바치러 왔다고 믿었을 때부터, 1895년 이홍장이 미국 자문관들의 조언에 따라 이제 중국이 독립된 주권 국가들로 둘러싸였다는 걸 인정했을 때까지 말이다. 1901년에는 이를 공식적으로 인정했는데, 의화단운동을 진압한 후이자, 총리아문의 정식 명칭을 외무부外務部로 변경하고 6부와 동등한 지위를 부여했을 때였다.

붓을 들고 조약에 서명한 건 이홍장이었지만, 사실상 그가 한 역할은 세기의 실패를 시인한 것뿐이었다. 대청국은 안에서부터 부패해 있었다. 그러한 실패로 이홍장은 어쩔 수 없이 새로운 국제 질서 원칙을 준수할 수밖에 없었다. 그는 서양 무기의 힘과 청나라의 규범을 중재하는 역할을 맡았다. 하지만 정말로 혼자서 한 건 아니다. 이 과정에 단계 단계마다 외부인의 조언을 받았다—페티크, 그랜트, 슈펠트, 영과 포스터 등 대부분 미국인이었다. 이 사람들은 '주권'의 측면을 제외하고서 세계를 바라보지 못했다. 즉, 공식 국경을 가진 독립 국가가 법에 근거해 다른 국가를 상대하는 세계만을 생각했다.

이홍장은 그림의 절반밖에 보지 못했다. 이홍장 역시 법적인 주장을 펼쳤지만, 유럽이든 일본이든 무기의 엄청난 위력 앞에서 법이 의미하는 바는 미미했다. 새로운 세계 질서에서는 강자만이 승리했다. 힘이 없다면 법은 무용지물이었다. 권리보다 힘이 으뜸이었다. 이홍장은 이를 이해했으나, 이홍장을 반대하던 조정 내 세력, 보수파 사대부, 청류당과 스스로를 전통의 수호자라고 생각하는 사람들은 결코 납득하지 못했다. 그들에게는 천하의 상징과 이로써 파생되고 요구되는 도덕적 우월감이야말로 자연스러운 세계 질서였다.

이것이 현대 중국의 '주권 근본주의'의 기원이다. 유교 지상주의와 미국 법률주의의 혼종. 중국 전근대적 문화의 우수성 그리고 정해진 국경과 독립이라는 서구 사상을 합쳤다. 그 핵심에는 사상적 차이가 존재한다. 중국어로 주권은 말 그대로 '통치자의 권위'를 뜻한다—세계가 아니라 국내에 초점이 맞춰져 있다. 주권이란 다른 나라가 침해할 수 없는 경계 안에서, 도덕적으로 우월한 문화가 존속하도록 명하는 것이다. 실제로는 입국 심사가 추가된 천하다—한 나라 안에 존재하는 천하. 이는 타국의 내정간섭을 용인하지 않겠다는 사상이라기보다는, 정반대의 권한을 의미한다. 인권이 되었든 기후변화가 되었든, 다른 나라와 그들이 따르는 '국제 규범'을 배제한다는 것.

왕조의 조공 의식에 대한 기억은 지금까지도 공산주의 중국의 정치적 정당성을 뒷받침한다. 중국 지도부는 국제적으로 존경받는 행사를 개최하는 게 국내 정치 메시지를 구성하는 핵심적인 요소라고 생각한다. 예를 들어, '일대일로 국제 협력 고위급 포럼' 또는 G20에 참석한 대표단 수와 규모, 지위를 널리 홍보함으로써 공산당에 현대적인 '천명'을 부여하는 걸 돕는다. 반면, 대중이 공산당의 성과를 비판하는 의견을 듣지 못하도록 멀리 치워 버린다. 국제 대표단이 조상들의 땅에 어슬렁거리면서 탄소 배출량을 '측정하고, 보고하며, 검증한' 후, 탄소 배출량이 국제적으로 합의된 기준에 부합하지 않다는 걸 세계에 알리는 것을 아직도 정말 싫어 한다. 주권을 그 무엇보다 강력하게 주장하는 건 따라서 멸시를 피하고, 국내에서의 정당성을 잃지 않기 위한 수단이다.

왕후닝(王滬寧, 왕호녕. 공산당 중앙 서기처 서기-옮긴이)은 시진핑 배후의 브레인이자, 전 주석 장쩌민江澤民과 후진타오胡錦濤 정부의 이론가이기도 하다. 그는 현재 중국 공산당 중앙 위원회 정치국 상무위원으로, 중국 정치계의 정점에 서 있다. 복단 대학교 법학과 교수로 처음 저술한 도서는《국가 주권國家主權》—'국가의 주권'이었다.[71] 자신의 저서에서, 그는 중국어로 주권이라는 단어가 서양의 주권 개념을 앞선다고 주장했다.[72] 원점으로 돌아온 것이다. 주권의 개념이 베이징에서 뿌리내리는 걸 막기 위한 선조들의 투쟁은 헛수고로 돌아갔다. 이제는 중국이 주권을 발명했다고 피력하기까지 하면서, 그 개념을 소유하고 의미를 통제하고자 한다. 또, 주권의 의미를 재창조함으로써 중국을 근대로 이끌었던 휘튼과 마틴의 역할을 무시하기로 선택했다. 왕후닝이 이 외국인들의 중재자 역할을 '전략적으로 무시'하는 건 더 큰 사상적인 계획이 있어서다. 서구적 개념을 중국적인 의미로 채워 '운명 공동체' 개념을 바탕으로 하는, 세계를 향한 중국의 계획을 뒷받침하는 것. 다시 한번 베이징이 지역, 심지어 세계 위계질서의 정상에 오르는, 천하의 현대적 버전과 완벽하게 들어맞는다. 자기가 있어야 할 자리를 아는 한, 그 위계질서는 모두에게 열려 있다.

제3장

황제 헌원의 자손들

이라는 신화, 한족

샌프란시스코 중화인민공화국 총영사관 관저는 샌프란시스코의 고급 부지로 손꼽힌다. 낮은 언덕 위에 자리 잡아 밑으로 태평양이 보이는 이 관저는 본래 몬테레이 헤이츠Monterey Heights라는 부촌 개발자를 위해 지어졌다. 우람한 사이프러스 나무 두 그루는 그늘을 만들고, 거대한 사자 석상 한 쌍은 정원에서 집으로 이어지는 길옆에 있다. 파티를 열기에 멋진 장소이다. 2015년 12월 5일, 총영사관 관저에서는 중국에서 아이를 입양한 샌프란시스코 광역 도시권의 부모를 위한 연회가 열렸다. 중국 뤄린취안(罗林泉, 나임천) 총영사는 행사에 참석한 아이들에게 소위 '특별 메시지'를 준비했다. "영어를 쓰면서 자라고, 미국인 가정에서 살며, 미국인 부모님을 사랑합니다. 하지만 검은 눈동자, 검은 머리와 까무잡잡한 피부는 내가 중국인이라는 걸 상기합니다. 여러분이 태어난 곳, 중국은 여러분을 절대 잊지 않을 거란 걸 알아주었으면 합니다." 뤄린취안이 말했다. 국적을 기준으로 중국인에게 호소한 게 아니라, 종족을 기준으로 외국인들에게 호소한 것이다.[1]

몇 달 전, 다른 중국 외교관이 비슷한 정서를 표현하여 국제적인 사건을 일으킨 적이 있었다. 주 말레이시아 중국 대사 황후이캉(黃惠康, 황혜강)은 쿠알라룸푸르 차이나타운의 중심지인 페탈링 거리를 걷는 행사를 마련했다. 다분히 고의적인 타이밍이었다. 2015년 9월 25일은 말레이족 우선주의자들이 차이나타운을 순회하기로 했던 날 바로 전날이었고, 지역사회는 긴장을 늦추지 못했다. 복작거리는 시장 노점 가운데 서서, 황후이캉 대사는 준비된 성명서를 낭독했다. "중국과 현지 국가 간의 우호 관계를 손상시킬 수 있는, 중국의 국익을 침해하거나 중국인의 법적 권리를 위반하며 중국인과 중국 사업체의 이익을 위배하는 행위를 가만히 지켜보고만 있지는 않을 것입니다." 그는 기자들에게 말했다. "중국은 말레이시아 화교의 영원한 고향입니다." 페탈링 거리를 따라 즐비한 상점과 노점의 주인 대부분은 중국 국민이 아니라, 중국계 말레이시아인이다. 황후이캉 대사는 중국인 동포 사회에 대한 어떠한 권한도, 책임도 없었지만, '중국 종족'을 대표하여 목소리를 냈다.[2]

2014년, 중국 정부 산하 '화교사무판사처華僑事務辦事處'는 세계 60국에 '화교 복무 중심(華僑服務中心, Overseas Chinese Service Center)' 글로벌 네트워크를 구축하는 계획을 발표했다.[3] 이 책을 썼을 시점에는 프랑스 파리부터 미국 휴스턴, 베네수엘라 카라카스, 남아프리카공화국 케이프타운, 미얀마 양곤 등 최소 60개국에 센터가 있었다. 많은 국가가 해외에서 거주하는 자국민을 돕기 위해 영사관을 운영하고 있지만,

'화교 복무 중심'의 목적은 상당히 다르다. 2018년, 화교사무판사처는 정부 산하에서 '통일전선부統一戰線部'로 이관되었다—이전에는 공산당의 지지를 구축하고, 정적을 제거하는 공산당 산하기관이었다. 2015년 9월에 공산당이 공포한 일련의 규정 중, 제31조는 통일전선부의 주요 목표로 '해외에 거주하는 중국인을 활용하여 선조의 땅을 개발하고 현대화를 돕는다… 대만 분리주의를 타파하고 중국 인민, 중국인(전자는 people of China, 후자는 Chinese people로 전자가 중국 국적을 가진 사람이라면 후자는 종족이 중국인인 민족적 의미가 있다. - 옮긴이), 세계 간의 우호 관계를 증진한다'라고 분명하게 규정한다.[4] 통일전선부는 중공중앙정치국中共中央政治局 서열 4위가 직접 감독하고 있다. 2017년《파이낸셜타임스Financial Times》신문에 실린 통일전선부 교육 지침서에는 '국내 중국인들의 결속을 위해서는 외국에 있는 중국인들의 아들딸들이 힘을 합쳐야 한다'라는 내용이 있다.[5] '재외 동포'라고 부르는 사람을 이용하여 국내외 아젠다를 지지하게 하려는 공산당의 의도가 분명하다.

'재외 동포Overseas Chinese'라는 영어 표현은 모호하다. 해외에 거주하는 중화인민공화국 국민과, 조상이 중국인이나 국적은 외국인인 외국 시민을 모두 지칭할 수 있기 때문이다. 중국어에는 이 둘을 일컫는 단어가 각각 존재한다. 전자는 외지화인外籍華人이고 후자는 화교華僑다. 하지만 중국 정부는 외지화인이라는 용어를 거의 사용하지 않는다. 잇따른 연설에서는 중국다움을 인종적으로 해석하고 있다는 게 명시적으로 드러낸다. 누가 어느 나라 여권을 가지고 있느냐는 중요하지 않다. 중요한 건 '혈통'이다.

통일전선부의 규정에서 재외 동포를 일컬을 때 사용하는 용어는 화교다. 앞서 살펴본 바와 같이, 화華는 말 그대로 '꽃이 피는', '문명화된'을 뜻하지만, 흔히 중국인을 가리키게 되었다. 교僑는 '체류자'—외국에 일시적으로 거주하다가 언젠가는 본국으로 돌아올 사람을 의미한다. 시진핑이 2017년 10월, 제19차 중국공산당대회에서 폐막 연설을 할 때, 해외교포(海外僑胞, Over-seas Sojourner-Siblings)라는 표현을 썼다— 말 그대로 '바다-밖 체류-형제'를 뜻한다. 의미는 같다. 누군가의 조상이 얼마나 오래전에 고향을 떠났든, 또는 몇 세대가 다른 나라에 거주하면서 그 나라의 시민이 되었든, 그들은 여전히 화인, 즉 중국인이고, 선조의 땅에 대한 의무가 있다. 시진핑은 공산당대회에서 '재외 동포와 협력하는 것은 중화 민족의 부흥을 촉진하는 것'이라고 언급했다.[6]

중국 재외 동포 역사 연구를 선도하는 권위자, 싱가포르 동아시아 연구소의 왕경우(王賡武, 왕갱무) 교수는 화교라는 용어가 20세기 초, 정치적인 이유로 탄생했다고 주장한다.[7] 1893년까지 청나라 신민이 청의 허락 없이 청나라를 떠나는 것은 불법이었다. 무역을 하거나 일하러 해외로 간 사람들을 범법자, 심지어는 배신자로 여겼다. 하지만 19세기 동안 불법으로 출국하는 사람이 많아지면서 그들을 동정하는 태도를 보이는 대중들이 많아졌다. 야만적인 외국인들과 구분하기 위해 그들을 화인華人 또는 화민華民—'화華 사람들'—이라고 부르는 게 보편화되었다. 청나라가 공식적인 태도를 바꾸기 시작한 건 1870년대 청나라 외교관들이 처음으로 해외에 파견되어 중국 이민자들이 종종 비참한 생활 여건 속에서 살아가는 것을 알게 되면서부터다. 앞서 제1장에서 만나 본 개혁파 황준헌은 도쿄, 샌프란시스코, 런던, 싱가포르에서 외교관으로 근무했는데, 이민자들이 일시적으로, 필요해서 해외로 이주했을 뿐이고, 공식적인 보호를 받아 마땅하다는 것을 시사하기 위해 화교라는 용어를 만들었다. 1902년부터 청 조정은 외교관들에게 중국 이민자들이 해외에서 어떻게 살아가고 있는지 공식적으로 보고해 달라고 요청했다.

하지만 화교라는 용어는 1903년이 지난 후에서야 청나라 전복을 꿈꾸던 혁명가들이 혁명파의 주요 후원자, 해외 커뮤니티를 예우하기 위해 채택하면서부터 일반적으로 통용되기 시작했다. 대표적인 혁명 운동가 추용鄒容은 당시 일본에서 공부하면서 열여덟 살의 나이에 민족주의 선전 책자《혁명군革命軍》을 집필했다. 또 다른 일본 유학생 장빙린도 '혁명의 노래'를 작곡했다. 추용과 장빙린은 자신의 저서와 가사에서 동료 화교들에게 무의미하게 부를 즐기는 것을 멈추고, 종족적 뿌리를 받아들이며 탄압적인 만주족들을 쫓아내자고 독려했다. 추용의 책은 이후 10년 동안 수십 번이나 재판再版되었고, 장빙린의 노래는 무수히 울려 퍼졌다. 화교라는 용어의 사용은 해외에 거주하는 중국인에게 자금 지원을 호소하기 위한 핵심 전략으로 변모했다. 화인의 글로벌 공동체의 일원으로서 충성을 다해야 한다는 메시지를 전했다.

혁명 운동가 추용의 모습

부분적으로는 이러한 호소에 대응하기 위해, 또 부분적으로는 화인에게 동남아 식민지 당국이 자국의 시민권을 주려는 움직임이 일어났기 때문에, 청 정부는 1909년 국적법을 통과시켰다. 국적법은 출생지가 아닌, 혈연—혈통주의(출생 국가와 상관없이, 아버지 어머니의 국적이 자녀에게 부여되는 방식 - 옮긴이)의 원리—에 기초했다. 국적법에는 화인이 현지 국가의 시민권을 취득하더라도, '고향'으로 돌아가면 청의 신민이 된다는 내용이 쓰여 있었다. 즉, 인종이 청의 신민을 정의하는 기준이 된 것이다.[8] 이 법률 때문에 다음 수십 년 동안 동남아의 화인은 문제를 겪게 된다. 거주하는 국가의 실제 시민이자 동시에 중국의 잠재적인 시민이라는 이중적인 위치는 불신을 불러일으켰다. 1970년대가 되어서야 동남아의 냉전 정치 구도 때문에 대부분의 화인은 현지 시민권을 선택하고 중국과의 연결 고리를 약화시켜야 했다. 그 당시, 화교라는 용어는 화예華裔—'화의 후손'—라는 단어에 밀려 동남아에서 널리 사용되지 않았다.[9] 하지만 재외 동포 정체성의 종족화된 관념은 중국에서 계속 존재해 왔고, 시진핑과 최근 확고한 태도를 보이는 통일전선부가 부상하면서 다시 부각되었다. 2018년 2월 1일, 중국은 재외 동포에게 5년 영주권을 주기 시작했다. 현 비자 규정에 따르면, 조상이 중국인이기만 하면 영주권을 신청할 자격이 주어지며 몇 세대 전의 조상이 중국에 살았었는지는 제한이 없다. 중국 당국은 재외 동포 디아스포라가 6000만 명에 달한다고 자주 묘사한다.[10] 중화인민공화국은 이들 모두를 중국인이라고 주장할 셈처럼 보인다.

　재외 동포를 소유한다는 듯한 태도는 훨씬 전, 그러니까 1세기 전 중국다움이 어떻게 정의되어야 하는지에 관한 논쟁에서 나타났다. 시대상과 유럽 사상의 강력한 영향 아래 중국의 정체성은 종족화 및 인종화되었다. 그리고 그 과정에서 방금 언급한 두 인물, 황준헌과 장빙린이 중요한 역할을 했다. 이 장에서는 중국이 '황인종'과 '한족'이라는 인종과 종족을 발명한 이야기를 들려줄 것이다.

1855년, 화난 광둥성 지역에서 두 지역사회 간 오랫동안 지속되던 분쟁이 폭발하여 12년간의 잔인한 내전으로 이어졌다. 그 지역에서 객가인客家人—말 그대로 '손님'—이라 불리던 집단과 본지인—말 그대로 '토착'인— 집단이 맞붙었다. 두 명칭은 분쟁의 원인을 드러낸다. 본지인은 자기 스스로를 성의 원주민으로 여기면서, 그중에서도 비옥하고 번성하는 지역에 살 권리를 오래전부터 확립했다. 몇 세기에 걸쳐 그 지역으로 이주한 객가인은 더 척박하고 외딴 지역에 살아야 하는 제한이 있었다. 본지인은 객가인을 사실상 개라고 부르는 등 인종차별적인 표현을 쓰며 깔보았다. 본지인과는 달리 객가인 여성은 남성과 함께 일했고 전족을 하지 않았다. 하지만 열심히 노력한 끝에 객가인의 사회적 지위가 향상되었고, 19세기에 사회를 개혁하려고 시도했을 때, 청 당국은 객가인 일부를 부유한 지역으로 이주하도록 장려했다. 그러자 자원을 둘러싸고 경쟁이 심화되었다—결과는 예측할 만했다. 주장강의 서쪽 지류를 따라, 이 둘은 무장하고 서로를 공격했다. 그 후 10년 동안 지속된 토객 충돌은 10만 명을 훌쩍 넘는 사상자를 낳았다.[11] 이 전쟁은 태평천하의 난(제2장 참조)과 맞물렸고, 정부가 잔인하게 폭력을 쓰고 나서야 진압되었다.

19세기에 일어난 전쟁으로 인해, 광저우에서 본지인과 객가인이 사는 마을은 인접해 있지만, 지금까지도 분리되어 있다. 본지인은 여전히 객가인을 무시하고 객가인은 여전히 차별을 받는다고 불평한다. 본지인이 사용하는 광둥어와 객가인이 사용하는 하카어는 대부분 서로 이해하기가 어렵고, 지역사회는 각각 다른 종교적인 관행과 사회적 관습을 따른다. 예를 들어, 이 둘의 차이는 발칸반도의 세르비아인과 크로아티아인 간의 차이보다 더 크다. 한마디로, 전혀 다른 민족 집단이다. 1905년 광둥 교과서는 두 민족이 사실상 서로 다른 인종이라고 분명하게 명시했다. 혁명이 꿈틀거리던 시대에 이는 집단 학살이 일어날 가능성을 내포했다. 객가인 지역사회 출신 유명 인사들은 객가인은 광둥인/본지인과 기원이 같기에 따지고 보면 같은 종족이라며 교과서가 잘못되었다는 것을 증명하려고 했다.[12] 항변을 부추긴 핵심 인물은 은퇴한 외교관이자 존경받는 시인 황준헌이었다. 황준헌이 중국에 인종적인 사상을 처음으로 도입한 사람이라는 데는 거의 틀림이 없기에, 공적 생활에서 마지막으로 한 개입이었다는 점은 잘 어울린다. 그는 청나라 사람들에게 '황인종' 사상을 소개했다.

왜 유럽인들이 동아시아인을 '노랗다고' 생각하기 시작했는지는 완전히 알려진 바 없다. 국립 대만 대학 마이클 키바크Michael Keevak는 이 견해가 18세기 식물학자 칼 폰 린네Carl von Linne에게서 왔다고 주장한다. 그는 모든 형태의 생명을 분류하려고 시도했다. 호모 사피엔스 아시아티쿠스Homo sapiens asiaticus라는 특별한 범주를 고안해 냈는데, 특

식물학자 칼 폰 린네의 모습

징은 '노란색' 피부였다. 그 후 19세기에 프랑스 인류학자 폴 브로카Paul Broca는 피부색을 측정하고 표준화하려고 시도했고, '몽골인'을 노랗다고 정했다. 하지만 이는 애초에 '몽골인'이라는 무리의 사람들이 있었다는 생각의 발명에 기초한 것이다. 18세기에 가장 왕성하게 인간의 두개골을 수집했던 독일 해부학자 요한 프리드리히 블루멘바흐Johann Friedrich Blumenbach가 일으킨 혁신이었다. 1795년 판《인간의 자연적인 변종De generis humani varietate nativa》에서 프리드리히는 두개골의 안면각이 인종의 열위를 구분한다는 주장을 펼쳤다. 그는 '퇴화'된 순으로 인종을 코카서스 인종, 아메리카 원주민, 말레이인, 몽골인, 아프리카인으로 분류하면서,

차례대로 흰색, 구리색, 황갈색, 노란색, 검은색 피부색을 가졌다고 인종과 피부색을 결부했다. 키바크는 몽골 '인종'이 발명되고 노란 피부색이 주어진 순간이었다고 말한다. 넓고 모호하게 정의된 범주였지만, 프리드리히는 몽골 인종에 중국인과 일본인

독일 해부학자 요한 프리드리히 블루멘바흐의 모습

모두 포함된다고 확신했다.[13]

황준헌 등 청나라 관리들이 자국민을 '황인종'의 일부라 생각한 이유는 생각보다 훨씬 더 많이 복잡한 이야기다. 동아시아 전역에는 선조들을 공경하고 한 가문의 혈통을 먼 옛날까지 추적하는 오래된 전통이 있다. 혈통을 뜻하는 한자는 족族이다.[14] 만주족과 대청 제국의 역사에 있어서 손꼽히는 역사가 파멜라 크로슬리는, 건륭제가 통치하던 18세기 말 무렵 대청국은 신민들을 공공연하게 종족별로 분류하는 방향으로 움직였다고 주장한다. 사용하기로 선택한 단어 역시 족族이었다. 크로슬리에 따르면, 가장 적절한 영어 번역은 'race(인종)'다. 왜냐하면 그 안에는 '고정된 문화적·심리적·도덕적 속성을 가진, 계보로 정해진 불변의 정체성'이라는 개념이 들어 있기 때문이다.[15]

청 제국의 통치자들은 본래 인구가 희박한 땅에서 온 반半유목민 부족으로, 오늘날의 중국, 러시아, 한국, 몽골의 국경 주변 지역에 살았다. 17세기 초, 이 사람들—여진족—의 지도자 누르하치(청나라 시조로 천명제라고도 한다.-옮긴이)는 자신의 통치를 받던, 평원에 살던 전혀 다른 집단을 통합하여 영토를 남쪽으로 확장하기 시작했다. 아들이자 후계자, 홍타이지(皇太極, 숭덕제를 가리킨다.-옮긴이)는 계속해서 영토를 확장했고 여진을 만주Manju, 또는 영어식 표기로 'Manchu'라 불러야 한다고 주장했다. 왕조에도 새로운 이름을 붙여주었다. 순수하다는 뜻의 청淸. 1635년, 홍타이지는 자신의 권력을 공고히 하기 위해, 신민을 분류해 군사화된 단체, 이른바 '기(旗, 여진족 고유 사회 조직인 '기'를 새롭게 재편한 것으로, 팔기 또는 깃발군이라고도 하며 각각의 깃발 하에 편성된 군사·행

청나라 시조 누르하치의 모습   청의 2대 황제 홍타이지의 모습

정조직을 일컫는다.-옮긴이)'로 편입시켰다. 한 기에는 만주족, 다른 기에
는 몽골족, 또 다른 기에는 홍타이지에게 충성하게 된 정착민이 속했
다. 그런데 '한군漢軍'이라는 것이 있었다. 군은 '군대'를 뜻하고, 한漢은
민족적인 표현이다―하지만 한漢이라 불리던 사람들이 스스로를 지칭
하기 위해 사용한 용어는 아니었다. 싱가포르에서 활동하는 양 사오윈
(楊劭允, 양소윤) 연구원은 4세기~5세기의 내륙 아시아 선비鮮卑족 사이
에서 한이라는 용어가 등장했다고 주장한다. 선비족에게는 그보다 훨
씬 이전인 한나라 시대부터 내려오는 민족 공동의 기억이 있었는데, 남
쪽 국경 지대에 사는 사람을 지칭하기 위해 똑같은 명칭을 썼다. 이 명

칭은 선비족에서부터 내륙 아시아 유목민족인 거란족, 몽골족, 여진족으로 퍼져 나갔다.[16] 앞서 제1장에서 보았듯이, 한인漢人은 자기 자신을 '한인'이라고 지칭하지 않았다. 특정한 왕조의 신민이라고 부르던지, 또는 더 보편적으로는 화인―문명화된 사람이라고 일컬었다.

그래서 1644년 만주족이 베이징을 정복하고 명나라를 무너뜨리기 전에도 이미 그들의 국가 구조 안에서는 사람들을 분류하는 체계가 있었다. 각각의 '기'와 일반 백성은 분리되었다. 만(滿, 만주에서 유래)과 한군을 공식적으로 나누는 범주는 없었지만, 조상에 따라 그 둘의 경계는 있었다. 그보다 더 중요한 건 팔기 구성단위―합쳐서 기인(旗)이라고 했다―와 그 나머지, 민간인이라는 불리는 사람들―민간인(民) 간의 구분이었다. 하지만 18세기부터, 청 조정은 형식적으로 인구를 구분하는 방향을 취한다. 정복자들과 정복에서 살아남은 사람들 간의 간격이 좁혀짐에 따라 경계를 구분하려 했을 수도 있다. 만주족 내의 질서가 흔들리고 있었고, 규칙을 위반하는 사람이 늘어났기에, 조정은 분리를 통해 질서를 바로잡는 대응을 했다. 역사가 에드워드 로즈에 따르면, 이러한 원칙은 바로 1900년대까지 지속되었다. 만주족은 보통 성벽으로 둘러싸인 도시의 구역에 분리되어 살아야 했다. 무역에 종사하거나, 기인이나 민간인과의 결혼은 금지되었다.[17]

북쪽에서 선비족, 몽골족, 만주족 출신 외국 통치자들이 '한강(漢疆, 한나라의 국토)'을 침략하면서 인종을 표기하기 위해 한이라는 용어를 사용하기 시작한 것으로 보인다. 새롭게 정복한 신민을 나름대로 지칭하기 위해서였다. 하지만 한족의 통치자가 되자마자, 대국 '한강' 지역 정부가 따르던 한족 전통 의례를 공공연하게 계승함으로써 피정복자들에게 정당성을 보여 주려고 신경을 썼다. 이 원칙들을 따름으로써 유교적인 측면에서 문명화되었다고 주장할 수 있었다. 스스로를 결속시키면서 신민들도 화라는 단어의 지붕 아래 하나로 묶었다. 하지만 기旗라는 독립적이고 특권적인 지위를 유지함으로써, 만주 엘리트는 20세기 초 인종에 기반한 혁명이 일어날 조건을 조성했다.

19세기 중반까지 유럽의 모든 사회 이론가들은 인종이라는 관점에서 세계를 바라보는 게 일상이었다. 그중 가장 영향력 있는 인물은 영국의 자연주의자이자 철학자 허버트 스펜서Hebert Spencer였다. 스펜서는 진화의 개념들을 생물학에서 사회학으로 옮겼다. 스펜서의 목표는 사회가 어떻게 완벽을 향해 진보할 수 있는지를 묘사하는 것이었다. 그래서 진화의 압박이 개인과 집단 전체에 미치는 영향을 설명한 찰스 다윈Charles Darwin과 장 바티스트 라마르크Jean-Baptiste Lamarck의 사상을 차용했다. 1864년 '적자생존의 법칙'이라는 문구를 만든 건 다윈이 아니라 스펜서이다. 스펜서는 다윈의 《종의 기원On the Origin of Species - 생존 경쟁에 있어서 유리한 종족의 보존에 대하여the Preservation of Favoured

영국의 철학자 허버트 스펜서의 모습

Races in the Struggle for Life》의 부제를 빌려 와 자신의 사회 이론의 초점으로 삼았다.[18] 스펜서의 전반적인 관점은 인종적 사고에 기반을 두고 세워졌다. 본래 1851년에 출판된, 첫 대표작《사회 통계학Social Statics》에서 스펜서는 '인종 간의 형태와 피부색, 특징 간의 차이가 도덕적·지적 능력의 차이보다 크지 않다'라고 주장했다.[19]

스펜서의 사상은 영국을 넘어 세계로 뻗어 나갔다. 미국과 일본 등 몇몇 국가들이 정치적으로 동요할 때 딱 맞추어 스펜서의 이론이 도착했고, 열렬하게 스펜서의 사상을 채택했다. 스펜서의 작품 중 적어도 32편의 번역본이 1877년부터 1900년까지 출판되었고, 그보다 더 많은 짧은 글들이 학술지와 잡지에 재발행되었다.[20] 스펜서의 사상은 상인과 부농이 연합하여 구舊 봉건사회에서 해방되고, 더 많은 개인의 권리를 요구했던 '자유와 인민 권리 운동'의 자양분이 되었다. 전통적인 엘리트층은 한동안 자유와 인민 권리 운동의 편에 섰고, 허버트 스펜서의 사상을 둘러싼 논쟁은 1870년대와 1880년대의 일본의 정치계를 지배했다.

사회가 전복되는 광경을 가까이서 지켜본 사람은 주일 중국 공사관의 서열 3위 황준헌이었다. 황준헌은 여러모로 비범했다. 그는 광저우 출신 객가인으로, 가족은 사업을 해서—특히 대부업으로—큰돈을 벌었다. 태평천국의 난과 토객 충돌로 돈을 거의 다 잃기 전까지는 말이다. 1870년, 그는 영국의 식민지 홍콩을 방문했고, 청의 영역 안에 외국 도시의 부유함과 세련됨이 있다는 것에 감동과 동시에 분노를 느꼈다. 이것이 청 사대부와 바다 너머의 세계에 대한 청나라의 무지에 환멸을 불러온 것처럼 보인다. 그래서 이를 분명하게 표현하려고 친구들에게 시를 썼다. 그런데도 1876년 그는 베이징에서 살면서 과거 시험을 준비하고 있었다. 농무국 관료였던 아버지는 황준헌을 지부(之罘, 병음으로는 즈푸이고 오늘날은 옌타이라고 불린다)로 데려갔고, 지부에서 당시 세력을 공고히 한 직례성 총독이자 북양통상대신 이홍장을 만나게 된다. 이홍장은 황준헌에게 관직의 길을 열어 주었다. 9년간의 공부 끝에, 황준헌은 과거 시험에 급제했다.

당시 썼던 시를 살펴보면, 황준헌은 이홍장과 국가 근대화를 꾀하는 자강파 인사들을 맹우盟友라고 생각했던 것 같다. 일본 출신 학자 노리코 가마치의 관점에서 볼 때 황준헌은 '중심 국가'라는 청나라의 개념에 처음으로 공공연하게 도전장을 내민 사람이다. 황준헌은 1876년에 '이제 세계는 하나다. 중국은 그만 자만심을 버려야 한다'라고 썼다. 그 당시에 황준헌이 쓴 시를 보면, 그는 청나라 사람들과 외국인들이 함께 우정의 새로운 시대를 열기를 기대했다―'동양과 서양은 한 가족이다'라는 시구를 썼다. 이러한 희망과 새롭게 사귄 힘 있는 친구들의 지원은, 베이징 조정에서 기계처럼 일하는 대신 해외 공사관에서 일할 기회를 찾게 했다. 같은 객가인이기도 한 아버지의 친구가 주 일본 대표단 단장이 되었고, 황준헌에게 참사관 자격으로 동행해 달라고 부탁했다. 벌이가 좋은 직업이었다. 초급 지방 현령의 한 해 연봉을 다달이 벌 정도였다.[21]

1877년 말, 황준헌은 최초로 청나라 외교 대표단의 일원으로 도쿄에 도착하여 거주하기 시작했다. 해외에 청 공사관을 설치한다는 것은 조정 보수파의 눈에는 굴욕적인 행보로 비추어졌다. 조공국민이 황제를 알현해야지 청나라인이 조공국에 가는 건 적절하지 않았다. 하지만 일본에 도착한 순간부터, 일본은 이미 유럽의 관점으로 국제 관계를 바라보고 있었던 것은 황준헌에게 분명했다. 일본은 중국과 동등하다고 생각했다. 황준헌은 톈진의 이홍장과 베이징의 총리아문에 이 사실을 보고했다. 황준헌이 외교 서한 초안을 작성하는 일만 한 것은 아니었다. 시를 쓰고 일본의 개혁에 관한 책을 쓰기 시작했다. 황준헌은 일본어를 할 수 없었고, 일본의 관료와 지식인들 중 중국어를 할 수 있는 사람은 거의 없었다. 하지만 양측은 한자를 읽을 수 있었다. 그래서 양측은 '필담', 즉 종이에 글자를 써서 서로 교환함으로써 소통했다.

　황준헌은 '자유와 인민 권리' 운동을 날카롭게 꿰뚫으며 때로는 지지를, 때로는 비판을 보냈다. 일본이 번역하고 출판한 유럽 논문들을 읽고 논평했다―허버트 스펜서의 작품도 거기에 포함되어 있었다. 그와 토론한 사람 중에는 전직 해군 장교이자, 나중에 범아시아주의 단체 '신아사(Shin-A sha, 또는 진아사振亞社)'의 지도자가 된 소네 도시토라가 있었다. 소네는 서양에 맞서 일본과 중국이 협력해야 하며, 일본이 협력을 주도해야 한다고 믿었다. 황준헌은 서로를 도와야 한다는 점에 동의하고 소네가 주도하는 몇몇 활동에도 참여했지만, 주도권은 중국이 잡아야 한다고 생각했다. 자연스러운 생각이었다. 그런데도 그는 '범아시아' 정서의 일부를 흡수한 것처럼 보인다. 특히, 그는 '야지아亞細亞'라는 용어를 쓰기 시작했다―서양 단어 '아시아Asia'의 일본어 음역을 중국식으로 음역한 단어였다. 황준헌은 아시아인은 공통으로 서양의 횡

포에 고통받고 있으며, 저항하기 위해서는 뭉쳐야 한다고 믿게 됐다.

1879년 봄, 황준헌은 누가 봐도 기적적인 일본의 근대화를 주제로 154편의 시와 여러 논평을 총리아문에 제출했다. 그리고 그해 겨울, 동문관(베이징 소재 통번역 대학교)은 황준헌의 작품을 출판하였다. 더 중요한 점은 이 작품이 다음 해, 홍콩에 있는 중국어 신문 《순환일보循環日報》에 다시 한번 실렸다는 것이다. 망명한 개혁가 중 가장 유력한 인사였던 왕도王韜가 편집을 맡았다. 황준헌의 관점이 넓은 독자층에 도달하기 시작했다. 중국인과 일본인은 '같은 문화를 가진 같은 인종'—동문(同文, 같은 문자를 씀)과 동종(同種, 같은 인종)— 이라고 묘사한 시도 있었다. 두 민족이 힘을 합쳐 백인을 타도해야 한다는 의미를 내포하는 일본어 어구를 중국식으로 표현한 것이었다. 그런데 황준헌에게는 다른 의미가 있었다. 황준헌에게 일본인은 중국인의 후손이었다.

'종족'의 대응어로 황준헌이 택한 중국어 단어—'종種'—는 혁신이었다. 중국학자 프랑크 디쾨터가 언급한 바와 같이, 이는 본래 식물의 '종자'나 동물의 '품종'을 일컫지만, 황준헌은 각각 다른 부류의 사람을 지칭하는 데 썼다.[22] 일본에서 썼으나 나중에 출판된 시에 그는 분명하게 '황인종'이라고 언급했다. 〈벚꽃〉에서 그는 '서구 국가들은 부강해지고 더 공격적으로 변했다. 흑인을 노예로 삼더니 점차 황인종에 눈을 돌리기 시작했다'라고 썼다.[23] 허버트 스펜서의 인종에 관한 견해는 황준헌의 책을 통해 간접적으로 새로운 독자층, 청나라 정치 제도의 개혁을 요구하는 사람들에게 닿기 시작했다.

황준헌은 그로부터 10년간 《일본국지日本國志》 집필에 매진했다. 시를 쓰고 출판하기도 했다. 하지만, 그다음 외교관으로 부임한 곳에서 인종에 관한 생각이 급진적으로 바뀌었다. 그는 협동이 아니라 경쟁이 자연스러운 국제 질서이며, 적자만이 생존한다는 법칙을 믿게 되었다. 허버트 스펜서처럼 황준헌도 '사회적 다윈주의자'가 되었다. 1882년 3월 30일, 황준헌은 주 샌프란시스코에 중국 총영사로 부임했다. 그의 대를 잇는 오늘날의 외교관들과 달리 황준헌은 도시 부촌에 살지 못했다. 황준헌이 샌프란시스코에 도착한 지 불과 한 달이 지나지 않아 체스터 아서 대통령은 중국인 노동자의 이민을 금지하는 중국인 배척법에 서명했다. 미국 내 중국 이민자들은 내전과 가난에서 벗어나기 위해 불법으로 고국을 탈출한 사람들이었고 생존을 위해서는 저임금과 열악한 환경을 견딜 수밖에 없었다. 조직화된 노동자들은 중국인 이민자를 위협으로 간주했고, 이미 캘리포니아주에서는 6만 명의 중국인 노동자를 대거 추방했다. 한편, 조직화되지 않은 미국 노동자들은 중국인 노동자 이민자 개개인을 마구 착취했다.

이에 반응하여, 황준헌은 '분노를 표하기 위해' 긴 시를 썼다. 1882년에 쓴 시는 인종주의적 세계관이 얼마큼 굳어졌는지를 보여 준다. 아마 중국 작가로서는 처음으로 '황인종'이라는 표현을 썼다.

만국의 사람들, 모든 국가의 민중들이
국경을 마주한 국가들에 자유롭게 정착할 수 있었다.
황인, 백인, 홍인, 흑인은
미국인과 동등한 대우를 받고 살 수 있었을 것이다….

다섯 대륙의 모든 인종은 오로지 자신만을 생각하고,

서로를 배제하고, 미워하며, 저주했다.

오늘날 우리가 살아가는 세계는 대동 세계가 아니다.

다른 사람으로부터 스스로를 보호하려면 자신만의 분별력과 힘

에 기댈 수밖에 없다…

우리의 천조와 황인종은

전 세계의 웃음거리로 전락했다.

(우리는 어떠한 운명에도 아무 말 없이 순응하는

아프리카 노예들처럼 무너지지 않길 바란다)[24]

황준헌은 샌프란시스코 총영사직을 수행하고, 3년간 날이 갈수록 비참한 나날을 보내다 절망 속에 사임했다. 1885년 9월, 거의 임기 막바지에 다다랐을 때, 와이오밍주 락 스프링스에서 백인 폭도들이 28명의 중국인 광부들을 살해했다. 미국의 중국 이민자에 대한 유업遺業(중국인 배척법)은 오랜 시간 동안 두 나라의 관계에 독이 되었다. 이는 청나라에서 기독교 선교사들에게 폭력을 행사하고 반서구주의 행동을 하는 구실을 제공했다.

황준헌의 세계관은 더 어두워졌다. 1885년 베트남을 프랑스에 빼앗기자, 황준헌은 '강자가 휘두르는 큰 칼에 약자는 먹잇감이 된다'라는 시 구절을 썼다. 환멸에 젖은 황준헌은 다음 3년 동안 세상을 떠난 어머니를 기리면서《일본국지》를 집필했다. 1888년, 황준헌은 마침내 이홍장의 추천서와 함께 책을 총리아문에 전달했다. 하지만 청불전쟁

의 결과로 개혁파가 숙청되고 총리아문이 이미 보수파의 손에 넘어간 후였고, 보수파는 청이 일본의 선례를 따라 급변해야 한다는 책의 메시지를 전파하는 데 관심이 없었다. 황준헌은 매우 실망했다.《일본국지》는 7년 후 중일전쟁이 발발한 후에야 ―광저우의 한 회사에 의해― 출판되었다. 그는 1년 동안 베이징에 머물며, 부임할 외교 공관을 찾으면서 스스로를 위로했다. 그는 서른 살의 학자 캉요우웨이를 비롯해, 개혁에 동조하는 하급 관료들과 긴 시간을 토론하며 보냈다. 이런 식으로, 사회적 다원주의를 따르는 황준헌의 많은 견해와 인종주의적인 세계관은 다음 10년간 펼쳐질 개혁 운동의 정설 중 한 부분이 되었다.

결국, 황준헌의 설득은 결실을 맺었고 주 런던 청나라 공사관 참사관으로 임명되었다. 1890년 3월에 런던에 도착했지만 할 일이 거의 없었다. 오가는 서신이 거의 없었고, 보호해야 할 재외 동포의 수도 적었다. 게다가 현지인과 자유롭게 대화를 나눌 만한 영어 실력을 갖추지도 못했다. 지루한 생활에 향수병에 시달렸던 그는 영국을 떠날 기회를 찾았고, 1891년 10월 싱가포르 총영사가 되었다. 싱가포르에서 그는 영국의 통치 아래 살아가던, 중국 인종의 사람들에게 중국 여권을 발급함으로써 영국 식민지 당국과 마찰을 일으켰다. 오늘날 분쟁의 전조로, 인종에 기반한 황준헌의 세계관이 다른 정부의 세계관과 직접적으로 충돌한 것처럼 보인다.

청일전쟁 후에야 황준헌은 유력한 인물로 떠올랐다. 전쟁이 한창이었던 1894년 11월, 그는 싱가포르에서 자국으로 소환되어 이후 2년 반 동안 양강(상하이를 포함한 인근 지역) 총독의 개인 '외교 사무소'에서 양강 총독을 위해 일했다. 자신의 견해를 퍼뜨리고, 같은 생각을 지닌 관료들과 공모할 수 있는 자유가 있었다. 그렇게 조정 내에서 그는 '점진주의적 개혁' 파벌의 일원이 되었다. 한편으로는 당시에 망신을 당한 이홍장과의 관계도 유지했다. 황준헌은 스물세 살의 작가 량치차오를 만나 좋은 친구가 되었고, 자신이 공동으로 창간하고 후원하는 친개혁 잡지《시무보》의 편집장으로 임명했다. 창간호는 1896년 8월 9일에 발간되어, 2년 후 강제로 폐간될 때까지 열흘마다 출간되었다. 발매 부수는 1만 부까지 다다랐고, 그 영향력—잡지에 담긴 량치차오와 황준헌의 관점도—은 개혁에 뜻을 둔 엘리트들 사이에서 퍼져 나갔다. 두 사람은 교육과 국가 행정, 경제에서 변화를 꾀해야 한다고 주장했다. 황준헌은 동시에 조정의 핵심 관료들과도 훌륭한 관계를 유지했다. 잡지가 창간된 달, 황제는 황준헌에게 내알內謁을 청했다. 영국과 일본이 어떻게 청나라보다 강해졌는지 설명해 달라고 했고, 황준헌은 새로운 정책의 필요성을 설파할 기회를 놓치지 않았다. 그렇게 황준헌은 제국에서 가장 영향력 있는 개혁가가 되었다. 하지만 오래가지는 못했다.

1898년 1월, 총리아문은 청나라 정치 개혁을 가장 소리 높여 지지하고 황준헌의 토론 파트너였던 캉요우웨이를 소환하여, 개혁안을 설명해 달라고 부탁한다. 2월, 열일곱 살이었던 황제는 황준헌의《일본국지》를 읽으라고 한 후, 6월에 훗날 백일유신이라 이름 붙여진 개혁의 시작을 선언하는 칙령을 내렸다. 캉요우웨이를 총리아문에 파견하여 재직하게 했고, 황준헌을 일본 공사직에 임명했다. 운이 좋게도 부임 전 황준헌은 이질에 걸렸고, 서태후와 지지 세력이 쿠데타(무술정변)를 일으켜 광서제를 감금하고 개혁 운동을 진압했을 때는 병가 중이었다. 서태후는 상하이에 있는 황준헌을 체포하라고 명령했지만, 상하이에 살던 서양인들은 명성이 드높은 개혁가를 처우하는 방식에 분노했고, 일본 정부와 힘을 합쳐 체포 영장을 취소하라고 압박했다. 조정은 기세를 낮춰 황준헌이 은퇴하고 귀향하도록 허락했다. 황준헌은 고향에서 명성을 유지하면서도 소박하게 살 수 있었다. 그 무렵 황준헌의 '황인종' 사상은 개혁 운동 전반에 퍼져 나갔고 관료 조직의 상층부에 도달했다. 하지만 1898년 이후, 몇몇 사람들은 개혁에 대한 욕구와 인종에 관한 사상을 새로운 방향으로 풀어 나가기 시작했다.

옌푸(嚴復, 엄복)는 열두 살의 나이에 아버지를 잃었다. 아버지의 죽음은 비극적이었지만, 19세기 말과 20세기 초반 가장 괄목할 만한 중국 작가로 만드는 추동력이 되었다. 만약 아버지가 돌아가시지 않았다면, 아마도 아버지의 뜻에 따라 벼슬길을 걸었을 것이고, 분명 그 덕분에 명성을 얻게 된 자신의 사상을 반대하는 상황에 놓였을 것이다. 옌푸는 성공과 학자의 길 대신 고난과 불행의 삶으로 내던져졌다. 아버지가 붙여 준 스승의 학비를 대기는 역부족이었다. 어머니는 삯바느질로 생계를 이었고 옌푸는 열네 살의 나이에 결혼했다. 유교 경전을 공부할 경제적인 여유가 없이, 옌푸는 나무로 빽빽이 둘러싸인 푸젠성의 가파른 계곡에서 잊혀져 갔다.[25]

하지만 아버지의 오랜 친구, 심보정沈葆楨이 구미가 끌리는 제안을 내놓았다. 비록 차선책이었긴 했어도 말이다. 심보정 역시 푸젠성 출신이었다. 그는 증국번과 함께 태평군에 맞서 싸우고, 증국번처럼 '자강' 운동—서양의 이기를 받아들여 청나라를 보존하자는 운동—을 적극적으로 지지했다. 그러나 태평군을 무찌르자, 심보정은 유교 전통 상례에 따라 어머니를 애도하기 위해 운동을 떠났다. 가정의 도리를 다하는 동안, 자강 운동가들은 외국인 기술자를 고용해 다음 세대의 숙련된 노동자에게 선박과 무기 제조법을 가르치자고 조정을 설득했다. 그 결과 두 개의 현대식 무기고(무기 제조국)가 세워졌다. 하나는 상하이에 두고 이홍장의 책임 아래 두었고, 다른 하나는 푸젠성과 저장성의 총독인 좌종당의 책임 아래 두었다. 이홍장은 영국 기술자와 군 장교를 고용한 한편, 좌종당(영국을 싫어했다)은 프랑스 출신을 고용했다. 1860년, 청나라에 굴욕적인 패배를 안겨 준 두 나라의 전문가들은 이제 미래의 공격에 대항할 수 있는 근대적인 해군을 창설하기 위해 청나라에 고용되었다.

좌종당은 조선소의 외국인을 감독할 청 관리가 필요했다. 1866년 11월, 좌종당은 심보정에게 이제 애도하는 시간은 좀 줄이고 공직으로 돌아오라고 설득했다.[26] 프린스턴 대학교의 벤자민 엘먼Benjamin Elman 의 말을 빌리자면, 그로부터 8년간 푸저우 조선소는 '청나라 말기의 선도적인 벤처 산업 기지'가 되었다.[27] 선박 건조는 업무 일부에 불과했다. 선박을 조립하고 운항할 사람을 훈련시키기도 해야 했다. 하지만 첫 번째 장애물은 조건에 걸맞은 지원자를 찾는 것이었다. 교육 수준이 높은 가정 대부분은 아들이 '서구식 학습'에 마음을 뺏기는 것보다, 벼슬길에 올라 관리로 임명되길 바랐다. 결국, 심보정은 장학금을 주고, 급여를 두둑이 챙겨 주겠다고 약속하며 학생을 유치했다. 열네 살의 옌푸에게 완벽하게 들어맞는 조건이었다.

청나라 교사가 없다는 말은 즉, 조선 기사는 프랑스어로, 그리고 항해사와 기관사는 영어로 교육을 받았다는 뜻이다. 그래서 옌푸는 '영어반'에 다니기로 했는데, 운명을 뒤바꿔 놓는 결정이었다. 영국 그리니치 해군 사관학교 출신 제임스 캐롤James Carroll 밑에서 교육을 받았고, 옌푸는 학업에 매진한 듯하다. 1871년에 졸업하고 나서는 바다로 나가 남쪽으로는 싱가포르, 북쪽으로는 일본까지 항해했다. 6년 동안 해군 장교로 복무한 후, 선생님들은 옌푸에게—11명의 다른 장교들과 함께— 영국 왕립 해군 학교에 진학할 것을 추천했다. 1877년 말, 옌푸는 런던에 도착했다. 당시 런던에 살던 청나라 신민은 아주 소수였다. 옌푸과 동료들은 학교에서 직접적인 차별을 받았다. 해군사관학교장 에드워드 팬쇼Edward Fanshawe 제독은 영국 장교들과 함께 생활하지 말라고 명했다. 학교 밖에서 살고 밥을 먹고 친구들과 어울려야 했다.[28] 그러다 보니 옌푸는 청나라 최초 런던 대사이자 불과 전년도부터 런던에서 살기 시작한 곽숭도郭嵩燾에게 개인적으로 호감을 가지고 친분을 쌓게 되었다. 두 사람은 저녁에 모여 영국의 부와 권력의 원천을 주제로 길게 토론했고, 청나라를 변화시키기 위한 급진적인 처방을 내놓았다. 옌푸는 인종차별을 당했지만, 동기들이 그랬던 것처럼 영국 군함에 오르기보다는 대학에서 두 번째 해를 보내기로 했다. 런던에서 책을 읽고 배움의 기회를 최대한 활용하고 싶어 했던 것 같다. 옌푸는 1879년 청나라로 돌아와, 푸저우 조선소에서 강사로 일했다. 하지만 그를 지원해 주던 심보정이 그해 사망했다. 이홍장은 이때라고 생각했다. 그래서 자신의 지휘하는 톈진의 기관─북양수사(北洋水師, 청조 말기 중국의 현대화된 해군으로, 1871년 북양대신 이홍장의 지원으로 만들어졌다.-옮긴이) 학당─에서 강의를 하는 게 어떻겠냐며 옌푸를 포섭했다. 옌푸는 그 후로 10년간 북양수사에서 일하다 1890년에는 교장이 되었다.

영어에 능통했고, 눈에 띄지 않았다가 갑자기 부상해 세계를 제패하는 영국의 모습에 매료되었던 옌푸는 이 10년을 해답을 찾는 데 썼다. 어떻게 하면 중국이 힘을 되찾을 수 있을까? 그는 허버트 스펜서에게서 답을 찾았다. 1881년, 옌푸는 허버트 스펜서의 《사회학 연구The Study of Sociology》를 읽었다.[29] 이 책은 전체적으로 스펜서의 인종주의 사상에 기반을 두었다. 일찍이 스펜서는 '아리스토텔레스는 (아마도) 얼굴 각도가 50도인 아버지와 어머니를 두었다'라는 견해에 야유하며, '복잡한 영향력이 긴 시간 동안 연쇄적으로 작용하여 인종을 만드는데, 위대한 인물의 탄생은 인종에 달려 있으며, 인종 안에서 위대한 인물이 만들어진다'라고 주장했다.[30] 나중에 스펜서는 전쟁은 적응 능력이 낮은 인종을 제거함으로써, 강한 인종을 한 단계 더 끌어올리는 데 '큰 몫을 했다'라고 피력했다. 스펜서는 찰스 다윈의 이론을 따른다고 했지만, 진화에 있어서는 장 밥티스트 라마르크의 관점에 더 가까웠다. 라마르크는 행동을 변화시켜 향상된 신체적·정신적 적응력은 생

프랑스의 진화론자
장 밥티스트 라마르크의 모습

물학적으로 다음 세대에 전달될 수 있다고 믿었다. '인간 사회 간에 끊임없이 존재해 왔던 크고 작은 반목 속에서 지능을 사용하여 환경에 적응하는 능력, 중요 성격적 특질 그리고 신체적 특질이 생겨나 공통적인 문화로 존재했다.'[31]

1892년 영국의 선교사 존 프라이어(John Fryer, 1863년 동문관 통번역대학교에서 잠시 강사로 일한 적이 있다)는 피부색에 따라 인류를 분류하는 내용의 최초의 기사를 중국어로 발표했다.[32] 프라이어는 서양의 과학적 사고를 중국 독자에게 전달하기 위해 《격치휘편格致彙編》(영어로는 '중국 과학 잡지Chinese Scientific Magazine'로 알려져 있다) 잡지를 창간하고 편집했다. 1892년 기사에서 프라이어는 인종에 관한 유럽의 가장 최근 학설을 설명했다. 인종을 몽골 인종, 코카서스 인종, 아프리카 인종, 말레이 인종, 아메리카 인종으로 분류하고, 인종의 피부색은 자색(赭色, 검붉은 빛깔), 흰색, 검은색, 갈색, 구리색으로 각각 다르다고 설명한다. 프랑크 디쾨터가 지적했듯, 이러한 분류는 차이에 관한 중국의 기존 사상에 들어맞았다. 중국 문화에서 숫자 5는 감각과 맛, 요소와 방향을 설명할 때 상징적인 의미를 지닌다. 프라이어의 '몽골인'의 피부색은 '노란색'이 아니었지만, 이런 인종적인 생각들을 결합하는 데까진 오랜 시간이 걸리지 않았다. 전통적으로, 중국은 '사이(四夷, 고대 중국에서 사방四方으로 거주하고 있던 이민족을 총칭하는 말 – 옮긴이)'를 초록색, 하얀색, 빨간색, 검은색으로 표현했고, 정중앙에는 노란색이 있었다. 이러한 사상을 끌어다 새롭게 각색하는 데는 지적 노력이 많이 필요 없었다.

1880년대와 1890년대 초반에 옌푸는 시들해진 듯하다. 비록 이홍장에게 고용되었지만, 옌푸는 이홍장의 '자강'식 접근법이 모두 시간 낭비라고 생각했던 것 같다. 우울했던 옌푸는 아편에 손을 대고 비통해 했다. 하지만 청일전쟁에서의 패배는 그를 다시 움직이는 원동력이 되었다. 나중에 '가슴이 답답한 나머지 모든 생각을 뱉어내야만 했다'라고 당시 심정을 토로했다.[33] 서양 사상을 바탕으로 한 새로운 방식이 청을 타락과 패배로 이끌었던 옛 방식을 대체해야 했다. 옌푸는 '과학과 정직성, 강직함이 사회 질서의 토대를 만든다'라고 주장했다.

1895년 초, 기회는 봇물 터지듯 쏟아졌다. 톈진의 개혁파 엘리트들이 창간한《직보直報》는, 옌푸에게 네 편의 글을 빠르게 잇달아 게재할 기회를 주었다. 개항항에 위치한 덕에 출판사와 작가들은 청 당국의 검열로부터 보호를 받았고, 옌푸는 청을 맹렬하게 비판할 수 있었다. 1895년 2월과 5월 사이, 옌푸의 글을 통해 독자들은 허버트 스펜서의 인종 이론과 '사회적 다윈주의'라고 알려지게 될 사상에 입문했다. 하지만 이는 옌푸의 글의 진정한 주된 목적은 아니었다. 중국학자 제임스 퍼시James Pusey의 말에 따르면, 옌푸가 '다윈의 이론을 도입한 건 학문적인 이유에서가 아니라, 변화가 필요하다고 서양을 증거로 보여 주기 위해서였다.'[34] 옌푸는 10년 전 일본이 그랬던 것처럼 청나라도 개혁하길 바랐고, 허버트 스펜서의 사상은 논박의 근거가 됐다. 하지만 일본의 스펜서와 옌푸의 글에 등장하는 스펜서에는 큰 차이가 있었다.

일본의 개혁가들이 허버트 스펜서를 좋아했던 이유는 스펜서가 개인 간의 생존 경쟁에 대한 사상을 뒷받침하기 위해 다윈의 이론을 활용했기 때문이다. 옌푸는 생존 경쟁이라는 개념을 가져와 집단 간의 경쟁으로 바뀌었다. 이 사상을 설명하기 위해 옌푸는 사회적 다원주의에 등장하는 개념에 해당하는 중국어 단어를 만들어야 했다. 특히, '자연선택'을 번역해야 했다. 그는 물경천택(物競天擇, 여기서 물경은 생존 경쟁을, 천택은 자연선택을 의미한다.─옮긴이)을 선택했다─말 그대로 '하늘이 선택한 생물만이 경쟁에서 살아남는다'라는 뜻이다, 이 구절의 의미를 '적자생존'이라고 설명했다.[35] 다윈의 본뜻─가장 잘 적응한 개인은 자신의 유전자를 다음 세대에게 물려준다─을 왜곡했지만, 어쨌든 옌푸의 사회변화에 관한 생각과 맞아떨어졌다─집단이 역사의 원동력이라는, 영국 사회를 관찰해 얻은 의견과 청의 정치를 지켜보며 수년 동안 쌓인 분노가 합쳐져 형성된 관점이었다.

옌푸의 목적은 1895년 3월 4일~9일 사이 언젠가 출판된 두 번째 에세이 《힘의 근원(원강原強)》의 결론에서 명확해진다. 일본이 청나라 군대에 안겨 준 충격적인 패배를 비춰 보며 쓴 이 책에서, 옌푸는 '우리가… 외적에 대항하고 싶다면 반드시… 수도에 의회를 설치하고 성과 군현郡縣이 직접 관료를 선출하게 해야 한다'라고 썼다. 옌푸의 관점에서, '인민'이 조국을 지키기 위해 싸우고 적을 물리칠 수 있는 유일한 방법은 인민에게 국가를 지배할 힘을 주는 것이었다. 그러면 여기서 가장 중요한 질문이 등장한다. '인민'은 누구였을까?

이 질문에 답하기 위해 옌푸는 황준헌으로부터 '황인종'의 개념을 빌려 왔다. 그는 만주족이 1644년 명나라를 정복한 이래로, 엘리트로서 신민과 동떨어져 대국을 통치했다고 불평했다. '백인종'의 존재론적 위협에 직면한 지금, 청은 변화할 필요가 있다고 주장했다. 청나

라 엘리트가 대중과 엘리트를 분리하는 의도적인 전략을 사용했음에
도 불구하고, 사실상 같은 민족이자 인종이라고 역설했다. '지금 이 세
상에는 네 가지 위대한 인종만 존재한다… 황인종, 백인종, 갈인종, 흑
인종… 오늘날 만(萬, 만주족)과 몽(蒙, 몽골족), 한인은 모두 황인종에 속
한다… 그러므로 예로부터 오로지 한 인종이 중국을 다스려온 것이다.
실제로 다른 인종에게 중국이 넘어간 적이 단 한 번도 없다.' 옌푸가
'인종'을 표현하기 위해 선택한 한자는 황준헌이 선택한 한자와 같다.
종種. 그는 만과 한의 장벽을 허물어야 한다고 주장하기 위해 이 단어
를 사용했다.

《직보》에《원강》이 실린 지 며칠 후에 이홍장이 일본과의 협상을
위해 시모노세키로 뱃길에 올랐다는 사실이 흥미롭다.《직보》한 부를
들고 갔다는 걸 쉽게 상상할 수 있다. 시모노세키에서 '황인종'이라는
공통분모를 근거로 상대 일본에 호소하려던 게 그 이유였다. 일본이 대
수롭지 않게 여겼단 건 이홍장의 견해가 빈약했음을 방증한다.

그런데도 '황인종'의 비유는 다음 10년간 개혁파에 계속해서 동기
를 부여했다. 1896년 8월, 옌푸는 황제를 알현하기 위해 베이징으로
가던 중 황준헌을 만났다. 이후 몇 년 동안 두 사람은 자주 서신을 주
고받으며 인종과 개혁에 관한 생각을 교환했다.[36] 1897년, 옌푸는 자
기 생각을 널리 알리기 위해 톈진에서 두 잡지―일간지《국문보國聞報》
(국가 소식 잡지)와 주간지《국문휘편國文彙編》(국가 소식 모음)―를 창간했
다.[37] 1898년에 영국의 사회 개혁가 토머스 헉슬리Thomas Huxley가 1893
년 강의한 내용의 '번역본'―사실상 의역이었다―《천연론天演論》(진화

에 관하여)을 출판했다. 토머스 헉슬리 는 허버트 스펜서의 개인주의에 강력 하게 반대하고 대신 집단 연대를 강조 했다. 옌푸의 번역본에는 집단 연대가 더더욱 강조되었다. 디쾨터가 지적했 듯이, '과학'에 따르면 '황인종'이 '백인 종'과 생사를 건 투쟁에 휘말렸고, 정 치 개혁을 하지 않으면 '흑인종'이나 '홍인종'과 같은 결말을 맞이할 거라고

영국의 사회 개혁가
토머스 헉슬리의 모습

주장하기 위해, 허버트 스펜서의 경쟁 이론과 토머스 헉슬리의 협동 이 론을 받아들여 자신의 인종 사상에 녹여 냈다.

옌푸의 글은 엄청난 영향력을 발휘했다. 1919년에 다윈의《종의 기 원》이 완역되어 출판될 때까지 수년 동안 중국에서 다윈주의의 정통적 표상으로 여겨졌다. 그동안 량치차오 같은 개혁가나 쑨원 같은 혁명가 들의 토론에 등장한 용어를 정의한 건 헉슬리와 스펜서가 해석한 다윈 을 옌푸가 번역한 글들이다. 제임스 퍼시James Pusey는 자신의 연구《중 국에서의 다윈Darwin in China》에서, 옌푸가 인종을 주제로 쓴 글은 '불쾌 한 인종적 사상의 시대를 여는 데 일조했다'라고 평했다.[38]

2018년 4월 15일, 호주 '재외 동포' 600명이 뉴사우스웨일스 대학 교 대강당 레이턴 홀을 채웠다. 광택이 나는 트래버틴 벽에는 신화 속 인물 황제 헌원(軒轅, 중국에서 시조로 섬기는 옛날의 전설상의 임금. 오방신장

중 하나로 중앙中央을 맡은 신. 중국 신화에 나
오는 삼황오제 중 한 사람. 황제皇帝라고도 한
다.-옮긴이)의 사진이 크게 걸려 있다.

황제 헌원을 묘사한 그림

　아니, 중국 신정에 있는 거대한 동상
의 큰 사진이라고 말할 수도 있겠다. 이
연간 행사는 '에어즈 호주계 중국인 협
회'가 협회의 말을 빌리자면 '국가 간 이
해 증진'을 위해 매년 주관하는 행사다.
하지만 이 협회가 홍보하는 나라는 중화
인민공화국뿐이다. 토니 애벗Tony Abbott
전 호주 총리, 뉴사우스웨일스 주지사를
비롯한 시장과 시의원들이 행사에 참석하거나 축하의 메시지를 보냈
다. 이 행사는 중국 공산당 '통일전선부'가 수행하는 작업의 고전적인
예이다—모국과 현지 정치인 및 영향력 있는 인물과 유대를 구축하는
것. 호주에 있는 통일전선부 산하 주요 조직인 '호주 중국 평화통일 추
진 위원회'도 통일전선부와 연계된 다른 문화 단체들과 마찬가지로 이
행사를 후원했다. 주최자 중에는 중국 국영 언론 저널리스트 덩리(鄧立,
등립 또는 등위)가 있었고, 언제나 그런 것처럼 통일전선부의 공식 웹사
이트에서는 행사 주최를 적절히 축하했다.[39]
　시드니에서 열린 이 행사의 목적은 중국 신정의 황제 헌원 동상 근
처에 모인 사람들보다 더 많은 인원을 한군데 모으는 것이었다. 신령
스러운 황제 헌원을 신비스러운 탄생일—음력 기원전 2698년 세 번째

달 세 번째 날—에 집단으로 숭상한다. 같은 날 열린 6개의 비슷한 행사 중 하나였다. 다른 행사는 홍콩, 마카오, 대만, 샌프란시스코, 밴쿠버에서 열렸다. 2006년 행사가 처음 개최된 이래로, 신정에서 열리는 축하 행사는 재외 동포들과 일체감을 구축하는 걸 목표로 한다. 공식 강령은 '동일한 뿌리, 동일한 조상, 동일한 기원, 평화와 화합'이다.[40] 중국의 관영 매체에 따르면, 이 행사는 '중국의 위대한 재흥을 위해 기도하는 영적인 집'을 건설하는 것을 목표로 했고, 메시지는 온라인 뉴스 사이트와 중국의 해외 방송국 CCTV(China Central TeleVision) 인터내셔널, 피닉스 TV를 통해 전 세계로 퍼져나갔다.

2006년 신정에서 황제 헌원 숭배가 처음 시작된 이래, 주최자들은 축제의 구체적인 형식을 고안했고, 이는 전 세계에서 열리는 행사의 틀이 되었다. 음악, 춤, 기도를 포함하여 9개의 프로그램이 순서대로 진행되고, 황제 헌원을 '중국 국가의 시조'로 기린다. 영국의 역사가 에릭 홉스봄Eric Hobsbawm은 언젠가 이를 '전통의 발명'이라고 부른 적 있다. 황제 헌원은 중국에서 세계를 통일한 인물로 자리매김했다. 전 세계에 있는 모든 중국인을 대표하는 전형적인 인물이자 중국 공산당이 이데올로기 강화를 위해 사용하는 도구이다. 이는 100년 전, 항저우 출신의 성급한 청년 장빙린이 시작한 여정의 정점이다.

우리는 제1장에서 장빙린을 살펴보았다. 장빙린은 1895년 청나라가 일본에 패한 후, 개혁주의 작가가 된 유생儒生으로, 1900~1901년 의화단운동이 국제적으로 진압된 후에는(서구 열강 8개국 연합군과 벌인 국제 전쟁이었다. -옮긴이) 혁명 운동가가 되었다. 앞서 살펴보았듯, 장빙린의 인종에 관한 생각이 급진적으로 변하면서, 이를 바탕으로 정치사상도 진화했다. 한마디로 '한족'이라는 아이디어를 발명한 사람은 장빙린이다. 홍콩 태생의 중국사학자 저우자룽(周佳榮, 주가영) 교수는 "1899년전, 장빙린은 유럽 강대국에 대한 중국의 투쟁을 주로 '백인종'과 '황인종' 간의 전쟁이라는 견해를 기반으로 묘사했다"라고 말했다. 장빙린은 프랑스 동양학자 알베르 테리안 드 라쿠페리Albert Terrien de Lacouperie의 '서양 기원설'―백인종과 황인종 모두 메소포타미아 문명의 뿌리를 공유한다―일부를 받아들였지만, 백인종은 황인종의 후손이라고 주장함으로써 주장을 뒤집는다. 1898년, 옌푸의 글을 읽은 장빙린은 허버트 스펜서의 인종적인 생각을 개혁주의 성향의 잡지《창언보昌言報》에 게재했다.[41] 정치적으로 그는 황준헌과 옌푸의 개혁주의적 논거를 따랐다.[42] 그러나 1899년 5월, 장빙린은 일본과 상하이에서 신변이 보장되자, 황제를 '외국의 황제'라 지칭하고, 청나라의 '야만적' 기원을 강조했다. 1900년대 초에, 자신의 저서《구서訄書》(급한 상황을 위한 책)에서는 만주 정부를 전복시켜야 한다고 공공연하게 촉구했다.

장빙린은 사상적인 난제를 가지고 있었다. 조정과 개혁파는 계몽된 문화로부터 정치적 정당성이 나온다는 '유교적'인 입장을 공유했다. 그리고 오랑캐라 할지라도 계몽된 문화를 받아들이면 화인이 될 수 있었다. 한마디로, 만주족도 한족만큼 화인이 될 수 있었다. 하지만 만주족이 문제라고 결론 내렸기에, 문화주의에 반대하는 주장이 필요했다. 장빙린은 기원전 4세기에 편찬된 역사 해설서《춘추좌씨전春秋左氏傳》에서―장빙린의 말에 따르면―친족 관계의 유대가 문화보다 중요하다는 주장을 발견했다. '오랑캐'는 같은 '유형'의 인간이 아니었기 때문에, 한족만큼 충성심을 가질 수 없었다. 그래서 그 둘의 차이를 나타내기 위해 족族—'혈통'을 의미한다—을 채택했다. 혈통은 19세기 격동의 시대에 골치 아픈 문제였다. 청나라는 '기인'에게 조상을 보여 줘야 했다. 그리고 프랑크 디쾨터에 따르면 많은 한족 출신 가족들은 일종의 생존 전략으로 긴 족보를 만들었다. 가족의 내력을 드러내면서 이웃과의 유대관계를 강화하기 위함이었다. 전국에서 혈통 집단은 마을 간 소규모 분쟁에서부터 토객 충돌 등 대규모 갈등에 이르기까지 폭력적인 불화를 빚었다.[43] 족族이라는 단어는 강력한 사상을 담았다. 장빙린은 족을 받아들여 범위를 국지적에서 국가적으로 확대했다. 한은 한족이 되었고, 만주는 만주족이 되었다. 한족과 만주족은 혈통상으로 경쟁 관계에 있었기에, 둘 사이의 갈등은 단순히 일어날 법한 일이라기보다는 논리적으로 생각해 보면 예견된 일이었다.

여기에 장빙린은 진화와 인종에 관한 유럽의 사상을 접목했다.《구서》에서 그는 백인종과 황인종 모두 지성적이나, 황인종이 더 문명화되어 있다고 주장했다. 한족은 '황인종'에 속했지만, 만주족과 다르다는 걸 보여 주기 위해 '인종-성'—종성(種姓, 특정한 문화, 지역, 언어 따위를 공유하는 민족이나 인종 등의 사회적 집단이 가지고 있는 특성- 옮긴이)'—이라는 개념을 만들었다. 종성이라는 용어는 '인종-혈통'(종족種族)과 '성'(성씨姓氏)에서 따온 것이다. 한족과 만주족은 같은 종種에 속했을지는 몰라도 같은 종족은 아니었다. 종성種姓은 한족과 만주족을 구분하는 데 핵심 역할을 했다.《구서》가 담은 혁신적인 내용은 이뿐만이 아니었다.《구서》는 황제 헌원이 모든 한족의 시조라는 걸 언급했는데, 이는 오늘날까지 내려오는 장빙린의 유산이다.

장빙린은 《구서》를 출간하자마자 개혁파와 완전히 갈라서게 된다. 8개국 연합군은 1900년 7월 14일 톈진을 점령했다. 청 조정을 지키겠다고 약속한 개혁파와는 달리 장빙린은 이들을 비난했다. 그리고 강한 상징의 저항으로 그는 '꽁지머리'—청나라 남성 신민이라면 반드시 뒷머리를 땋은 변발을 해야 했고, 변발하지 않으면 사형에 처했다—를 8월 3일 개혁파의 항의 집회 앞에서 잘랐다. 이후 장빙린은 일본에 근거지를 둔 최초의 혁명 잡지 《국민보國民報》에서 '만주족을 향한 증오에 관한 올바른 담론'이란 제목의 기사를 썼다. 만주족을 죽이고 싶지 않지만, 출신지인 둥베이의 만주로 추방하고 싶다고 했다. 이러한 측면에서 그는 혁명가들 사이에서 상대적으로 온건했다. 만주족을 학살하자고 주장하는 사람들이 몇몇 있었다. 황준헌이나 옌푸 등의 개혁파가 같은 '황인종'에 속한 구성원들 사이의 장벽을 무너뜨릴 것을 청 조정에 촉구하는 한편, 장빙린과 동료 혁명가들은 한족이 가장 중요하며 만주족이 설 자리는 없다고 주장했다.

서양의 인종주의와 '동양'의 인종주의 사이에는 핵심적인 차이가 있었다. 유럽 인종주의자 대부분은 생물학의 관점에서 한족과 만주족 사이에는 피부색이나 안면각에서 두드러지는 차이가 없다고 생각했다. 하지만 장빙린은 한족과 만주족 간의 경계를 명확하게 그을 수 있는 근거가 필요했다. 그래서 혈통의 논리에서 근거를 찾았다. 일찍이 고서를 연구한 전적을 활용해 고대 문헌을 뒤졌다. 그는 기원전 2세기의 역사가 사마천司馬遷이 쓴, 황제 헌원의 이야기로 시작하는 글(《사기史記》)에서 해답을 얻었다. 장빙린에게 황제 헌원은 시조始祖—첫 번째 조상—고, 아들들의 24개의 성씨는 (사마천에 따르면) 본래 한漢의 종성에서 기원했다. 거의 5000년이 지난 지금 4억 5000만의 강력한 한족 모두는 자신이 황제 헌원의 자손이라고 상상할 수 있다.

성공을 거둔 새로운 정치사상 대부분이 그렇듯이, 장빙린의 인종 민족주의는 기존의 사상—황제 헌원의 신화, 혈통의 중요성, 청 조정에 대한 비호감 등—을 빌려 와 이를 결합하여 새로운 이데올로기를 만들었다. 1900년 의화단운동에서 청 조정이 서구 열강 연합군에 저항하는데 실패하자, 장빙린의 개념이 불과 몇 년 만에 너무 큰 인기를 얻어 황준헌이나 옌푸, 량치차오 등 개혁가들의 주장은 거의 무관한 것이 되어 사라져 버렸다.

1906년 12월, 새로운 사상은 기존의 사상을 그야말로 대체했다. 옌푸의 전기 작가 벤자민 슈바츠Benjamin Schwartz에 따르면, 장빙린이 편집장으로 있던 친혁명 잡지《민보》2호에서 후한민(胡漢民, 호한민)은 '만주족은 단순히 열등한 민족이며, 우월한 민족인 한족이 중국을 다스릴 때만 번영할 수 있다는 것을 증명하기 위해 옌푸의 사회적 다윈주의 분류를 빌려 왔다.'[44] 같은 달, 창간 1주년을 축하하기 위해 열린 회의에서 장빙린은 《민보》 만세! 한족 만세!"를 외치며 연설을 마무리했다. 동아시아 사람들 모두를 포함할 수 있는 '황인종'을 버리고, 범주 바깥에 있는 사람들을 의도적으로 배제하는, 상상한 지 얼마 되지 않은 한족이라는 더 좁은 개념을 택했다.

혁명가들이 '한족'이란 개념에 매력을 느낀 이유는 이 사상이 잠재적인 지지자들의 거대한 공동체를 형성했고, 혁명파가 적이라고 선포한, 만주족 통치 엘리트에 대항하는 데 동원할 수 있었기 때문이다. 만주족이 배척되면, 자동으로 몽족(蒙族, 몽골족)과 중국어를 사용하지 않는 소수민족도 배척된다는 뜻이었다. 원주민은 '갈인' 또는 '흑인'의 지위로 강등되었는데, 사회적 다원주의에 따르면 갈인과 흑인의 운명은 정해져 있다. 즉, 다음 경쟁에서 도태된다. 점점 더 많은 혁명가─독일이나 일본에서 망명 생활을 하던 젊은 남학생들이 주를 이뤘다─들은 혈통─족族─에 관한 오래된 사상과 생물학적 인종에 관한 신사상─종種─을 병합하기 시작했다. 황제 헌원이라는 상상의 인물 덕분에 종種과 족族의 개념을 합칠 수 있었고, 황제 헌원은 종족種族의 아버지가 되었다. 하지만 누가 종족의 일원이고 일원이 아닌지는 늘 쉽게 답할 수 있는 게 아니었다.

혁명 정서가 고조되면서, 청 정부는 1904년 새로운 초등교육 규정을 포함하여 뒤늦게 개혁하려는 몇 가지 노력을 기울였다. 새로운 규정에는 '애국심'을 고취해야 한다고 명기되어 있었는데, 그중에서는 '출생지에 관한 교육'이 있었다. 여러 지역 문인들은 자신의 세계관을 젊은 세대에게 퍼뜨리고 판매 수익을 올릴 수 있길 희망하면서 청나라의 행정구역 부지府志, 주지州志, 도지道志, 현지縣志 등의 정보를 담은 '지방지(地方志, 한 지역의 자연, 사회, 정치, 경제. 문화 등의 상황을 기록한 문헌 - 옮긴이)'를 편찬하는 데 급급했다. 홍콩 성시 대학교의 청메이바오(程美寶, 정미보) 교수에 따르면, 이러한 사람들의 정치 성향은 전통적인 사대부부터 개혁가, 혁명가까지 스펙트럼을 넘나들었다. '지방지'라는 서적의 형식은 오래전부터 존재해 왔으나, 1905년, 청나라 정부는 새로운 정보를 담은 개정판이 필요하다고 밝혔다. 기본적인 역사와 지리를 제외하고도, 지방지는 다양한 인종(人类, 말 그대로 인류人類—'사람의 유형')과 씨족(氏族, 말 그대로 씨족—성씨와 혈통)에 관한 세부적인 정보를 담아야 했다.[45]

지침은 또한 누구를 제국의 신민—기민(旗民, 팔기군의 구성원—기—와 민간인—민—의 차이를 덮기 위해 만든 새로운 용어)—으로 간주할 건지, 지방지 편찬자들이 정해야 한다고 명시했다. 세 가지 기준을 충족해야 했다. 기독교나 이슬람교 등 '타 종교'의 신자면 안 됐다. 학자, 장인, 농부 또는 무역상이라는 네 가지 전통적인 직업 중 하나에 종사해야만 했다. 마지막으로 그리고 그들은 '다른 종족'—타종他種—이면 안 됐다. 또, 규정의 세부 사항은 타종이 회족(回, 이슬람교도), 묘족(苗, 몽족), 장족(壯, 퉁족) 등 지정된 기타 여러 소수민족을 포함한다고 명시했다. 다른 종족을 '외부인'이라고 등재함으로써, 청나라는 사실상 위에 명시된 종족 외에는, 한족이든, 만주족이든, 몽골족이든 모두 내부인이라 말하고 있었다. 그래서 1905년 청나라는 심지어 개혁파의 종—인종—사상을 위해, 약 300년간 군사와 관료제의 기반이었던 족 사상을 대체하기 시작했다.

하지만 그해에 일어난 논쟁은 한족이라는 개념 전체가 얼마나 독단적인지를 보여 주고, 인종주의적 사고의 선구자 황준헌을 다시, 마지막으로 세간의 주목을 받게 했다. 누가 한족이고, 누가 한족이 아니냐는 문제는 청나라 내부를 극단적으로 분열시킬 수 있었고, 특히 노인들이 토객 충돌을 생생하게 기억하고 있던 광둥성에서는 더더욱 그랬다. 지역 차원의 지방지의 편찬자들은 서로 다른 입장을 취했다. 예를 들어, 스싱始興현과 싱닝興寧현에는 하카어 구사자가 많았다. 싱닝의 지방지는 하카어 구사자가 있다는 걸 언급했지만, 스싱 지방지는 그렇지 않았다. 하지만 문제가 화두에 오른 건 개혁파와 뜻을 같이했던 작가 황절黃節이 《광저우 향토 역사 교과서》를 출간하면서부터다.[46] 황절은 정치적 변화를 도모하기 위해 1년 전, 과거를 보수적인 관점에서 바라보는 '국학 보존회國學保存會'를 공동 창립했다. 사회의 반만주의 정서는 한족을 멸종 위협으로부터 지켜야 한다는 사회적 다원주의적인 두려움과 혁명을 향한 열정과 합쳐졌다.

국학 보존회는 고대 문화를 동원해야만 한족을 지킬 수 있다고 입을 모았다. 황절과 국학 보존회 회원들은 '국가의 정수'가 담긴 교과서를 편찬하여 신세대의 사고를 전환하는 등 교육 개혁의 기회를 엿보았다.[47]

황절은 1905년 《광둥 역사 교과서》에서 '광둥 종족 중에는 객가족과 복로족이 있는데, 광둥족도, 한족 혈통도 아니다'라는 주장을 대담하게 펼쳤다. 이는 지방에서 조용히 유배 생활을 하던 황준헌을 격분시켰고, 황준원은 다른 객가인 사대부들과 함께 '객가인 기원 조사회客家原流調査會'를 조직했다. 협회는 온갖 영향력을 행사하여 성의 교육 당국을 설득했고 결국 당국은 그 문장을 삭제하는 데 동의했다. 황준헌은 1905년 3월에 사망했지만, 투쟁은 계속되었다. 그 이후에 객가인을 한족에서 명시적으로 배제하는 다른 교과서들이 출판되었으나 1907년, 당국은 불쾌한 부분을 모두 삭제하는 데 동의했다. 황준헌은 마지막 행보를 통해 '한족'이라는 개념이 과학이 아니라 영향력 있는 자들의 정치적인 압력에 의해 확장될 수도, 수축될 수도 있는 걸 보여 줌으로써, 개념이 텅 비었다는 것을 증명했다. 그 이후 객가족과 복로족은 한족이 되었다.

한족이란 개념이 텅 비었든 아니든, 한족 사상은 혁명가들의 가장 강력한 무기가 되었다. 한족은 식자인 관리와 까막눈인 소작농을 연결하는 개념이었다. 문명화된 화인이 되거나 '황인종'의 일원이 된다고 해서 충분하지 않았다—황제 헌원의 자손인 한인에게만 변화가 나올 수 있었다. 1900년부터, 장빙린이 이룬 혁신의 결과로, 중국 재외 동포 사회는 스스로를 다르게 지칭하기 시작했다. 변화는 지금도 지속되고 있다. 1910년 이전에 해외에 정착한 화교의 후손들은 오늘날 스스로를 '화인'이라 칭하고 있다. 그들은 황준헌, 옌푸, 량치차오 등이 인정한 '문화주의적' 정의를 쓴다. 그에 반해, 중화인민공화국이나 대만에 거주하는 사람은 자신을 '한인'이라고 부를 가능성이 크다.

하지만 공산당의 통일전선부는 이를 바꾸고 싶어 하는 게 분명하다. 여러 화교 사회에서 황제 헌원 제사 의식을 홍보하는 건 정체성과 충성심을 변화시키기 위한 정치 전략의 명백한 예다. 샌프란시스코 중국 영사가 유전적인 특성에 근거하여 미국 시민에게 충성심을 호소했을 때, 장빙린의 인종적 민족주의에 근거를 두고 그렇게 행동한 것이다. 중국 이민자의 N세대 후손에게 체류 비자를 주는 것도 마찬가지다. 베이징 지도부는 자신을 화인이라고 단지 자랑스럽게 생각하고, 멀리 떨어져 있는 성의 마을에서 조상과의 연결성을 지니기보다는, 모두가 자신을 황제 헌원의 자손이라고 생각하며, 오늘날 중화인민공화국에 구현되어 있는 혈통에 충성하기를 원한다.

통일전선부 행사에는 일반적으로 수백 명만 참석했고, 이 숫자는 해외 거주 중국인 6000만 명 중 극소수에 불과하다는 점을 고려할 때, 이 메시지는 단지 소수의 흥미만을 끌었다고 말하기에 안전해 보인다. 하지만 디아스포라 커뮤니티 내 주요 인물들을 포섭하고, '중국인다움'의 본질에 관한 세계 내러티브를 지배함으로써 통일전선부의 세계에 대한 영향력은 그 숫자보다 훨씬 더 강력할 수 있다.

제4장

역사를 자르고 붙여

새로운 역사 만들기

중국이 실리콘밸리에 대항하여 내놓은 해답은 중관춘(中關村, 중관촌. 1988년 5월 중국 최초로 지정된 베이징시 내의 첨단 기술 개발구 - 옮긴이)이다. 한 세대 전만 해도, 중관춘은 논밭을 따라 펼쳐져 있는 진흙 길로 자전거를 타고 다닐 수 있는 곳이었다. 오늘날 이곳에는 10개의 과학 연구 단지가 있다. 그 연구 단지에서 레노보Lenovo, 바이두Baidu 및 해외에 잘 알려지지 않은 수백 개의 하이테크 대기업이 도약을 이뤘다. 중관춘은 지식의 중심지이기도 하다. 중관춘은 수십 년 전에 지은 청화 대학교와 베이징 대학교의 거대한 캠퍼스로 둘러싸여 있는데, 당시만 해도 학생들이 도시에서 멀리 떨어진 곳에서 정치적 통제를 받으며 안전하게 지낼 수 있도록 농촌 한가운데 대학을 지었기 때문이다. 중관춘의 중심에는 1937년 중국 공산당이 미래 공산당원을 육성하기 위해 설립한 중국 인민 대학교가 있다. 그리고 중국 인민 대학교의 반짝이는 건물 5층에는 '청나라 역사 연구소'가 자리 잡고 있다.

내전에서 승리를 거둔 지 1년밖에 지나지 않았을 때(국공 내전, 1927년 이후 중국 국민당과 중국 공산당 사이에 중국의 패권을 두고 일어난 두 차례의 내전을 말한다.-옮긴이), 공산당 지도부는 중국 인민 대학교에 청조에 대한 역사를 써 달라고 부탁했다.[1] 미국에서 손꼽히는 청나라 역사 전문가인 파멜라 크로슬리는 이 지시에 대해 "각 황조는 이전 황조의 역사를 써 정당성을 선포함으로써 전통적인 호弧(traditional arc)를 완성했다"라고 지적했다.[2] 당 지도부는 1978년에 청나라 역사 연구소를 공식적으로 설립하게 되고, 2002년에는 훨씬 더 큰 행보로 이어졌다. 전 인민 대학교 총장 리원하이(李文海, 이문해) 교수—인민 대학당 위원회 서기이자 중국 사학회 회장, 교육부 역사학 교수 지도 위원회 회장이기도 하다—의 제안에 따라, 국무원은 '국가 청사 편찬 위원회' 설립을 승인했다. 이 프로젝트는 다른 역사학자들이 부러워서 울고 갈 정도로 중국 정부의 막대한 재정 지원을 받았다. 거의 200만 쪽에 달하는 문서와 이미지, 그리고 수만 건의 해외 연구를 중국어로 번역했고, 여러 권으로 구성된 문서 컬렉션을 출판했으며, 수십 건의 학술 대회를 개최했다.[3]

애당초부터 청나라 역사 편찬 위원회는 공산당에 청조를 어떻게 기억해야 하는지 방향성을 제시하기 위한 수단이 되어 왔다. 그러나 2012년 시진핑이 권력의 정점에 오른 후 공산당은 역사 프로젝트의 목을 조여 오기 시작했다. 17세기, 18세기, 19세기의 역사에 관해 입 밖에 꺼내서는 안 될 주제들이 많아졌다. 그 이유는 명백하다. 대만이 독립을 요구하고 티베트와 신장의 분리주의가 부상하는 가운데, 이런 장소들이 자연스럽고 평화롭게, 유기적으로 모국에 통합되었으며, 그러므로 중국은 아주 오래된 뿌리를 둔 민족국가라는 국가 공식 내러티브를 거스르면 안 되었기 때문이다.

2013년부터 크로슬리, 에블린 로우스키Evelyn Rawski, 제임스 밀워드 James Millward, 마크 엘리엇Mark Elliott 등 대청국의 역사가 달랐다고 하는 ─만주 왕조였으며 정복과 폭력, 억압을 통해 영역을 확장했다─ 외국인 역사가를 비롯한 많은 이들은 중국에서 폄하되었으며 제국주의자라고 고발당하고 자료 열람이 금지되었다. 자주적인 중국 역사가들도 같은 싸움을 해야 했다. 2019년 초, 공산당 산하 '중국 역사 문제 연구 위원회'는 '소수의 학자는 서구의 학문적 사상을 받아들이는 데 있어 적절한 경계심이 부족하고, 청나라 역사 연구 분야에 해외 역사 허무주의의 변형된 이론을 도입했다'라고 경고했다. 최근 몇 년간 '역사적 허무주의'라는 문구는 점점 더 흔하게 쓰인다. 공산당의 역사관을 지지하지 않는 연구를 공산당이 그렇게 표현한다. 위원회 자체 학술지《역사연구歷史硏究》 저우췬(周群, 주군) 부편집장이 발표한 학술 논문은 메시지가 더 많은 사람에게 확실하게 전달될 수 있게《인민일보人民日報》에 재발표되었다. '청나라 역사 담론의 확실한 이해'라는 제목 하에, '역사를 공부하고 역사로부터 교훈을 얻는 건 5000년간 중국 민족이 쌓은 소중한 경험이자, 공산당이 잇따른 승리를 할 수 있도록 중국인을 이끄는 중국 공산당의 중요 비밀 병기이기도 하다'라고 독자에게 유익한 내용을 상기시켰다.[4] 마오쩌둥(毛澤東, 모택동)의 역사관보다 공산당의 역사관을 설명하기에 더 나은 건 없을 것이다. 1964년 그는 학생들에게 말한 것처럼, '옛것을 오늘에 맞게 써라'라고 했다. 300~400년 전의 발생한 사건들을 둘러싼 이데올로기적 전쟁은 지금까지 지속되고, 오늘날 중화인민공화국의 생존에 여전히 필수적이다. 국가 청사 편찬 위원회는 기록 연구의 책략을 통해, 민족의 단합을 약화하려는 외세의 음모로부터 방어하는 공산당의 방벽이 되어 준다.

마오쩌둥의 모습

공산당은 이전보다 더 엄격하게 '이데올로기적으로 바른 역사'를 강요하지만, 국가의 이야기를 창조하고 분류하여 선택하는 건 마오쩌둥보다 5000년 전에 시작되었다. 하지만 5000년이나 된 건 아니다. '중국'이라는 곳이 있었고 '중국인'이라는 사람들이 5000년 동안 계속해서 존재했다는 믿음은 20세기 전환기에나 탄생하였다. 고향에서 멀리 떨어진 곳에서 새로운 세상을 꿈꾸었던 정치적 망명자들의 마음속에서 탄생했다. 새로운 세계가 창조되기 위해서는 먼저 옛 세계에 관한 이야기를 만들어 내야 했다. 그리고 옛 세계에 관한 이야기를 가장 많이 존재하게 만든 사람은 이미 앞 장에서 살펴본, 급진적인 개혁파 작가이자 중국 저널리즘의 아버지 량치차오이다.

1919년 4월 티모시 리처드가 세상을 떠났을 때, 그는 중국에서 가장 유명한 외국인이 되었다. 오늘날 고향에서 그의 이름은 대부분 잊었어도, 리처드의 사진은 여전히 베이징 박물관에 있다. 시진핑도 리처드의 사진을 봤을 가능성이 꽤 크다. 카를 마르크스Karl Marx와 프리드리히 엥겔스Friedrich Engels의 책을 중국어로 출판한 최초로 출판하여 공산당의 위인

티모시 리처드의 모습

반열에 올랐기 때문이다. 웨일스의 극서부 지방에서 온 시골 소년이 이렇게 출세하리라고 예상하기는 쉽지 않다.

리처드는 1845년, 카마덴셔 언덕 한적한 곳에 자리한, 교회가 하나뿐인 프얼디브레닌 마을의 독실한 개신교 집안에서 태어났다. 열네 살에 그는 근처에 있는 강의 차가운 강물로 세례를 받았고, 그로부터 10년 후 주의 행정 중심지 해버포드웨스트에 있는 신학대학 목회자 과정에 등록했다. 입학하자마자 중국 포교를 소명으로 품은 듯하다. 그는 4년간의 공부와 3개월의 항해 끝에, 1870년 2월 12일 상하이에 도착했다. 침례교 선교회는 그를 북부로, 즉 산둥성의 지부(현재 옌타이라 알려져 있다)로 보냈다. 그곳에서 그는 현지인들과 부대끼며 현지 옷을 입고 중국어를 배웠다. 1878년, 동료 선교사 메리 마틴Mary Martin과 결혼하여 네 명의 자녀를 두었다. 기근이 발생했을 때 당시 이 둘은 구조 활동을

조직하고 구조대원으로 활동하여 사람들의 존경심을 샀고, 이는 나중에 청나라 곳곳에서 반기독교적 정서가 끓어올랐을 때 그를 보호해 주었다.[5]

선교 활동에 대한 리처드의 태도는 다른 동료들과는 사뭇 달랐다. 사람들과 대화를 나누고 공통점을 찾았다. 말보다는 행동으로 직접 본보기를 보여 줌으로써 전도하고자 했다. 1891년 티모시 리처드는 '광학회(廣學會, SDK〔Society for the Diffusion of Christian and General Knowledge Among the Chinese〕)—동문서회(同文書會, CLS〔Christian Literature Society for China〕)'의 총무로 임명되었다. 광학회는 '기독교 원리에 따라' 자료를 번역하고 배포하는 걸 목적으로 설립되었는데, 종교적 사명뿐만 아니라 사회적인 사명을 실현한다고 확고하게 믿었다. 광학회는 1898년 연례 보고서에 '기독교를 완전히 받아들인 국가마다 번성할 수 있었던 이유는 사실 오로지 기독교 때문이다'라고 적었다. 광학회는 그리스도의 복음만큼이나 서구화의 복음을 전했다. 광학회의 명백한 전략은 '미래 중국의 통치자들'에게 다가가는 것이었다. 그러다 관료층에서 광학회의 의견에 귀 기울여 주는 무리를 발견했다. '광범위한 연구 협회'라고 이름이 번역되는 이 단체는, 이름에서 종교적인 성격을 모호하게 지움으로써 지배 계층에 쉽게 스며들 수 있었다. 광학회가 가장 큰 성공을 거둔 전략은 과거 시험장 밖에서 미래의 사대부들에게 책과 팸플릿을 배포하는 것이었다.[6] 1892년부터 1896년 사이에 광학회는 12만 권 이상의 책을 과거 시험 응시자들에게 나눠 주었다.[7] 광학회 수뇌부는 정치 개혁과 종교 개혁이 밀접하게 연관되어 있다고 생각했다.

광학회가 사용한 또 다른 전술은 중국어 잡지《만국공보萬國公報》를 발간하는 것이었다. 잡지에는 기독교적인 주장, 유럽의 진보에 관한 기사와 정치적 개혁에 대한 호소가 섞여 있었고 대부분은 티모시 리처드가 쓰거나 번역했다. 1894년에 그는 독자들에게 지대한 영향을 미치리라 생각했던 특정한 역사책 요약본을 몇 호에 걸쳐 다루었다. 그가 고른 책은 로버트 맥켄지Robert Mackenzie가 쓴 463쪽짜리 두꺼운 책《19세기: 역사The Nineteenth Century: A History》로, 1880년 런던과 에든버러, 뉴욕에서 출판되었다. 하지만 학문적이라기보다는 새로운 중산층이 자신의 위치를 발견하기를 간절히 바라는 목표를 가지고 쓴 책이었다. 책 내용 중 절반가량은 영국을 다뤘다. 나머지 절반의 주제는 유럽이었는데 특히 프랑스와 러시아, 터키와 미국을 비중 있게 다루었다. 영국령 인도의 이외에는 아시아나 아프리카에 관한 내용은 거의 없었다. 티모시 리처드가 이 책을 번역하기로 택한 이유는, 영국과 프랑스가 가난과 전쟁의 폐허를 딛고 일어나 세계 강국으로 성장한 것을 보여 주기 위해서였다. 그가 대상으로 하는 독자는 도시에 살고, 글을 읽고 쓸 줄 아는 중산층으로 로버트 맥켄지의 독자층과 비슷했다. 그가 내놓은 방안은 간단했다. 바로 교육, 개혁 그리고 자유화였다.

《만국공보》는 1894년 3월호부터 9월호까지《19세기: 역사》를 시리즈로 연재했다. 다달이 잡지가 나올 때마다 청일전쟁의 형국은 더욱 심각해졌다. 청나라의 연이은 패배는 사실상 맥켄지가 전하고자 했던 메시지의 물리적인 증거였다. 조금 더 발 빠르게 시작했을 뿐인데 일본은 개혁을 통해 외국 문물을 강경하게 거부했던 대청국보다 강해졌다. 맥켄지의 글의 수요가 너무 증가한 나머지, 다음 해 광학회는《19세기: 역사》완역본을 출판했다. 중국어판 제목은 '새로운 서양사 개요'였다. 티모시 리처드에게 '새로운 역사'라는 생각은 중요했다. 서문에서 그는 이렇게 설명한다. '맑은 거울이 아름답고 추한 것을 드러내듯, 새로운 역사는 번성하는 것과 새롭게 대체해야 할 것을 드러낸다.' '새로운 역사'라는 개념은 과거의 역사로부터 배우는 것 그 이상의 의미를 내포한다. 즉, 근대인과 근대 국가, 근대 정부를 가르치는 길잡이 역할을 하는 것이다. 번역본은 선풍을 불러일으켜 2주 만에 공식적으로 4000부가 팔렸다. 더 중요한 것은 전국에 해적판이 배포되었다는 것이다. 역사가 메리 메주어Mary Mazur는 청나라 전역에서 대략 총 100만 부가 팔렸고 이 책의 영향력을 '과소평가할 수 없다'라고 추정한다. 황제를 포함한 거의 전 엘리트층이 읽었기 때문이다.[8]

책이 출판되는 동안 리처드는 엘리트들을 직접 찾아갔다. 전도유망한 사대부를 고관으로 선발하는 과거 시험이 3년에 한 번 열릴 때마다 베이징으로 향했다. 진사 시험을 치르는 많은 사람은 이미《만국공보》로 리처드를 알고 있었다. 그를 꼭 만나고 싶어 하는 이들도 있었다. 일본에 패배한 후, 1895년 베이징에서 소요가 일어났던 시기였다. 4월, 개혁파 학자 캉요우웨이와 제자 량치차오는 1200명의 과거 시험 응시자로 하여금 황제가 시모노세키조약(제2장 참조)의 굴욕적인 조건을 거부할 것을 요구하는 탄원서에 서명하게 했다.[9] 요구 사항은 받아들여지지 않았으나, 개혁가들의 결심은 공고해지기만 했다. 8월, 캉요우웨이는 자신만의 잡지를 창간했는데, 베이징에서 발간된 최초의 독립 잡지였다. 이 잡지가 모범으로 삼는 잡지는 분명했다. 광학회의 《만국공보》였다. 사실, 캉요우웨이는 처음에 심지어 똑같은 이름을 붙였다가, 3개월 뒤 《중외기문中外紀聞》(세계 보고서)으로 이름을 바꿨다. 진사 시험에 두 번이나 미끄러진 량치차오는 편집장을 맡기로 한다.

1895년 10월 17일, 리처드와 캉요우웨이는 처음으로 만났다. 리처드의 이야기에 따르면, 캉요우웨이가 리처드를 찾아와 중국을 재건하는 일에 "당신들과 협력하고 싶다"라고 말했다고 한다.[10] 다음 달에 캉요우웨이가 설립한 개혁파 압력 단체 강학회强學會, 즉 '자강을 위한 학문을 추구하는 모임'에 리처드가 창립 회원이 될 정도로 둘 사이의 유대는 끈끈해졌다. 동시에 량치차오는 티모시 리처드의 비서관으로 자발적으로 일하면서 번역을 맡았고 청 관리들을 상대했다. 두 사람은 국가의 미래에 대한 비전을 공유한 게 분명했다. 1895년 말과 1896년 초, 량치차오는 티모시 리처드의 비서관으로 일하면서 개혁파가 지침으로 삼을 수 있도록 중요한 글을 묶어 참고 문헌으로 출판했다. 그가 특별히 추천한 도서 두 권은 로버트 맥켄지의 서적과 광학회의 《만국공보》였다. 두 사람이 손을 잡고 일하면서, 량치차오의 개혁에 관한 생각은 계속 발전했다. 역사, 정치 개혁을 주제로 했든 여성의 역할을 주제로 했든 량치차오가 나중에 쓴 글에서 리처드의 영향을 자주 찾아볼 수 있다.[11] 조정이 《중외기문》을 금지하자, 량치차오는 1896년 8월 안전한 상하이에서 《시무보》를 창간했다. 그는 《만국공보》의 형식을 따오고, 《만국공보》에서 다루었던 많은 주제와 주장을 다뤘다.[12]

이게 바로 량치차오가 1890년, 열일곱 살에 처음으로 진사 시험에서 낙제한 이후 걸어 온 지식인의 여정이다. 실망하고 상하이를 거쳐 집으로 돌아가는 길에 삶의 방향을 완전히 바꿔 놓은 서양의 지도와 개혁주의 사상을 발견했다. 1890년대 후반, 량치차오는 아마 중국어로 글을 쓰는 가장 영향력 있는 기자였을 것이다. 티모시 리처드의 직접적인 영향을 받고, 그 결과 리처드를 통해 맥켄지의 영향을 받은 량치차오의 역사적 사상은《시무보》의 기사에 가득 차 있었다. 강학회가 1898년 2월《세상을 이끌 글 모음집》(《경세문經世文》)을 출판했을 때, 31개, 44개, 38개의 글은 각각 리처드, 량치차오, 캉요우웨이의 것이었다.[13]

옌푸가 허버트 스펜서와 토마스 헉슬리(제3장 참조)의 번역본을 출판할 무렵, 리처드는 량치차오를 사회적 다윈주의에 입문시켰다. 이는 량치차오가 '집단'―군群―에 대한 사상, 그리고 집단의 생존이 보장되는 최고의 방법을 계발하도록 영감을 주었다. 이 시기 동안 인종 소멸에의 공포는 혁명가를 북돋는 정신이 되었다. 량치차오는 1897년에 쓴 에세이《집단에 관하여》(《설군說群》)에서 이 사상을《시무보》독자들에게 소개했다.[14] 량치차오에 따르면, 사회에 변혁의 에너지를 주는 건 사람들의 집단이었다. 이는 역사 쓰기를 하는 사람 모두가 원했던 적절한 대상이 집단이었다는 걸 의미한다―국가나 통치자가 아니었다. 이는 '구학문' 전통적인 사상과의 완전한 단절을 시사하고, 중국의 '새로운 역사'에 대한 량치차오의 사상이 지향하는 방향을 드러냈다.

캉요우웨이와 량치차오의 개혁을 향한 책략과 희망(티모시 리처드의 책략과 희망은 말할 것도 없다)은 1898년 9월 22일 서태후가 쿠데타를 일으키면서 무너졌다. 서태후 세력은 광서제를 가택 연금했고 선도적인 개혁가 여섯 명을 처형했다. 하지만 캉요우웨이와 량치차오가 일본으로 탈주하는 걸 막지는 못했다. 그날 티모시 리처드는 황제를 알현할 계획이었으나, 위험하다고 누군가가 경고한 듯싶다. 리처드는 인맥을 활용해 캉요우웨이와 량치차오가 외교 차원에서 보호를 받을 수 있도록 했다.[15] 일본으로 망명해 안착하자마자, 개혁가들은 책략과 이론화의 도가니 속에 있는 자신들을 보게 되었다. 중국 유학생 커뮤니티처럼, 일본의 빠른 근대화로부터 영감을 얻어 고국의 변화를 꿈꿨다. 량치차오는 요코하마에 정착해 일본어를 배웠다. 그 결과, 일본어로는 이미 번역되었으나, 중국어로는 번역되지 않은 많은 서양 서적들을 읽을 수 있었다. 지식의 지평선이 한층 더 확장되었다. 1902년에 쓴 기사에서, 량치차오는 아리스토텔레스부터 독일 역사가 카를 플로에츠Karl Ploetz까지 수십 편의 서양 작품을 읽어 보라고 추천했다. 그가 채택하고 발명한 사상과 용어 중 많은 부분은 분명 중국어와 일본어의 번역본으로 한 번 걸러진, 이러한 유럽 사상가들의 영향을 받았을 것이다.

가장 근본적으로, 량치차오는 망명자가 고국을 바라보는 관점을 채택했다. 요코하마에서 글을 쓰다 보니 대청국은 '하늘 아래 만물', 즉 천하를 망라하지 않으며 수많은 국가 중 하나라는 게 분명해졌다. 1899년 글에서 그는 일본식 명칭을 차용해 청나라를 '지나Zhina'라 불렀다.[16] 유럽의 '새로운 역사'에 대한 글에 담겨 있는 '국가'와 '민족' 등 서양의 개념에 대응하는 중국어 단어가 없자, 그는 새로운 단어를 실험해 보기 시작했다. 1899년 10월, 나라-일가를 뜻하는 국가國家라는 중국어가 있음에도 불구하고, 황인종의 생존에는 국민國民―국가-사람―이 필요하다고 썼다. '사회적 다윈주의'에 따라 백인종이 황인종을 멸종시키는 것으로부터 국國을 구하는 유일한 방법은 방어적 측면에서 민民―사람―을 동원하는 것이었다. 국민國民의 관점에서, 국가는 모든 국민에 속하고, 그러므로 국민은 민족을 형성한다.[17] 량치차오는 '집단'을 중시하는 자신의 사상을, 민족을 역사의 엔진으로 보는 외골수적인 초점에 맞춰 발전시켰다. 1900년, 그는 '오늘날의 유럽 모든 국가에 민족주의만큼 이득을 준 개념은 없었다'라고 썼다.[18] 결정적으로 량치차오의 관점에서 보면 국가를 정의 내려야 하는 건 국민이지, 국가가 국민을 정의 내리면 안 됐다. 제5장에서 살펴볼 이러한 용어 전부―'국민', '인종' 및 '민족'―는 새로웠고 아주 느슨하게 정의되었다. 그리고 그 의미는 다음 몇 년에 걸쳐 개혁가와 혁명가들 사이에 정치적 대립이 맹렬해지면서 변화하게 된다. 하지만, 국민에 대한 떠오르는 사상은 량치차오가 쓰고 싶었던 '새로운 역사'를 정의하고, 계승자들이 다음 세기와 그 이후 '중국 역사'를 정의하는 기초가 된다.

1901년, 량치차오는 '새로운 중국의 역사'의 기초가 되는 글인 '중국 역사를 입문하는 글'《중국사 서론中國史敍論》을 출간했다. 이 글에서 그는 한 민족이 정의되고 만들어지는 지적 기반을 세웠다. 그는 한 장소―더 이상 지나Zhina가 아니라 중국Zhong guo으로 불렸다―에 대해 기술하면서, 중국은 사람들을 한데 묶는 역사를 가진 하나의 민족으로 구성되어 있고, 그 역사가 중국과 이웃 국가를 구분한다고 선언했다. 량치차오는 독자들에게 '중국' 역사에 무엇을 포함하고 무엇을 제외해야 하는지, 또 역사에 관한 토론을 나눌 때 어떤 용어를 쓰는 게 올바른지 알려준다. 량치차오가 영어의 'People'을 뜻하는 말로 선택한 이 용어는 해외로 망명한 개혁파와 혁명파 간의 인종을 둘러싼 논쟁에 영향을 받은 게 분명하다(제3장 참조). 그는 민족이라고 부르지만, 이 개념은 쉽게 '종족'으로 번역될 수 있다. 그래서 중국 인민은 곧 '중국 민족'이다. 그는 독일 역사학자의 개념을 빌려 '중국 민족'이 역사에 미치는 영향과 아리아인/백인종이 역사에 미치는 영향이 비슷하다고 주장했다.[19]

량치차오는 역사 기록과 생존 간에 유기적인 연관이 있다고 믿었다. 모든 집단은 경쟁하는데, 역사를 공유하는 집단―량치차오에게는 백인종과 황인종을 뜻했다―은 살아남는 한편 '역사가 없는' 집단―흑인종, 갈인종, 홍인종―은 소멸한다. 비슷한 시기에 출판된 글에서, 그는 '혈액 내 미생물과 지능을 볼 때 흑인종과 홍인종은 백인종보다 열등하다. 황인종만 백인종과 경쟁 상대가 된다'라는 주장을 펼쳤다.[20]

따라서 인종의 생존을 위해서는 집단을 강화하는 역사가 반드시 중요했다. 량치차오가 선택한 집단은 '중국 국민'이었고, '새로운 역사'는 중국이 계속해서 존재했다는 내러티브를 담고 있어야 했다. 한편 중국 민족의 개념은 대국의 다양한 민족을 포용할 만큼 유연해야 했다. 량치차오는 왕조의 역사를 기록하는 전통적인 방법을 버리고, 역사를 '고대', '중세', '근대'로 분류하는 유럽식 분류를 채택했다. 량치차오는 고대는 기원전 2700년 전설 속 황제 헌원부터 시작하여, 기원전 221년 진나라가 '중국'을 통일한 시점까지라고 보았다. 그의 말을 빌리자면, '고대는 중국 민족이 스스로 발전하고, 투쟁하고, 하나가 되면서 중국

(중심 국가)이 중국으로 변모했던 기간이다'라고 했다. 한편 '중세'는 기원전 221년부터 건륭제의 통치가 막을 내린 1796년까지이다. 탕샤오빙(唐小兵 당소병) 교수에 따르면, 량치차오는 중국의 '자연' 지리를 바라보는 관점에서 시대를 분류했고 이러한 분류는 대청국의 변경을 염두에 둔 것이기도 했다. 그는 '고대'를 민족이 묘족과 같은 나른 집단과 투쟁했던 시기라고 묘사했다. 본래의 '민족'은 인종 집단, 즉 한족이었다는 의미를 내포한다. 비록 량치차오가 같은 시기에 일본에서 활동하던 장빙린의 한족 종족주의에 대해서는 완전히 반대했지만 말이다.

1901년 량치차오는 이미 기존에 존재하는 중국의 민족을 묘사한 게 아니라, 역사를 씀으로써 사실 하나의 민족을 창조하고 있었다는 걸 이해하는 게 중요하다. 량치차오는 어떤 집단을 중국 민족에 포함할지, 어떤 집단을 제외할지 선택함으로써, 오늘날까지 계속되어 오는 민족의 범주를 정했다. 그는 왜 특정한 사람들의 집단에 관한 역사를 쓰고 있는지 설명할 필요가 없다고 느꼈다. 필요성은 그 자체로 증명되는 것처럼 보였다. 량치차오는 역사 그 자체를 위해 역사를 쓴 게 아니라, 정치 개혁이 필요하다고 생각했기 때문에 동시에 글과 기사를 썼다. 역사는 정치 작업의 토대였다. 량치차오는 대청국을 근대화하는 동시에 보존하기를 원했기에 자신의 주장을 정당화할 수 있는 이데올로기가 필요했다. 그리고 그 이데올로기를 국가의 정통성이 표면상으로 과거의 뿌리에서 나오는, '사회적 다윈주의' 발전관에 기초한 유럽 역사관에서 찾았다. 그래서 민족의 존재는 진화의 역사를 추적함으로써 증명되어야 했다. 먼 과거와 현재 사이의 연속성을 보여 주는 것이 중요했다. 본래 중국 민족의 구성원들이 그 집단에 속하는지 아는 것은 중요하지 않았다. 중요한 건 과거와 현재를 관련 짓는 것이었다.[21] 그는 증거와 추측을 섞어, 특정한 이야기는 선택하고 다른 이야기는 제외하면서 내러티브가 이어지도록 꿰어 나갔다. 이 아젠다는 오늘까지도 중화인민공화국의 중국다움을 정의한다.

량치차오가 묘사한 바에 따르면, 중세 '아시아'는 17세기와 18세기 동안 청나라로 편입된 인종(種)만을 포함한다. 즉, 원주민 '묘족'(몽족을 비롯하여 남방 산지에 거주하는 민족을 일컫는 두루뭉술한 용어), 한족(황제 헌원의 후손이라 서술되어 있다), 티베트족, 몽골족, 퉁구스족(만주족), 흉노족(위구르족 또는 돌궐족)이다. 량치차오는 이 '아시아 민족들'이 한족과 맞서 싸웠지만, 결국 한족과 합쳐져 외부 민족과는 아주 다른 단일민족을 형성했다고 주장한다.[22] 그래서 이 민족들은 근대 중국 민족을 구성하는, 역사적으로 '명백한' 구성 요소였다. 이는 중국 영토에 대해 똑같이 '명백한' 함의를 띤다—이 사람들이 살았던 모든 영토 즉, 중국 본토(中國本土, 과거 명나라의 영역)에 티베트, 신장, 몽골과 만주가 포함되어야 한다.

그런 다음 량치차오는 중국이 더 넓은 세계와 연결되고, 백인종 국가들과 '적자생존' 경쟁에 내몰렸을 때를 '근대' 시기의 시작이라고 정의한다.[23] 생존의 열쇠는 인종의 분리가 아닌 혼합이며, 특히 한족과 만주족 간의 장벽을 허물어야 한다고 주장했다. 량치차오에게 한족은 중국 민족의 핵심이었고 월등히 우월했다. 인종적 혼합의 목적은 한족의 진화 수준으로 다른 민족을 끌어올리는 것이었다.

이는 앞으로 일어날 일의 맛보기일 뿐이었다. 1902년 2월, 량치차오는 격주간지 《신민총보新民叢報》(새로운 시민의 잡지)를 창간했다. 각호는 약 1만 부가 판매되었다. 주로 일본에서 팔렸지만, 중국과 해외에서도 유통되었다. 개혁가들 사이에서 《신민총보》의 영향력이 얼마나 컸는지는 량치차오의 친구이자 후원자인 황준헌이 1902년 11월에 보낸 서신에서 살펴볼 수 있다. 황준헌은 량치차오의 글에서 발전된 사상과 새로운 용어들이 다른 신문에도 널리 등장하고, 심지어 청나라 과거 시험에서도 논의되었다고 밝힌다.[24] 《신민총보》는 폐간된 1907년 11월까지 량치차오의 새로운 사상의 배출구였다. 량치차오는 이 신문의 목적을 분명하게 밝혔다. 새로운 민족을 탄생시키는 것이었다. 창간호에는 량치차오가 왜 새로운 민족을 위해서 새로운 역사가 필요한지를 설명하는 주요 6부작 에세이 중 첫 번째를 실었다. 이는 '새로운 역사 기록학'―신사학(新史學, 말 그대로 '새로운 역사-학문')이라고 불렀는데, 7년 전 티모시 리처드가 맥켄지의 책 서문에 사용했던 은유적 표현을 빌려 글을 시작한다. '역사를 쓴다는 것은… 민족을 반영하는 거울이자 애국심의 원천이기도 하다.' 그는 전통적인 24개 왕조의 역사를 단지 '서로의 목을 베는 사람들의 독특하고 포괄적인 이야기'라고 단순히 일축하고 역사 쓰기의 '혁명'을 촉구했다.[25]

량치차오는 명쾌했다. 분명 올바른 역사가 없다면 '우리나라는 살아남지 못할 것이다'라고 주장했다. 역사는 통치자가 아닌 국민에게 속해야 했다. 미국의 역사학자 피터 자로우가 언급한 바와 같이, 신사학은 '국민감정을 고취하기 위해 특별하게 고안된 역사'였다.[26] 또다시 인종과 집단화에 대한 문제가 핵심이 되었다. 인종 간의 경쟁은 진보의 원동력이었고, 그 결과는 특정한 인종의 '역사적'―지배할지 아니면 '역사에서 지워질지'― 멸종 여부를 결정한다. 한편 인종에 대한 량치차오의 생각은 진화했다. 그 전에 글에서는 여섯 인종이 중국 민족에 속한다고 언급했지만 인종의 범위를 좁혔다. 몽골족과 회족은 별개로 인정받았으나, 그 외의 민족―한족, 티베트족, 만주족, 묘족―은 아니었다. 량치차오에게 이러한 집단 간의 차이는 중요하지 않았다. 왜냐하면 '중국은 대통일 국가이기 때문이다! 민족은 하나고 언어도 하나이며 문화와 전통도 단일하다.'[27] 이유를 설명하지는 않았지만, 장빙린의 한족 종족주의에 반대했을 때 이러한 의견의 변화가 생겼다. 그리고 '백인종'이라는 큰 적에 맞서 '황인종'이 단결해야 한다고 주장했다.

언어, 문자, 전통에 대한 모호한 언급 외에, 인종적 구분에 대한 근거는 찾아볼 수 없고, 모든 분류는 불일치로 가득 차 있다. 량치차오가 얼마나 단기간에 이론을 발전시켰는지를 참작할 때, 특별히 놀랍지는 않다. 량치차오의 중국 전기 작가 리구어쥔(李國俊, 이국준)은 1902년 내내 량치차오가 단독으로 《신민총보》에 45만 자를 썼다고 추정한다.[28] 하지만 더 근본적으로, 량치차오는 과거를 이전과는 전혀 다른 방식으로 바라보는 관점을 발명하고, 예전에 그랬던 것처럼 새로운 사상을 실험했다. 중국의 과거를 바라보는 사상을 구성하고 재구성했으며 매주 출판하고 재출판했다. 몇몇 사상은 채택되지 않았고, 몇몇 사상은 새로운 민족국가를 정의하기에 이르렀다.

량치차오는 특정한 산맥의 범위―히말라야산맥, 파미르Pamir고원,

알타이Altai산맥—를 중국 국가의 '자연적 국경'이라고 묘사했다. 산의 크기가 중국의 '높은 수준의 문화'가 인도와 서아시아로 전파되는 걸 막았다는 것이다. 하지만 동시에 그만큼 높은 산맥들, 예를 들면 티베트와 중원 지역을 나누는 쿤룬산(崑崙山, 곤륜산)이나 신장 중부 지역을 관통하는 톈산(天山山脈, 천산)은 '통과할 수 있다'라고 설명한다. 몽골족, 티베트족, 회족, 퉁구스족, 묘족은 이러한 '자연적 국경'의 양쪽에 살고 있었다. 하지만 자연적인 국경도 이 민족들이 '자연적으로' 중국의 일부가 되는 걸 막을 수 없었다. 이러한 사람들이 사는 곳—남아시아, 동남아시아, 중앙아시아—이 중국의 영토에 포함되어야 한다고 생각하지는 않았다. 논리에 일관성이 없었고, 중국학자 율리아 슈나이더가 말한 것처럼, 량치차오의 역사 사상 뒤에 숨겨진 주요 동기는 대청국의 생존과 영토의 범위를 정당화하기 위함이라는 것을 보여 준다.[29]

량치차오는 다른 '자연적' 질서가 근거가 될 수 있는 유사점을 경시했다. 예를 들어, 몽골족과 티베트족은 네팔과 인도 북부 사람들과 함께 불교문화를 공유한다. 몽골족, 티베트족, 만주족 모두 샤머니즘 전통을 따른다. 이슬람교를 믿는 회족은 서쪽으로 이스탄불에 이르기까지 모든 민족과 문화적 연결 고리를 가지고 있다. 그리고 산악 지대에 생활하는 '묘족'형 소수민족이 동남아 전역에서 발견된다. 이 모든 문화는 중원 지역에 살던 한족의 문화와는 꽤 다르지만, 량치차오는 중국다운 단일성을 강조하기 위해 차이를 최소화하고 유사성을 강조했다. 결과적으로 청나라의 '다섯 민족'(만주족, 한족, 몽골족, 회족, 티베트족)'과 각 민족의 영토를 보존해야 한다는 논리를 펼쳤다.[30] 1900년대 초, 분명 정치적인 이유로 이러한 선택을 내렸지만, 그러한 사상의 결과는 대청국보다 오래 지속되었다. 오늘날까지 일반적으로 중국의 '국사'는 영토의 역사로 기록되어 왔으며, 20세기 중반까지 사실 '고정'되지 않았다.

량치차오는 1903년 추가로 쓴 글에서 역사 쓰기와 국가 건설 간의 연관성을 발전시켰다. 이미 일본 개혁가들에게 잘 알려진, 스위스-독일 정치 이론가 요한 블룬칠리Johann Bluntschli의 사상에 경의를 표했다. 량치차오는 블룬칠리의 '국민People'과 '민족Nation'의 정의를 채택했다. '국민'은 문화적 역사를 공유한 결과물이고, 그러므로 국경과 반드시 일치할 필요가 없었다. 반면에 '민족'은 특정 국가에 사는 주민으로 구성된다. 량치차오는 'People'에 민족, 'Nation'에 국민이라는 단어를 택했다. 요한 블룬칠리의 이론에 따라, 량치차오는 Nation—국민—을 창조하면 자동으로 '민족국가', 즉 국가가 창조된다고 주장했다.

그러나 '민족'을 구성하는 요소를 정의하는 데 있어 량치차오는 블룬칠리와 의견을 달리했다. 블룬칠리는 언어, 종교, 외양, 삶의 방식, 직업, 전통, 공존, 정치적 결합이라는 여덟 가지 요소를 언급했다. 하지만, 이 중 몇 개는 너무나도 분명하게 추정상의 중국 민족을 분열했다. 그래서, 량치차오는 이 중 세 가지, 즉 언어, 문자, 전통만이 진정으로 중요하다고

스위스–독일 정치 이론가
요한 블룬칠리의 모습

했다. 따라서, 민족의 근본적인 본성은 매우 전통적인 방식으로 정의된다―문화적으로 말이다. 높은 수준의 문화―언어, 문자, 전통―를 받아들인 모든 사람은 중국 민족의 일부였다. 이는 전통적인 유교적 문화관을 민족주의적으로 다시 쓴 것에 불과했다. 하지만 신생국가에 대한 종족주의적인 관점과 맞아떨어졌다. 1903년 글에서 그는 '대민족大民族의 중심은 한인漢人이 되어야 하며, 한인의 손으로 민족을 구성해야 한다. 이 사실에 관해서는 논쟁의 여지가 없다'라고 밝혔다.[31] 즉, 청나라 안에 존재하는 모든 집단의 미래는 동화되는 것이었다. '한족만 존재해야 한다'라는 주장에는 반대했다. 이러한 사상을 '더 작은 민족주의', 즉 소민족주의라고 부르며 자신의 사상 '더 큰 민족주의', 즉 대민족주의와 대조했다. 소민족주의는 내분을 일으키지만, 대민족주의는 외부(국외國外)의 위협으로부터 단결할 수 있기 때문이다.[32]

동화의 힘에 관한 주장을 뒷받침하려고 량치차오가 창조한 또 다른 주요 역사 신화는 오늘날까지 전해진다. 훗날 한족 문화가 우세하리라는 걸 보여 주기 위해, '그들은 완전히 중국에 동화되었다'라고 말하며 만주족을 미리 처리했다. 도시에서 만주족과 한족이 사는 구역은 한족이 사는 구역이 아직 나뉘어 있었다는 점에서, 이 표현은 명백히 틀렸다. 만주족과 한족 간의 결혼 금지령은 1902년이 되어서야 폐지되었고, 두 민족은 대체로 분리된 채 살았다. 그런데도 량치차오는 정치적 편법을 고수했다. 또 만주족(1644~1912년)뿐만 아니라 전에 중국을 침략했던 민족들―탁발씨(拓拔氏, 386~535년), 거란(907~1125년), 여진족의 금나라(1115~1234년)―도 우월한 문화로 전향했다고 설파하기 위해 자신의 주장을 더 과거까지 투영했다. 하지만 몽골족(1279~1368년)은 변화에 실패했다.

아이러니하게도, 량치차오의 목록은 서기 386년부터 량치차오의 글이 출판된 1903년까지 중반까지, 절반 이상의 중국 본토를 북부 '오랑캐'가 통치했다는 걸 명백하게 드러낸다. 이 시기 동안 중국은 사실상 비非한족이 통치하는, 제국 내의 식민지였다. 그러나 길게 계속되는 기간(longue durée, 프랑스 역사학자 페르낭 브로델Fernand Braudel이 처음 사용한 개념으로, 역사를 인간의 기억이나 고고학적 기록만이 아닌 그 이전의 영역까지 확장하여 생각하는 관점 - 옮긴이)에 대한 량치차오의 민족적인 해석은 사실상 역식민지화를 뜻했다. 모든 외국 통치자들은 우월한 한족 문화에 위압되어 중국 민족의 일부가 되었다. 중국의 정수는 수천 년 동안 변함없이 살아남았다.

량치차오는 1895년 티모시 리처드와 만난 이후, 자신이 흡수하고 있던 유럽 역사처럼 연속적인 역사 내러티브(이야기로서의 역사 - 옮긴이)를 찾고 있었다. 중국이 민족이 되려면 하나의 역사가 필요했다. 량치차오의 처방대로 쓰인 민족주의의 역사는 불연속성보다 연속성을, 작위성보다 자연스러움을 강조해야 했다. 모순적인 조각 모음을 진화하는 내러티브로 전환해 어떻게 '우리'가 '현재'에 도달했는지에 관한 이야기를 들려주어야 했다. 이를 위해 량치차오는 '동화력Assimilative Power', 즉 점점 더 많은 사람이 우월한 문화에 동화됨으로써 국가가 발전하고 확장되었다는 개념을 창안했다.[33] 량치차오는 중국이 약하다는 걸 받아들일 수 없었다. 1901년 발간한 서론(《중국사 서론》)에서, '외부의 모양새만 보았을 땐 종종 한족이 패한 것처럼 보이나, 내부 정신의 각도에서 보면 한족은 종종 승리했다'라고 썼다.[34] 한마디로, 한족은 식민지화된 것처럼 보일 뿐, 정말 무슨 일이 일어나는지 볼 수 있는 사람이라면 산고를 겪는 내내 국민이 일관적이고 강력하게 남아 있었다는 것을 이해한다고 말이다.

1903년부터 1905년 사이에 량치차오의 국가관은 발전하였고, 선택한 용어는 중국 민족에서 '중화 민족'으로 옮겨 갔다. 장빙린과 한족의 본질을 주제로 토론한 후 이러한 결론에 이른 듯싶다. 량치차오는 1905년에 발행한 기사에서, 그에게 민족의 근간은 한족이라는 점을 분명히 했다. 하지만 다른 민족들도 범주 안에 포함함으로써 장빙린의 의견에는 반대했다. 량치차오에게 가장 순수한 인종은 황제 헌원과 염제炎帝 신농神農의 후손인 화華족이었다. 그들은 이후 한족을 형성하기 위해 묘만족苗蠻族, 촉족蜀族, 파씨족巴氏族, 서회족徐淮族, 오월족吳越族, 민족閩族, 백월족百粵族, 백복족百濮族 등 8개의 다른 인종 집단을 동화시켰다. 량치차오는 묘족과 복족이 실제로 한족에게 동화되지 않았다고 인정했지만, 여전히 한족의 일부로 간주했다. 그래서 한족은 곧 중화 민족이었다. 다시 한번, 상반되는 증거들이 많이 있었지만, 량치차오는 한족과 다른 집단 간의 모든 차이점을 부인했다. 언어와 전통의 지역적인 차이가 존재했고, 그 차이가 지금까지도 존재하지만 말이다.[35]

1900년대 초, 량치차오는 국민이 백인종과 실존적인 투쟁을 벌이고 있다고 믿었다. 그래서 분열에 관한 이야기는 말 그대로 자살행위였다. 국력은 단합에서 나왔다. 오직 하나의 민족만이 존재할 수 있으며,

중국에 있는 모든 사람은 그 일부가 되어야 했다. 다른 정체성을 위한 공간은 없었다. 한족이 중국 민족의 핵심이며 다른 모든 사람은 동화되어야 한다는 건 생각할 필요조차 없었다. 이 논리는 단지 다른 인종 집단에 적용되지는 않았다. 량치차오는 한족의 지역적 차이에도 똑같이 관심이 없었다. 내부인 간의 사소한 차이를 살펴보기보단 외부 세력에 저항하는 게 훨씬 더 중요했기 때문이다. 이렇듯 국민에 대한 량치차오의 비전은 민족적이면서도 문화적이었다. 중화 민족을 한데 묶고, 외부에 침략에 맞설 수 있게 하는 건 우월한 문화였다. 우월한 문화를 접촉한 사람들은 모두 동화되었다. 그래서 중화 민족의 역사는 문화의 진보와 확장에 관한 이야기였다.

하지만 량치차오는 위대한 국가의 역사를 쓸 시간이 없었다. 글 주제는 '새로운 시민'을 구성해야 하는 필요성과 개혁과 혁명의 상대적인 장점에 관한 논거, 여성의 역할을 비롯해 1900년부터 1910년까지 활발히 논의되었던 거의 모든 주제로 넘어갔다. 하지만 량치차오가 도입한 사상들—국민에 관한 사상과 국민을 형성하는 데 있어 국가의 필요성—은 지속되었다. 1904년, 친한 친구 샤청유(夏曾佑, 하증우)는 량치차오가 절대 쓰지 않을 법한 책을 썼다. 중국인이 쓰고 중국에서 출판된 중국 최초의 국가 역사서. 둘은 비슷한 생각을 공유했고, 샤청유는 량치차오의 신문《신민총보》에 필명으로 자주 글을 썼다. 이 기사들 때문에, 또는 량치차오의 추천으로, 샤청유는 상하이 개항항—청 당국의 손이 닿지 않는 안전한 곳—에 위치한 민간 언론사(상무인서관商務印書館)로부터 새로운 역사 교과서 집필을 의뢰받았다.《최신 중학 중국 역사 교과서》(중국 역사에 관한 신규 중학 교과서). 청 조정이 국립 학교 제도를 최초로 조직하는 교육 개혁안을 막 승인하면서, 이 언론사는 새로 생긴 수요를 이용해 수입을 올리길 바랐다.

교육 개혁이 제시하는 목적 중 하나는 '애국의 근간'을 고취하는 것이었지만 청 조정의 국가에 대한 개념은 놀랄 것도 없이 량치차오의 관점과는 다소 달랐다. 개혁안에는 량치차오가 선호했던 민족보다는 국가(國家, 나라-가족)라는 단어가 쓰였다. 국가는 가족과 혈통을 통해, 느낌이 동심원 형태로 개인에서 국가로 뻗어 나가는, 특히나 유교적인 표현이었기 때문이다.[36] 량치차오의 민족은 그 무엇보다도 애국을 뜻했다. 한편, 새로운 개혁안은 량치차오의 사상을 따라 '국사國史'를 배워야 하는 필요성을 뚜렷하게 피력했다. 또한, 학생들이 '현 왕조의 황제들의 덕스러운 통치'에 관해 배워야 한다고 주장했는데, 량치차오 같은 개혁파도 동의할 만한 것이었다.

샤청유의 교과서는 새로운 국사에 대한 량치차오의 처방을 충실히 따랐다. 서문에서는 왜 책의 주제가 진보와 변화인지를 설명하기 위해 진화에 있어 사회적 다윈주의 사상을 참고했다. 그는 과거를 고대, 중세, 근대로 나누면서도, 그 모든 시대를 하나의 연속적인 실처럼 관통하는 중화 민족이 존재했다는 것을 보여 준다. 그의 말을 빌리자면 '한족이 중국 영토의 경계를 설정했다.' 특히, 국가 형성에서 비非한족 집단—회족과 몽골족—의 역할을 강조했고, 산맥의 범주를 기준으로 국경을 자연스럽게 설정함으로써 만주, 몽골, 티베트, 신장을 국경 안에 편입시키는 것을 정당화했다. 이 책은 학교 교과서로 판매되었지만, 초기 독자층에는 글을 읽고 쓸 줄 아는, 더 많은 인구가 포함되어 있었다. 이 책은 계속 엄청난 인기를 끌어 1911년 혁명(신해혁명) 및 중화민국 탄생 이후 표준 교과서가 되었다. 심지어 1933년에는 새로운 세대의 교사와 학생들을 위해 재출판되기도 했다. 그 무렵 독자에게는 이 책이 단순히 사물의 자연스러운 순서를 묘사하는 것처럼 보였을지도 모른다. 하지만 이 책의 줄거리는 이 책이 들려주는 역사가 망명 시절 샤청유와 량치차오의 사상에서 비롯된 것이고, 좀 더 거슬러 올라가자면 1895년 티모시 리처드와 량치차오의 만남에서 유래되었다는 걸 보여준다.

외국인들이 베이징에서 덕승문德勝門을 아는 이유는 일반적으로 만리장성 투어가 덕승문 버스 정류장에서 시작되기 때문이다. 그 위에는 재건된 '덕스러운 승리의 문'이 우뚝 솟아 있는데, 여기서 이 구역의 이름이 유래했다. 성문이 있는 벽은 명조 때 지어졌으나 이미 사라진 지 오래로, 1960년대 베이징 지하철과 제2 환상도로를 건설하면서 철거됐다. 량치차오의 아들 량쓰청(梁思成, 양사성)과 며느리 린루이인(林徽因, 임휘인)은 1940년대와 1950년대 전반에 성벽과 옛 도시 전체를 있는 그대로 보존하기 위해 싸웠다. 전통 유산을 사랑하는 사람들에겐 슬프게도, 그들은 싸움에서 졌다. 남겨진 성문과 탑마저 더 인상 깊게 보이기 위해서 재건되었다.

거대한 규모의 방어용 전루戰樓는 예전에 성벽이 있었다는 걸 암시하지만, 지금은 더 넓어진 도로 교차로에 빛을 잃었다. 버스 정류장과

베이징에 있는 덕승문의 모습

교차로가 생기기 전, 성문은 서북부로 향하는 주요 경로의 출발점이었다. 군대가 덕승문을 통과하여 변경으로 진군했던 적도 있었다. 그러한 이유로 이슬람교를 믿는 회족이 이 구역의 작은 이슬람 사원 근처에 모여 사는 것일 수도 있다. 1990년대 후반까지, 덕승문대로는 작은 상점과 사업체들이 줄지어 있는, 20미터의 일방통행로였다. 하지만 베이징의 도시 계획자들은 더 원대한 아이디어가 있었다. 그래서 그 후 몇 년동안, 도로의 폭은 네 배나 넓어지는 한편 주민들의 4분의 3은 다른 곳으로 이사 가야 했다. 작은 상점들을 불도저로 밀었고 사무실과 쇼핑몰로 대체됐다.[37] 이슬람 사원은 최소한 명목상은 살아남았다. 2003년에는 파유안 모스크(Fayuan Mosque, 法源淸眞寺, 법원 청진사. 청진사는 이슬람교 사원이라는 뜻의 중국어이다. -옮긴이)가 재건되었는데 본래의 신도들이 구역에서 쫓겨난 걸 볼 때, 관광지로 이용하려는 목적이 컸다.

사원 바로 맞은편에는 2000년대에 지어진, 번쩍거리는 사무실 단지 중 하나가 서 있다. 차량의 물결로 전투와 떨어져 있는 이 장소의 자랑은 '한판漢辦'의 본부, 공자 학원Confusius Institute이다. 한판, 공식 명칭으로 '국가한어국제추광령도소조판공실國家漢語國際推廣領導小組辦公室'은, 교육부가 전 세계에 중국어와 중국 문화 교육을 진흥하려는 목적으로 세운 기구이다. 전폭적인 정부의 지원을 받는 한판은 현재 전 세계 140여 개국에서 500개 이상의 '공자 학원'을 운영한다.[38] 학원이 주로 하는 일은 중국어 교육이지만, 특정한 역사관과 문화관도 패키지에 포함되어 있다. 공자 학원 학생들에게 추천하는 유일한 역사서는《중국사 상식中國史常識》뿐이다. 지리 부록과 함께 제공되는 이 책 시리즈는 영어부터 노르웨이어, 몽골어까지 최소 12개 언어로 번역되었다. 한마디로 외국인의 소비를 위해 패키지로 제공하는 공식 '국사國史' 서적이다. 공산주의적으로 약간 수정하긴 했지만, 공자 학원이 선택한 역사는 아직도 량치차오의 모델을 따른다.

장마다 '위대한 봉건적 대통일 시기: 진나라와 한나라', '통일 다민족 사회가 더욱 발전한 시기: 명나라와 청나라' 등의 제목을 붙였다. 초반에 다루는 주제는 '중화 민족의 시조'로, 황제 헌원과 염제 신농의 후손이 화하를 형성했고, 이들이 '한인의 선인이자 중화 민족의 주요한 부분이다'라는 내용을 담고 있다. 6세기 수나라 역사가 등장할 즈음에는 '한족이 중심인 중화 민족은 비교적 안정적인 공동체가 되었다. 따라서 수나라가 분열했던 중국을 재통일한 건 하나의 역사적인 경향이다'라고 배운다. 유의어의 반복은, 량치차오가 '국민'과 '민족'의 개념을 번역하는 게 쉽지 않았으며, 그러한 어려움이 오늘날까지도 현존한다는 것을 보여준다.

이 책의 전반부를 관통하는 주제는 중국이라는 장소와 중국인이라고 불리는 민족이 원시시대부터 수천 년간 존재했다는 것이다. '중국'이라는 이름으로 불리지 않았거나 여러 국가로 분열되어 세력을 다투었을 때도 중국은 여전히 '중국'이었다. 연속성을 기본 전제로 둔다. 우리는 '(2000여 년 전) 진나라와 한나라에서 시작된 많은 제도를 후대 왕조가 계승하였다'라는 말을 들어 왔다. 당나라가 907년에 멸망했을 때부터 몽골족이 중국 땅에 도착한 1260년까지 약 3세기를 '혼란기'라고 묘사하지만, '중국'은 계속해서 존재했다. 몽골족이 중국을 침략했음에도 불구하고(원나라), 몽골족이 세운 왕조는 기적적으로 중국 왕조가 되어 버린다. '1279년(몽골군이 애산 전투에서 남송을 멸망시키고 중국을 통일한 해-)… 중국은 다시 한번 하나의 국가로 통일되었다.' 더욱 황당한 것은 '중국 동북부의 만주족'이 청나라의 건국자로 묘사되었으며, 몽골족의 중국 장악은 침략이라 인정되지 않는다는 점이다.[39]

특히, 이 책의 편향된 관점은 드물게 '비非한족'을 다룰 때 표현되는데 그중에서도 '중국'을 침략하고 통치하는 부분을 다룰 때 그렇다. 오늘날의 중국 북부와 몽골을 가로지르는 영토에 위나라를 세운 선비족이 '집권을 공고히 하는 비결은… 한족으로부터 배우는 것'을 발견하게 되었다던가, 티베트족은 장막에서 살았지만 당나라의 문화를 존경했다는 내용이 나온다. 황제와 문성공주文成公主의 국혼으로 티베트가 중국 문화의 선물을 받았다고도 한다. 량치차오의 '동화력' 개념은 지금까지도 강력하다. 한족으로부터 무언가를 배웠다던가 한족에게 맞서 싸웠다는 이야기를 제외하고서는 동북아시아의 다른 사람들은 일반적으로 등장하지 않는다. 마치 국사에서 배제된 것처럼 말이다.

물론 중국에서 출판된 역사책은 더 숱하게 많고, 다수의 역사학자는 과거를 훨씬 더 세부적으로 이해하고 있다. 하지만 이 책은 중국 정부가 해외에서 국사를 알리기 위해 선택한 책이다. 이 책에 담긴 역사 내러티브는 중국의 역사 교과서에도 고스란히 실려 있을 뿐더러, 중국 지도자들이 언급하는 역사적 전례의 토대가 되었다. 이는 청사 연구소淸史硏究所 등 각종 역사 단체가 사용하는 내러티브이기도 하다. 시진핑 집권 이후 역사관에 반대할 수 있는 정치적인 장은—애초에도 절대 크진 않았지만—더욱더 줄어들었다. 국사는 우월한 문화가 열등한 문화로 확대되는 이야기로 범주가 좁혀졌다.

달리 어떤 방법으로 지구의 이 땅덩어리에서 산 사람들의 이야기를 풀 수 있을까? 중국이 태초부터 '자연적' 국경을 가진 나라였다고 가정하려는 유혹을 피하고, 과거부터 현재까지 역사가 어떻게 흘러왔느냐가 아니라, 시기별로 무슨 일이 일어났는지 그 자체를 살펴보아야 한다. 또, 민족의 이동과 국가의 흥망성쇠, 국경의 변화, 무역의 흐름과 문화의 융합에 초점을 두고 지역적인 맥락에서 역사를 살펴보아야 한다. 무엇이 우월하고 무엇이 열등한지에 관한 가정을 제쳐 놓는다면 과거의 흐름을 다양한 각도에서 살펴볼 수 있다.

예를 들어, 표준적인 역사에 어긋나는 글을 읽는다면 일본의 역사학자 히데히로 오카다의 관점을 취해 볼 수도 있다.[40] 그의 내러티브에 따르면, 동아시아의 그 지역에 가장 초기에 살았던 주민들은 모두 다른 지역에서 왔다. 화난과 화둥 연해 평원에 정착한 하인夏人은 남방에서 왔고, 어쩌면 동남아시아에서 기원했을 수도 있다. 반면, 상인商人과 주인周人은 북아시아에서 옮겨온 유목민으로 추정된다. 산악 지대 출신인 만인(蠻人, 초나라의 주요 민족으로 만주족과는 다른 민족이다.—옮긴이)은 기원전 8세기 초에 초나라를 세웠다. 관습적으로, 이 집단들은 '중국인'과는 다른 오랑캐였다. 오카다는 정반대의 주장을 펼쳤다. 이런 '오랑캐'들은 사실상 정착된 도시의 생활양식을 채택했고, 그래서 더 야생적인 동족과 구별된다─마을에 살았고, 황제는 문자를 사용해 통치했다. 이는 초기 문명의 세 가지 표식이지 민족성의 표식은 아니다. 도시에는 여러 종족 집단이 살았지만, 만인은 도시 문화를 채택함으로써 이 '시민'들은 자신을 새로운 집단으로 재창조했다. 기원전 100년 즈음, 조정 관료 사마천은 황제를 기쁘게 하려고 역사의 개정판을 만들었다. 전한前漢 왕조의 기원을 '고대'로 거슬러 올라감으로써 외래의 뿌리를 모호하게 만들었다. 사마천은 역사학자인 만큼이나 선전가였고, 선전에 있어서 눈에 띄게 성공했다. 그가 엮은 이야기(《사기》)는 2000년이 지난 지금도 자주 언급된다.

서기 184년에 종교 종파 '황건적'이 일으킨 봉기의 막이 오르면서, 한나라는 시작과 함께 붕괴하기 시작했다. 전투와 기근으로 인해 인구의 90퍼센트가 목숨을 잃었다. 인구수는 5000만에서 500만으로 줄었다. 살아남은 사람들은 남쪽의 장강 유역으로 도망쳐 왔다. 남겨진 토지는 북아시아에서 온 더 많은 이주민이 메웠다. 그들은 '북방화된' 언어를 쓰는 새로운 북방 국가를 수립했다. 남부와 북부의 분열은 중부 아시아의 선비족이 세운 북쪽의 수나라가 남부의 진나라를 서기 589년에 물리칠 때까지 약 200년간 지속되었다.

618년, 수나라는 나중에 당 왕조를 설립한 사람들에 의해 멸망한다. 당 왕조의 일부는 선비족의 후예였다. 당나라는 9세기에 분열되기 시작하여 907년에 마침내 쇠망하였다. 당나라가 멸망한 후, 작은 라이벌 국가들이 당나라의 영토를 차지하였다. 그다음 세기는 격변의 시대였으며, 회족이 지배하는 북쪽 지역과 다시 한번 전쟁을 치렀다(5개의 왕조(오대五代)와 여러 지방 정권(십국十國)은 흥망을 거듭했다. 이를 5대 10국 시기라고 한다. - 옮긴이). 요 왕조를 건국한 거란족(중국의 고영어식 표현인 캐세이Cathay는 거란에서 유래한다)은 사타족(沙陀族, 6세기 말 이래 알려진 터키계 유목민의 부족 - 옮긴이)을 대체했다. 그리고 여진족이 거란족을 밀어내고 금나라를 세워 1234년까지 통치했다. 오카다에 따르면, 이 민족 중 그 누구도 중국을 통치한다고 생각한 민족은 없다. 그들은 내륙 아시아인으로, 중국을 제국의 부속물이라 생각했다. 베이징은 여진족이 시베리아의 극심한 추위에서 벗어나기 위한 겨울 수도로, 행정 수도의 두 배의 신민이 살았다. '국사' 내러티브에서는 거의 통째로 이 시기(5대 10국 시기)를 얼버무리고 지나갔다. 국사 내러티브는 다른 라이벌 국가인 송조(송나라)에 집중하는 걸 선호했다. 송조는 오늘날 중국의 남방 지역을 장악하였으나 북방의 압력으로 영토는 날이 갈수록 위축되었다.

몽골족은 1234년 여진족의 진나라를 멸망시키기 전, 1215년 베이징을 점령했다. 그 후 반세기 동안 몽골군은 남진하였다. 송나라는 바로 연안까지 밀려났고, 결국 1279년 광저우 근처에서 일어난 해전에서 패배함으로써 완전히 멸망한다. 몽골족은 사람들이 몽골족의 문화를 잘 받아들일 수 있도록 중국에 세운 정부를 '원조'(元朝, 원 왕조. 즉 원나라)라고 명명했다. 하지만 원나라는 '중국' 국가가 아니었고, 내륙 아시아의 대국조차도 아니었다. 쿠빌라이 칸이 1271년에 수도를 베이징으로 옮겼지만, '중국'은 한반도부터 헝가리 평야까지 뻗어나가는 칸국(Khanate, 칸이 지배하는 지역- 옮긴이)의 일부에 불과했다. 역사적인 아이러니를 다소 인식한 량치차오는 몽골족이 세운 원나라를 '중국을 통일한 국가'라고 떠받들었다. 왜냐하면 몽골족은 여진족과 송나라를 정복하면서, 약 4세기 전 당나라가 멸망한 이후 처음으로 영토를 한 통치자 아래 두는 데 성공했기 때문이다. 량치차오까지도 '중국'이 몽골족의 유산임을 인정해야 했다.

몽골족이 통일한 이 왕국은 지역 반란이 일어난 지 불과 1세기도 되지 않아 붕괴했다. 대국은 쉬지 않고 팽창했기 때문에 한 지역에 정착하여 행정을 꾸려 나가기에는 역부족이었다. 14세기 초 중국은 혼돈으로 가득 찼고, 지역 곳곳의 군 지도자는 기존에 존재했던 제국의 영토를 넘봤다. 그중 한 명은 홍무제 주원장이었는데, 중국 남부에 새로운 수도(난징)를 세우고 1368년 명明나라('밝다'라는 뜻이다)를 건국했다. 비록 량치차오와 그 이후 '국사'를 저술한 작가들은 명나라를 정통 중국 왕조로 묘사했지만, 명나라 황제들이 몽골족을 의식적으로 모방했다는 점을 경시했다. 실제로, 내각內閣, 도찰원都察院, 군기처로 구성된 명의 기본 관료 체계는 쿠빌라이 칸의 조정에서 따온 것이다.

지방 통치 체제도 마찬가지였다. 몽골족은 한 나라를 개인 봉토 단위로 나눴다. 지방 지도자는 그 지역을 정복한 부족장이었다. 명나라는 원칙을 모방했지만, 사관史官들은 이전 왕조의 역사를 기록할 때 세부적인 내용은 지우고 더 중앙적으로 조직된 것처럼 들리게 꾸몄다. 명 사대부들이 자신들을 유교 국가의 핵심이라고 보여 주는 데 관심이 있어서 그랬던 것이겠지만, 오카다에 따르면, 권력을 잡고 있었던 건 '군사 귀족'―홍무제 주원장을 따르던 장군들의 후손―이었다. 이도 역시 몽골족으로부터 직접적으로 빌려 온 패턴이다. 또한 명나라는 몽골 방식에 근거하여 인구를 조직하였는데, 군호(軍戶, 명나라는 농민병에 의존하는 군제에서 벗어나 군호 중 한 가정에서 한 명씩 군인을 선발했다-옮긴이)는 '백호소百戶所'로 조직되어, 그다음에는 '천호소千戶所'를 이루고, 더 나아가서는 '위衛'가 되었다. 지금까지 내려오는 인구 조사 기록을 살펴보면 '위'의 리더는 대부분 몽골인이었다.

명나라의 3대 황제가 수도를 북쪽의 수도를 뜻하는 북경北京, 즉 베이징으로 정한 건 그가 현지 기후를 선호해서는 아니었다. 그 위치―몽골로 가는 관문―는 의도적이고 전략적인 선택이었다. 성조는 명나라의 황제이자 몽골족의 칸이 되기를 바랐다. 원나라를 이어받으면서, 명나라는 또한 몽골족이 정복한 두 지역(윈난성의 오래된 태국泰國 및 한국인이 많이 살았던 요하(遼河, 랴오강) 유역)으로 지배를 확장했다. 량치차오의 역사관에서 바라보면, 중국을 침략한 북방 민족은 중국에서 화인의 우월한 문명과 접촉한 후 '문명화'되고 '한족화'되었다. 하지만 명나라(그리고 나중에 청나라)의 기본 구조는 문화가 양방향으로 흘렀다는 것을 보여 준다. 화인에는 여러 민족이 섞여 있었다.

명나라에 있어서 대국의 '자연적인 국경'은 운남의 산들로부터 북쪽과 동쪽으로 뻗어나가, 사천의 아이금산阿爾金山, 민산岷山, 치련산산맥祈蓮山山脈을 지나 덜 자연적인 경계, 만리장성과 연결된다. 만리장성은 특히 티베트족, 터키족, 몽골족, 만주족이—물리적으로 또 심리적으로—못 들어오게 하려고 축조되었다. 이 경계는 1644년 만주족의 청나라가 성벽을 뚫을 때까지 300년 동안 지속되었다. 거란족과 여진족, 몽골족의 후예로서 만주족에게 중국은 아시아 패권으로 향하는 길목에 있는 중간 지점에 불과했다. 청나라는 군사 작전을 통해 베이징의 통치 영역을 세 배로 늘렸다. 량치차오에 주장에 따라, 몽골족이 중국을 탄생시켰다면, 만주족은 '더 큰 중국'을 창조했다.

만리장성의 모습 ©Hao Wei

물론 이는 2000년 역사에 대한 완전한 설명은 아니다. 하지만 역사를 한 국가의 이야기가 아니라 지역의 이야기로 보기 시작한다면, 다른 역사를 쓸 수 있다는 것을 보여 주려는 시도이다(더 긴 글을 찾거나 좀 더 전문적인 의견을 알고 싶다면, 나오미 스턴든Naomi Standen의《알기 쉽게 설명하는 중국: 중국 역사 새롭게 이해하기Demystifying China: New Understandings of Chinese History》가 좋은 출발점이 될 것이다)[41] 지난 20세기들 동안의 '혼란스러움'을 이해하게 되면, 그제야 역사 속에서 계속해서 존재해 왔던 '중화' 민족의 정수를 포착하려면 얼마나 많은 상상력을 동원하고 민족주의적인 성격을 띠어야만 하는지 알게 된다. 기껏해야 이 버전의 역사는 도시에 거주하고 황제를 인식했으며 글자를 읽고 쓸 줄 알았던 사람들의 이야기에 불과하다.

황제들은 각 시대에 정치적 정당성을 찾고자 사대부에게 연속성을 강조하는 공식적인 역사를 집필하라고 명했다. 서기 약 800년경, 조정 역사가들은 도통道统—'길을 전한다'—이라는 공식적인 신조를 창조했다. 이는 공자와 다른 학자들이 규정한 전 황제들의 사고방식을 의식적으로 모방함으로써 통치의 정당성을 얻는 걸 뜻한다. 동양 아프리카 연구 학원 팀 바렛Tim Barret 교수는 "역사를 재구성하려는 강한 욕구가 있으면 안간힘을 쓰지 않아도 상당한 지적 혁신을 이루어 낼 수 있다"라고 주장했다.[42] 바렛 교수는 현재의 필요성에 맞춘 버전의 과거를 보여 주기 위해서 시기마다 '역사' 쓰기에 얼마나 많은 증거 조작이 이루어졌는지 보여 준다. 종이와 가위의 발명은 역사 내러티브를 자르고 붙이게 해 주었다. 청사 편찬 위원회도 전적으로 선례를 따른다. 위원회의 임무는 '역사적 허무주의'의 혐의를 통해 이전 왕조의 역사를 수정하고 새롭게 제시하여 현 정권에 정당성을 부여하고 비판에 정당성을 박탈하는 것이다.

모든 통치자는 고대 현인들의 후손이라는 것을 주장해야 했고, 여전히 주장할 필요가 있다. 그래서 역사적인 증거가 희박할지라도 연속성을 강조하는 내러티브를 펼친다. 국가가 분열된 시기를 무시하거나, 뛰어넘거나, '역사'에서 빼 버린다. 받아들여지는 건 한 왕조가 다른 왕조를 계승할 때만 '예외적'으로 분열과 붕괴가 발생하는 이야기이다. 하지만 과거를 사심 없이 살펴보면, 통일이 예외라는 것을 알 수 있다. 하지만 시진핑은 중국을 강대국이라고 선언했고, 강대국은 위대한 역사를 가져야 했다―약 5000년 정도의 긴 역사가 필요하다. 그리고 강대국은 침략이나 굴욕을 당하지 않는다. 강대국은 승리한다―언제나. 량치차오가 마법처럼 존재하게 한 중화 민족은 언제나 그곳에 있었고, 계속해서 그곳에 존재할 것이다.

둥즈먼(東直門, 동직문) 지하철역이라 불리는 과거 베이징의 동문이었던 곳의 안에는 회색 벽돌로 쌓인 골목이 미로처럼 이어져 있고 지금도 나무들이 나란히 그늘을 드리운다. 나무들 사이는 이제 지독한 매연을 풍기고 베이징의 부주의한 보행자를 위협하는 전기 오토바이의 주차 공간이 되어 버렸다. 북구연호동 23호(北溝沿胡同 二十三號, 또는 북구연 골목 23길이라고도 한다. 1986년 베이징 둥청구의 문화재 보호 구역인 '량치차오의 가옥'으로 지정되었다. - 옮긴이)는 동네 여느 건물과 비슷하게 생겼다.

색을 칠하지 않은 벽에는 방범창이 달려 있고, 벽돌로 쌓아 올린 지붕에는 전선이 늘비하다. 붉은 문 옆에 세워진 벽에는 '쓰허위안(四合院, 사합원. 중국 화북 지방에 전통 가옥 양식 - 옮긴이)' 보존 건물이라고 쓰인 현판이 있다. 대부분의 쓰허위언과 마찬가지로, 공산당 정부는 이 집을 분할했다. 부유한 한 가정이 사는 대신에 여러 명의 가난한 사람들이 한 집에 살고 있다. 그래도 혁명의 수혜를 본 어르신들은 한때 량치차오 집에서 살고 있다는 것을 자랑스럽게 생각한다. 그 집에 사는 사람 중 한 명은 20세기 초 우아한 정원과 연못이 다른 주택으로 대체되기 전 이 집이 어떻게 생겼는지를 보여 주는 오래된 그림을 복사했다.

1912년 민족주의 혁명(신해혁명)이 발생한 후, 일본에서 베이징으로 귀국한 량치차오는 신생 중화민국의 대총통 위안스카이(袁世凱, 원세개)의 환영을 받았다. 량치차오는 연이어 사법총장, 재정총장, 국가 고문으로 임명되어 자신의 위치에서 자유주의적 사회 변화를 위해 부단히 노력했다. 1913년 12월, 량치차오의 귀국 후, 캉요우웨이도 15년간의 망명 생활 끝내고 귀국했다. 1898년, 목숨을 잃을까 두려워 해외로 도피한 이후 처음으로 베이징을 본 것이다. 량치차오와 재

위안스카이의 모습

회한 후, 이 둘이 거의 곧바로 찾아간 사람은 티모시 리처드였다. 회동에서, 량치차오는 자신의 역사 3단계 이론과 과학, 경제적 번영, 민주주의의 세계적 확산이 '유토피아'를 가져오리라는 관점을 자세히 설명했다. 여기서 유토피아는 평화라는 서양 개념과 '대동(大同, 국가와 계급이 없고 사람마다 평등하고 자유로운 이상향을 추구하는 세계관 - 옮긴이)'―위대한 조화―이라는 유교적 이상의 통합을 뜻했다. 리처드는 전적으로 동의했다. 오래전 1879년에 그는 세계 연맹을 출범시킬 초안을 짰다.[43] 티모시 리처드 딸의 이야기에 따르면, 그는 10년간 국가의 수장들을 비롯해 '셀 수 없이 많은' 사람에게 세계 연맹의 필요성을 설득했다.[44] 물론 그러한 꿈은 중국을 정치적으로 개혁하겠다는 량치차오와 캉요우웨이의 희망과 함께 산산조각이 나기 직전이었다. 신흥 국가는 지방 군벌이 통제하는 봉토로 빠르게 와해되었다. 심지어 위안스카이 총통은 1915년 스스로를 황제라고 선언하기까지 했다. 동시에, 더 공격적인 일본 정부는 이전보다 더 대담한 요구 사항을 들이밀며 이 약점을 최대한으로 활용했다.

유럽이 제1차세계대전의 참화로 무너지면서, 일본은 처음으로 우위를 점할 기회를 보았다. 산둥반도의 독일 제국 조차지에 눈독을 들이고 있던 일본은 1914년 8월 말, 선전포고했다. 동맹국 영국이 선전포고한 지 3주 후의 일이었다. 하지만 량치차오는 이 전쟁이 중국에 기회가 될 수 있다는 것을 인식하고 있었다. 그는 영국과 프랑스를 공식적으로 지원하면, 전쟁 후 두 강대국이 중국을 더욱 공정하게 대하리라 주장하면서 정부를 설득시켰다. 1917년 8월, 중화민국은 독일에 선전포고했다.

파견할 병력이 없었으므로, 제1차세계대전의 마지막 해 1918년에는 약 14만 명의 민간인을 파병했다. 서부 전선에서 중국인들은 땀과 피를 흘리며 전쟁 노역을 했다.

1918년 11월 정전 협정이 체결된 직후, 승리한 강대국들은 다시는 이런 끔찍한 분쟁이 일어나지 않도록 파리 강화 회담을 소집했다. 평화와 정의가 승리하고, 새롭게 탄생한 국가의 권리가 존중되는 새로운 세상이 열리리라고 예상했다. 하지만 량치차오의 희망은 꺾였다. 비록 공식 사절단은 아니었지만, 그는 중화민국의 권리를 수호하기 위해 개인적으로 사람들을 꾸려 파리로 향하기로 결심했다. 세계 언론을 통해서 중국의 상황을 협상가들에게 알릴 수 있도록 영국, 프랑스, 독일, 일본에서 공부한 6명의 동료와 동행했다.[45] 량치차오의 소규모 사절단은 1918년 12월 상하이에서 출발하여 1919년 1월 12일 런던에 도착했다. 이들은 전후 경제 침체로 신음하는, 춥고 칙칙한 런던에 감명받지 않았다. 량치차오의 말을 빌리자면 '빈곤과 황폐의 풍경'이었다.[46] 호텔 방은 얼어붙을 정도로 춥고, 음식은 맛이 없었으며, 스모그에 가린 태양은 피처럼 보였다. 하지만 사절단은 관광을 위해 런던에 온 것은 아니었다. 수행해야 할 특수한 임무가 있었다. 티모시 리처드를 처음 만난 지 4분의 1세기(25년)가 흐른 후에 량치차오는 티모시 리처드에게 작별 인사를 하러 왔다.

리처드는 1916년에 마지막으로 중국을 떠났다. 건강이 나빠져서 고생하던 리처드는, 1915년 상하이에서 열린 광학회 모임에서 공식적으로 총간사직을 내려놓았다. 티모시 리처드의 이름은 '중국에서 모르는 사람이 없을' 정도였기에, 공식적으로 감사의 인사를 하기로 했다. 기독교 선교와 정치 개혁에 대한 리처드의 영향은 지대했다. 영국에 돌아오니 영국에서도 찬사가 이어졌다. 명예박사 학위를 수여하였고, 고별모임을 열어주었으며, 업적을 기리기 위한 몇 권의 책이 출판되었다. 그는 은퇴 후 런던 교외 골더스 그린에 있는 작은 집에서 살았는데, 찰스 그레이Charles Gray 백작, 얀 스뮈츠Jan Christian Smuts 장군, 외무부 장관 로버트 세실Robert Cecil 경 등의 위인들이 종종 집으로 찾아왔다.[47]

량치차오가 런던에 도착했을 때 급하게 해결해야 할 문제들이 산적해 있었다. 하지만 지금까지 전해 오는 회의 기록에 따르면, 제일 먼저 만나고 싶었던 사람은 티모시 리처드였다. 그는 중국 공사관에 만남을 주선해 달라고 곧바로 요청했다. 그는 신식 서양식 정장을 입고, 최근 쓴 글의 사본을 전달하기 위해 골더스 그린으로 길을 떠났다.[48] 두 남자는 다시 만나 공통의 대의명분을 확인했다. 건강의 악화에도 불구하고 리처드는 여전히 세계 평화의 대의를 위해 시간을 쏟고 있었다. 수년에 걸쳐, 그는 자신의 말에 귀 기울여 주는 사람들에게 세계 연맹에 관한 생각을 열정을 담아 설파했다. 량치차오가 리처드 티모시를 방문했을 동안에 이 꿈은 금방 이루어질 것처럼 보였다. 그는 공식 회의 석상에서, 그리고 주요 인사들에게 서신을 보내며 새로운 '국제 연맹'을 설립해야 한다고 주장했다. 량치차오와 리처드 티모시는 다시 한번 평화로운 미래에 관해 희망을 나눴다.

하지만 런던에서 모든 이가 량치차오를 반긴 것은 아니었다. 보다 젊은 세대의 민족주의 중국 학생들은 경악했다. 량치차오가 일본에서 너무 오랜 시간을 보냈고, 위안스카이 총통 독재 정권을 위해 일했기에, 량치차오의 동기를 의심했다. 2월, 한 학생 무리는 일본과 상대할 때가 아니라고 날카롭게 경고하는 서신을 보냈다. 학생들은 세상이 바뀌었고, '정의로운' 미국이 지지하는 '국제 연맹'과 '민주적인' 영국과 프랑스는 중국이 공정한 대우를 받도록 보장하리라고 믿었다. 서부 전선에 파견된 수만 명의 중국 노동자들이 노역을 하고 목숨을 잃지 않았는가? 그러므로 이 나라는 존중과 공정한 대우를 받을 자격이 있지 않은가?

3월에 량치차오는 영국에서 프랑스로 떠났다. 하지만 전쟁의 여파로 역사적인 도시 랭스가 황폐해진 것을 보고 충격을 받았다.[49] 그는 파리로 돌아와 1월 중순부터 진행되고 있는 평화 협상을 지켜보고, 사람들을 설득하고, 의견을 제시했다. 하지만 '정의롭고' '민주적인' 국가들은 중국을 배신했다. 영국과 프랑스는 이미 일본이 전쟁에 참전하는 대가로 일본과 비밀 협정을 맺기로 합의했다. 회담에서 일본은 '강대국'으로 대우받았지만, 중국은 벨기에, 브라질, 세르비아보다 힘이 없는 '약소국' 지위를 부여받았다.

또, 베이징 공식 정부의 지지자와 광저우를 기반으로 한 쑨원의 라이벌(국민당) 수뇌부 지지자들 간의 갈등으로 중국 대표단은 분열되어 절뚝거렸다. 망명 학생 단체들은 회담장 외부에서 항의 시위를 벌이며, 중국 지도부의 공백을 채웠다. 그들은 팸플릿을 배포하고 다른 정부에 탄원서와 편지를 보냈다. 그들은 몰랐지만, 베이징 정부는 이미 굴욕적인 거래를 했다. 1918년 9월 24일, 철도 노선을 건설을 위한 차관의 대

가로, 패전한 독일의 산둥 조차지를 일본이 점령하는 것을 허용하기로 합의했다.[50]

회의의 결과 '강대국' 간의 거래가 성사되었을 뿐이다. 패전한 독일의 산둥 조차지를 신생 중화민국에 돌려주는 대신, 일본에 넘겨주었다.[51] 그 순간, 자주와 평등에 기반한 새로운 세계 질서를 향한 모든 민족주의적 희망이 박살 났다. 새로운 세계 질서는 구세계의 질서와 매우 비슷해 보였다. 량치차오는 젊은 학생들만큼 분노하며 글로 독설을 퍼부었다. 량치차오는 파리강화회의가 중국을 대했던 방식에 관해 전보를 부쳤고, 이는 신문 기사로 실려 대중을 격분시켰다. 이는 1919년 5월 4일, 베이징 학생 시위로 이어졌고, 학생들은 작년에 일본과 철도 차관 협상을 벌였던 차오뤼린(曹汝霖, 조여림) 교통총장의 자택을 불태웠다. 이는 나중에 5·4 운동(1919년 천안문 사건)이라 알려진 사건의 막을 올려 중국 민족주의를 더 급진적인 국면으로 접어들게 했다.

티모시 리처드는 이런 일이 일어나는 줄 전혀 몰랐다. 량치차오가 파리로 떠난 직후 수술을 받았지만 회복하지 못했다. 그렇게 1919년 4월 17일 런던에서 향년 73세의 나이로 사망했다. 리처드와 량치차오는 역사 쓰기를 정치 개혁을 위한 도구로 사용했다. 량치차오는 자신이 꿈꿔 왔던 대로, 이전 세기부터 과거를 해석하는 방식을 민족국가 체제에 새겨 넣었다. 이는 중국의 자아감과 그만큼이나 중요한 외부 세계가 중국을 바라보는 감각의 토대가 되었다. 하지만 이는 과거를 바라보는 편파적인 관점으로, 정치적 계획을 뒷받침하기 위해 마법처럼 존재하게 되었고, 라이벌 국가 국민보다 우월한 국민이라는 사상에 계속해서 특권을 부여했다. 민족주의는 환각제와 같다. 다른 사람들은 개별적인 대상을 분리하고 다양성을 바라보는 한편, 환각제에 중독된 사람은 전체의 환상만을 볼 수 있다. 중국 정부의 공식적인 후원과 외부의 무비판적인 지지로, '중국' 버전은 역사 쓰기와 정치에서 모두, 계속해서 티베트족과 몽골족, 만주족, 묘족의 버전의 우위에 있다. 그리고 베이징에 있는 청사 연구소는 이러한 기조를 확실히 유지할 수 있게 한다.

제5장

단일한 중화 민족이라는

꿈과 균열

2018년 8월 말, 티베트 히말라야산맥에는 중국 엔지니어링 기술의 경이로운 결과를 보려는 특별한 방문객이 찾아왔다. 아롱장포강 해발 3000미터 이상 지대에는 짱무(藏木, 장목)댐이 있다. 2015년, 완공된 짱무댐은 세계에서 가장 높은 고도에 있는 수력발전소로, 시간당 500메가와트의 전기를 생산하여, 티베트 전력 생산량을 두 배로 늘렸다. 전력 공급이 보장되자 이 지역에는 새로운 고객들이 들어섰다. 광업 회사가 들어왔고, 인도 국경 가까이 운행하는 고속 전차선이 생겼으며, 고급 관광 개발안이 마련됐다. 그리고 그 결과 저지대에서 사람들이 이주했다.

그날 댐을 방문한 사람은 티베트 불교의 이인자 판첸라마였다. 어쩌면 이인자라 말하는 게 부적절할지도 모르겠다. 왜냐하면 기알첸 노르부는 중국 정부가 지정한 판첸라마이기 때문이다. 1995년 망명한 달

중국 정부가 지정한
판첸라마 기알첸 노르부의 모습

라이라마가 판첸라마의 환생자로 겐둔 치아키라는 소년을 지명했지만, 중국 관료들은 곧바로 그를 어딘가로 데려갔다. 현재 라이벌 관계의 두 판첸라마는 중국 내에 구금되어 있다. 이 둘의 차이라면, 기알첸 노르부는 공사 현장에 등장하는 등 주기적으로 중국 미디어에 모습을 비쳤지만, 겐둔 치아키는 25년 동안 코빼기도 보인 적이 없다는 것이다. 이 두 사람은 티베트인의 정신과 마음을 얻기 위한 중국 정부의 노리개로 이용되고 있다.

공식 보도에 따르면 중국 판첸라마가 건설 현장을 방문하여 전달한 메시지는 "시진핑 동지를 주축으로 하는 공산당 중앙 위원회는 종교 활동에 중요성을 부여하고 종교인에게 사랑을 베풀었다"였다.[1] 그는 공식 불교 단체 집회에서 "공산당의 지도력을 견지하고, 분열을 단호하게 반대하며, 불교와 현대적 지식, 정책 공부를 결합하는 데 관심을 기울이겠다. 또 단결하고 신자들과 교감할 수 있도록 당과 정부의 가교가 되겠다"라고 말했다. 그리고 '사회주의 발전'의 결실을 보증하는 듯이 쨩무댐 앞에서 사진을 찍었다.

이것이 바로 공산당이 판첸라마가 수행하기를 기대하는 역할이다.

전임 판첸라마도 적어도 한동안은 이러한 방식으로 자신의 역할을 수행했다. 1949년, 티베트가 아직 독립 국가였을 때, 공산당 관리 시중쉰(習仲勳, 습중훈, 시진핑의 아버지-옮긴이)이 제10대 판첸라마와 접촉했고, 판첸라마는 아직도 중국 정부가 1950년 중국 인민 해방군이 티베트을 '해방'시켰다고 일컫는 일을 계획하는 데 도움을 주었다. 그러나 1962년, 판첸라마는 공산주의 정책이 티베트인들에게 미친 영향을 비판했다. 제10대 판첸라마는 직위를 박탈당했고 비난받았으며 투옥되어 1982년에서야 풀려났다. 그러나 말년에 판첸라마의 지위를 회복했고, 시중쉰과 새로운 관계를 쌓았다. 그 무렵 시중쉰은 국무원 부총리로 부임하여, 민족, 종교, '통전(統戰, 통일전선 전술)' 업무를 주관하고 있었다. 두 사람은 손을 잡고 큰 고통을 유발하는 많은 정책을 바꾸는 데 협력했다. 그들은 중앙 정부 대신, 티베트가 자치 지역을 충실하게 통치할 수 있도록 현지 티베트인들로 구성된 관료 제도를 만들었다. 1989년 제10대 판첸라마가 갑작스럽게 사망하자, 통일전선부 부부장은 공산당의 중앙 기관지《인민일보》에 40년간의 우정과 '판첸라마의 공산당 사랑'을 묘사하는 긴 추도사를 썼다. 시중쉰은 북부와 서부의 소수민족 관련 업

1932년 시중쉰의 모습

무를 수년간 맡은 후, 소수민족이 공산당에 충성하는 한 소수민족 문제는 소수민족 자체적으로 해결하는 게 더 낫다는 견해를 갖게 되었다. 현재 중국의 지도자이자 아들인 시진핑의 입장과는 꽤 다르다.

2018년 3월 22일, 시진핑은 전국인민대표대회에서 폐막 연설을 했다. 연설문 제목은 영어로 '공산당은 중국 인민과 민족의 변함없는 중추가 될 것이다The Communist Party will always be the backbone of the Chinese people and the Chinese Nation'라고 번역된다. 대부분 국가에서 '민족'과 '국민(중국식으로는 인민)'은 같다고 간주한다. 하지만 시진핑이 '중국 인민과 중화 민족'이라고 한 문장에 두 단어를 연결했다는 것은, 영어로 번역했을 때는 차이가 사라져도 중국어로는 차이점이 있다는 걸 말해 준다. 여기까지 읽은 독자라면 중국과 중화의 차이점을 구분할 수 있을 것이다. 비록 영어로 둘 다 '중국China'이라고 번역되어도 말이다. 중국은 '중심 국가(또는 중앙 국가)'의 번역인 한편, 중화는 더 강력한 민족적인 함의를 가진다. 인민은 일반적으로 'people'이라고 번역되지만, 어떻게 민족을 번역해야 하는지 학자들 간에 긴 논쟁이 존재한다. 대부분은 단어의 혼란스러운 기원 때문이다.

'중국 인민'은 공산당과의 연관성을 강조하는 표현으로, 중화인민공화국 초창기에는 표준 어휘였다. '중국 인민'은 정치 주체로, 공산당을 지지하는 특권을 지닌 네 계급, 즉 노동자, 농민, 소민족 부르주아와 소부르주아(중국의 경제 개혁 이후 노동자 계급만큼 가난하지도 않으면서 자본가 계급과 같이 부유하지도 않은 일부 중국 도시민 - 옮긴이)로 나뉜다. 중국 국기(오성홍기)의 별은 각 계급을 나타낸다. 이 공식에서 공산당의 적인 지

주, 자본가, 국민당의 지지자는 '인민'에서 제외된다.[2]

창카이섹의 모습

한편 중화 민족은 공산당의 적이 쓰는 표현과 더 관련되어 있다. 이는 국민당의 이념을 뒷받침하는 개념으로, 국민당의 리더 창카이섹(蔣介石, 장개석, 한글 표기로는 장제스이고 중국어식으로는 지앙지에스, 대만식 발음은 창카이섹이다. 최종 국적이 대만이므로 창카이섹이라 하였다. - 옮긴이)이 전쟁 중에 쓴 글에 두드러지게 등장한다. 창카이섹은 1943년 저술한《중국의 운명》에서 중화 민족은 여러 '혈통'으로 구성되어 있지만, 같은 조상의 후손이기 때문에 단일 인종을 형성한다고 주장했다.[3] 지난 5000년 동안 한족, 만주족, 티베트족, 회족(이슬람교도)으로 나누어졌을지는 몰라도, 단일 중화 민족으로 재동화되는 운명을 피할 수는 없었다. 창카이섹은 또한 중화 민족의 자연적 경계가 대청국의 가장 큰 영토 범위와 정확히 일치한다고 주장했다.

당시 중국 공산당은 이 공식을 비난했다. 공산당의 집단적인 사상은 소련의 정책과 스탈린의 관점에 큰 영향을 받았기 때문이다. 1931년 공산당은 심지어 '민족'들—그중에서도 구체적으로 몽골족, 회족, 티베트족—이 중국으로부터 독립할 권리가 있다고 선언했다. 그러나 1949년 공산당이 권력을 잡자 공산당은 이러한 관점을 검토했다. 1950년, 공산당은 기존의 국경 안에 다민족이 거주하는 공화국을 건설하는 데 매진했다. '분리주의'를 추구하는 소수민족이 바랄 수 있는 최선은 자치권이었다. 일단 공산당이 집권하자, 중화인민공화국은 인류학자들에게 소련의 모델을 따라 민족을 분류해 달라고 요청했다. 1954년 인류학자들은 56개 민족이라는, 다소 임의적인 숫자를 만들었다. 56개의 민족에는 한족, 티베트족, 위구르족, 몽골족, 만주족과 수가 훨씬 작은 소수민족 등이 포함되었다.[4]

공산주의 이론가들이 단일 중화 민족 사상을 받아들이기 시작한 것은 1980년대 중반에 이르러서다. 특히 중화 민족주의의 선구자는 페이샤오퉁(費孝通, 비효통)으로, 30년 전 최초로 원조 격인 민족 분류 프로젝트에 참여했던 인류학자 중 한 명이다. 그는 '다원적 단일 구조'에 대해 이야기했다. 즉, 각 집단은 고유한 정체성을 가질 수 있지만, 그 주된 정체성은 중화여야 한다는 뜻이다. 페이샤오퉁이 과거를 바라보는 관점은 창카이섹의 관점과 두드러지게 비슷하다―중국 역사는 각각 다른 민족 집단이 하나로 합쳐지는 이야기이다.

1990년대에, 정통 공산주의 이념이 후퇴함에 따라 공산당 선언들에는 '민족'과 '인민'과 함께 더 빈번하게 등장하기 시작했다. 예를 들면, 2000년 10월, 장쩌민(江澤民, 강택민) 주석은 한

중화 민족주의의 선구자 페이샤오퉁의 모습

국전쟁 50주년 기념 연설에서 '민족의 존엄성'을 지킨 일에 관해 이야기했다. 이듬해, 장쩌민은 연설에서 중화 민족을 여러 번 언급하며 자본가의 입당을 공식적으로 환영했다. 자본가는 마오쩌둥이 '인민'이라 칭하는 집단에는 포함되지 않으나 장쩌민의 '민족'에는 포함됐다.[5]

장쩌민 주석의 모습

2000년대 티베트자치구와 신장웨이우얼자치구에서 민족 간 폭력 사태와 시위가 발생하자, 공산당은 새로운 사상을 특히나 급하게 빨리 퍼뜨려야 했다. 중화인민공화국에서 소수의 영향력 있는 인사들은 분리된 민족의 개념은 중국의 미래를 위협한다고 봤다. 베이징 대학교의 마룽(馬戎, 마융) 교수와 청화 대학교의 후안강(胡鞍鋼, 호안강) 교수는 1990년대에 소련과 유고슬라비아가 분열된 것처럼, 민족 간의 차이를 부추기면 국가가 붕괴할 수 있다고 경고했다. 그래서 인종적 대안을 옹호하기로 했다―단일 '중화 민족'의 단합을 위해 민족적 차이를 뿌리 뽑는 '인종의 용광로(melting pot, 다양한 민족과 문화 등이 융합하고 동화되는 현상)' 접근법이었다.

이를 따른다면 몇십 년 동안 시중쉰이 시행하고 중화인민공화국이 따른 정책에 반발하는 게 될 것이다. 의미심장하게도, 이 접근법을 강력하게 지지하는 사람 중 한 명은 바로 시중쉰의 아들, 시진핑인 듯하다. 시진핑은 중국 시민이 반드시 가져야 할, 그가 '5개의 동일화(五個認同, 오개인동, 즉 다음 다섯 가지를 동일시하다 또는 다섯 가지와 일체감을 느낀다는 뜻이다. - 옮긴이)'라고 부르는 것의 중요성을 거듭 강조했다. 모든 중국 시민은 모국, 중화 민족, 중국 문화, 중국 사회주의, 그리고 중국 공산당 자체와 자신을 동일시해야 한다고 말이다. 하지만 시진핑의 주장은 단일 문화를 가진 단일민족이 있다고 믿는 경우에만 말이 된다.

하지만 한족과 티베트족, 위구르족 등 여러 민족은 각자의 언어를 사용하고, 개별 문자를 사용하며, 다른 방식으로 삶을 살아간다. 그렇다면 단일 중국 민족이 존재하는 걸까? 아니면 여러 민족이 한 국가에 모여 있는 걸까? 아주 초창기부터 이 질문에 대한 답을 찾는 건 민족주의자들에게 문제였다.

1897년 1월 13일, 나중에 중화민국 최초의 총통이 된 쑨얏센(쑨원)은 새로 전시된 작품, 즉 존John 왕이 마그나카르타에 서명하는 밀랍 인형을 보기 위해 런던 마담 투소 박물관에 갔다.[6] 쑨얏센은 사실 감사를 표하기 위해 그 자리에 있었다. 3개월 전, 쑨얏센은 납치되어 런던 웨스트엔드에 있는 중국 대사관 건물에 구금되었다. 12일 동안 관료들은 배반을 시인하라고 압박했다. 그들은 쑨얏센을 추방한 후 처형시키겠다고 협박했는데, 꼭 그 순서대로는 아니었다. 쑨얏센은 영국 경비병에게 가까스로 뇌물을 주는 데 성공하여, 친구이자 자신의 의대 교수였던 제임스 캔틀리James Cantlie 박사에게 메모를 전달했다. 캔틀리는 고등법원으로부터 보편적 인신 보호 절차를 얻어 냈고, 그 결과 쑨얏센은 풀려났다. 마그나카르타가 사실상 쑨얏센의 목숨을 구한 것과 다름없었다(영국은 1215년 '자유민은 사법적 판결이나 법에 따르지 않고는 연행되거나 구속되지 않는다'라는 마그나카르타를 제정했고 인신 보호 절차가 확립됐다. ─옮긴이)[7].

영국 신문들은 이 이야기를 너 나 할 것 없이 실었다. 쑨얏센은 유명해졌고, 런던 마담 투소 박물관에 갔을 즈음, 《런던 피랍기Kidnapped in London》가 출판되면서 더욱 유명세를 탔다. 청나라 조정이 중요하지 않은 반체제 인사를 단박에 세계적인 스타로 만든 셈이었다. 그때까지 쑨얏센은 정부에 반하는 운동을 만드는 데 천천히 진척을 보이고 있었다. 2년 전에 하와이에서 설립한 흥중회(제1장 참조)─'중앙을 부흥시키고자 하는 모임'─를 지지하는 사람은 거의 없었다. 1895년 광저우에서 공동으로 조직한 봉기는 실패로 돌아갔고, 공모자 대부분은 체포되었다. 개혁에 뜻을 둔 사대부들은 기독교 교육을 받은 건방진 선동가와 엮이려고 하지 않았다. 석방 직후 한 영국 언론인과의 인터뷰에서 쑨얏센은 자신의 목표가 개혁파와 목표와 상당히 다르다는 점을 분명히 밝혔다. "혁명을 일으키고 왕조를 무너뜨리겠다고 마음을 바꿨습니다."[8] 쑨얏센은 청 통치자들만큼 부패한 관료층도 문제라고 생각했다. 너무 급진적이었던 나머지 런던에 방문했을 때, 티모시 리처드도 그와 얽히기를 꺼렸다.[9]

쑨얏센이 런던에 머무른 8개월 동안 무엇을 했는지는 세세하게 알려져 있다. 중국 정부가 미행하라고 흥신소를 붙였기 때문이다. 1896년 12월 5일, 그는 도서관 동양서 담당자였던 은퇴한 외교관 로버트 케너웨이 더글러스Robert Kennaway Douglas 경의 추천서를 받아 대영박물관 열람실 입장권을 받았다. 그리고 대부분 시간을 도서관에서 정치와 시사 관련 서적을 읽으면서 보냈다.[10] 그러다 그 당시 유행하던 허버트 스펜서와 토마스 헉슬리가 퍼뜨린 사회적 다윈주의 사상을 파악하게 되었다. 이는 옌푸가 2년 전 부분적으로 중국어로 번역한 사상으로, 급진주의자 세대의 사고를 자극했다(제3장 참조).[11] 차후에 쑨얏센의 독립국의 지위에 관한 사상의 기초임이 드러나기도 했다.

하지만, 영국의 봄이 지나고 여름이 찾아오면서, 쑨얏센은 자신을 챙겨 준 제임스 캔틀리와 작별하고 캐나다로 갔다. 캐나다에서 아시아로 향할 예정이었다. 청 공사관이 고용한 흥신소는 쑨얏센의 여정 전체를 미행했다. 북미, 특히 밴쿠버와 빅토리아 중국인 커뮤니티에서 자금을 조달하고 지원을 받으려는 쑨얏센의 시도를 청 조정에 알렸다. 하지만 모금 성공의 결과로 간신히 마지막 여정의 객실 등급을 '일반실'에서 '1등 선실'로 업그레이드할 수 있었을 뿐이다.[12] 광저우 봉기에서 역할 수행에 실패하여 홍콩으로 입국이 막힌 쑨얏센은 갈 곳이 없자 일본으로 망명을 택했다. 그는 1897년 8월 10일 요코하마에 도착했다. 요코하마에서 그는 다양한 종류의, 일본에 동조하는 사람을 소개받았고 그들과 빠르게 섞였다―이들은 '황인종' 중심의 범아시아주의자부터 극단적인 민족주의자까지 다양했고, 거기엔 정부 수뇌부 몇몇도 포함되어 있었다. 이러한 인맥을 통해 청일전쟁의 여파와 다양한 이유로 청나라의 종말을 보고 싶었던 많은 이들에게 접근하여 충분한 자금을 얻어 낼 수 있었다.[13]

요코하마에 있는 중국인 공동체에서도 자금이 모였다. 특히 쑨얏센이 학교를 신설하면서 더 많은 자금을 조달할 수 있었다. 그들은 이 프로젝트를 개혁파와 혁명파 간의 이념과 문화적 격차를 해소할 기회라고 생각했다. 그래서 애써 량치차오에게 연락해 초대 교장이 되어 줄 수 있냐고 물었다. 하지만 량치차오는 상하이에서 개혁주의 신문을 편집하느라 바빴다. 대신 량치차오의 스승이자 동지이며, 유교를 급진적으로 재해석하여 이미 소동을 일으킨 적 있는 캉요우웨이는 다른 후보들을 추천했다. 또한, 학교 이름을 제안했는데, 이는 고전 작품을 자신이 유토피아적으로 해석한 데에서 유래한 것이다. 그가 제안한 이름은 '천하가 번영하여 화평하게 되는 학교'라는 뜻의 대동학교大同學校였다. 하지만 개혁파 캉요우웨이와 혁명파 쑨얏센의 우호적인 관계는 불과 몇 달밖에 가지 못했다. 캉요우웨이를 지지하는 세력의 영향력이 커지자, 캉요우웨이는 베이징 황제와 가까워졌다. 특히 1898년 여름 백일유신이 일어났던 시기, 망명한 혁명파와의 유대는 창피할 정도로 보잘것없었다. 요코하마에 있는 캉요우웨이 측근은 쑨얏센이 세우고 쑨얏센의 지지자들이 자금을 댄 학교에서 쑨얏센을 파문했다.

이 분열은 1898년 9월 22일 서태후가 황제에 반해 쿠데타를 일으켰을 때까지 점점 더 심각해졌다. 결국 캉요우웨이와 량치차오는 망명해야 했다. 일본 공작원들은 텐진에서 량치차오를, 그다음에는 홍콩에서 캉요우웨이를 구했다. 그들은 두 남성을 요코하마로 데려왔고, 1898년 11월부터 몇 달 동안 이 둘은 개혁파와 혁명파 사이의 정치적 결합을 꾀했다. 그러나 캉요우웨이는 여전히 서구의 물질주의에 심취

한 '교양 없는 무법자들'과 함께 일할 준비가 되어 있지 않았다. 무의미한 이론에 집착하는 '타락한 유교주의자'에게 쑨얏센도 똑같이 적대적이었다.[14] 1899년 3월, 결국 캉요우웨이는 캐나다로 떠나 중국인 공동체에서 더 마음 맞는 사람들을 만났다.

하지만 캉요우웨이가 일본을 떠나자, 백인들에 대항하여 '황인종'의 단결을 옹호하고 캉요우웨이를 따르던 개혁파 량치차오와 '만주족을 몰아내자'라고 주장하던 흥중회의 리더, 혁명파 쑨얏센 간의 우정이 싹텄다. 량치차오 세력은 차츰 혁명으로 기운 한편, 쑨얏센은 량치차오의 민족에 관한 사상을 많이 채택했다. 두 사람은 심지어 그 시점에 요코하마에서 량치차오가 편집하던 《청의보》에 공동 기사를 여러 편 집필하기도 했다.[15] 그 둘은 백인종이 황인종을 멸종시킬지도 모른다는 사회 다윈주의적 두려움에 공통으로 집착했다. 그만큼 중요한 것은, 그 어느 쪽도 장빙린 등이 주장한 한족주의를 위한 시간을 할애하지 않았다는 것이다. 량치차오는 만주족을 한족처럼 황인종으로 보았다. 또, 쑨얏센은 만주족을 타락한 엘리트라 생각했지, 하나의 인종 집단으로 보지는 않았다. 1902년 초, 장빙린은 만주족 '중국의 멸망'을 애도하는 만남을 소집하였고 쑨얏센을 초대했지만 쑨얏센은 참석을 거부했다. 장빙린은 나중에 연설에서 쑨얏센이 '한족을 구하는 사상에 진심으로 헌신하는 마음이 아주 부족하다'라고 불평했다.[16] 요코하마에서 고립되어 공동의 적에 맞서 싸우다 보니 량치차오와 쑨얏센의 사상은 공생하는 관계가 되었다. 량치차오가 어떤 중국 민족을 창조하고 싶은지 생각하는 '내부자'형 학자였다면, 쑨얏센은 그가 이끌고 싶은 미래 국가에 관해 생각하는 '외부자'형 활동가였다. 두 사람의 꿈은 모두 량치차오의 민족에 관한 사상과 맞물렸다.

량치차오는 민족이라는 용어를 1903년에 처음으로 썼는데, 말 그대로 '인민-혈통'을 뜻했다. 량치차오는 요한 블룬칠리의 독일어 개념 'Nation'의 대응어로 민족을 선택했으나 블룬칠리가 뜻했던 건 (혼란스럽게도) 영어의 'People' 개념이었다. 블룬칠리의 People/Nation은 량치차오의 민족이 되었다. 마찬가지로 혼동되는 것은 블룬칠리가 독일어 단어 'Volk'를 영어 'Nation'의 의미로 사용했지만, 량치차오는 Nation/Volk를 국민이라고 번역했다는 것이다. 량치차오는 한 국가에 다양한 민족이 있을 수 있고, 심지어 국경을 가로질러서 존재할 수도 있다고 생각했다. 반면, 국민은 국가의 시민을 의미했다.[17] 불분명한 단어의 근원은 아직도 중화인민공화국의 티베트자치구와 신장웨이우얼자치구를 비롯한 기타 지역의 이념과 정책에 나타나 있기에, 현대 지도자들은 1900년대의 개혁파와 혁명파가 직면했던 문제와 똑같은 문제로 고심한다―다양한 사람들이 살아가는 제국에서 어떻게 단일민족이란 꿈을 이룰까 말이다.

캐나다 밴쿠버에서 출발해 밴쿠버섬의 남쪽으로 향하는 페리는 살리시해의 밀림을 통과한다. 바로 목적지에 다다를 수 있는 경로이지만 머리카락이 쭈뼛 선다. 스와츠 베이 터미널까지 해협을 지그재그로 항해하며 운항 중인 선박과 요트를 피해 가야 하기 때문이다. 페리가 부두에 도착하기 직전, 항구 쪽에 앉은 승객들은 사유지의 멋진 풍경을 공공연하게 감상할 수 있다. 바로 코울섬으로, 지금은 캐나다 기업인 쉴즈Shields가家 소유다. 불과 1세기 전만 해도 이 한적한 섬은 캉요우웨이가 청나라와 일본 정부가 고용한 암살자로부터 몸을 피한 은신처였다. 서태후는 캉요우웨이를 제거하고 싶었다. 캉요우웨이 세력이 감금된 황제(광서제)를 딱하게 생각했기 때문이다. 한편, 일본도 자신들이 선택한 혁명가 쑨얏센이 망명지에서 정치 운동을 지배할 수 있도록 캉요우웨이를 제거하고 싶었다. 하지만 영국 정부는 개혁을 위한 캉요우웨이의 노력이 성공하길 소망하면서 그를 살려 두기를 원했다. 그래서 홍콩에서 캉요우웨이를 보호해 주었고, 싱가포르에서는 일본 첩보원의 캉요우웨이 암살 작전이 실패하도록 도왔다. 캐나다에 머물 때는 경찰 호위대를 붙여 주기도 했다.

캉요우웨이의 명성은 그가 빅토리아 항구에 도착하기도 전에 퍼져 나갔다. 1899년 4월 7일 캉요우웨이를 일본에서 싣고 온 배가 빅토리아 항구에 정박했을 때, 캉요우웨이는 바로 두 지역 신문과 인터뷰를 하여 중국의 정치 개혁을 촉구하고, 영국 정부가 개입해 지원해 달라고 요청했다(하지만 이 발언을 실은 글이 량치차오의 신문에 재판되었을 때, 영국에 도움을 요청하는 부분은 빠졌다). 그는 브리티시컬럼비아의 부총독을 비롯한 수많은 고위 인사들의 환영을 받았고 빅토리아와 밴쿠버의 차이나타운에서 다수의 청중을 앞에 두고 연설을 했다. 그는 재외 동포와 바다 건너 고국을 묶기 위해 애국심이 필요하다고 처음으로 주장했다.

영국 정부는 캉요우웨이를 보호할 준비가 되어 있었지만, 그렇다고 해서 대청국에 정치 개혁을 강요할 의향은 없었다. 1899년 5월과 6월,

캉요우웨이는 런던으로 가서 군사 개입을 설득했으나 실망한 채 캐나다로 돌아왔다. 대신 빅토리아에 있는 중국인 사업가들과 함께 보황회(保皇會, 말 그대로 '황제를 보위하는 협회'다. 영어로는 중국 제국 개혁 협회Chinese Empire Reform Association로 알려져 있다)를 세우고, 개혁을 지지할 화교 사회를 조직했다. 그들은 '보종保種, 보국保國, 보교保敎'('인종을 보존하고, 국가를 보존하고, 신념을 보존한다'를 신조로 삼았는데, 이는 캉요우웨이에게는 곧 유교를 의미했다)를 모토로 정했다. 보광회는 캉요우웨이를 협회장으로, 량치차오를 협회 부회장으로 선언했다. 이후 캉요우웨이는 사색하고 글을 쓰기 위해 코울섬으로 물러갔다.[18] 1899년 9월 19일 이 망명지를 주제로 한 편의 시를 썼다.

> 이만 리 먼 곳에서 떠도는 이방인.
> 마흔 살의 백발 구레나룻 사나이.
> 은하수를 바라보며 밝은 달빛을 만끽하네.
> 마을 사람들과 이야기를 나누기조차도 어려운 코울섬.
> 동료에게 근심과 문제를 안겨 줘서 부끄럽고
> 동포들을 위해 아무것도 한 게 없어 면목이 없다.
> 이렇게 나의 고향과 영영 이별하는 건 아닌지 두려울 뿐…[19]

일본에서 환영받지 못한다는 것을 깨달은 캉요우웨이는 그 후 몇 해 대부분을 대영제국의 여러 지역에서 보냈다. 1900년에는 싱가포르에서, 1901년에는 말라야 페낭과 말레이반도에 체류했다. 1902년 인

캉요우웨이의 저작 《대동서》

도 다즐링의 한 산간 피서지 마을에서 지내면서 대표작《대동서大同書》》('위대한 화합의 책', 요코하마에 세운 학교 이름과 같은 대동이다)를 썼다. 이 책은 가족, 성별, 계급, 민족, 직업을 둘러싼 사회적 경계가 약해지고 하나의 세상에서 살아갈 수 있는 유토피아적 비전을 제시했다. 캉요우웨이는 민족주의에서 가치를 보지 않았다. 그 대신, 국가들이 합쳐 지역 연방을 구성한 다음 자체적으로 의회와 군대를 갖춘 세계 국가가 되기를 원했다.[20] 하지만 미래관은 아주 인종주의적이었다. 캉요우웨이는 결혼과 이주, 단종법을 통해 피부색이 더 짙은 인종들을 개량해야 한다고 주장했다. 아프리카인과 결혼한 백인들과 황인에게는 훈장을 수여하려 했다.[21] 그렇게 함으로써 세계적인 신인종은 백인종의 체력과 황인종의 정신적 능력을 갖추게 될 터였다.

캉요우웨이는 평생《대동서》의 첫 두 장章을 출판하는 것만을 허용했고,[22] 공식적으로는 대청국 문제를 유교적인 해법을 통해 해결하는 걸 계속해서 옹호했다. 황제를 구하고 영국을 따라 입헌군주제를 세우기 위해 모든 노력을 다해야 한다고 말이다. 세계 평등을 향한 열망은 분명했지만 대중을 상대하고 싶지는 않았다. 대신 그는 해외의 화교(재외 동포) 사업가들과 국내 학자 엘리트들의 지지를 구했다. 화교에겐 북미 전역의 화교 인맥을 통해 새로운 회사를 설립하여 보황회에 자금을 조달할 것을 장려했고, 사대부에겐 황제를 굳건히 지지해 줄 것을 주문했다.

캉요우웨이는 저명한 학자임에도 불구, 체스터 아서 대통령이 1882년에 도입한 중국인 배척법 때문에 미국 입국이 금지되었다. 직접 미국 화교를 결집해 보황회를 살릴 수 없었던 캉요우웨이는 1903년, 이 일을 하기 위해 자신을 지지해 주는 사람 두 명을 대신 보냈다. 한편 량치차오는 미국에 입국하는 데 어려움을 겪지 않은 것으로 보이고, 2월에서 10월 사이, 미국과 캐나다 전역의 중국인 커뮤니티의 환대를 받았다. 캉요우웨이는 또한 자신의 딸 캉퉁비(康同璧, 강동벽)를 보내 캐나다 브리티시컬럼비아주, 미국 워싱턴주, 샌프란시스코, 시카고에서 협회의 여성 지부를 설립했다. 10월 20일에는 뉴욕에도 여성 지부가 생겼다.[23]

량치차오는 수개월 동안 미국을 돌아다녔다. 하지만 직접 경험해 본 후 미국 정치체제에 대한 환상이 깨진 듯하다. 워싱턴 DC의 봄꽃을 만끽하고, 뉴욕의 고층건물에 감명을 받는 한편, 정신없이 북적이는 차이나타운도 보았다. 그가 아는 고국의 도시와 미국 도시를 비교하면서 진짜 문제는

캉요우웨이의 딸 캉퉁비의 모습

공화 민주주의를 받아들일 준비가 되지 않은 중국인들이라는 결론을 내렸다. '지금 다수결의 원칙을 채택하는 것은 국가적 자살행위와 다름 없다. 자유주의, 입헌주의, 공화주의, 이 모든 서양적인 가치는 겨울에 멋진 여름옷을 입는 것과 같다. 아름답지만 상황에 맞지 않는다… 한마 디로 중국인들은 자유를 누릴 자격이 없으므로 권위주의 통치를 따라 야 한다'라고 주장했다.[24] 공화주의가 가장 고차원적인 정부 형태라는 확신에는 변함이 없었지만, 중국이 공화주의를 받아들일 준비가 때까 지는 '입헌군주제가 성공으로 가는 길이었다.

량치차오는 일본으로 돌아와 민주주의로 천천히 이행하는 과정에 다시 전념했고 그 결과 쑨얏센과 씁쓸한 결별을 해야 했다. 더는 공동 으로 기사를 쓰는 일은 없었다. 군주제를 지지하는 캉요우웨이의 보황 회와 쑨얏센의 혁명 모의자들 간의 이념 갈등은 더 심해졌다. 이러한 이념 갈등은 북미, 동남아, 호주 등 전 세계로 번져 화교 커뮤니티의 충 성심을 시험하게 되었다. 초반 형세는 캉요우웨이에게 유리하게 흘러 갔다. 학자로서의 위상, 유교적 메시지, 청나라에 대한 충성심, 점진적 인 변화는 해외의 부유한 재외 동포 커뮤니티에서 강력한 지지를 받았 다. 쑨얏센에게는 이런 유리한 점이 없었다. 그래서 혁명 운동에 더 많 은 지지자를 끌어들이기 위해 정치적 메시지를 조정해야 했다. 그는 민 족주의에 더 박차를 가했다. 1904년, 쑨얏센의 일행은 추용의 잔인한 반만주 서적, 《혁명군》(제3장 참고) 수천 부를 배포했다. 이 책에서 추용 은 '털과 뿔이 달린 500만 명이 넘는 만주족을 몰살하고, 260년 동안의 혹독하고 끝없는 고통을 씻어 중국 아ᄆᆞ대륙의 흙이 티 없게 하라'라고 한족에게 촉구했다.[25] 이 시점까지 쑨얏센은 한족 민족주의를 경계하고 있었다. 캉요우웨이와 량치차오의 황인종 민족주의 지지자들을 이기기 위한 전술로서만 채택한 듯싶다.

개혁가(유신파)들과 혁명가들, 황인종 지지자들과 한족 지지자들 간의 논쟁은 이후 다음 10년 동안 일본의 망명자 공동체와 동남아시아와 북아메리카의 더 광범위한 화교 공동체를 지배했다. 량치차오가 글을 쓰고 생각하는 동안 쑨얏센은 계획을 세우고 행동했다. 혁명을 일으키겠다는 희망으로, 그는 비밀 사회단체, 군벌, 외국 세력과 온갖 거래를 했다. 1905년 8월 말 쑨얏센은 돌파구를 마련하게 된다. 쑨얏센과 장빙린을 비롯해 서로 맞수를 두던 혁명가들은 분파의 차이를 제쳐 두고 중국 동맹회中國同盟會를 결성했다. 1905년 10월 12일, 쑨얏센은 《민보》 제1호에서 동맹회 사상의 윤곽을 드러냈다. 이는 민족주의―민족주의(말 그대로, '민족 혈통주의'), 민권주의―공화주의(말 그대로, '민족 주권주의'), 그

삼민주의가 실린 《민보》 제1호

리고 민생주의—사회주의(말 그대로, '국민의 생활을 풍족하게 하는 주의')로, 이 세 가지는 '주의'는 '삼민주의'라고 불리게 되었다.

비록 쑨얏센과 량치차오는 이제 서로 다른 정치 분파에 확고하게 소속되었지만, 민족주의에는 량치차오의 사상이 분명하게 담겨 있었다. 1903년, 량치차오는 자신의 글에서 'People'에 대응어로 민족을, 'Nation'의 대응어로 국민을 선택했다. 량치차오에게 국민은 여러 민족을 포함하는 개념이다. 황인종의 미래는 대청국 내 집단의 단결에 달려 있었기 때문에, 모든 집단을 하나로 묶는 '큰 민족주의', 즉 대민족주의를 주장했다. 사상가라기보다 실천가였던 쑨얏센은 량치차오로부터 대민족주의라는 개념을 빌린 후, 정치적 편의성에 맞게 각색했다. 쑨얏센에게 민족은 결국 '국가Nation'를 의미하게 되었다.

역사가 제임스 레이볼드는 '민족주의Nationalism'라는 영어 단어가 쑨얏센이 말하고자 하는 민족주의를 설명하기에는 충분치 않다고 주장한다.[26] 쑨얏센은 정치적으로 줄타기를 하고 있었다. 혁명파 중에 만주족 학살을 공공연하게 옹호하는 건 단지 추용뿐만이 아니었다. 몇몇 혁명가들도 한족만 사는 곳에 미래 중화민국을 건설하기 위해서는 티베트, 신장, 만주, 몽골 지방들을 원주민에게 내어 주는 게 필요하다고 주장하기도 했다. 하지만 쑨얏센은 대국의 영토를 보존해야 한다는 주장에는 량치차오에게 동의했다. 1894년 초, 쑨얏센은 청 관료 이홍장에게 서신을 보내(제2장 참조) '서양을 모방하기 위해서는 대국의 넓은 변경을 따라 놓여 있는 황무지를 개간해서 사람들을 모아야 한다'라고 조정에 호소했다.[27] 1900년, 미래 국가의 영토를 유지하는 데 전념하는 자세를 보여 주기 위해(그 당시 쑨얏센은 자국을 차이나China라고 불렀다), 쑨얏센은 중국의 국경 안에 포함되어야 하는 모든 장소를 길게 목록으로 나열했다. 티베트 서부에서 만주 동부에 이르는 땅까지, 청나라의 통치 아래 있는 장소들이었다. 쑨얏센의 우선순위는 미래의 공화국이 대청국의 영토를 물려받아 유지하는 것이었다.

아무튼 쑨얏센은 동맹회에 있는 자신의 파트너, 장빙린과 다른 한족 종족주의자들의 지지를 유지해야 했다. 다른 한편으로는 미래의 국가가 한족이 아닌 다른 민족들이 사는 영토를 모두 포함하는 꿈을 동시에 간직했다. 이는 혁명파가 마주한 가장 큰 이데올로기적인 문제였고, 쑨얏센은 문제의 해결책을 갓 도착한 학생, 왕징웨이(汪精衛, 왕정위)에게 모색해 달라고 위임했다.

왕징웨이는 열아홉 살의 학자이자, 관료가 되고 싶은 광둥성 출신 인물이었다. 청나라 관료들은 '서학'을 공부하라고 그를 1904년 말 일본 호세이 대학교로 파견했다. 하지만 일본에서 지내면서, 왕징웨이는 자신의 후원자들을 타도하는 데 전념하게 되었다. 동맹회가 설립된 지 얼마 후 그는 동맹회에 가입했고, 《민보》 제1호와 제2호에 처음으로 실은 글이 퍼져 나갔다. 두 부분으로 나눠진 긴 글로, 쑨얏센 문제에 대한 해결책을 전적으로 다뤘다. 이 글에

왕징웨이의 모습

서 왕징웨이는 량치차오의 '민족'과 '국민' 간의 차이점을 받아들이면서, 국민이 두 개 이상의 '민족'으로 구성될 수 있는지 물었다. 그가 주장하길 만주족은 분명히 다른 민족이었지만, 과거에 한족이 다른 민족들을 성공적으로 동화시키지 않았는가? 만주족의 통치가 막을 내린다면, 그들도 동화되지 않을까? 한족은 '주가 되는 인종'(主人, 주인)으로, 청나라의 모든 다른 민족들이 새로운 국민을 형성하기 위해서는 융합시켜야 했다.[28]

미주 여행의 결과, 한편으로 량치차오는 대청국에게 필요한 건 혁명이 아니라 점진적인 개혁 프로그램이라는 강력한 정치적 확신이 생겼다. 그래서 한족과 만주족 간의 분열은 이미 실패했다며, 혁명적인 정치 변화에 대한 필요성을 제거했다. 그는 인종과 국가를 보존하기 위한 종족 융합 과정을 통해 새로운 중화 민족이 탄생할 거라고 주장했다. 미국을 여행하면서, 문화적 '용광로'의 중요성을 설득당한 것처럼 보인다. 그리고 다양한 민족이 '하나의 용광로에서 함께 녹아야' 한다고 썼다.[29] 한편 왕징웨이와 쑨얏센은 만주족은 동화되지 않았기에, 중화 민족을 건설하기 전에 내쫓아야 한다고 확신했다. 개혁파와 혁명파의 공통점은 민족적 다양성은 일시적인 현상이며, 한족의 동화력에 의해 사라지리라고 여겼다는 점이다. 또, 대국의 영토 보존이 최우선 순위라는 데 동의했다. 쑨얏센, 량치차오 그리고 오늘날의 중화인민공화국에 영토의 조직은 뚜렷하게 위계적이다. 중심부—쑨얏센은 이를 지나 본부(支那本部 ('중국 본토'))라고 불렀다—와 속지屬地라고도 불리는 4개의 번부, 만주, 몽골, 티베트, 신장이 있었다. 이러한 영토적 위계질서는 쑨얏센이 나중에 민족과 국가를 정의하는 데 정치적인 바탕이 되었다. 혁명파와 개혁파 중 누가 정치적 싸움에서 이기든 대청국에서 '비한족' 지역—티베트, 신장, 만주, 몽골—에 대한 처방은 똑같았다. 미래의 국가에 편입되어 종족적으로 동화되는 것이었다.

하지만 캉요우웨이와 량치차오가 지휘하는 정치 개혁 운동에 가장 큰 위협은 라이벌 혁명파가 아니라, 청 조정에서 나왔다. 1900년대가 되면서, 서태후는 캉요우웨이가 설득했던 개혁안 다수에 동의했다. 1898년 당시 서태후가 전적으로 반대했었던 개혁안이었다. 1902년에는 한족과 만주족 간의 결혼 금지령을 해제했다. 1904년에는 학제 개혁을 발표하였으며, 1905년에는 관료가 되기 위한 전통적인 시험(과거제)을 폐지했다. 1906년에는 다른 나라의 헌법을 연구하라고 공무원을 해외에 파견했다. 캉요우웨이와 량치차오 없이도 청나라에서는 이미 급격한 변화의 물결이 일어나는 것처럼 보였다. 캉요우웨이와 량치차오의 주장은 힘을 잃기 시작했고, 그러다 1908년 11월 14일, 개혁 운동을 '구제'하려고 마지막까지 노력하던 광서제가 서른세 살의 나이로 사망하면서 거의 완전히 붕괴하게 된다. 광서제를 손안에 꽉 쥐고 있던 이모 서태후가 다음 날 세상을 떠났기 때문에, 그녀가 임종을 눈앞에 두었을 때도 광서제 독살을 계획하고, 두 살짜리 조카 푸이(傅儀, 부의))가 광서제를 계승하도록 했다고 자동으로 가정된다.

그렇게 어린 황제를 '보위해야 한다'라고 주장하는 것은 누가 들어도 무리이며, 심지어 캉요우웨이에게도 말이 되지 않았다. 개혁파 내려티브의 감정적인 내용은 사라졌고, 주도권은 혁명가들에게 넘어갔다. 1909년 이후 북미에서 캉요우웨이의 부자 후원자들은 충성하는 대상을 빠르게 쑨얏센으로 바꿨다. 쑨얏센은 그들의 자금을 받아 몇 번이나 무장봉기를 일으키는 데 썼다. 무장봉기는 모두 실패로 돌아갔지만, 무장봉기를 할 때마다 쑨얏센의 명예는 드높아 갔다. 1911년 10월 10일 우창 동남부에 있는 한 도시에서 봉기가 발생할 때까지 정치 상황은 교착 상태에 놓여 있었다. 사실 초기 반란은 쑨얏센의 동맹회와는 직접적인 관련이 없었다. 하지만 반란이 전국으로 확산되면서 그 규모는 눈덩이처럼 불어났고, 그해 말 결국 청나라의 운명은 확실해졌다. 두 달간의 혼란 속에서 장빙린과 추용의 한족 종족주의는 거리에서 피로 표출되었다. 말 그대로 혁명배만革命排滿―'만주족을 배척하기 위한 혁명'―이라는 표제 아래, 쑨얏센의 추종자들은 많은 곳에서 만주족에게 끔찍한 폭력을 가했다. 우창 봉기가 시작되면서 만주족에 대한 폭력이 시작되었다. 혁명파의 보고에 따르면, 만주족은 500명 이상이 사망한 데 비해 혁명파는 20명 정도만 전사했다.[30] 역사가 에드워드 로즈는 10개의 도시에서 대학살이 일어난 것을 확인했다. 우창 봉기가 일어난 지 12일 후, 혁명은 시안을 강타했고, 만주족 주민 절반인 약 1만 명이 무차별적 학살로 목숨을 잃었다. 또 푸저우, 항저우, 타이위안에서 대량 학살이 줄지어 발생하여 무려 2만 명이 사망했으리라 추정된다.[31] 전장鎭江과 난징의 주둔군은 전투를 벌이지 않고 곧바로 항복했지만, 그래도 많은 만주족이 죽었고 만주족의 주거 지구는 파괴되었다. 변발과 언어, 전족하지 않은 여성의 발로 만주족을 추정할 수 있었기에, 만주

봉기를 일으킨 신군 포병

족을 개별적으로 지목할 수 있었다. 셀 수 없이 많은 만주족이 현장에서 죽임을 당했다.[32]

많은 지방 지도자는 집단 학살을 멈추지 못할까 봐 두려워했다. 그래서 혁명파를 맹렬하게 비난하고 학살을 막아 달라고 부탁했다. 이러한 분위기 속에서 새로운 중국 민족적인 표현이 대두됐다. 오족공화五族共和. 중화민국의 초창기를 정의하게 된 이 사상의 기원은 1900년대 일본으로 망명한 사람들이 발행한 다른 잡지로 되돌아간다. '천하가 번영하여 화평하게 되는 잡지'《대동보大同報》가 다른 잡지와는 달랐던 점은, 편집자들이 개혁주의자이자 인종적으로 만주족이었다는 점이다. 선택한 이름에서 캉요우웨이의 성리학 사상에 영향을 받았다는 것을 명백하게 알 수 있지만, 기고자들은 유토피아주의자가 아니었다. 그들은 반만주 사상의 부상과 그것이 자신과 가족에게 암시하는 바가 두려웠다.

1907년과 1908년에 발간한 7개의 호에서 한-만주 관계의 '문제'를 해결하고자 했다. 그들은 입헌군주제와 의회 민주주의를 지지했지만, 가장 중요한 점은 '만주족과 한족, 몽골족, 회족과 티베트족을 하나의 국민으로 통합'하려고 했던 것이다. '많은 민족이 하나의 국민을 이룬다'라는 량치차오의 사상에 영향을 받은 것은 분명하지만,[33] 량치차오가 궁극적으로 바란 것은 모든 민족이 단일 중화 민족에 녹아드는 것이었다. 반면《대동보》기고가들은 다섯 집단이 각각 다른 족(族, 혈통)으로 인정받고, 집단으로서 집단 간의 관계가 평등해야 한다고 촉구했다.

대동보의 집필진은 이 견해를 발전시키는 것뿐만 아니라 1세기 전 건륭제가 정한 대국의 비전을 과감하게 수정했다. 하나의 틀을 창조했는데, 그 틀 안에서 다섯 가지 구성 집단—만주족, 한족, 몽골족, 회족, 티베트족—은 각각 사용하는 문자로 특징지어지고, 각 집단은 특정한 영토에 머무르며, 자신들의 신념과 통치 체제를 유지하면서 대국 안에서 공존할 수 있었다. 파멜라 크로슬리는 이를 '동시 통치Simultaneous Rule'라고 명명했다.[34] 예를 들어, 티베트족은 불교를 믿을 수 있었고, 라마(활불, 活佛)의 권위가 인정되었지만, 그래도 황제의 신민으로 남았다. 그리고 황제는 공개적으로 불교를 믿을 수 있었고, 베이징의 라마교 사원에서 예불을 드릴 수 있었으며, 티베트족에게는 너그러운 지도자로 보여졌다. 또 몽골족에게는 칸khan으로, 한족에게는 유교적 통치자로 보여졌다. 이 체계는 충분히 유연해서 각 집단이 자율성을 누리면서도 전체 중 일부가 될 수 있었다.《대동보》에 등장한 혁신은 황제에게 개인적으로 충성하기보다, 근대 사회에서 오족은 중국에 충성을 해야 한다는 것이었다. 그들은 모두 중국의 국민이었다.

집필진이 주장하길, 이는 민족과 영토라는 두 가지 측면에서 국가를 하나로 묶을 수 있는 합의였다. 1911년, 과열된 몇 개월간 혁명파가 받아들일 수밖에 없었던 타협점이기도 했다. 조정은 아직도 충성심 높은 군대를 보유하고 있었고, 많은 전 사령관들은 이미 군대를 떠나 자신의 독립적인 근거지를 세우는 데 전념했기 때문에, 혁명파는 권력을 장악할 수 있는 위치가 아니었다. 더 중요한 사실은 한족이 지배적인 공화국이 다민족 대국을 대체하리라는 예상에, 몽골 왕자들이 겁에 질려 12월에 독립을 발표한 것이었다. 티베트도 이미 전투를 벌이며 독립의 길로 나아가고 있었고, 신장은 사실상 현지 군벌이 다스리는 자치구역이 되었다. 대국의 영토 절반이 베이징의 통제에서 미끄러져 나가고 있었다.

쑨얏센과 혁명가들은 권력을 잡기 위해서는 청나라 조정 및 지방 군벌들과 협상해야 한다는 것을 알고 있었다. 이 과정을 중재한 핵심 인물은 만주족 개혁가 양두(楊度, 양도)다. 그는 일본에서 유학하고 1907~1908년에 《대동보》를 후원했다. 그는 《대동보》가 주장한 개혁과 민족 집단 간의 평등사상을 공유했다. 1911년에 그는 베이징으로 돌아와 조정의 내각 총리가 된 북양 군벌의 위안스카이 그리고 쑨얏센의 이론가 왕징웨이와 가깝게 지냈다.[35] 이로써 그는 대청국의 막을 내리고 중화민국의 도래를 알리는 타협안에 영향을 미치는 중요한 자리에 놓이게 되었다. 당시 조정이나 혁명파는 오족 간의 평등을 바탕으로 하는 미래의 정치 합의안에 믿음이 없었다. 조정에게 대국은 위계적이어야 했다. 위계질서의 가장 위에는 만주족이 있어야 했다. 반면에 혁명파는 어떤 민족 집단도 정치적으로 인정할 준비가 되지 않았다. 모든 이는 단일한 중화 민족의 일부에 불과했다.

쑨얏센은 북미와 유럽을 여행한 후, 1911년 크리스마스, 혁명이 절정을 향해 치닫고 있는 바로 그 순간에 상하이로 돌아왔다. 12월 29일, 혁명파 협상가 우팅팡(伍廷芳, 오정방)은 만주족, 몽골족, 회족, 티베트족이 한족과의 평등에 근거하여 대우를 받게 하겠다고 결정적인 양보를 했다.[36] 미래의 국가는 '다섯 혈통 공화국'—오족공화가 될 것이었다. 애초에 그 어느 쪽도 오족공화국을 원하진 않았지만, 그들이 찾은 타협점은 이것이었다. 제임스 레이볼드가 밝혔듯이, 1911년 12월의 특수한 상황에서, 쑨얏센이 어쩔 수 없이 받아들여야 하는 결과였다.[37] 1912년 1월 1일, 쑨얏센은 각 성의 혁명파 대표들에게 공천을 받아 새로 출범한 중화민국 임시 대총통이 됨으로써 보상을 받는다. 취임 연설에서 그는 민족 구성에 관해 자신의 견해를 매우 분명하게 밝혔다. "국가의 본질은 인민에 있습니다. 한족, 만주족, 몽골족, 회족, 티베트족의 영토를 하나의 국가로 통합한다는 것은 또한 한족, 만주족, 몽골족, 회족, 티베트족과 다른 혈통(族, 족)을 하나의 인민으로 통합한다는 것을 의미합니다. 이를 민족 통합이라고 부를 수 있습니다." 량치차오와 마찬가지로, 마음속으로 쑨얏센은 마음속에 '용광로'를 품고 있었다.

1912년 2월 12일, 조정이 소년 황제 푸이(선통제)를 공식적으로 퇴위시키면서, 청나라의 마지막 날에서야 처음으로 오족—민족—이라는 표현이 사용되었다.[38] 상하이의 혁명파가 작성하고 베이징의 위안스카이가 편집한 후, 현 황제의 양모이자 선임 황제(광서제)의 과부이며 서태후의 조카인 효정경황후孝定景皇后가 읽은 (퇴위) 조서에 등장했다. 위안스카이는 혁명가들의 퇴위 칙령에 두 가지 중요한 조항을 추가했다. 첫째, 만주족, 몽골족, 회족, 티베트족에 현존하는 귀족을 보호하고, 둘째, 소수민족의 종교를 보호할 것. 그렇게 인종 분리의 두 가지 핵심 토대는 새로운 공화국에 의해 유지될 수 있을 것이었다.

쑨얏센은 6주 동안만 대총통직을 맡다가 군사력을 사용하여 혁명을 진압하겠다고 협박한 위안스카이에게 그 자리를 내주었다. 그 6주간 논쟁이 오갔고, 양측은 중화민국의 인종과 민족 정책에 관해 의견이 다른 게 분명해졌다. 새로운 국가의 국기에 무엇이 있어야 하는가? 쑨얏센이 선호하는 것은 매우 분명했다. 1895년 당시, 쑨얏센의 유년 시절 친구 루하오둥(陸皓東, 육호동)은 광저우에서 최초로 시도한 청 타도 봉기에서 파란색 하늘에 흰 태양이 그려져 있는 국기(청천백일기靑天白日旗)를 도안했다. 청 타도 운동이 실패로 돌아가자 루하오둥은 체포되어 사형당했고, 쑨얏센의 관점에서는 혁명의 첫 순교자가 되었다. 쑨얏센은 청천백일기가 혁명 결사들이 1905년에 통합될 때 동맹회가 채택한 깃발이라고 주장했고, 청천백일기로 바꾸기 위해 온갖 노력을 쏟아부었다.[39]

청천백일기는 쑨얏센과 그의 조직, 신념들과 명확하게 동일시되었다. 하지만 다른 국기 후보 중 하나에 불과했다. 일부 한족 민족주의자들은 18개의 별이 그려진 깃발을 사용했는데, 별 하나하나는 과거 명나라에 속했던 (근대의) 성을 뜻한다. 함축적으로 비非 한족 지역을 배제

쑨얏센의 무덤 천정에 새겨진 청천백일기

한 것이다. 단순히 '한漢'이 그려진 깃발도 있었다. 결국 1월 10일에 중화민국이 채택한 깃발은 정반대의 의미를 담고자 했다. 새로운 국가에 다섯 민족이 조화롭게 통합되는 것. 깃발은 다섯 가지 띠로 구성되었다. 가장 위의 띠는 빨간색으로 한족을 뜻한다. 그 밑에 있는 노란 띠는 만주족을, 파란색은 몽골족을, 하얀색은 이슬람 회족을, 그리고 검정색은 티베트족을 뜻한다.

오색기의 정확한 기원은 현재까지 밝혀진 바가 없다. 문화사학자 헨리에타 해리슨Henrietta Harrison에 따르면, 오색기는 원래 낮은 계급의 해군이 사용하던 깃발이었으나 이후 청더취안(程德全, 정덕전)에 의해 채택되었다고 한다. 그는 청이 임명했지만, 혁명파로 방향을 틀어 1911년 11월 쑤저우의 독립을 선언한 한족 출신 장쑤성(상하이를 둘러싼 지역) 총독이었다.[40] 겉으로는 다민족 국기를 사용했지만, 그의 군대는 난징을 함락하고 만주족 주민을 대학살했으며 굴복하게 만들었다.[41] 쑨얏센을 조력하고 상하이 동맹회를 이끌었던 천치메이(陳其美, 진기미)도 이 깃발을 채택했다. 그는 만주족을 국기에 표시하면, 청 관리들도 공화국을 지지할 수 있으리라고 주장했다.

오색기는 쑨얏센이 선호했던 청전백일기에 비해 두 가지 이점이 있었다. 어떤 정파에도 속하지 않았고 동시에 다섯 민족을 포함했다. 하지만 쑨얏센은 두 가지 이유를 부정적으로 바라보았다. 그는 대총통직에서 물러나도록 강요당한 지 오랜 시간 후에도 오색기를 비난했다. 표면적으로는 깃발의 색깔이 인종적 위계를 시사한다고 반대했지만, 진심은 그게 아니었다. 그가 진짜 반대한 것은 분리된 민족이라는 사상이었다. 1920년 한 연설에서 쑨얏센은 청중들에게 '다섯 민족이라는 용어는 부적절하다'라고 말했고, '유럽의 여러 민족이 미국에서 섞여 하나의 미국 민족을 형성하고 있는 것처럼, 다양한 민족들은 하나의 중화민족에 녹아들어야 한다'라고 촉구했다.[42]

1912년 3월 10일, 위안스카이가 공식적으로 임시 대총통으로 선서하고 취임하였을 때 다섯 민족을 각각 대표하는 대표단은 위안스카이와 국기 앞에 경례했다. 사실상 청 제국 때 행해지던 조공 의식의 근대화된 버전이었다. 당시 그곳에 있던 사람들은 하나의 영토로 추정되는 곳에 사는 다른 민족 집단 출신인 한편, 청나라 시절 조공국은 여러 영토에서 왔다는 것만 제외하고 말이다. 사실 중화민국은 무너져 가고 있었다. 위안스카이가 취임 선서를 한 지 한 달 후, 달라이라마가 이끄는 티베트군은 중국 주둔군을 몰아냈다. 그로부터 몇 달 후 위안스카이 대총통은 군대를 새로이 파견하여 다시 통제권을 잡으려고 했으나 달라이라마를 굴복시키는 데 실패했다. 대신 위안스카이는 과거 청나라의 통치 기법을 부활시키려고 노력했다. 그는 달라이라마에게 두 차례 친서를 보내 과거 청나라 시절 작호를 부여했다. 10월 말, 민국의 공식 관보 《경보京報》는 '민국이 견고하게 세워지고 다섯 민족이 끈끈하게 한 가족으로 뭉친 지금, 달라이라마는 모국에 깊은 애착을 느끼며 자연스레 마음이 동했다'라고 낙관적으로 공포했다. 주 티베트 영국 외교 대표 찰스 벨Charles Bell에 따르면, 달라이라마는 작호를 받을 생각이 없고, 티베트를 독립적으로 통치하겠다는 말을 덧붙이며 답신을 보냈다고 한다.[43] 찰스 벨과 영국 정부는 달라이라마 편을 지지했다. 그들은 티베트를 신생 민국과 영국령 인도 사이에 중립적인 완충장치로 지키고 싶었다. 티베트를 중화민국의 통제에서 분리할수록 더 안전하다고 느꼈기에, 위안스카이에게 전면적인 침공을 시도하지 말라고 경고했다.

한편 쑨얏센은 비록 대총통 자리에서는 물러났지만, 여전히 중화민족의 꿈을 좇고 있었다. 쑨얏센은 도시민들 사이에서 엄청난 인기를 유지했다. 대부분의 사안에 대해 견해차가 있었음에도 위안스카이는 쑨얏센을 적보다 자기편으로 두는 걸 선호했다. 1912년 8월 24일 쑨얏센이 상하이에서 베이징에 도착했을 때, 아직도 국가 수장인 것처럼 의장대와 함께 맞아 주었고, 연회를 열었으며, 넓은 주택에서 머물게 해 주었다. 다음 날, 쑨얏센과 동맹회에 남은 지도자들, 몇몇 소규모 개혁파 무리는 새로운 정당 국민당 창당 대회를 위해 베이징에서 오페라 홀 호광회관湖廣會館으로 향했다.[44]

국민당은 다섯 가지 정치 아젠다를 채택했다. 그중 가장 중요한 건 '종족 동화의 철저한 시행'이었다. 쑨얏센의 관점에서, 이는 섞이는(융합) 과정을 통해 일어나는데, 이 개념은 14년 전 런던 대영박물관 열람실에서 공부한 사회적 다윈주의에서 유래되었다. 창당 대회를 마치고 며칠 후, 쑨얏센은 베이징에 있는 호광회관에서 한 연설에서 이 개념을 드러냈다. "세계의 진화는 야만에서 문명으로 진보하는 법을 배우는 데 달려 있다." 다윈의 원리에 따르면, 자연은 계속해서 새나 짐승처럼 행동하는 민족보다는 더 문명화된 민족을 선택한다. 한족이 가장 '문명화된 지식'을 가지고 있었기 때문에, 가장 하위에 있는 소수민족을 야만에서 끌어내 문명으로 인도해야 할 의무가 있었다. 그는 이러한 의무를 감화感化라고 불렀다. 제임스 레이볼드는 감화를 '도덕적 우월함의 모범이 되어 개혁하는 것'이라고 번역했다. 쑨얏센은 청중에게 티베트와 몽골 지도자들은 단지 이 점을 이해하지 못했기 때문에 민국에서 떨어져 나간 것이라고 밝혔다. "아직도 교육이 충분하지 않습니다… 무엇이 옳은지 볼 수 있게 차근차근 돕는 방법밖에 없습니다"라고 쑨얏센이 기자에게 답했다.[45]

쑨얏센에 따르면, 민족을 융합하는 가장 효과적인 방법은 문명화된 한족을 미개한 변방으로 이주하도록 장려하는 것이었다. 그리고 그 계획의 중심은 민국에서 저 멀리 떨어진 곳까지 닿는 철도를 개발하는 것이었다―본래 1900년 당시에 그린 지도에 대략 구상한 계획이었다. 위안스카이 대총통은 새로운 민족을 융합시키는 데 큰 관심을 두지 않았지만, 변경 통제의 전략적 중요성을 알고 있었다. 쑨얏센이 베이징에 머물렀던 달 동안, 위안스카이와 쑨얏센은 국방, 외교, 농업 개혁, 산업 개발을 주제로 열세 번의 긴 회의를 했다. 이런 회의가 진행되는 동안 위안스카이는 쑨얏센을 '전국 철도 감독'으로 임명하였고 한 달에 3만 위안의 예산을 배정했다. 더불어 국가 철도망을 계획하고, 외국인과 차관을 협상하여 비용을 댈 수 있는 전권을 넘겨주었다. 그다음 주에 쑨얏센은 서태후가 탔던 열차를 타고 베이징을 떠나 앞으로의 임무를 준비했다. 그는 동행하던 호주 기자 윌리엄 도널드William H. Donald에게 다음 10년 동안 10만 킬로미터의 기찻길을 건설해 신장과 티베트, 그리고 나머지 국토를 이을 거라 말했다. 윌리엄 도널드는 고산지대에는 철로를 놓는 게 불가능하다고 말했지만, 쑨얏센은 야크(티베트와 히말라야 주변에 사육되는 소의 일종. 티베트의 목축 농가는 야크를 키우며 산다. - 옮긴이)가 가는 곳이라면 철도도 놓을 수 있지 않겠느냐고 주장한 것처럼 보인다. 쑨얏센은 한 프랑스 기자에게 이 계획에 약 160억 프랑이 소요되며, 이 금액을 대출해 줄 외국 기관을 찾고 있다고 말했다.[46] 시베이 변방과 '중국 본토'를 연결하는 데 돈을 쓰는 것은 훨씬 더 중요했는데, 이로써 중화민국은 대청국의 영토를 보존하고, 결국 한족이 사는 지역에서 더 실현 가능한 프로젝트를 진행할 수 있었다. 철도를 지으려는 마음은 절박했지만, 자금을 빌려주는 사람은 아무도 없었다. 그런데도 쑨얏센은 계속해서 철도 건설을 계획했다. 심지어 둘의 정치적 차이가 내전으로 번지면서 위안스카이가 쑨얏센을 해고한 1913년 7월 이후에도 쑨얏센은 철도 건설 계획을 고수했다.[47]

권력에서 밀려나 상하이에서 반半 은퇴 생활을 하면서도 쑨얏센은 철도와 민족주의의 꿈을 버릴 수 없었다. 1910년대 말, 그는 두 가지 주요 작품을 발표한다. '국가 재건을 위한 프로그램Programme for National Reconstruction'(《건국방략建國方略》, 쑨얏센이 반식민지 중국이 혁명을 일으켜 민주공화국을 건국하기까지의 방법을 밝힌 책-옮긴이)'과 이보다 훨씬 널리 알려진 '국민의 세 가지 원칙Three Principles of the People'(《삼민주의三民主義》)이 그것이다. 이 두 권은 한 짝으로 보아야 한다.《건국방략》(나중에 '중국의 국제적 발전The International Development of China'이라는 영어 제목으로 출판되었다)에서는 미국의 변방 개척을 자기 이론의 토대로 삼았다. 쑨얏센은 '경작과 식민지화'라는 원대한 계획을 촉구했다. 변방 거주민을 문명화(또는 교화)하기 위해 토지를 소유하지 않은 수만 명의 소작민과 군인을 강제로 변방으로 이주시키는 것이었다.《삼민주의》에서 쑨얏센은 다음을 말하기 위해 량치차오의 두 가지 형태의 민족주의—좁은 형태(소민족주의)와 넓은 형태(대민족주의)—에 관한 정의를 빌려 왔다. 지금까지 '우리는 민족주의의 부정적인 측면만을 취했다.' 나아가 이를 긍정적으로 활용하기 위해서는 '한족이 자랑스러워하는 핏줄과 역사, 정체성을 희생하고, 만주족과 몽골족, 회족, 티베트족과 하나의 용광로에서 진정으로 융

쑨얏셴의 저서 《건국방략》

합하여 새로운 중화 민족 질서를 창조해야 한다. 미국이 수많은 흑인과 백인을 융합한 후 세계에서 민족주의를 선도하는 것처럼 말이다.'

1919년 10월, 쑨얏셴은 국민당을 잇는 신당 중국국민당中國國民黨을 창당했다. 하지만 1924년 1월에야 제1차 전국대표대회를 소집하고, 쑨얏셴의 '삼민주의'를 정치 강령으로 선택했다. 당시에는 전쟁이 일어나고 있었으므로(베이징 정변. 1924년 10월 23일에 펑위샹馮玉祥이 쿠데타를 일으켜 북양 군벌이자 중화민국 총통이었던 차오쿤曹錕을 몰아낸 사건 - 옮긴이) 중국 내에서 유일하게 통제가 되었던 남쪽의 국립 광둥 고등 사범학교에서 회의를 열었다. 새로 들인 소련 자문관들의 영향으로, '민족주의' 원칙은 크게 수정되었다. 많은 민족을 하나로 '융합'하는 게 아니라 모든 민족을 동등하게 대우하겠다고 약속한 것이다. 하지만 그렇다고 해서 쑨얏셴의 마음이 변한 걸 방증하진 않았다. 러시아 기록 보관소의 문서들은 단일 국가 내에 거주하는 여러 민족이라는 표현이 전적으로 소련 자문관들의 작품이며, 쑨얏셴과 쑨얏셴의 사상 고문 왕징웨이의 반대를

뒤집고 삽입했다는 걸 보여 준다.[48]

나흘 후, 쑨얏센은 자신이 막 설립한 국립 광둥 대학교에서 첫 연설을 했다. 소련 자문관들과 거리를 두며 선언문을 직접적으로 반박했다. 그는 청중에게 중국은 전 세계의 다른 나라와는 달리, 단일민족으로 구성된 단일 국가라고 전했다─단일민족이 하나의 '나라-가족'(국가의 유교적 해석)을 형성하고 있다는 것이다. 사실 국가에 한족 외에 다른 민족도 있다는 걸 인정하는 한편, 결국 우월한 한漢 혈통에 동화될 것이기 때문에 다른 족은 무시해도 된다고 했다. "중국 민족은 총 4억 명이다. 이 중에는 단지 몇 백만 명의 몽골족, 백만 명의 만주족, 그리고 수백만 명의 티베트족, 이슬람교를 믿는 수십만 명의 회족이 있다. 하지만 모두 합쳐서 1000만 명 이상이 되지 않는다. 그러므로 대다수를 고려했을 때, 4억 명 중국인 전체가 한족이고, 동일한 핏줄과 언어, 종교, 관습을 공유한다고 말할 수 있다."[49]

한마디로, 쑨얏센은 소수민족이 명목상 평등하게 함께 살아가는, 소련 자문관들의 견해를 받아들일 시간이 없었다. 그는 사회적 다원주의를 믿었다. 백인 제국주의자들과 경쟁하고, 그들을 물리칠 수 있도록 한족이 중국 인종에 소수민족을 포함할 필요가 있다고 했다. 사회적 다원주의를 너무 굳게 믿은 나머지, 강요나 강제하지 않더라도 저절로 동화 과정이 일어나리라 믿었다. 그래서 이 '자연스러운' 과정은 수 세기 동안 계속되어 왔으며 만주, 몽골, 티베트, 신장웨이우얼 사람들이 한인 문화를 동경하였으므로, 이 지역이 모두 중국이 되었다고 주장했다. 그는 안남, 부탄, 보르네오섬, 버마, 한국, 네팔, 대만과 모든 과거 조공국을 통일되고 더 위대해진 중국 안에 포함하기 위해 '동화력'이 궁극적으로 이 국가들까지 뻗칠 수 있다고 시사했다.

쑨얏센은 1925년에 사망했다. 쑨얏센이 사망한 지 1년 후, 창카이섹은 국민당의 군사·정치 지도자로 자리매김했다. 1928년, 국민당은 베이징을 함락하여 국민 정부를 세웠다. 정부를 세우자마자 첫 번째로 한 일은 16년 전에 채택한 오색기를 쑨얏센이 소중히 여겼던 청천백일기로 바꾸는 것이었다. 1929년 제3차 전국대표대회에서는 1924년 성명서와 소수민족의 자결권에 대한 약속을 철회했다. 국민당은 쑨얏센의 단일 중화 민족주의를 실현하는 것처럼 보였다. 그런데 변방을 통제해야 하는 실질적인 필요성이 생겼다. 지역 정치 지도자들의 요구에 부응하고 외세의 위협을 의식한 민국의 새 정부는 내몽골과 티베트족이 거주하는 지역에 특별 자치구를 창설했다.[50] 후에, 1939년에는 내장(內藏, Inner Tibet)에 '창벤특별행정구川邊特別區'가, 1947년에는 내몽골에 자치구들이 설립되었다.

그러나 동시에 쑨얏센이 오랫동안 추진했던 철도 건설을 통해 인구를 '융화'하려던 꿈이 실현되기 시작했다.[51] 20세기의 첫 40년 동안 2500만 명의 한족이 둥베이 3성으로 이주했다. 이후 이주자 대부분이 떠났지만, 만주족은 규모가 작은 소수민족이 되었다. 1860년대까지 한족의 거주가 공식적으로 금지된 만주족의 옛 고향은 이제 한족의 지역이 되었다. 만주족은 동화되었고, 대청국이 막을 내릴 때까지 공식어로 남아 있던 만주어는 거의 완전히 사라졌다.

내몽골 지역이 자치구로 선포되었음에도 몽골족은 아직도 내몽골의 소수민족이다. 자치구 인구 2400만 명 중 5분의 1이 채 되지 않는다. 만주족 정도로 동화되지는 않았어도, 여전히 몽골어를 말하고 읽고 쓸 수 있는 사람의 수는 감소하고 있다.[52]

한편 신장과 티베트는 이야기가 달랐다. 주로 주요 인구 중심지로부터 떨어져 있고 기후가 척박했으며 철도 건설이 어려웠기 때문이다. 신장에 선로를 놓는 작업은 10년이 넘게 걸렸고 성도 우루무치에는 1966년에야 철도가 개통되었다. 1955년 중화인민공화국은 이 성을 자치구로 선포했는데, 몇 년 후 한족의 인구 비중은 10퍼센트에서 인구조사를 실시한 2010년에는 40퍼센트까지 증가했다. 투르크어를 말하고 아랍 문자를 사용하는 회족은 여전히 다수이지만, 가까스로 명맥을 유지할 뿐이다. 한편 티베트까지 철로를 완성하기까지는 훨씬 더 오랜 시간이 걸렸고, 2006년에 성부 라싸(拉薩, 달라이라마의 본거지이자 티베트 지방 정부가 들어선 도시 - 옮긴이)까지만 이어진다. 이 때문에 티베트자치구에서 한족의 인구는 상대적으로 적지만, 칭하이성과 쓰촨성 등 예로부터 티베트인들이 거주했던 지역에서는 훨씬 더 빠르게 증가하고 있다. 그러나 신장과 티베트의 한족 인구는 철도가 연결된, 지역 소득과 생활수준이 비교적 높은 도시에 집중되어 있다.

1911~1912년 혁명(신해혁명) 이후 수십 년간 가끔은 폭력적이었던 중국 정부는 네 가지 속령의 소수민족 정책 방향을 바꾸었다. 때때로는 극적으로 위안스카이와 쑨얏센의 적대적인 입장을 오가기도 했다. 오랫동안 민족 간의 차이가 용인되고 심지어 장려되기도 했다. 단일 중화민족이라는 이름으로 차이를 근절하기 위해 '융합'하던 때도 있었다.

쑨얏센은 이런 융합 작업이 순전히 숫자로 달성되리라고 생각했다. 쑨얏센은 1912년 5월 한 기자에게 "변방 지역에서 소동이 일어나도 상관없습니다"라고 말했다. "그들은 극소수일 뿐, 문제를 일으킬 만큼 강하지 않았습니다"라고 덧붙였다.[53] 하지만 1세기 후, 그의 배타적 애국주의적 낙관론이 맞을 때도 있지만 빗나갈 때도 있다는 게 증명되었다.

2018년 8월 31일 판첸라마가 티베트의 건설 프로젝트를 둘러보고 있을 무렵, 전에 잘 알려지지 않았던 중국 관료 후롄허(胡联合, 호연합)는 제네바에서 국제 뉴스의 헤드라인을 장식하고 있었다. 제네바에서 유엔 인종차별 철폐 위원회에 참석하기 전에 그는 공산당 통일전선부의 고위 관리로 묵묵히 이름을 올렸었다. 2017년 초부터 시작된 신장웨이우얼자치구의 안보 정책 뒤에 있는 브레인이었다는 점을 참작했을 때, 고위 관리보다 '강력 탄압 선동자'가 더 어울리는 명칭일 것이다. 그가 등장했을 시기, 100만 명이 훌쩍 넘는 위구르인과 투르크어를 사용하는 회족이 1200개 '재교육 캠프'에 억류되게 되었다. 후롄허는 우려할 만한 일은 아니었다고 위원회에 보고했다. 재교육 센터는 '직업 교육 및 취업 훈련 센터'로, 극단주의자들의 '재활과 사회로의 재통합'을 도울 수 있는 곳이었다.[54] 전 수감자들은 철조망 뒤에서 심문관이 행한 신체적, 정신적 고문을 묘사하며 후롄허의 말에 동의하지 않았다.

회족의 대규모 억류는 위구르족 극단주의자들의 한족을 겨냥한 몇몇 공격에 대한 대응이었다. 2017년 2월 신장웨이우얼자치구 서남부 허텐의 전략적 요충지에서 민간인 다섯 명이 사망한 사건이 최후의 결정타인 것처럼 보인다. 현지 관리들은 두건을 두르거나 수염을 기르거나 중국어 교육을 비판하는 등 '극단주의적 사고'의 징후를 보이는 사람을 골라내라고 지시받았다. 그 결과 성인 인구의 10퍼센트가 재교육 캠프에 억류되었고, 분리주의를 버리고 공산당의 가르침을 받아들였다고 간수들을 설득할 때까지 수개월(또는 그 이상) 압박을 받았다. 동시에 성 전체에 엄청난 수의 보안군을 배치했다. 장갑차, 오토바이를 탄 준군사경찰, 특수부대 등이 허톈과 구도 우루무치를 비롯하여 공산당의 통제가 미친다고 확신이 들지 않는 지역 곳곳의 거리를 장악했다.

후롄허는 중국의 민족 정책을 재고하는 핵심 인물이다. 테러리즘에 관한 논문으로 중국 공산당 중앙당교(中國共産黨中央黨校. 중국 공산당의 고급 간부를 양성하는 기관-옮긴이)에서 박사 학위를 받은 후, 중국 공산당 중앙 정치 법률 위원회에서 채용되어, 군대가 운영하는 싱크탱크인 중국 국제 전략 학회의 대테러 연구 센터로 차출되었다. 그는 테러리즘 관련 공산당의 주요 고문으로 활동하며 반극단주의법 입안에 관여했다. 그리고 2004년에 그는 청화 대학교에서 중화인민공화국 민족 정책이 처음으로 구체화된 내용을 강력하게 비판한 후안강 교수를 만났다. 새로운 접근법이 필요했기에 '두 명의 후 씨'는 함께 열두 편 이상의 논문을 썼다.[55] 후롄허는 '안정성 이론'을 개발했다고 주장했는데, 이를 위해서는 '인간 행동의 표준화'가 필요했다.

후안강과 후롄허는 특히 티베트와 신장에 초점을 맞추어, 단호한 조처를 하지 않으면 이 나라는 원주민 인구의 충성을 잃고 소련과 같은 운명을 맞게 될 것이라고 경고했다. 1세기 전 량치차오와 쑨얏센의 주장이 직접적으로 메아리치는 듯, '용광로를 포용'하고 56개의 민족을 단일 중화 민족에 녹여야 한다고 정부에 호소했다. 2011년 글에서는 집단에 기초한 모든 권리를 없애고, 소수민족이 거주하는 지역과 나머지 지역의 연결성을 개선하며(철도를 생각해 보라), 표준 국어의 사용을 확대하고, 국가 전체 지역으로의 이주를 늘릴 것을 당에 주문했다.[56]

2014년 9월 28일, 이 접근법은 시진핑의 공식적인 축복을 받았다. '중앙 민족 공작 회의中央民族工作會議' 연설에서 시진핑은 정책에 방향의 변화가 있을 거라고 분명히 말하며, 공산당이 통합에 더 많은 관심을 기울이고 다양성을 제도화하는 데는 관심을 덜 기울일 거라고 했다. "썩은 물은 흘려 보내야 합니다"라는 시진핑의 발언이 보도되었다. 회의는 민족적 사안에 대한 새로운 접근 방식을 승인했다. '융화'의 좀 더 부드러운 버전인, '섞이다'라는 뜻의 공식 표현—교융(交融, 뒤섞이다, 혼합되다, 한데 어우러지다라는 뜻 - 옮긴이)—을 사용했다. 이는 후안강과 후롄허가 내린 처방이다. 노동 이동성을 증가시켜 티베트족과 위구르족을 중국에서 한족이 사는 지역의 공장에서 일하게 하고, 민족이 융합된 공동체를 건설하며, 민족 간 혼인을 촉진하는 등의 정책들이다.[57]

이는 2017년 중국 공산당 전국대표대회에서 공식화되었으며, 공산당 헌장에 '중화 민족의 강한 집단의식을 구축'한다는 개념을 포함하기로 의결되었다. 하지만 시진핑을 비롯한 '제2세대' 민족 정책 지지자들은 견고한 반대 세력과 싸우고 있다. 중화인민공화국이 한 나라의 인민을 아직도 다른 민족으로 분류한다는 단순한 사실은 량치차오과 쑨얏센이 꿈꿨던 민족주의 프로젝트가 1세기가 넘는 노력에도 불구하고 성공하지 못했다는 것을 말해 준다. 하지만 시진핑은 위안스카이와 이오시프 스탈린Iosif Vissarionovich Stalin, 그리고 아버지가 남긴 이데올로기와 관료제의 유산에 맞서 싸우면서, 일단 '단일 중화 민족' 사상의 발명과 함께 1903년에 시작된 작업을 완성하기로 마음먹은 듯하다.

제6장

하나의 국어 —— 민족주의자들을 위한

홍콩 음식을 사랑하는 수천만 명에게 피쉬볼(생선 완자, 잘게 다진 생선 살에 달걀 등을 섞어 둥글게 빚은 뒤 삶거나 튀겨 만든 음식 - 옮긴이)은 홍콩을 정의하는 맛이다. 하지만 외국인 대부분의 입맛에 피쉬볼의 탱글탱글함은 당혹스러울 수도 있다. 노점상들은 날생선 살을 계속 쳐대 폭신폭신한 반죽을 만든 후, 쌀가루와 섞어 탄력 있는 식감으로 입에 즐거움을 주는 구球 모양의 음식을 만든다. 피쉬볼을 육수에 데쳐 꼬치로 꽂아주는 노점상도 있고, 기름에 튀겨서 소스를 발라 주는 노점상도 있다. 피쉬볼을 즐기지 않는 사람에게 피쉬볼은 단순히 잡어를 섞어 만든 젤리 같은 음식이지만, 뼛속까지 홍콩인인 사람들에게 길거리 피쉬볼은 현지 도시 문화의 전형이다.

홍콩 피쉬볼을 제대로 즐길 수 있는 날은 춘절이다. 이 계절 축하 행사는 지난 몇 년간 홍콩특별행정구로 이주한 본토인들을 다시 불러들였다. 홍콩 토박이에겐 달력을 1997년 이전, 본토인이 들어오지 못하게 높은 담장을 치고 영국 순찰대가 홍콩을 보호해 주던 시절로 되돌리는 것과 다름없다. 춘절에 피쉬볼을 제대로 즐기려면 쌈서이포만한 곳이 없다. 가우룽 북쪽에 있는 쌈서이포는 고층 건물이 빽빽이 들어서 있고 노동자 계급이 사는 지구로, 과거에 난민이었던 중국 본토 출신 다수가 거주한다. 3일 동안 노점 허가가 없는 행상이 와글거리는 거리를 따라 노점을 세웠고, 흥청거리는 사람들에게 음식을 팔았다. 저임금 노동자들이 값싼 간식을 판 것이다. 길거리 노점 행위는 불법이지만 항상 그랬듯이 경찰들은 못 본 체했다. 어차피 축제니까 말이다.

2016년 2월 8일 월요일은 피쉬볼을 먹는 전형적인 춘절의 밤은 아니었다. 월요일 밤이 지고 화요일 날이 밝았을 때, 44명의 경찰이 부상을 입고 24명이 체포되었다. 그날 밤은 홍콩 식품 환경 위생부 관계자들의 '불법' 노점상 단속으로 시작됐다. 단속을 피하고자 행상은 남쪽 몽콕 지역으로 향했다. 몽콕 지역은 쇼핑 및 유흥가로, 종종 지상에서 가장 붐비는 장소이자 홍콩의 '진정한 심장'이라 불리기도 한다. 그들은 네이선 로드Nathan Road의 주요 쇼핑 구역과 나란히 있는 홍등가, 포틀랜드 거리Portland Street로 갔다. 하지만 얼마 지나지 않아 관계자들이 대거로 들이닥쳐 노점상을 체포하겠다고 으름장을 놓았다. 행상은 옆 골목으로 후퇴했다. 대치를 위한 무대가 준비되어 있었다. 한 시위대 무리가 등장해서 행상들을 포틀랜드 거리 뒤로 호위하기 시작했다. 집에서 만든 방패와 마스크, 현수막을 들고 준비된 채 도착했다. 교착 상태가 뒤따랐고 폭동 진압 경찰이 출동했다. 결과는 열 시간에 걸친 교전이었다. 경찰봉과 벽돌과 유리병이 날아다니고 두 발의 총알이 공중에 발사되었다.

환경미화원들이 잔해를 치우면서 불법 노점상이 거리에서 피쉬볼을 팔아서 이런 일이 발생한 게 아니라는 게 분명해졌다. 2016년 '피쉬볼 폭동'은 '지역주의'에 대한 수호였다. 그리고 국가 문화를 단일화하여 홍콩인들을 특별하게 느끼게 했던 삶의 방식을 근절하려는 본토 정부를 향한 저항이 폭발한 사건이었다. 사건이 암흑가의 삼합회 패거리들이 세력 쟁탈을 위해 치열하게 싸워 대고 비행이 들끓는 지역에서 일어났기 때문에 발생 원인을 정확하게 규명하기는 어렵지만, 폭동의 기저에는 문화를 박해하는 강력한 느낌이 있다는 점은 의심할 여지가 없다. 자신들을 '본토 민주 전선本土民主前線'이라 칭하는 단체 지지자들을 비롯한 지역주의자들은 피쉬볼 노점상을 새로운 정체성의 상징으로 만들기로 했다—중국 본토의 고압적인 태도에 반하는 홍콩 민족주의의 상징. 폭동 진압 경찰은 행상들을 단속하기 위해서가 아니라 꿈틀거리기 시작하는 분리주의 운동을 짓밟기 위해 정적 암살단으로서 배치되었다.

1840년 아편전쟁의 전리품으로 영국이 홍콩의 바위섬을 점령했을 당시, 원주민들은 몇몇 어촌 마을로 구성되어 있었다. 전형적인 식민지가 그렇듯 영국은 영어만 사용하는 식민지청을 설치했다. 이후 1세기반 동안, 수십만 명의 본토인은 고향의 가난과 전쟁, 무질서에서 벗어나기 위해 도시로 도망쳤고, 각각 다른 지역 방언을 가져왔다. 대중의 끈질긴 항의 끝에 1974년이 되어서야 영국은 결국 중국어를 공용어로 사용하는 걸 허용했다. 하지만 어느 형태의 중국어를 사용해야 하는지는 명시하지 않았다. 왜냐하면 어떤 형태의 중국어가 공용어인지에 관한 논의가 없었기 때문이다. 주민의 압도적 다수가 사용하는 언어는 광둥어였다. 그리고 글자를 쓸 때 홍콩인들은 1956년 이후 본토 공산주의자들이 도입한 간체자가 아니라, 원래의 전통적인 글자인 번체자를 사용했다.

1997년 홍콩이 중화인민공화국에 반환되었음에도, 공식적으로 이 합의에는 변화가 없다. 번체자는 지금까지도 표지판과 공공건물에 쓰이고, 정부와 사법 체제에서는 여전히 광둥어를 말한다. 광둥어에서만 쓰이는 특정 용어와 표현의 특정한 형태가 있고, 이는 공용어와 비공용어에서 모두 두루 쓰인다. 그러나 홍콩 '본지인'들은 몽콕 시위대와 마찬가지로, 베이징의 공산당 지도부가 모국어인 이를 바꾸려고 한다고 믿는다. 공식적인 발표는 없었지만, 광둥어를 반대하는 '비밀스러운' 계획이—광저우인의 정체성이라는 바로 그 신념에 반대하는 것이기도 하다—이미 진행 중이라는 증거들이 쏟아지고 있다.

홍콩이 반환된 지 1년 후, 홍콩 정부는 중국 본토 정부가 공식적으로 통용하는 언어인 보통화(普通话, 푸퉁화. 표준 중국어—옮긴이)를 초등학교와 중학교 학생들에게 의무 과목으로 가르치겠다고 밝혔다. 하지만 시수가 일주일에 한 시간밖에 안 되는 '외국어' 수업으로 가르쳤다. 10년 후 시 당국은 보통화를 교육 언어로 지정하기 위해 학교에 유인책을 제공하기 시작했다. 2008년부터 전 과목을 보통화로 가르치기로 동의하면 학교는 추가적인 자금 지원을 받을 수 있게 되었다. 점점 더 많은 홍콩 학부모들은 보통화를 유창하게 구사하면 더 나은 일자리를 찾을 수 있을 거라며 자녀를 보통화를 가르치는 학교로 보내기 시작했다. 젊은 세대는 왜 보통화를 배워야 하는지 분하게 여겼고, 이 과정에서 부모 세대와 세대 차이가 더 벌어진 듯했다. 몇몇 사람들에게는 자신이 의도했던 바와는 정반대의 효과를 가져온 것처럼 보인다. 홍콩인들을 본토에 통합되기보단 본토에 저항하는 길에 놓은 것이다.

동시에 본토에서는 광둥어의 미래에 대한 두려움도 일기 시작했다. 광저우시는 2010년 11월에 아시안게임을 개최할 예정이었다. 그해 7월, 중국 인민 정치 협상 회의(中國人民政治協商會議, 공산당 및 기타 정당, 각 단체, 각 정계의 대표로 구성되는 중화인민공화국의 정책 자문 기구 – 옮긴이)는 공산당과 기타 현지 조직을 '통일전선'으로 결합하였다. 중국 인민 정치 협상 회의 광저우시 위원회는 광저우 주요 방송국에서 광둥어가 아닌 보통화로 경기를 방영하라고 권고했다. 중화인민공화국의 법은 모든 위성 방송 프로그램을 보통화로만 방송하도록 규정하고 있기에, 이러한 변화를 통해 광저우 TV도 위성 전파로 이득을 볼 수 있었다. 위원회는 보통화로 방송을 한다면 중국 내외의 훨씬 더 많은 시청자가 방송을 시청할 수 있게 되어 성의 명성을 국제적으로 드높일 수 있다고 주장했다. 또한 보통화를 배운 외국인들도 뉴스를 이해할 수 있다는 근거를 들었다.[1]

독립적인 성향으로 유명한 지역 주간지 《남방일보南方周末》가 이 사실을 보도하기 시작하자, 온라인 포럼 등 곳곳에서 즉각적인 반응이 올라왔다. 글을 쓴 사람들은 광둥어를 구사하는 것에 대한 자부심을 드러내며 광둥어가 고전 중국어에 얼마나 가까운지, 전 세계 1억 명의 화자를 둔 광둥어가 얼마나 국제적인 언어인지, 또 광둥어와 비교했을 때 보통화가 얼마나 추하게 들리는지 이야기했다. 베이징의 광둥어 반대 운동은 일부에서는 지역 문화에 반대하는 운동으로 인식되고 있으며, 많은 사람은 정부의 궁극적인 목적이 광둥어의 완전한 말살이라고 생각한다. 또한 광저우로 이주하였으나 광둥어를 배우지 않은 사람들을 비판하기도 했다. 중국 인민 정치 협상 위원회에서 권고안(보통화 방송 권고안)을 작성한 사람도 그런 이주자 중 하나였다.[2] 현지인들은 이런 사람을 '북로(北撈, 撈는 부정한 수단으로 얻다, 물속에서 건져 올리다, 손에 닿은 김에 가지다, 佬는 사나이, 놈이라는 뜻이다. 北佬는 북쪽 상놈들, 북쪽 새끼들이라는 뜻의 인터넷 신조어인데 광둥 방언인 노녀(撈女, 욕심과 허영이 가득하고, 노력해서 돈을 버는 게 아닌 몸을 팔아서 돈 버는 여자, 자존심을 포기하고 영혼과 몸을 이용해 돈을 얻으려는 여자)가 합쳐서 북쪽에서 온 창놈들이란 뜻의 북로北撈가 등장했다. - 옮긴이)'라 불렀는데, 광둥어로는 '부당하게 이익을 취하는 북부 출신 사람'과 발음이 매우 비슷하다.[3]

7월 25일, 시위는 온라인에서 오프라인으로, 광저우의 실제 거리로 번졌다. 최소 2000명(1만 명이 모였다는 말도 있다)이나 되는 인파가 장난시江南西 지하철역 외곽에 모여 분노의 목소리를 냈다. 일주일 후 광저우 인민 공원에서 열린 또 다른 시위에는 수백 명이 참석했고, 동시에 홍콩에서는 연대 집회가 열렸다.[4] 광저우 전체의 문화를 지키고자 하는 운동은 형태를 갖추기 시작했다. 이에 대응하여 광저우 당국은 입장을 바꿨다. 광저우 TV는 보통화로 방송을 내보내라는 위원회의 권고안을 거절했고, 위성 방송 네트워크에 손을 못 대도록 했다. 아시안게임 선수들과 시청자들은 어쩔 수 없이 뉴스를 광둥어로 시청해야 했다.

하지만 이는 전술상 후퇴에 불과했다. 2014년 6월 30일, 한 시간마다 업데이트되는 광저우 TV 뉴스 게시판의 언어는 광둥어에서 보통화로 바뀌었다.[5] 광저우 TV의 광둥어를 사용하는 네 명의 진행자는 보통화 진행자로 대체되었다. 그리고 9월, 대부분의 기존 프로그램 언어도 보통화로 바뀌었다. 한 내부자는 홍콩 신문 《남화조보南華早報》에 '공식적 홍보나 시청자 공지 없이 이는 조용하게 이루어지고 있다'라고 말했다.[6] 비평가들은 뜨거운 물에 개구리를 넣으면 바로 뛰쳐나오지만, 찬물에 넣고 서서히 가열하면 물이 뜨거워지는 걸 모르고 익어 죽게 된다는 냄비 속 개구리에 이 전략을 비유했다. 결과는 중화인민공화국 전체 영토에서 단일한 국어를 써야 한다고 오랫동안 주장해 온 이 운동에 또 한 번 승리를 안겨다 주었다. 하지만 지금 이 운동이 얼마나 완벽함과 거리가 먼지 알게 되면 놀랄 독자도 있을 것이다.

2017년 4월, 중국 교육부와 영어로는 국가 언어 위원회State Language Commision[7](공식 명칭 국가 언어 문자 공작 위원회國家語言文字工作委員會, 줄여서 국가어위國家語委)[8]라 알려진 교육부 산하 기관은 2020년까지 중국 시민의 80퍼센트가 보통화를 사용하는 목표를 세웠다. 말도 안 되는 목표였다. 3년 안에 1억 4000만 명의 사람들이 새로운 언어를 구사하도록 가르칠 수 있는 확률은 거의 없다. 이는 공산당이 국가를 건설하는 일이 얼마나 시급하다고 보는지를 보여 주는 지표이다. 오래전인 1982년, 국가가 '보통화의 전국적 사용을 장려'하도록 명령하는 새로운 조항이 국가 헌법에 추가되었다. 그로부터 25년 후에 교육부가 발표한 내용은 긴 세월 동안 그다지 변화한 게 없다는 것을 인정하는 것이었다. 인구의 거의 3분의 1에 해당하는 약 4억 명은 국어를 사용하지 않는다. 홍콩과 광저우의 시위들(티베트와 신장웨이우얼자치구의 분리 독립 시위는 말할 필요도 없다)이 보여주듯이, 국어라는 아이디어는 전국적으로 환영받지 못했다.

이 모든 장소에서 언어는 자랑스러운 상징이다. 지난 세기 베이징과 난징에서 처음으로 등장한 근대 '중국'의 정체성 전에 지역적, 심지어 국가적인 정체성이 존재했다는 사실을 상기한다. 본토의 불공정한 사법 제도에 종속되는 것에 대한 주민들의 우려에서 시작된 2019년 홍콩의 거리 시위는 폭력적으로 변해 갔다. 왜냐하면 본토 지도부는 특구 정부가 자신을 비판하는 이들과 타협하는 것을 허용하지 않았기 때문이다. 현장 뒤에서 벌어지는 정치 싸움은 홍콩인의 차별성과 자아감에 대한 공격으로 인식되었다. 이는 의도적인 공격이었다고 보인다. 시진핑의 중국에서 문화 정체성의 차이를 위한 공간은 거의 없다. 언어는 강압적으로 밀어붙이는 민족주의와 튼튼한 기반의 지역별 차이 간의 싸움터가 되어 왔다. 하지만 이는 새로운 현상과는 거리가 멀다. 국어라는 본래의 개념이 처음 등장한 순간으로 되돌아가 보자. 이는 무엇이 옳은지를 두고 다툰 두 왕 씨(왕자오〔王照, 왕조〕와 왕룽바오〔汪榮寶, 왕영보〕) 간의 싸움으로 절정에 이르렀다.

구 상하이 경마 총회上海跑馬總會 건물에는 현 상하이시 역사박물관이

들어서 있다. 20세기 초반 제국주의 문화의 요새였던 상하이 경마 총회는 이제 새로운 목적을 지닌다. '고대'로 거슬러 올라가 상하이다운 감각을 주장하는 것. 박물관 전시들은 '국가' 문명보다 지역 문명이 부상한 이야기를 줄잡아서, 하지만 급진적인 방식으로 들려준다. 즉, '중국 문화'보다 '장강 삼각주(長江三角洲, 중국의 상하이시와 장쑤성 남부, 저장성 북부를 포함한 장강 하구의 삼각주를 중심으로 한 지역으로 양쯔강 델타라고도 불린다.-옮긴이) 문화'를 소개한다. 6000년 역사의 마가빈 문화(馬家濱文化, 마자방 문화라고도 불리는 마가빈 문화는 중국에 존재한 신석기시대의 문화로, 장강 하구 부근의 태호에서 항저우만 북안에 걸친 지역에 퍼져 있었다.-옮긴이) 사람의 두개골과 4000년 역사의 양저 문화(良渚文化, 양주 문화라고도 불리는 양저 문화는 중국의 장강 문명 하나로, 저장성 항저우시 양저 유적에서 발견된 신석기시대의 문화를 일컫는다.-옮긴이)의 정교한 상아 조각품이 있지만, 그 어디에도 병마용은 없다. 부모들은 진열장마다 적힌 설명문을 세세하게 읽으며, 각 지역 방언의 불협화음으로 아이들에게 그 의미를 큰 소리로 설명해준다. 부모들은 상하이어, 광둥어, 보통화를 구사하지만. 고대의 유물을 만드는 사람들 그 누구도 방언을 이해하지 못했을 것이다.

그렇다면 양저 사람들은 누구인가? 알려진 바는 거의 없지만, 유전학자, 언어학자, 고고학자, 인류학자들은 정보를 한데 모아 하나의 그림을 그렸다. 현장에서 발견된 유골에는 'Y-DNA 하플로 그룹 O1'에 속하는, 유전자 표지자가 남성 염색체에 있는 걸로 드러났다. 과학 기술은 끊임없이 진보하고 있지만 현재의 연구에 따르면 이 하플로 그룹(공동의 선조를 공유한다고 여겨지는 집단)은 동남아시아에서 발견되는 타이카다이Tai-Kadai어와 오스트로네시아형Austronesian 언어의 화자들과 강하게 관련되어 있다.[9] 다시 말해, 현재 이론에 따르면 상하이와 장강 삼각주의 초기 거주자들은 동남아시아 해안을 따라 이주했고 북방인보다 남방인과 공통점이 더 많은 언어를 사용했다. 수렵할 물고기가 넘쳐났고 배를 타고 이동하기가 편리했으며 삼각주 지역의 토양이 비옥했다는 걸 고려했을 때, 사람들이 육지보다 해안가 주변에서 빠르게 정착한 것은 놀랍지 않다. 장강에 거주하던 사람들은 쌀농사를 지었는데, 동남아에서 쌀농사 기술을 가져왔을 것이다. 반면 북부 사람들은 황하 근처에서 수수를 재배했다. 쌀농사를 짓는 오스트로네시아 어족 화자들은 다른 어족의 화자들이 도착해서 섞이거나 정복당하기 1000년 전에 거주하고 있었다. 중국 과학 쿤밍 동물 연구소中國科學院昆明動物研究所의 쿵칭펑(孔慶鵬, 공경붕) 교수가 지휘한 새로운 연구는 이를 확인해 주는 듯하다. 연구 팀은 약 1만 년 전 황하 유역에 거주하던 사람들과 장강·주강 하류에 거주하던 사람들이 유전적으로 다르다는 걸 발견했다. 하지만 황하, 장강, 주강에 살던 사람들 모두 똑같이 중국인의 조상으로 부를 수 있다는, 논란의 여지가 있는 결론을 내렸다.[10]

이러한 선사시대 정착 과정의 결과, 오늘날 중국 해안 주변에서 사용하는 언어 패턴은 내륙에서 발견되는 언어 패턴과 사뭇 다르다. 상하이어·광둥어·민난어(푸젠성과 대만에서 쓰인다)를 비롯해, 그보다 덜 잘 알려진 언어들의 뿌리는 먼 과거로 거슬러 올라가므로, 그 발달 과정은 세심한 주의를 기울이고 일부를 추측하여 재구성할 수밖에 없다. 홍콩, 상하이, 샤먼시—그리고 이 사이에 있는 장소 대부분—에서 쓰이는 현대 언어는 동남아시아와 동북아시아의 영향이 섞인 결과물이며, 그 과정은 아직도 진행 중이라는 게 현재 일치된 의견이다.[11] 언어학자들은 언어의 '층layer' 개념을 거의 암석의 지층 개념처럼 설명한다. 전 방향에서 흘러들어오는 입자가 기존 구조물 위에 쌓이고, 새롭게 형성된 암석에 섞인다. 지난 2000년 동안 북부의 영향을 너무나 크게 받았기 때문에, 예전에 쌓인 지층을 발견하기 어려울 수 있다. 한편 남방 언어의 단어, 언어 구조와 발음은 공식 사용을 명한 보통화보다 이웃 나라의 베트남어와 태국어와 공통점이 더 많다.

1950년대 《현대 중국어 사전》' 편찬인 중 한 명인 중국 언어학자 뤼수샹(呂叔湘, 여숙상)은 한때 약 2000가지 형태의 '중국어'가 중국과 대만에서 구사되었다고 추정했다.[12] 몇몇 언어의 화자는 큰 어려움 없이 다른 언어의 화자와 의사소통을 할 수 있었지만, 미국 출신 중국학자 고故 제리 노먼Jerry Norman은 약 400개의 언어는 서로 알아들을 수 없었다고 추정한 적이 있다.[13] '서로 모국어를 썼을 때, 베이징어 화자가 광둥어 화자를 이해하는 수준은 영국인이 오스트리아인을 이해하는 수준보다 낫지 않다'라고 나중에 썼다. '하이난에서 쓰는 민어 방언들과 시안 방언의 차이는 스페인어와 루마니아어의 차이만큼 크다.'[14] 각각 다른 말의 종류 간의 관계를 묘사하는 법은 언

중국 언어학자 뤼수샹의 모습

어 문제인 만큼 정치적인 문제이기도 하다. 러시아 언어학자 막스 바인라이히_{Max Weinreich}가 남긴 유명한 말처럼, '언어란 육군과 해군을 가진 방언이다(정치적인 요인이 표준어와 사투리의 지위를 정한다는 것을 뜻한다. - 옮긴이).' 스페인어와 루마니아어는 별개의 언어라고 설명하는 게 일반적이지만, 중국 정부는 하이난 민어와 시안어를 단일 국가에서 사용되는 단일 언어의 '사투리'일 뿐이라고 주장한다.

보통화에는 이러한 어려움을 깔끔하게 우회하는 용어가 있다. 방언方言—말 그대로 '지역의 언어'이다. 방언에는 '언어'와 '사투리'라는 두 가지 의미가 내포되어 있기 때문에 중국학자들은 이 용어를 사용하면 정치적인 문제를 피해 갈 수 있다. 일반적으로 중국에서 사용되는 7대 주요 방언이 인정된다. 보통화, 웨어(粵語, 월어. 광둥어를 포함한다), 우어(吳語, 오어. 상하이어를 포함한다), 민어(閩語, 민난어를 포함한다), 하카어(客語, 객어), 간어(贛語, 감어. 장시성에서 쓰인다), 샹어(湘語, 상어. 후난성에서 쓰인다)가 그것이다. 방언이라는 단어는 현지 말씨의 작은 차이뿐만 아니라, 현지 언어와 유럽 언어 간의 주요한 차이점을 설명하는 데도 사용되었다는 역사적 사례가 있다. 미국의 철학자 빅토르 메이어_{Victor H. Mair}는 '토포렉트(topolect, 장소와 지역을 뜻하는 접두사 topo와 방언을 뜻하는 dialect의 합성어 - 옮긴이)'라는 단어를 방언의 영어 대응어로 발명했다. 이 단어는 말씨가 특정한 장소(장소의 크기는 다양할 수 있다)와 관계가 있다고 설명하지만, 어떻게 다른지, 또는 국가가 인정한 언어인지를 정확히 명시할 필요가 없다. 메이어는 무슨 단일 언어가 '중국인'에 의해 구사되는지 선택하는 것은 전적으로 정치적이기 때문에 '중국어'라는 표현을 사용하는 것에 대해 경고한다. 서로 어느 정도 관계가 있으나 하나의 공통적 근원에서 비롯된 것은 아니라는 것을 보여 주기 위해 '한어' 토포렉트 그룹이라고 말하는 것을 선호한다.

근대까지는 '언어'를 뜻하는 한자가 없었다. 글을 뜻하는 단어—문자文字—와 말을 뜻하는 단어—어언语言—가 있었지만, 뜻이 달랐다.[15] 메이어에 따르면, 거의 대다수 한어 토포렉트는 문어文語인 적이 단 한 번도 없었다. 역사적으로 글을 쓸 줄 모르는 사람들이 사용하는 언어였다. 문어—'고전 중국어' 또는 한문—는 정의상으로 식자들만이 사용하는 언어였다. 읽고 쓰는 데만 사용되었다. 말하는 형태는 없었다. 관료들이 사용하는 관화官话라고 알려진 명망 있는 언어의 형태도 있었다. 관화라는 이름은 말 그대로 '공식적인 말'을 뜻한다. 외국인들은 관료 집단이 말하는 언어와 쓰는 언어 간에 차이가 있다는 것을 간과한 듯싶다. 그 결과 전통적인 문어, 한문과 구어 관화는 모두 통틀어서 '관화Mandarin'로 알려지게 되었다. '관화'라는 용어는 포르투갈어 mandar, '명령하다'에 기원을 두나 그 자체는 힌디어-우르드어에서 기원한, 관료를 뜻하는 말레이어 mantri와도 연관이 있다. 따라서 '관화'는 '공식적인 말'의 적절한 번역일 것이다.[16] 한편 문어, 한문은 제국 전역의 학자와 관리들이 읽을 수 있는 링구아 프랑카(Lingua Franca, 서로 다른 모어를 사용하는 화자가 의사소통을 위해 공통어로 사용하는 제3의 언어-옮긴이)로, 로마 제국의 라틴어와 같은 역할을 했다—이는 소통과 통제의 수단이었다. 대다수의 로마 시민은 라틴어를 읽을 줄 몰랐지만, 지배층은 라틴어를 사용했다. 한문도 마찬가지였다.

하지만 라틴어와 한문 사이에는 큰 차이가 있었다. 엘리트층이 사용하던 말의 형식(관화)이 있었던 반면, 한문 텍스트도 소리 내어 읽을 수 있었는데, 지역 토포렉트에 따라 단어 소리는 완전히 달랐다. 조정의 칙령이나 공문은 한문으로 작성하여 베이징에 게재되었고, 사실상 제국 내 다른 도시나 읍, 마을 사람들이 이해할 수 있도록 '번역'되었다. 당시, 지역 토포렉트는 관화의 문자와 연관되었기 때문에 같은 언어를 나타내는 것처럼 보였다. 대응하는 예를 들어 보자면, 유럽연합 국가들이 이모티콘을 써서 소통한다고 치자. 물고기 이모티콘을 보고 영어 화자는 'fish'로, 불어 화자는 'poisson'으로, 크로아티아인은 'riba'라고 읽겠지만, 똑같은 문자를 공유한다.

하지만 관화조차도 대청국의 공식 언어는 아니었다. 관화는 한족 영역('중국 본토') 내에서만 사용되었다. 그 외의 지역에서는 다른 문자, 즉 티베트어, 투르크어, 몽골어를 사용했다. 조정은 하위 행정구역을 조율하기 위해 자신만의 언어를 사용했는데, 이는 상하이 역사박물관의 한 진열장에서 뚜렷하게 볼 수 있다. 전시품 222번은 청의 가장 광대한 백과사전의 편집장이었던 '루시슝(陸錫熊, 육석웅)의 부모에게 황제가 봉증(封贈, 영전榮典을 수여한다는 뜻으로, 천자가 고관으로 있는 사람의 살아 있는 증조부모, 조부모, 부모, 처에게 영전을 수여하는 것을 봉封, 고인일 경우에는 증贈이라고 했다. - 옮긴이)한 문서'이다. 1780년으로 거슬러 올라가는 이 영전은 금박과 은박으로 자수가 놓여 있는 비단 두루마리다. 금박을 입힌 한쪽 끝은 관화 서예로 장식한 한편, 은박을 입힌 다른 쪽 끝은 아예 다른 문자, 청나라 조정의 행정 언어로 쓰여 있다.

1912년 대청국이 멸망할 때까지, 공식 언어는 '중국어' 관화가 아
니라 명나라를 정복하고 몽골, 티베트, 신장을 자신들의 영역에 편입시
킨 동북부 만주족의 만주어였다. 청나라 조정의 비서실인 한림원 내에
는 항상 '만본방(滿本房, 만주어로 된 문서의 필사와 교열 등 사무를 전문적으로
처리했던 청대의 내각서-옮긴이)'이 있었다. 모든 정부 문서와 황제에게 바
치는 기록은 만주어로 쓰여야 했고, 만주어와 다른 언어로 쓰인 문서
를 보관하는 자료실이 따로 있었다. 심지어 대부분의 '만주족'이 일상
생활에서 만주어 사용을 멈춘 후에도, 수백 명의 사대부는 여전히 공식
칙령과 보고서를 만주어와 다른 언어로 번역하기 바빴다. 황제는 신하
들과 사절들에게 계속 만주어로 말했고, 만주어를 구사하지 못하는 신
하를 교육했다.[17] 루시슝의 부모에게 전달한 권축은 하나 이상의 언어
가 공식적으로 쓰였다는 걸 보여 주는 수만 개의 예시 중 하나일 뿐이
다. 사실, 관화로는 만주어를 '국가의 말―국어國語―'이라고 부르기도
했다. 하지만 20세기 초반의 문화적 변화와 1911~1912년 혁명(신해혁
명)은 이 상황을 완전히 뒤집어 놓았다. 관화는 사실상 국어가 되었고
만주어는 소멸했다.

대청국이 멸망할 때까지 대청국에는 온 나라가 쓰는 국어national
language가 필요하지 않았다. 왜냐하면 청이라는 나라가 존재하지 않았
기 때문이다. 조정은 다언어·다민족 제국을 다스릴 공용어state language
가 필요했을 뿐이다. 쑨얏센과 량치차오를 비롯한 1890년대와 1900년
대의 동시대인들이 중국이라는 국가를 상상하고 존재하게 만들기 전

까지 국어에 관한 질문은 생각조차 되지도 않았다. 그 토론의 운명은 동시에 다른 지식인들이 던진, 언어에 관한 또 다른 일련의 질문들에 강력하게 영향을 받았다.

다수의 개혁파는 청나라 교육이 미비하여 1894~1895년 청일전쟁에서 패배했다고 비난했다. 심지어 일본 하급 병사도 청나라 하급 병사와는 달리 명령과 지도를 읽을 수 있었다. 하지만 개혁파는 더 심오한 이유가 있다고 보았다. 다른 나라에서는 대중 교육을 통해 국가가 건설되었다. 일본의 근대화 운동가이자 1890년대에 베를린과 라이프치히에서 공부한 우에다 가즈토시는 '모국어'가 '국가의 내면화된 정신'을 대표한다는 독일어 언어학자의 주장을 받아들였다. 1898년, 우에다는 일본의 문부 과학성 전문 학무 국장으로 임명되어 말과 글이 통일된 국

일본의 근대화 운동가이자 언어학자
우에다 가즈토시의 모습

어를 창조하라는 명을 받았다. 이는 전통적인 '중국' 글자의 사용을 표준화 및 제한하고, 일본 상류층의 말을 공통 국가 표준으로 삼으며, 글을 쓸 때는 토착어를 사용하라고 장려하는 내용을 포함했다.[18]

한편, 티모시 리처드와 같은 선교사들은 《만국공보》 지면과 다른 통로를 통해 일본의 선례를 설파하고 있었다(제4장 참조).

1895년에 재출판된 황준헌의《일본국지》(제3장 참조)는 청나라 개혁주의자에게도 영감의 주요 원천이었다. 그들의 메시지는 분명했다. 학교, 도서관, 신문을 통한 대중 교육은 국가를 하나로 단합시키고 부강하게 할 수 있다. 캉요우웨이의 1895년 개혁 청원과 량치차오의 1896년작《변법통의變法通議》는 둘 다 교육을 확대하고 일본으로부터 배워야 할 필요성을 촉구했고, 광서제는 그러한 메시지를 잘 받아들였다. 서태후가 광서제에게 반대하여 쿠데타를 일으키기 전, 광서제가 마지막으로 한 일 중 하나는 일본어의 번역을 늘리고 고등교육을 위해 일본에 학생을 파견하는 칙령을 발표하는 것이었다. 서태후의 쿠데타와 백일유신 이후로 사실 엄청난 수의 사람이 일본으로 빠져나갔다. 하지만 목숨을 지키기 위해 일본으로 도망쳐야 하는 사람은 개혁파뿐이었다.

1900년대 서태후가 직접 개혁을 도입하기 시작한 이래로, 정부는 장학금을 주어 더 많은 학생을 일본으로 보냈다. 그 후 10년 동안 그들은 우에다 가즈토시와 같은 관료의 지도를 받으며 일본에서 일어나는 언어 근대화 현상의 영향력을 아주 가까이서 지켜봤다. 급진적인 성향의 사람들은 이 쟁점을 사회 다윈주의적 용어의 틀에 끼워, 개혁과 멸종 사이 선택의 문제라고 했다. 그들이 보기에 문제의 핵심은 언어였다. 몇몇은 중국어와 국가적 생존은 양립할 수 없다고 주장했다. 중국어는 현대적 개념에 대처할 수 없었고, 배우는 데 너무 오랜 시간이 걸렸기에 많은 사람은 글을 읽고 쓸 줄 몰랐고, 아무런 힘이 없는 채로 남겨졌다.

황준헌은 자신의 저서에서 '말과 글의 합일'이 필요하다는 독일 언어학자들의 주장의 일본어 버전을 처음으로 독자들에게 소개했다. 이 어구를 언문합일言文合―이라고 번역했다. 황준헌은 전통적인 한자를 익히기 너무 어려운 나머지 일상생활에서 사용하는 언어의 간극이 커지는 것을 걱정했다. 그는 영국과 프랑스가 라틴어를 버리고, 사람들이 말하는 언어를 채택함으로써 강대국이 되었다고 밝혔다. 일본은 간지 글자를 가나라고 알려진 음소 문자로 보충하여 선례를 따랐다.

황준헌의 주장은 언어 개혁이 두 방향으로 나아가야 한다는 걸 시사했다. 이 두 방향은 종종 같은 걸 가리킨다고 생각되었지만, 둘의 차이점은 중국의 국어가 미래에 탄생하는 데 아주 중요해졌다. 황준헌은 전통 한자를 사용하는 근대적 글쓰기 방식과 화자들이 발음하는 언어의 소리를 쓰는 방식—병음 문자(倂音文字, phonographic script)—이 모두 필요하다고 주장했다.[19] 사실 이 둘은 매우 다른 문제였다는 걸 이해하면, 개혁가들이 마주했던 문제의 핵심에 다가가게 된다.

한어 병음 문자는 실제로 한동안 유통되었다. 기독교 선교사와 외국인 외교관은 전도와 정보 수집을 돕기 위해 그들만의 표기법을 만들었다. 바로 '웨이드-자일스(Wade-Giles, 중국어 로마자 표기법의 일종)' 표기법이다. 영국의 관료였던 토머스 웨이드 경Thomas Wade과 허버트 자일스Herbert Giles가 완성한 체계는 영국 표준이 되었다. 하지만 중국어를 모국어로 사용하는 화자에게는 충분하지 않았고, 계속해서 대안을 모색했다. 그들 모두 한 자가 곧 단어(엄밀히 말하면 '형태소')를 뜻하는 전통적인 중국 글자를, 실제로 말해지는 단어의 소리를 나타내는 기호로 교환한다는 야심을 가지고 있었다. 예를 들어, 고양이cat나 공포fear

를 뜻하는 문자 대신, 병음 문자는 'c', 'at' 또는 'f', 'ear'의 발음만 표시한다. 다양성과 독창성에도 불구, 모든 병음 문자 방안은 같은 문제가 있었다는 것은 시작부터 분명했다.

영국의 외교관이자 중국학자였던 허버트 자일스의 모습

루강장(盧戇章, 노당장)은 중국 둥난 지방 연안 푸젠성 샤먼시에 살던 기독교인으로, 최초로 병음 문자 방안을 발표한 인물이다. 루강장은 외국인 무역상의 통역사로, 나중에는 영국 선교사 존 맥고완John Macgowan의 통역사로 일하면서 10년 넘게 병음 문자 체계를 실험했다.[20] 루강장은 맥고완을 도와 1883년 샤먼어-영어 사전을 발행했다. 1892년, 그는 '제일 먼저 만들어진 중국의 샤먼 방언 절음 신자'라는 제목으로 자신만의 토포렉트 지침서를 출판했다. 루강장은 총 62개의 새로운 발음 기호를 발명하기 위해 라틴어 알파벳 글자를 채택했다. 그중 15개는 모음을 나타내고, 47개는 운각(韻脚, 운문에서 압운하는 글자 - 옮긴이)을 나타낸다. 루강장에게는 안타깝게도, 익숙하지 않은 기호와 복잡한 체계는 이해하기가 힘들었고, 그 자모는 그 어떤 영향도 미치지 못했다. 그래도 아이디어는 살아남았다. 1895년, 티모시 리처드의《만국공보》는 병음 문자의 필요성을 주장하는 루강장의 '개혁의 기초'라는 에세이를 실었다. 알파벳과 대중의 문해력 덕분에 서구 사회가 강해졌으며, 중국도 이를 모방해야 한다고 주장했다. 1898년, 루강장은 조정에 병음 문자 방안을 보내 광서제의 개혁안에 포함시키는 것을 고려해 달라고 요청했다. 하지만 이번에도 지지를 얻는 데는 실패했다. 실제로, 불완전하고 괴상하다는 게 공식 반응이었다.[21]

루강장이 고안한 체계는 샤먼식으로 말하는 법을 배우는 데 유용했으나 베이징어, 광둥어, 상하이어 또는 다른 토포렉트 구사자들에게는 도움이 안 된다는 중요한 문제점이 있었다. 같은 문제는 이후 몇 년 동안 발전한 병음 자모들을 괴롭혔다. 중국 학자 니하이수(倪海曙, 예해서)에 따르면 1892년과 1910년 사이에 29가지의 병음 방안이 발표되어 경쟁했다고 한다.[22] 미국의 중국어학자 스징위안(石靜遠, 석정원)은 화교(중국 밖에 사는 중국인)가 발명한 몇몇 체계를 포함하면 그 수가 훨씬 더 많았다고 주장한다.[23] 일본 가나 문자처럼 한자를 기반으로 한 기호를 사용하는 체계도 있었다. 비슷한 시기에 베트남어가 로마자화된 것과 같은 방식으로 로마자를 사용하는 체계도 있었다. 하지만 모든 토포렉트에 들어맞는 방안은 단 하나도 없었다. 발음을 적으려는 바로 그 행위가 기호 사용이 숨기고 있던 문제점을 명백하게 드러냈다―현지에서 말하는 방식은 완전히 다양했다.

이 시기에 중대한 영향을 미친 유일한 병음 자모는 정부의 내부자이자, 인맥이 넓은 청 조정 '예부禮部'의 초계 관원(벼슬에 오른 지 얼마 되지 않은 관리 - 옮긴이)이 내놓았다. 첫 번째 왕 씨, 왕자오였다. 왕자오의 할아버지는 장군으로, 제1차 아편전쟁에서 전사했고, 왕자오의 가족은 여전히 영향력 있는 무리와 친분이 있었다. 하지만 1898년 개혁을 공개적으로 지지했을 때 왕자오를 보호해 줄 만한 사람은 아무도 없었다. 많은 이와 마찬가지로 일본으로 망명해야 했다. 하지만 대부분 사람과는 달리, 다른 개혁가들과 어울리는 걸 좋아하지 않는다는 것을 깨달았고, 수도승으로 위장하여 톈진항으로 밀입국했다. 톈진에서 가명으로 어학원을 세우고, 병음 자모를 연구하기 시작했다. 1901년, 글을 읽고 쓸 줄 모르는 사람들이 현지 토포렉트를 쓰도록 돕기 위해《관화합성자모》를 출판했다. 이 단계에서는 왕자오의 방안이 목표로 하던 것은 이게 다였던 듯싶다. 루강장의 문자와는 달리, 왕자오의 문자는 전통적인 중국 글자에 토대를 두고 있으면서도 훨씬 더 단순한 형태를 띠었다. 루강장의 방안처럼 62개의 음성 기호가 있었으나 50개가 자모이고 12개가 운각이었다.

왕자오의 야망은 갈수록 커졌다. 그는 베이징으로 이주하여 새로운 학원을 설립했다. 1904년, 왕자오는 이전에 혁명 활동에 가담한 죄를 조정으로부터 사면받아 다시 공식적으로 관료 무리에 들어갈 수 있었다. 왕자오의 친구의 친구는 베이징을 둘러싸고 있는 직례성의 총독, 위안스카이의 아들이었다. 위안스카이는 왕자오 병음법의 가장 영향력 있는 지지자가 되었다. 1904년 교사들을 교육하고, 독서 자료를 출판하여 군대에 보급하도록 하는 자금을 승인했다. 1906년 왕자오의 야망은 더욱 커졌다. 그해에 출판한 책에서 왕자오는 병음 방안이 실제로는 지역 농민이 쓰는 토포렉트를 기반으로 하는 것임에도 18세기 초 발음 지침에 기초하는 척 서문을 고쳐 썼다. 책과 신문이 왕자오의 문자로 인쇄되기 시작했고 1907년 베이징에서 널리 보급되었다.

하지만 역사학자 엘리자베스 카스케Elisabeth Kaske가 알아낸 것처럼, 문제는 그때 시작되었다. 이 병음 방안은 베이징와 직례성의 성도인 바오딩에서 사용될 수 있었지만, 불과 100킬로미터 밖에 떨어지지 않은 톈진에서는 아무런 소용이 없었다. 이유는 단순했다. 발음이 너무 달랐기 때문이다. 자모를 조정하여 난징과 다른 도시에 전파하려는 시도가 있었지만, 곧 시들해졌다. 위안스카이만큼 병음 방안에 열정적인 성省 지도자가 없었다. 전국에서 사용하는 언어의 발음을 모두 표기할 수 있는 병음 자모를 창조하는 게 얼마나 어려운 일인지 알고 있었던 것 같다. 중앙 정부도 마찬가지로 관심이 없었다. 그렇다고 해서 개혁가가 되고 싶었던 사람들이 새로운 제안을 만드는 걸 멈춘 것은 아니었다. 초기에 화난과 둥난 지방에서 쓰이는 토포렉트의 병음 문자를 만들려는 노력이 있었다. 그리고 카스케에 따르면 1908년 이후에는 '베이징어'만을 위한 문자가 제안되었다.[24]

그러나 그 무렵에는 병음 문자에 대한 반대가 지지를 얻고 있었다. 1906년 상하이 신문 《중외일보中外日報》는 지역 토포렉트를 병음 문자화하는 게 나라의 단합을 깨트린다고 비난했다. 얼마 지나지 않아 량치차오도 병음 문자를 지지하는 것을 그만두었고, 1907년 4월, 《학보學報》에 '중국어의 기원에 대한 분석(국문어원해國文語原解)'이라는 제목의 기사를 실어, 전통적인 문자의 사용은 '국가를 단합하고, 이를 통해 인민의 특성이 발휘되며 지속된다'라고 주장했다.[25] 제5장에서 보았듯이, 량치차오는 상상의 중화 민족을 실존하게 만든 1등 공신이다. 그는 국민을 하나로 모으기 위해서는 모국어가 하나여야 된다고 주장했다─독일 이론가들이 우에다 가즈토시에게 설명한 것처럼, 하나의 국가와 하나의 언어를 가진 하나의 민족이 필요했다. 하지만 병음자는 모국어가 전혀 하나가 아니었다는 것을 명백하게 보여주었으므로, 그 존재는 량치차오의 국가적 임무를 약화시켰다.

대신 민족주의자들은 언어에 관한 질문 전체를 다시 구성했다. 중국 민족이 하나고 국가도 하나라면 하나의 언어만 가질 수밖에 없는데, 그렇다면 수백 개 형태를 띤 지역 말은 한 부모에서 제멋대로 나온 후손임이 틀림없었다. 민족주의자의 견해에 따르면 '한어'의 무수한 형태는 사투리들에 불과했다. 이러한 방언의 기원이 다를 수도 있다는 관점은 고려되지 않았다. 민족주의자들은 서로 다른 언어가 존재하는 문제를 단지 발음에서 오는 문제 중 하나라고 주장했다. 한어가 낳은 사투리들은 옛 보금자리로 돌아가야 했다.

19세기 후반 유럽의 사상을 크게 특징지은, 민족주의·인종주의·제국주의에 강하게 영향을 받은 서구의 언어 이론은 아직 중국에서 걸음마 단계였다. 하지만 이러한 이론들은 중국어 언어 개혁가들을 인도하게 된다. 1898년, 급진주의자 장빙린은 친구 쩡광취안(曾廣鈞, 증광전)을 도와 허버트 스펜서의 사회적 다윈주의 도서 《진보의 법칙과 원인》을 번역하여 《창언보昌言報》에 실었다. 장빙린은 영어를 구사하지 못했으나 언어의 진화에 대한 허버트 스펜서의 주장과 텍스트 분석의 중국 전통적인 개념 사이에 공통점을 발견했다. 스펜서는 진화와 적응의 과정을 통해 어떻게 동질의 단일민족이 시간이 흐르면서 여러 가지 이질적인 민족으로 자연스레 분파되는지를 보여 주고자 했다. 스펜서는 언어를 예로 들어 주장을 입증했다. 공통의 뿌리가 여러 세계에 걸쳐 수백 개의 후대의 언어를 낳았다는 것이다. 장빙린은 이러한 통찰을 사용해, '중국 본토'(구 명나라) 내에서 사용되는 토포렉트 패턴도 단순히 공동의 조상에서 갈라져 나온 결과라고 주장했다.

　장빙린은 여러 가지 목적으로 이 유럽 사상들(사회적 다원주의)을 차용했다. 먼저, 언어의 패턴은 중화 민족이 존재했다는 것을 증명했다. 1907년 10월부터 1908년 8월까지 장빙린은 《국수학보國粹學報》의 여러 호에 걸쳐 '새로운 방언'(신방언新方言)이라는 제목의 장문의 기사를 실어, 지방 방언에서 발견되는 단어와 표현들이 2000년 전 한나라 시대의 사전에 등재된 단어에서 파생되었다는 걸 보여 주려 했다. 고대 언어와 오늘날 언어의 이질적인 패턴 간에는 지속적인 진화의 고리가 엿보이며, 그 원인은 다양성이 아니라, 진화한 결과 언어가 다양해졌을 뿐이라고 했다.[26] 장빙린은 이 주장의 목적이 '민족의 단합을 위한 것'이라고 대놓고 밝혔다.[27]

　하지만, 다양성에 대한 장빙린의 주장은 '북방' 문화를 향한 간접적인 공격이기도 했다. 1904년 반만주주의 서적 《구서》(급한 상황을 위한 책)에서 베이징의 발음을 전국 표준음으로 제정하는 것을 반대했는데, 중앙아시아 '타타르족'의 침략으로 북방의 화법이 수 세기에 걸쳐 오염되었기 때문이다. 역사 문건을 '골라서 섞는' 식의 접근법으로 장빙린은 허베이성 발음이 가장 순수한 발음이라고 주장할 수 있었다. 그는 중국 문화의 진정한 중심지는 남부라고 역설했고 구 명나라 수도였던 난징 주변 지역의 방언을 기초로 한 국가 발음법을 주장했다. 난징 주변 지역에는 자신의 출생지인 항저우가 포함되어 있었다.

언어의 진화에 대한 장빙린의 관점은 인종의 진화에 대한 넓은 관점에 기초했다.《구서》에서 장빙린은 런던 대학교의 인도-중국 철학 교수 테리앙 드 라쿠페리Terrien de Lacouperie의 이론을 옹호했다. 드 라쿠페리는 황제 헌원이 사실 기원전 23세기에 중국으로 이주한 쿠두르 나크훈테르Kudur Nakhunte라는 바빌로니아 왕이라는 걸 주장하기 위해 고대 메소포타미아 문화와 초기 중국 문화 간에 충분한 공통점이 발견된다고 역설했다. 이는 어떻게 단일한 독창적인 문화가 중국에 도착한 후 그다음 수 세기에 걸쳐 다양해졌는지를 설명하는 듯하다. 사실 장빙린에게는 고대부터 중국 민족은 하나였다고 확인해 주는 것과 다를 바 없었다.

드 라쿠페리의 이론은 곧바로 비판을 받았지만, 이러한 국사관―동질한 중국 문화가 하나의 출발점에서 시작되었다는 것―은 오래 지속되었다. 사실 민족주의 프로젝트 전체의 핵심이 되었다. 문화의 근원이 여러 가지일 수도 있으며, 각각 다른 시기에 다른 출신의 사람들이 중국과 연안 지방 근처로 이주했을 수도 있다는 견해는 민족주의자 담화에 존재하지 않았다. 대신, 민족주의자들은 어떤 단일민족 문화의 근원이 정통적인가를 둘러싸고 자신의 주장을 앞세우며 경쟁했다. 그 당시 혁명파 대부분처럼, 장빙린은 전통적인 글자를 씀으로써 단일 문화가 가장 잘 표현될 수 있다고 믿었다.[28]

하지만 모든 혁명가가 이 관점에 동의했던 건 아니다. 몇몇 사람에게 한자—그리고 한자가 상징하는 모든 것—는 문제가 됐다. 그들은 새로운 문자의 집합을 창조하거나 중국어를 더 쉽게 배울 수 있도록 자모를 도입하는 데는 관심이 없었다. 장빙린이 중국 토포렉트의 진화에 관해 긴 글을 발표했을 때와 정확히 같은 때에 유럽에 사는 중국인 무정부주의자들은 모든 언어가 새로 발명된 에스페란토어로 대체되어야 한다고 주장했다. 무정부주의자들은 한자와 고전 언어가 유교 경전과 전통적인 사고방식, 퇴보하는 중국 사회 전체와 떼려야 뗄 수 없는 사이라고 생각했다. 그들은 사회 전반을 변혁하고 싶었고, 이는 즉 중국어 전체를 없애는 것을 의미했다.

　장빙린은 이에 답해야 할 의무를 느꼈다. 그는 개선의 여지가 있다는 걸 인정했지만 문화와 언어, 한자를 강력히 수호한다는 내용의 글을 썼다. 그는 (앞서 언급한 예시를 사용하자면) 'cat'이라는 단어를 'c'와 'at'이라는 소리로 발음하는 토착적인 방식을 창조하여, 학습자들이 글자 소리를 기억할 수 있도록 반절(反切, Fanqie. 한자 사전에서 한자의 음音을 표기하는 방법의 하나로, 두 글자를 가져오고 그 글자의 음을 조합해서 원래 글자의 음을 표기하는 방식 - 옮긴이)이라는 전통적인 주음 체계를 채택하자고 제안했다. 이후 장빙린은 자신만의 반절 체계를 개발하는 데 시간을 쏟았다. 다른 언어 개혁안처럼 장빙린의 병음 방안에는 두 개의 문자가 필요했다. 1개의 초성과 다른 1개의 모음이 합쳐져야 소리가 난다. 하지만 차이점이 있다면 장빙린의 체계는 10~11세기 글에서 발견되는 운율을 바탕으로 한다는 것이었다. 언어학자였던 장빙린은 자신의 부호가 경쟁하는 다른 부호들보다 훨씬 더 정통성이 짙다고 주장했다. 가장 큰 단점은 20세기 초 사람들이 실제로 말하는 방식과 동떨어졌다는 점이었다. 하지만 1년간 논쟁 후, 장빙린과 무정부주의자들은 휴전을 선언했다. 1909년, 무정부주의자들은 에스페란토를 국어로 삼는 것은 실용적이지 못하고(그런데도 몇몇은 1930년대까지 계속해서 에스페란토를 국어로 채택해야 한다고 주장했다), 중국 문자의 발음이 전국적으로 표준화되어야 한다고 인정했다. 더 중요한 건 베이징어 발음이 듣기에 좋지 않으므로 국가 표준이 되어서는 안 된다고 양측이 동의했다는 점이다.

해외로 망명한 혁명가들이 음모를 꾸미는 동안, 베이징의 개혁가들은 이미 서구의 모델에 맞춰 국가 교육 시스템을 바꾸기 시작했다. 1902년에는 새로운 교육과정을 담은 전국 학교 규정을 최초로 공포했다. 1904년에는 학교 설립에 관한 개정안 규정(남자만 학교에 진학할 수 있었다)을 공포했다. 1905년 12월에 교육부가 설립되었고, 1907년에는 여자도 학교에 갈 수 있는 새로운 법이 제정되었다. 하지만 이러한 새로운 법률은 실제로는 균등하지 못하게 실행되었다. 개혁적인 성향의 관료들이 통치하고 그러한 관료들이 진정한 권한을 가지고 있는 성에서는 더 큰 효과를 발휘했다. 그러나 개혁에도 한계가 있었다. 정부는 계속해서 학생들이 유교 경전을 공부하고 전통적인 글자를 암기하길 바랐다. 몇몇 곳에서는, 특히 여학교에서는 좀 더 근대적인 형태의 글쓰기를 허용하였지만, 쓴 글자를 어떻게 읽느냐에 대한 전반적인 논의는 제쳐 두었다.

1909년 4월, 교육부는 이듬해부터 관리들이 새로운 관화 교과서를 편찬해야 한다고 명시한 '입헌 의제'에 동의했다. 그러나 1910년 말, 새롭게 조직된 자정원資政院은 변화를 요구했다. 일본 국어학자들의 영향을 받아(일본이 독일의 영향을 받았으니 독일 이론가들의 영향을 받았다고 할 수 있겠다), 관화官話를 '국어國語'—국가의 말—로 이름을 바꿔야 한다고 주장했다. '국가의 말'이라고 해도 '국가적'인 것과는 동떨어져 있다는 걸 알았기에(사실 국가 전체에서 쓰이지 않는다는 걸 알았다는 뜻이다.-옮긴이), 문법과 발음을 적절하게 연구하고 사전과 교과서를 발행해야 한다고 주장했다. 하지만 그들은 또한 이러한 연구가 끝날 때까지 기다리지 않고, 왕자오의 병음법을 전국에 도입해 발음을 표준화하라고 요구했다. '말'과 '언어'의 차이는 지워졌다. 지역 토포렉트의 다양성을 어떻게 할 것인지에 관한 문제는 완전히 새롭게 초점이 바뀌었다. 이제 문제의 초점은 '국어의 통일'이었다.[29]

1911년 7월과 8월, 대청국 교육부는 청나라가 무너지기 전 마지막 활동의 일환으로, '중앙 교육회中央教育會'를 소집하여 언어 문제에 관한 답을 찾기 시작했다. 교육회 대표단은 결론적으로, 교육부가 말만 하지 말고 실제로 '국어 조사 총회國語調查總會'를 설치해야 한다고 주장했다. 또한, 국가적으로 동의한 발음과 함께 '국어를 통일'하는 데 동의했다. 남부 대표단이 너무 짜증을 내자, 회의는 지역적인 변형을 어느 정도 인정하되, 베이징 토포렉트를 바탕 '표준음'으로 제정하는 안에 투표한다. 아이러니하게도, 이 과정을 맡은 사람은 직례성 출신의 가오위퉁(高毓浵, 고육동)이었다. 그가 사용하는 현지 방언을 다른 참가자들 대부분은 너무나 이해할 수 없었기에, 한 신문은 그가 '두 시간 동안 한 말을 진정으로 이해한 사람이 있는지' 의문을 제기하는 기사를 실었다.[30] 하지만 이는 그다지 중요하지 않았다. 왜냐하면 회의가 끝나고 6개월 만에 청나라가 멸망했기 때문이다.

하지만 문제는 사라지지 않았다. 오히려 더 감정적으로 흘러갔다. 청나라에서 언어는 효율성을 높이고 학습을 촉진하며 국력을 강화하는 가장 좋은 방법이라고 논의되었다. 민국에서 언어는 핵심적인 정체성 중 하나가 되었다. 민족주의자들―량치차오부터 쑨얏센, 장빙린까지 넓은 정치적 스펙트럼을 아우르는― 은 민족을 존재하도록 만들어 냈고, 그들의 관점에서 민족에겐 민족 국가와 국어가 모두 필요했다. 당시 전 세계 곳곳의 많은 민족주의 운동에 있어서는 이것은 필수적이었다. 하지만 모두가 그랬던 것은 아니다. 예를 들어, 인도에는 아직도 하나의 '국어'가 존재하지 않는다. 인도의 각 주는 각각의 공용어를 지정할 권리가 있고, 헌법은 22개의 지역 언어와 영어를 공용어로 인정한다. 중국 민족주의자들은 이러한 결과를 생각할 준비조차 되지 않은 상태였다. 수십 년 동안 내부는 썩어 가고 있었고 제국주의 국가에 토지를 수탈당한데다 티베트와 외몽골은 독립을 선언했으며 지방 군벌이 중앙의 통제를 벗어난 상황이었는데도, 민족주의자들은 단합을 압도적으로 요구했다. 그들은 강력한 지역 정체성, 심지어 국가 정체성과 단일한 중국을 창조하려는 욕구 사이의 긴장을 인식했다. 언어는 국가에 정체성을 부여하는 하나의 방법이었다―실제로 그 국가가 존재하는지 스스로 아직까진 몰랐을지라도 말이다.

새로운 민국을 선포한 지 5개월밖에 지나지 않았을 때, 새로운 교육부는 '임시 교육 회의'를 소집했다. 어느 정도는 1년 전 열린 전 회의의 연장선이었다. 참가자 중 많은 사람이 같았다. 하지만 분위기는 완전히 달랐다. 학교 커리큘럼에서 유교 경전 교육은 제외되었고 유교 경전은 '실용주의와 군국주의, 미학' 교육의 새로운 정신으로 대체되었다. 회의의 결론 중에는 '주음 자모 채택안(주음 자모란 중국어의 음운을 표기하는 기호 체계로, 한자의 형태를 그대로 또는 변형하여 간략화했다. 청조 말기에 국자國字 문제가 논의의 대상이 되어, 로마자 등에 영향을 받은 사람들은 새로운 병음자를 고안해 내기도 했으나, 중화민국이 탄생하자 새로운 정부는 표음 문자를 만들어 재래 한자의 발음을 주기注記하여 전국의 독음讀音을 통일하려 하였다. – 옮긴이)'이 있었다. 그들은 실제로 회의를 마지막으로 한 번 더 소집해 달라고 교육부에 요구했는데, 발음 문제를 해결하기 위해였다. 최종 회의에서 발음 문제는 정점에 이르렀다.

이 회의에 대한 아이디어는 우징형(吳稚暉, 오치휘)으로부터 나왔다. 그는 파리에서 활동하던 무정부주의자로, 중국어를 폐지하고 중국어를 에스페란토어로 대체하자고 주장하던 인물이었다. 우징형은 유교와 전통을 싫어했고 '전통을 비방하기로 유명한 사람'으로 명성을 떨쳤다. 1900년대 쓴 여러 기사에서, 그는 만주족을 '개자식'으로, 서태후를 '창녀', '몹쓸 할망구'로, 량치차오를 '방귀 뀌는 소리' 하는 '썩은 개똥'이라고 언급했다.[31] 새로운 공화국에서 언어적 합의를 끌어내기 위해 교육부는 이런 인물을 선택했다.

우징형이 실행하려는 계획은 단순했는데, 1909년 기사에서 계획의 기존 개요를 살펴볼 수 있다. 첫째, 정통한 사람들로 위원회를 구성하여, 언어의 본래 소리를 나타낼 수 있는 병음 기호를 선정한다. 둘째, 전문가들이 수천 개 한자 모두가 각각 어떻게 정확히 발음되어야 하는지 결정한다. 결과는 체계적이고 민주적으로 합의된 '국음(國音, 중화민국 초기에 베이징음으로 결정한 중국어의 표준음-옮긴이)'의 안내서를 만드는 것이었다. 물론 현실은 전혀 단순하지 않았다. 1913년 2월 25일 베이징에서 최선의 의도를 가지고 '독음 통일회讀音統一會' 회의가 열렸다. 하지만 5월 22일, 회의가 막을 내릴 즈음, 참가자들은 지역적인 우월성을 놓고 싸웠고, 거기에 엄청난 자존심 충돌까지 섞였다. 수십 년 동안 지속될 언어적 고통이라는 유산을 남겼다.

80명의 전문가가 베이징으로 소환되었다. 본래 계획은 공정성을 보장하기 위해 각 성에서 두 명의 대표를 뽑아 베이징으로 초청하는 것이었으나, 결국 대부분 참가자는 전문가 지위나 정치적 인맥으로 선발됐다. 교육부가 그중 절반가량을 뽑았고 나머지 절반은 성 정부가 뽑았다. 모두가 회의에 얼굴을 비춘 것은 아니었다. 회의 첫째 날, 서양식 양복과 전통 의상을 입은 47명의 중년 남성들은 자금성 서쪽 성벽 밖 교육부 건물에 모였다. 그들 중 몇 명은 지난 20년간 언어 논쟁에 적극적으로 참여한 사람들로, 최초의 '병음 문자 개혁가' 루강장이나 베이징어 병음 방안을 만든, 연줄이 좋은 왕자오 등을 포함했다. 라틴어 알파벳이나 일본 가나 스타일의 표기, 다양한 형태의 약어 등 자신만의 병음 방안을 홍보하는 사람도 있었다. 이게 첫 번째 문제였다. 모두가 중국어를 가르치고 쓰는 데 있어 혁명적인 아이디어를 가진 사람으로 역사에 남고 싶어 했다.

길고 격렬한 논쟁 끝에 결국 회의 참가자 전체의 지지를 받은 체계는 장빙린의 병음 방안에 크게 기초를 두고 있었다. 이는 대표단의 4분의 1 이상이 화둥 연안의 저장성과 장쑤성 출신 급진파였던 이유가 크다. 장빙린도 같은 지역 출신이었다. 다른 사람들과 비교했을 때, 지난 10년 동안 이들은 선교사 및 외국 사상을 전달하는 사람들과 더 많이 접촉했고, 일본에서 망명 생활을 했으며, 혁명 운동에서 더 중요한 역할을 했다. 이 사람들은 명확한 일련의 아이디어와 장빙린의 민족주의적 언어 접근법에 대한 뚜렷한 지지 의사를 품고 회의에 참여했다. 그래서 애초부터 서양식 또는 일본식 병음 문자를 거부하려 했다. 해결책은 반드시 '정통' 중국식이어야 했다. 이는 1000년 전 글들에 기초한 방안을 선택하도록 독음 통일회를 설득시켰다.

　　어떤 기호를 쓸지 의견의 합치를 본 다음 해야 할 일은 각 기호가 나타내는 소리를 정하는 것이었다. 여기서부터 서로 경쟁하는 지역 정체성 때문에 일이 복잡해지기 시작했다. 예를 들어, '물고기'를 발음하는 방법은 토포렉트에 따라 달랐는데, 이런 논쟁을 해결하는 논리적이거나 중립적인 방법은 없을 터였다. 민족주의자 언어 개혁가들은 발음의 문제인 척했지만, '발음'에 관한 문제가 아니었고, 무슨 토포렉트를 선택하느냐의 문제였다. 회의 주최자이자 의장 우징형을 비롯하여, 동부 연안 지방 장쑤성과 저장성에서 온 대표단은 베이징 토포렉트를 혐오스럽다고 간주했다―'타타르족'의 영향으로 너무 오염되었다는 것이다. 한 기사에서 우징형은 개가 짖는 것에 비교하기도 했다. 그때 우징형을 비호했던 사람은 번역가이자 철학자, 또 다른 장쑤성 출신 대표였던 왕룽바오였다. 두 번째 왕 씨, 왕룽바오를 만나보자. 왕룽바오는 총리아문의 통번역 대학에서 공부한 적이 있고, 그 후 일본에서 유학했다.[32] 1906년, 그는 루강장 문자 개혁안을 '기괴'하다고 칭하며, 이를 거절하는 서신의 초안을 작성했다.[33] 더 최근에는 민국의 새로운 애국가를 작사했다. 우징헝와 왕룽바오는 장

왕룽바오의 모습

쑤성 대표단의 리더로, 자신들이 사용하는 동부 토포렉트가 국음으로 합의되어야 한다고 피력했다.

　맞은편 모퉁이에는 첫 번째 왕 씨, 왕자오가 있었다. 그는 일찍이 회의의 부의장으로 선출되었다. 그는 사실상 베이징어 화자들의 대변인이 되었다. 병음 문자를 둘러싼 논쟁에서 왕자오는 패배했을지는 몰라도 발음 선택에서는 더 강력한 기반이 있었다. 특히 한때 병음법을 지지했던 전 직례성 총독이자 민국의 현재 대총통인 위안스카이와 개인적인 친분이 있었기 때문이다. 하지만 두 번째 왕 씨, 왕룽바오는 싸움을 포기하지 않았다. 회의가 진행되면서, 두 주요 라이벌 언어—장쑤성과 저장성의 토포렉트 우어와 베이징 관화—간의 줄다리기는 두 왕 씨의 개인적인 싸움으로 번졌다.

　논쟁은 해결되지 않은 채 한 달 이상을 끌었다. 상황이 너무 심각해진 나머지 논의가 격렬했던 한 세션에서, 의장 우징헝은 "더는 참을 수 없

다"라고 갑자기 소리 지른 후 사퇴했다. 왕자오가 의장 자리를 맡았고, 그때부터 왕자오는 비열한 계략을 쓰기 시작했다. 그는 장쑤성과 저장성 대표를 빼고 회의를 주선하였다. 그는 화둥 대표단이 자신들의 토포렉트를 국어로 지정하려는 시도를 하고 있으므로, 화베이 대표단과 화난 대표단이 힘을 합쳐, 왕자오의 용어로 표현하자면 '국가적 재앙'을 막고 단결해야 한다고 말했다. 왕자오는 '화둥 대표단 저지 모임'을 창설한 후 전체 회의를 소집했고, 그 회의에서 투표 체계를 바꾸기로 합의했다. 각 대표가 한 표를 갖는 대신 성當 한 표를 행사할 수 있게 되었다. 저장성과 장쑤성 출신 대표단은 단번에 힘을 잃었다. 그 결과 소란이 발생했다.[34]

이후 왕자오는 화둥 대표단이 목소리를 낼 수 없도록 사퇴 압력을 가했다. 이 사건을 '장쑤성·저장성 회의'라고 빈정대면서 맹렬히 비난하며 상대를 귀찮게 했다. 상황이 더 나빠질 수 없을 정도였을 때 화둥 대표단은 사퇴했다. 위태로운 반목을 불러일으킨 것은 방언의 차이였고 이는 회의에서 정치적인 균형을 기울게 했다. 왕룽바오는 다른 장쑤성 대표와 인력거를 불러야 할지 논의하고 있었다. 상하이어로 인력거를 '후앙바오처(黃包车, 황포차)'라고 한다. 북부 출신 왕자오 귀에 이 단어는 먼저 베이징어 '왕바단(王八蛋, 왕팔단)'으로 들렸다—'쌍놈의 자식'이란 단어다. 왕자오는 격분했다. 왕자오는 소매를 걷어붙이고 회의장 바닥에서 왕룽바오와 싸울 태세를 보였다. 그러자 왕룽바오는 회의장을 나가 다시는 돌아오지 않았다. 이것이 동부/상하이어/우 토포렉트(우어)의 힘을 저지한 결말이다. 화베이 발음이 국어 발음의 표준이 되리라는 건 너무나도 자명했다.

이후 몇 주 동안 위원회는 6500자의 새로운 '발음'을 두고 투표를 진행했다. 정말 발음에 관한 문제였을 때도 있었지만, 다른 많은 경우는 무슨 토포렉트를 선택하느냐의 문제였다. 이제 투표 체계는 화베이 출신에게 유리했고, 결과는 거의 기정 결론에 가까웠다. 하지만 결과가 베이징어의 완전한 승리는 아니었다. 우 토포렉트의 단어와 발음 대부분이 제외되었지만, 회의는 현지 말소리의 병음 표기법을 허용해 주었다. 베이징어에 없는 추가적인 음조도 포함되었는데, 이로써 난징 토포렉트 화자들을 어느 정도 달래게 되었다. 타협을 이뤄 낸 다른 몇몇 변화도 있었다. 최종으로 선택한 방안은 오래된 베이징 관화와 발음이 비슷했지만, 완전하게 베이징 토포렉트는 아니었다. 몇몇은 이를 '청록색 관화'라고 불렀다—이도 저도 아니라는 뜻이다.[35]

왕자오가 의장이었을 때 독음 통일회는 교육부에 많은 요구를 하기 시작했다. 독음 통일회가 동의한 병음 자모를 쓰겠다고 즉시 공포하고, 모든 사람이 확실히 이를 배울 수 있도록 관청을 창설하며, 학교 교육의 표준 수단으로 만들어야 한다고 했다. 그러나 1913년 중반까지 중화민국의 정치는 위기에 처해 있었다. 국민당에서 가장 카리스마 있는 지도자로 손꼽는 쑹자오런(宋教仁, 송교인)은 회의가 열리던 3월에 암살당했다. 위안스카이 총통이 암살을 명했다고 추정하는 사람이 많았다. 그리고 7월, 지역 정체성의 힘이 여전히 강하다는 걸 상기하듯, 남부의 7개 성—혁명파의 영향력이 가장 셌던 성들로 장쑤성, 저장성, 광둥성을 포함한다—에서 위안스카이 대총통에 대항하는 봉기가 일어났다. 하지만 '2차 혁명'은 산산이 조각났다. 그리고 그 여파로 위안스카이 정부는 유교를 더 중시하고 국어 정책에는 관심을 거의 기울이지 않는 새로워진 보수주의를 도입했다. 소규모의 언어 운동가들을 제외하고는, 독음 통일회 결의안은 잊혀 갔다. 1916년 6월 위안스카이가 죽고, 불과 10년 만에 군벌의 할거로 민국은 분열되었다. 지방 군벌에 대항하여 국어를 도입할 가능성은 거의 없었다. 그 결과, 지역 토포렉트는 저지를 받지 않고 계속해서 널리 쓰였다. 민족주의 언어 개혁가들이 1913년 독음 통일회 회의 결과를 실질적으로 집행할 수 있는 위치에 오르기까지는 수년이 걸렸다.

1916년 7월, 교육부 중등 교과서 편찬자인 리진시(黎錦熙, 여금희)와 상황이 답답했던 다른 몇몇 관료들은 집행할 능력이 거의 없는 정부를 압박하여 변화를 이루어 내기 위해 '국어 연구 협회(國語研究會, 국어 연구회)'를 설립했다.[36] 국어 연구회는 신문 기사를 썼으나 정책에 미치는 영향은 미미했다. 1917년 2월, 협회는 공개적으로 회원을 모집했고, 과거에 국어를 둘러싼 토론에 참여한 주요 인물 대부분을 빠르게 회원으로 흡수하게 되었다. 량치차오가 가입했고 베이징 대학교 총장 차이위안페이(蔡元培, 채원배)가 가입하여 총 간사가 되었다. 독음 통일회와 마찬가지로 회원 중 다수

리진시의 모습

는 장쑤성과 저장성 출신이었다. 실제로 국어 연구회의 본부는 베이징에 있는 장쑤성 이민자 학교였다.

1918년 11월, 교육부는 사실상 국어 연구회를 통폐합했다. 국어 연구회 부회장 장이룽(張一麐, 장일룡)은 '국어 통일 준비 위원회'(국어 통일 주비회國語統一籌備會) 회장으로 임명되었다. 1919년 4월 21일 국어 통일 주비회 첫 번째 회의가 열렸고 세 가지 우선순위에 동의했다. 1913년 독음 통일회 회의에서 합의된 병음 자모 도입 추진, 고전 문체(문언 文文言文, 문어체와 비슷한 뜻으로 지식인들이 사용한 문체이다. - 옮긴이)를 백화문(白話文, 문언과 상대되는 개념으로 중국의 글말 중 하나. 대중의 일상생활에 쓰인다. - 옮긴이)이라 부르는 구어체로 대체, 고대와 현대 사이에 쓰인 모든 중국어 단어가 담긴 단일 국어사전 편찬이 그 내용이었다.[37] 국어 통일 주비회는 새로운 사상의 최선두에 있었다. 첫 회의가 열린 지 2주 후 5월 4일, 학생들은 천안문 광장에 모여 베르사유 강화조약의 조인을 거부했다. 학생들은 교통은행 총리 차오뤼린(21개 조를 조인한 당사자였다. - 옮긴이)의 집으로 가 불을 질렀다. 이후 '5·4 운동'은 낡은 사상을 걷어 내고 새로운 글쓰기와 예술 방식을 가져옴으로써 문화 영역을 휩쓸고 지나갔다. 5·4 운동을 이끈 인물 다수는 신언어 운동 혁명파 출신의 익숙한 얼굴들이었다.

그중에는 또 다른 화둥 출신이 있었는데, 19세의 나이로 농업을 공부하기 위해 미국으로 파견된 후스(胡適, 호적)였다. 하지만 코넬 대학교에서 농업을 버리고 철학과 문학으로 전향했고, 그 후 컬럼비아 대학교에서 계속해서 공부했다. 1917년, 언어와 민족에 관한 새로운 사상을

1960년 후스의 모습

들고 귀국하여 베이징 대학교 철학 교수에 부임했고, 그 자리에서 새로운 사상을 옹호했다. 그 후 수십 년 동안 후스는 단일 국어 운동을 지지하는 기수로 활동했다.

베이징에 도착한 직후, 후스는 '문학개량추의文學改良芻議'라는 제목의 기사를 썼다. 기사에서는 근대식 문장의 여덟 가지 원칙을 담았다. 기사는 베이징 대학교의 동료 교수 천두슈(陳獨秀, 진독수)가 편집한 잡지《신청년新靑年》에 실렸다. 기사 대부분은 말하는 방식으로 쓰자—백화—는 주장을 담았다. 하지만 결국에는《수호전》이나《서유기》와 같이 이미 구어체로 쓰인 글들이 있다면서 북방어(관화의 동의어)를 기초로 한 백화(북방 백화) 사용을 지지하는 것을 암시하고 있었다. 이 주장에 따라 1918년 4월《건설적 문학 혁명론建設的文學革命論—국가 말의 문학》을 출판하며 '국어로 쓰인 문학이 있어야만 국어를 읽고 쓸 줄 알게 된다'라는, 자신의 사명이 담긴 슬로건을 내걸었다. 1922년, 후스는《국어월간國語月刊》잡지를 창간했다. 중국어 문자 개혁을 다루는 특별판에서 '말과 글 개혁을 추진하는 데 있어 학자들과 작가들은 국민의 개혁 제안을 받아들이고, 그러한 제안을 공식적으로 인정하기 위해 국민의 언어 사용 경향을 관찰하는 것이 자기 의무임을 이해해야 한다'라고 주장했다.

이 모든 발명들은 서구 민족국가 모델에 따라 진정한 의미에서의 '국어'를 창조하기 위해, 중국의 말과 글을 합치려는 후스의 꿈을 위한 것이었다. 하지만 이런 말을 한 지 수년 후에 후스는 자신의 의견이 처음부터 편향되어 있었다고 인정했다. 그는 항상 북방 토포렉트가 '국어'가 되어야 한다고 가정했었다. 1958년에 작성한 논평에서, 그는 자신의 주장을 다음과 같이 정리했다. '(중국) 둥베이 지방의 끝에서 하얼빈에서 (시난) 쿤밍까지 쭉 일직선을 그리면, 직선거리는 6500킬로미터가 넘는다. 6500킬로미터 도처에서 다른 말을 써야 한다고 생각하는 사람은 없을 것이다. 왜냐하면 자신이 구사하는 언어는 세상에서 가장 보편적인 언어이기 때문이다. 이게 바로 국어이다. 우리의 선조가 남긴… 자본이기도 하다.'[38] 후스가 상상한 선은 사실 '중국 본토'의 북부·서부를 남부·동부와 나누는 경계였다. 이 선은 언어적인 측면에서 두 가지 역할을 한다. 첫째, 6500킬로미터의 축을 따라 존재하는 모든 차이점에도 불구하고, '북방어'를 말하고 쓰는 방법은 단 한 가지다. 둘째, 공식적으로 인정하는 7가지 토포렉트 중 6개—웨어, 우어, 민어, 하카어, 간어, 샹어—는 배제한다(티베트어와 몽골어 그리고 다른 '소수민족'의 언어를 제외하는 건 말할 것도 없다). 후스가 보내는 메시지는 사실상, '국가의 일원이 되고 싶다면 베이징어를 구사하라'였다.

그런데도 언어 개혁가들 사이에서는 합의가 형성되고 있었다. 1926년 '국어 통일 주비회'는 맞닥뜨린 주요 질문에 답하기로 했다. 회원이었던 자오위안런(趙元任, 조원임)에 따르면 국어 통일 주비회는 단순히 '베이징에서 쓰는 언어를 택하는 게 낫다고 결정 내렸고, 그래서 (베이

장에서) 사람들이 실제로 어떻게 말하는지 밝혀냈다'.[39] 장쑤성과 저장성 출신 핵심 인물들의 마음이 바뀌었기 때문에 가능한 일이었다. 후스를 비롯한 선도적인 인물들은 아무도 구사하지 않는 합의된 언어를 도입하는 게 당연히 거의 반 이상의 인구가 이미 사용하고 있는 언어를 선택하는 일보다 훨씬 어렵다고 결론 내린 듯싶다. 이는 논리적인 결정이었고, 수도에서 쓰는 말을 국어로 만든 일본, 독일 및 다른 국가의 언어 개혁가들의 정책을 되풀이하는 것이었다. 베이징의 언어 민족주의자들은 장빙린(그리고 허버트 스펜서)이 설명했던 과정을 뒤집으려고 시도했고, 다양성을 균질화하여 하나의 국어에 끼워 맞추려고 했었다. 지역 토포렉트가 대안적인 언어로 날개를 다는 것은 고려조차 되지 않았다.

1928년, 창카이섹이 이끄는 국민당이 승리하면서 '군벌 시대'는 막을 내렸다. 처음으로 민족주의자들이 진정한 의미에서 정부를 장악했고, 언어 개혁가들은 자신의 발언에 약간의 영향력을 실을 수 있는 힘이 있었다. 차이위안페이는 교육부를 대체한 대학원大學院 원장이 되어 복귀했고, 12월에는 국어 통일 주비회가 재설립되어 다시 활기를 띠었다. 민족주의자들이 지난 수십 년 동안 주장해 온 단일민족을 실제로 만들려고 시도하면서, 국어 문제는 다시 전면으로 떠올랐다. 그래서 1932년에 《국음상용자휘國音常用字彙》가 출판되어 베이징 토포렉트 수천 자를 바탕으로 '새로운 국어 발음'—신국음(新國音, 중화민국 초기에 베이징음北京音으로 결정한 중국어의 표준음. 현재 중국어음과는 상당한 차이가 있다-옮긴이)—을 규정했다. 새로운 국가 언어—국어—가 도래했고, 베이징 토포렉트의 발음과 북부 지방에서 쓰이는 문법과 어휘를 합친 언어가 국어라고 정의되었다.

하지만 이 작업은 아직 완벽함과는 거리가 멀었다. 절차는 1949년 공산당이 승리한 이후에야 다시 시작되었고 1912년 이후에 발생한 일들이 밀접하게 반영되었다. 그때와 마찬가지로 새로운 통치자는 언어 개혁을 최우선 과제로 삼았다. 중화인민공화국을 선포한 지 단지 10일이 지났을 때 새로운 중국 문자 개혁 협회中國文字改革協會의 제1차 회의가 열렸다.[40] 중국 문자 개혁 협회는 1913년 독음 통일회가 맡은 업무와 놀라울 정도로 비슷한 업무를 부여받았다. 언어의 소리를 발음대로 기록하는 체계를 찾고, 중국어 문자를 간소화하며, 북방 방언을 바탕으로 중국을 위한 통일된 언어를 규칙화하는 것이었다. 1955년 10월, 중국 문자 개혁 협회는 중앙 정부 기관이 되었고, 중국 문자 개혁 위원회中國文字改革委員會로 재명명되어 새로운 국어를 공식적으로 정의하는 권고안을 만들게 된다. 1956년 2월 6일, 6년간의 논의 끝에 정부는 보통화, 즉 '보통 말'의 정의를 공식적으로 결정했다. 30년 전에 국어 통일 주비회가 내린 결론과 거의 똑같다. '보통화는 북방 방언을 기초로 하고, 베이징어의 음운 체계를 발음 규범으로 하며, 백화문으로 쓰인 근대의 모범적인 백화문 저술법을 문법 규범으로 삼는다.'[41] 이러한 기준들은 이미 한 세대 전에 정해졌고 방향성도 같았다—극복해야 할 저항도 그때와 다를 바 없이 거셌다.

보통화가 정식으로 채택되기 3개월 전인 1955년 10월 26일, 중국 공산당 관영 신문에는 지역 토포렉트들과 보통화의 관계를 사람들이 이해할 수 있게 알려주는 기사가 실렸다. '보통화는 전국 국민을 위한 것이고 방언은 한 지역에 사는 사람을 위한 것이다. 보통화의 보급은 방언을 인위적으로 없애는 게 아니라, 방언의 사용 범위를 점진적으로 줄여 가는 것을 의미한다. 이는 사회 진보의 객관적인 법칙들과 같은 선상에 있다.'[42] 누가 이 '사회 진보의 객관적인 법칙들'을 썼는지는 명확하지 않지만, 도시 교육과정이 모두 보통화로 이루어져야 한다고 명한, 1985년에 상하이에서 공포된 법률 제정자들에게 영감을 주었을 것이다. 1992년 상하이어를 사용하는 급우들을 신고하라고 장려하는 규정이 강화되었다. 간판과 공공 생활의 다른 부문에서도 상하이어를 없애자는 캠페인이 조직되었다. 그런데도 상하이어는 살아남았다.

하지만 보통화 사용 장려 캠페인의 성공은, 다른 성 출신인 수백만 명의 '외지인'들이 상하이로 이주한 현상과 맞물려 '지역주의적' 반응을 불러일으켰다. 지역 문화 쇠퇴를 우려했던 지역 인사들은 지역 문화 보존을 위한 노력을 촉구했다. 2010년 시 당국은 조용히 상하이어 교육을 장려하기 시작했다. 2013년, 상하이 희극단上海滑稽劇團 소속 예술가 첸청(钱程, 전정)은 중국 인민 정치 협상 회의中國人民政治協商會議 상하이 지부에 미취학 아동에게 상하이어 교육을 시행할 것을 촉구했다. 이에 시 교육 위원회는 2014년에 20개의 공립 유치원과 약 100개의 학교에서 상하이어를 사용하는 시범 프로젝트를 시작했다.[43] 이는 현지 토포렉트가 한 세대 전에 쓰이던 모국어라기보다는 제2 언어의 형태로 재도입될 만큼 지난 15년 동안 보통화가 얼마나 우세했는지를 보여 주는 징표다. 하지만, '상하이 무형 문화유산 프로젝트'에는 조심해야 할 부분이 있다. 교육부가 학교 수업은 보통화로만 가르칠 수 있다고 정해 놓았기 때문에, 상하이어의 사용은 게임, 인사말, 학교생활의 친교에서만 쓸 수 있다.[44]

중앙 정부가 몇몇 현지 토포렉트를 보존할 준비가 되어 있는 것처럼 보여도, 사실상 용인해 줄 수 있는 한계가 있다. 2017년, 광둥어 사용을 장려하는, 작가이자 광저우 TV 진행자 라오위안성(饒原生, 요원생)은 그 선을 넘은 듯하다. 그는 광저우 오양五羊 초등학교에서 광둥어를 말하고 쓰는 법을 가르치는 교과서를 도입하려고 했다. 교과서는 아이들이 광둥어를 읽고 배우는 데 도움이 되는 로마자 병음법을 담고 있었다. 현지 언론 보도에 따르면, 현지 당국은 이를 사용을 막기 위해 나섰고, 그는 더 이상 의견을 개진할 수 없었다.[45] 지금은 지역 토포렉트를 말하는 법을 아이들에게 가르치는 게 허용될지 몰라도, 글로 쓰는 언어로서 읽는 법을 가르치는 것은 여전히 금지되어 있다.

상하이와 광저우에서 국어 정책의 문제가 생겨난 건 지역이 번영했기 때문이다. 두 도시 다 경제적으로 부강해졌기에 중앙 정부에 어느 정도의 자치권을 주장할 수 있게 되었다. 동시에 상하이와 광저우는 현지 토포렉트를 구사하지 못하는, 엄청난 수의 다른 지역의 주민들을 끌어들였다. 중앙 정부는 도시에서 보통화 사용을 장려하여 새롭게 이주한 사람들을 통합하라고 촉구했고, 이를 통해 궁극적으로 도시가 국가에 통합되리라고 믿었다. 그러나 지역적 특색을 잃어 분노하는 두 도시의 주민들은 반발을 일으켰다. 주민들은 지역 당국에 지역 정체성을 보호하는 조치를 취하라고 요구했고, 시 정부는 국가 지침과 충돌하게 되었다.

중국의 국어 정책은 성공과 실패를 동시에 겪고 있다. 보통화가 학교 교육에 사용되는 공식 언어이고 구사자 수가 증가하고 있지만, 이 정책은 지역 토포렉트를 사수하기 위한 방어적인 노력을 자극하는 듯하다. 전투는 중앙 정부가 통제하기 어려운 삶의 영역, 특히 인터넷에서 증가하고 있다. 온라인 포럼은 지역 정체성과 이주민 문제를 둘러싼 토론으로 떠들썩하고, 규제 당국과 쫓고 쫓기는 게임을 한다. 2010년대 상하이에서 몇몇 현지 토포렉트 구사자들은 새로 상하이로 이주한 사람들을 '하드 디스크'를 뜻하는 'YP들', 잉판(硬盘, 경반)이라고 불렀다. 상하이에서 가장 규모가 큰 컴퓨터 하드 디스크 생산 업체의 이름은 웨스트 데이터West Data인데, 첫 글자를 딴 'WD'는 '현지인이 아니다'라는 뜻의 외지外地를 가리킨다.[46] 이러한 예들에 대응하기 위해 2014년, 공식 미디어 규제 기관, 국가 신문 출판 광전 총국國家新聞出版廣電總局은 방송에서 말장난과 언어유희를 공식적으로 금지했다. 하지만 조롱의 수위는 높았고, 처벌은 미미했다.[47]

광둥어를 구사하는 사람들은 검열을 피하는 데 전문가가 되었다. 그들은 광둥어 표현 '북로(北佬, 북방 사나이)'을 써서 그와 발음이 비슷한 '북로(北撈, 북방에서 내려와 크게 한탕 해 먹는 사람)'에 빗대어 말할 수 있다. 만약 공산당을 비판하고 싶다면 '초니마(草泥马, 잔디, 진흙, 말 — 차오 니마)'를 사용하는데, 광둥어로는 '네 엄마를 겁탈하겠다(操你媽〔조니마〕, 똑같이 차오니마라고 읽는다. -옮긴이)'로 들린다. 당은 보통 인민의 '어머니'로 묘사되기 때문에 '草泥马'는 '공산당을 겁탈한다(操你共产党)'를 암시한다. 만약 당의 선전을 비판하고 싶다면, 그들은 애국 드라마 《厉害了, 我的国(대단하다, 나의 조국—레이 호이 리우 느어 떽 궉)》(중국인들이 별것도 아닌 걸로 자국을 대단하다고 치켜세우는 것을 풍자할 때 이 표현을 쓴다.-옮긴이)의 광둥어 발음을 풍자적으로 사용할지도 모른다. 이 드라마의 제목은 공산당 조직이 소셜 미디어에서 사용한 어휘 '厉害了, 我的哥'(대단하다, 우리 형 — 리 하이 러, 워 더 꺼)에서 비롯했다.

토포렉트의 전망은 경제적 중요성에 좌우될 것으로 보인다. 언어를 수호하는 활동을 조직할 수 있는 충분한 자원—재정적, 정치적 자원—을 가진 상하이어와 광둥어 구사자가 많지만, 지역적으로 말하는 모든 방식(지역어)이 보통화의 선전을 쉽게 막을 수 있진 않을 것이다. 시진핑의 집권과 민족의 단결이라는 '중국몽'은 국어의 전국적인 도입에 계속해서 박차가 가해지리라는 것을 시사한다. 국가어위는 위원회의 업무와 '중국 국민의 위대한 부흥'이라는 공식적인 소명이 직접적으로 연결되어 있다고 본다. '중국 국가 중장기 언어 문자 사업 개혁 및 발전 계획 개요(2012~2020)'에서 국가어위는 '적당히 풍족한 사회의 포괄적인 설립, 중국 국민 공통의 정신적인 고향 건설, 국가의 문화 소프트 파워 향상, 교육 현대화의 가속화로 언어와 문자 사업에 대한 새로운 필요성이 제기되었다'라고 주장했다.[48]

이는 1세기 이상의 시간 동안 단일한 국어를 구성하도록 밀어붙인, 혁명가들의 두 가지 욕구를 압축한 것처럼 보인다. 첫 번째는 대중의 문해력을 높이고 다양한 지역사회 간의 소통을 촉진하여 국가를 효율적이고 국민을 부강하게 만들고자 하는 욕구이다. 두 번째는 '공동의 정신적 고향'을 건설하고자 하는 민족주의적 욕구이다. 언어 프로젝트에 깊숙이 묻혀 있는 것은 하나로 묶기에 중국에 너무 다양한 문화가 존재할지도 모른다는 두려움이다. 이런 두려움의 뿌리는 너무 깊어서 아직도 입 밖으로 내기에 너무나 민감하다. 그래서 시진핑과 지도부는 '문화가 조화를 이루는 나라'가 필요하다고 이야기하고 지속적으로 '단결'을 요구할 때만 두려움의 메아리를 듣는다. 부조화와 불화는 입에 절대 오르내리면 안 되는 말이다. 홍콩과 대만―또는 광저우나 상하이―의 정체성이 중국이라는 국가의 정체성보다 강할지도 모른다는 생각은 중화인민공화국을 이끄는 사람들에게는 말 그대로 상상도 할 수 없는 일이다.

그러한 선동적인 생각을 인정하는 것은 혼돈으로 돌아가는 지적인 문을 열어 주는 것이다. 1910년대와 1920년대의 군벌 시대, 또는 그 이전의 전국시대로 거슬러 올라가는 것과 다름없다. 국가 붕괴는 너무 멀리 나간 이야기이겠지만, 그런데도 분명 국가 내부에서 끊임없는 다툼이 발생할 것이다. 1991년, 중앙 공산당 지도부는 광둥성 성장省長 예쉬안핑(叶选平, 엽선평)을 너무나 강력한 지방 인사로 인식했다. 지방 권력 구조에서 예쉬안핑과 그 무리를 근절하기 위한 수단으로, 본인은 원하지 않았는데도 베이징에 있는, 대체로 허수아비에 가까운 직위로 확실하게 승진시켰다. 2012년 충칭시에서도 비슷한 일이 일어났다. 그의 휘하에 있는 지방이 중앙 정부의 통제를 벗어났다는 우려에, 충칭시 위원회 서기 보시라이(薄熙來, 박희래)의 직위를 박탈시켰다(보시라이 사건.

보시라이 전 충칭시 당 서기의 심복이었던 왕리쥔王立軍이 충칭시 공안국장에서 직위 해제된 직후인 2012년 2월 6일, 미국 총영사관에 망명을 시도하면서 보시라이와 관련된 비리들이 드러난 중국 최대의 정치 추문이다. - 옮긴이). 중앙으로부터 떨어진 곳에 있는 힘이 새롭게 등장한 '대국'을 갈기갈기 찢어버릴지도 모른다는 계속되는

보시라이의 모습

두려움에 중앙 정부는 단일 문화에 호소하며 끊임없는 단결을 강조하게 되었다.

이 추동력은 19세기 후반 황준헌과 계보를 같이하는 언어 개혁가들부터 1913년에 다투었던 두 왕 씨를 거쳐, 국어 통일 주비회 회원들, 나아가 오늘날 국가어위로 진화한, 공산당이 집권한 후의 중국 문자 개혁 협회까지 거슬러 올라간다. 그들 뒤에는 '하나의 국가, 하나의 민족, 하나의 언어'라는 공식 아래 '국어國語'의 사상을 부상시킨 언어 민족주의자들이 서 있었다. 그리고 홍콩 시위대가 잘 알고 있었던 것처럼, 이 슬로건은 시진핑 리더십에 새로운 에너지를 부여할 것이다.

제7장

왜 청 조정과 혁명가들은
대만을 무시했는가?

갭Gap 중국 지사 임원들에게 2018년 5월 14일은 평소와는 다름없는 월요일 아침처럼 시작됐다. 하지만 빠르게 움직이는 시장에서 확장하는 의류 매장 체인을 어떻게 관리할 것인지에 관한 일상적인 우려는 몇 시간 안에 공황으로 바뀌었다. 모든 직원이 퇴근했을 무렵, 회사 임원진은 어쩔 수 없이 굽신거리는 사과문을 발표했다. 그리고 1만 1000킬로미터 떨어진 갭 팩토리 아울렛에서 7.99달러에 팔리고 있는 티셔츠 때문에 발생해 인터넷을 후끈 달아오르게 한 온라인 시위가 잠잠해지기를 애타게 소망하며 잠자리에 들었다. 그 월요일, 임원진들은 잔혹한 방식으로 현대 중국의 영토 노이로제에 빠져들었다.

몇 달 전 갭은 고객이 고향에 대한 자긍심을 드러낼 수 있게 하는 일련의 티셔츠를 발매했다. 시리즈는 앞뒷면에 '중국', '일본', '샌프란시스코'와 '파리'가 인쇄되어 있는 티셔츠를 포함했다. 대부분 디자인에는 관런 국가의 국기가 그려져 있었다. 하지만 중국 버전은 달랐다. 국기 대신 지도가 그려져 있었다. 캐나다 쪽의 나이아가라 폭포를 여행한 후 할인하는 옷을 사려던 한 중국 애국자는 예리한 눈으로 '중국' 티셔츠에 그려진 그림에 중국이 자국의 영토라고 주장하는 지역 전체가 포함되어 있지 않았다는 걸 알아챘다. 그들이 주석이 달린 사진을 제시하며 설명한 바에 따르면, 갭의 지도에는 남중국해의 섬들과 인도가 점령하고 있는 히말라야 지역, 그리고 가장 터무니없게도 대만이 빠져 있었다.

중국 소셜 미디어 웹사이트 웨이보에서 국수주의적인 관광객이 올린 글을 유명 블로거인 7sevennana가 보지 않았다면 이 사건은 아마 영영 묻혀 버렸을지도 모른다. 그때까지만 해도 그녀는 짧은 상의를 입고 컴퓨터 게임에 대한 코멘트를 다는 걸로 유명했지만, 2018년 5월 애국자로 이미지 전환을 꾀했다. 수천 명의 팔로워가 볼 수 있도록 티셔츠 사진을 리트윗했을 때, 갭에 보내는 메시지를 추가했다. '중국에서 돈을 벌면서 왜 중국 국경 문제에 대해서는 더 조심해 줄 수 없습니까?' 갭은 빠르게 논란에 휩싸였다. 그 월요일의 시간이 흘러가면서 갭을 보이콧하자는 목소리가 웨이보에 퍼지기 시작했다. 중국 정부의 인터넷 감시 기관은 이를 멈추려는 아무런 시도도 하지 않았다. 보이콧을 지지하는 많은 사람은 분명 갭이 고의적으로 중국을 창피를 주기 위해 티셔츠 디자인에 국기 대신 지도를 택한 것이라고 주장했다. 어쩌면 티셔츠가 인도나 대만 공장에서 생산되어서 그런 걸 수도 있다는 의견도 있었다. 비난은 거세졌다.

갭은 상하이 난징루에 오픈한 지 채 1년도 되지 않은, 1900제곱미터 규모의 플래그십 스토어를 비롯하여 136개의 매장을 보유하고 있었다. 또한 중국에 200개의 생산 하도급 업체를 두고 있었다.[1] 이 사건이 갭에게 시사하는 바는 분명했다. 비즈니스 현실에 따라 갭은 참회해야 했다. 월요일이 지나가기 전, 갭 중국 지사는 웨이보 계정에 '중국의 주권과 영토 보전을 존중하고', 티셔츠가 '실수로 중국의 올바른 지도를 반영하지 못했으며', '의도하지 않은 오류에 진심으로 사과한다'라고 시끌벅적하게 성명을 발표했다. 티셔츠는 중국에서 전량 회수했고 모든 온라인 스토어에서 티셔츠 판매를 금지했다. 보이콧의 위협은 사라졌고 웨이보에서 활동하는 애국자들은 잘했다고 스스로를 칭찬했다.

이러한 사건은 점점 더 흔해지고 있다. 중국이 주장하는 영토를 인지하지 못하여 곤경에 빠진 기업은 갭뿐만이 아니다. 2018년 1월, 메리어트 호텔 체인은 고객 설문 조사에서 대만과 티베트를 별도의 국가로 넣었다가 사과해야 했다. 비슷한 시기에 대만을 별도의 '국가'로 등재한 항공사들은 웹사이트를 수정할 수밖에 없었다. 2019년 3월, 에스티 로더 그룹 소속의 화장품 브랜드 맥MAC은 중국 지도에 대만을 포함하지 않은 메일을 미국 고객들에게 보냈다가 사과해야 했다.[2]

2017년 4월 27일, 중국 정부의 고무도장 역할을 하는 국회는 그 무엇보다도 '국가 영토에 대한 대중의 인식을 높이기 위해' 국가의 '측량 및 지도에 관한 법률'을 강화했다. 전국인민대표대회 상무 위원회 허샤오런(何紹仁, 하소인) 대변인은 기자들에게 국경을 잘못 그리는 건 '국토의 완전함을 객관적으로 해친다'라고 지적했다.[3] 2019년 2월, 중국 정부는 한층 더 나아가 해외 시장에서 판매하기 위해 만든 책이나 잡지에 중국 지도를 인쇄할 때 적용되는 구체적인 규정을 세웠다. 각 지도는 성 정부의 허가가 필요하고, 허가 없이는 그 어떤 지도도 중국 내에서 배포할 수 없다. 중국 영토 주장에 있어 허가되지 않은 버전을 표현한 지도가 중국 시민에게 노출될 가능성은 국가 안보의 중대한 위협으로 인식되었으며, 규정에 따라 '음란물 단속 및 불법 출판물 국가 공작 소조(소조는 공산당의 말단 조직을 의미한다. - 옮긴이)'의 단속을 정당화했다.[4] 2019년 3월, 이를 증명하듯이 항구 도시인 칭다오 당국은 대만을 별도의 국가로 묘사했다는 이유로 수출하려 했던 영문 지도 2만 9000개를 파쇄해야 했다.[5]

중국이 국경을 우려하는 유일한 국가는 아니다. 하지만 눈에 띄는 것은 국경에 대한 불안감이 국가적인 노이로제 수준에 이르렀다는 것이다. 정부의 성명은 2017년 지도 측량법 및 규정과 2019년 '애국 교육' 운동을 명시적으로 연결한다. 그 목적 중 하나는 취학 아동이 올바른 국가관을 가지도록 지도하는 것이다. 국가 지도부의 메시지는 중국인이 애국하는 유일한 방법은 온 힘을 다해 대만을 본토의 통제로 '상환'하는 것을 추구하고, 중국이 남중국해의 모든 암석과 암초의 정당한 소유자라고 주장하며, 댜오위다오 및 부속 도서/센카쿠 열도를 넘기라고 일본에 요구하고, 히말라야의 영토를 과격하게 주장하는 것이라고 강박적으로 일깨운다. 관영 매체는 끊임없이 중국 영토 주장을 시민들에게 상기함으로써 이러한 주장에 개인적으로 동질감을 가지고, 해결되지 않은 국경 분쟁에 더 깊은 상처를 받고 수치심을 느끼도록 열심히 촉구한다. 중국 국경을 향한 중국의 편집증은 온라인 게이머나 웨이보의 애국자에만 한정되어 있는 것이 아니다. 시진핑의 연설은 중국이 주장하는 모든 영토가 자국의 통제 아래 있을 때만 국가 부흥의 비전이 완성될 수 있다는 점을 분명하게 한다.

하지만 왜 특정한 영토가 '정당하게' 중국의 영토에 포함되어야 하는지, 다른 영토는 왜 아닌지에 관한 이야기는 설명하기 간단하지 않다. 20세기 동안, 국가의 '자연스러운' 일부로 여겨졌던 외몽골 등 몇몇 지역은 놓아 준 한편, 버렸던 부분, 특히 대만의 영토는 다시 중국의 땅이라고 주장하기 시작했다. 1911년 청나라가 무너졌을 때 국경의 대부분은 실제보다 상상에 가까웠다. 러시아, 프랑스 또는 대영제국이 국경을 정하라고 강제한 몇몇 곳을 제외하고는 중국의 국경은 정식으로 정의된 적이 없었다. 혁명 이후 수십 년간 중국 엘리트들은 처음으로 국토를 '고정'해야 했다. 이 과정은 땅 위에서 이루어져야 했지만, 국가적 상상력도 필요했다. 지도를 그리는 것만큼 중요한 건 지도에 표현된 세계관이 국민의 마음속에 녹아 있어야 한다는 것이었다. 처음부터 그러한 국경의 취약성에 대한 불안은 고의적으로 생성되었다. 여기에는 외세의 위협에 대한 두려움도 있었지만, 팽창주의적인 꿈과 정치적 계산도 포함되어 있었다. 근대 중국의 영토—그리고 영토에 대한 불안—의 발명 이야기는 전쟁의 여파에 시달리고 지리학이라는 서양의 과학이 도입된 1세기 전에 시작되어, 대만의 재발견, 본토와의 재연결 및 분리로 끝난다.

청 조정은 1895년 4월 17일에 시모노세키조약에 서명을 함으로써 영토의 마지막 큰 조각을 공식적으로 포기했다(1895년, 청일전쟁의 결과 시모노세키조약에 의해 일본에 대만이 할양되었다. - 옮긴이). 이홍장이 일본 시모노세키 항구에서 서명한 조약은 대만과 인근 해역의 펑후 제도를 '영구적으로, 완전한 주권을 가진 일본에' 할양하는 것에 동의하는 것이었다(제2장 참조). 막 한 달이 지난 후, 대만의 순무사(순무사는 청대의 지방 행정장관이다. - 옮긴이) 대행과 본토인, 몇몇 관리 그리고 상인들은 일본에 통치에 굴복하지 않고 '타이완 공화국'이라는 이름으로 독립을 선언했다. 영국과 프랑스의 지지를 끌어내길 희망했으나 이 유럽인들은 개입해서 자신이 보는 이득이 없다고 생각했고 공화국은 독립을 선언한 지 불과 11일 만에 붕괴했다. 그런데도 저항은 계속되었다. 일본군이 대만의 모든 도시를 점령하는 데 5개월이 더 걸렸고, 반역자들의 흔적을 완전히 없애기까지는 5년이 더 걸렸다.[6]

기나긴 독립 투쟁 동안, 청 조정은 한때 자국에 속했던 성의 과거 신민들에 대한 지원을 거부했다. 사실 1895년 5월, 조정은 칙령을 내려 반란을 일으킨 공화국에 대한 물질적 지원을 명시적으로 금지했다.[7] 대만의 운명은 청이 일본과 추가적인 갈등을 빚는 위험을 감수할 만큼 충분하게 중요하지 않았을 뿐이다. 제1차 아편전쟁이 끝난 지 반세기 만에 청 조정은 국제조약의 구속력을 인정할 수밖에 없었다. 어쨌든 영토에 대한 권리를 포기한다는 조약에 서명했으니 이야기는 끝났다. 대만의 운명은 세인들의 관심을 받지 못했다. 대국의 본체에서 섬을 찢은 일은 청 조정에는 큰 타격이었으나, 일반 국민의 마음을 거의 거슬리게 하지 않았다. 1895년 본토와 대만의 관계는 잘 묘사해 봤자 '반만 독립한 상황'이라고 설명될 수 있었다. 심지어 1684년에 청나라가 대만을 부분적으로 합병했음에도 불구하고, 이 섬을 위험한 변구邊區로 취급했다. 야만스러운 원주민과 치명적인 질병으로 유명했던 이유가 컸다. 청 조정은 200년 후인 1885년, 프랑스와 전쟁을 치른 후에야 대만을 성으로 공포하였다. 시모노세키조약으로 일본에 할양되기 전, 대만은 10년간만 중국의 성이었다.[8]

조약 체결의 여파로, 청 관료는 대만의 발전에 전혀 관심을 두지 않았다. 조약을 체결해서 영토의 다른 부분들을 잃어버렸던 것과 같은 방식으로 섬을 잃었다. 1858년, 청나라는 아이훈조약으로 아무르강 북쪽에 있는 50만 제곱킬로미터의 땅을 러시아에 할양했다.[9] 그 후 체결한 다른 '불공정 조약'으로, 청나라는 유럽 열강들이 연안 전역에 소규모 식민지를 건설하는 것을 내버려 둘 수밖에 없었다. 대만도 같은 길을 갔던 것처럼 보인다. 일본이 꼭 쥔 대만을 되찾을 수 있는 실현 가능한 방법이 없었다. 대부분 푸젠과 광둥의 토포렉트를 사용하는, 섬에 사는 약 200만 명의 청나라 신민들은 원주민과 함께 일본의 식민지 신민이 되었다.

놀랍게도, 혁명 운동도 대만의 운명을 이와 비슷하게 태평하게 바라보았던 듯하다. 쑨얏센과 동지들은 대만을 다시 청의 통제 하에 둬야 한다고 요구하지 않았다. 일본의 통치에 반발심이 커지고 있었음에도, 단 한 번도 쑨얏센은 이에 저항하는 데 관여한 적이 없다고 알려져 있다. 쑨얏센은 일본이 통치하는 대만을 미래의 민국에 편입될 수 있는 영토보다는 청조를 전복하는 기지로서 더 중요하게 생각했다. 우리는 이를 그의 1900년 활동에서 살펴볼 수 있다. 쑨얏센은 그해 광둥성에서 계획한 봉기의 지원군을 찾고자 일본을 떠나 동남아를 돌았다. 그는 실망했다. 기성 개혁가나 지역사회 지도자들은 쑨얏센의 말을 진지하게 받아들이지 않았다. 대신 쑨얏센은 나가사키로 돌아와 아모이 항구(오늘날의 샤먼항)를 점령하려는 일본의 음모에 참여한다. 도쿄의 후원을 받아 대만에 본거지를 두면서 혁명군에게 광저우에 있는 주요 지지 기반을 운집시키라고 명했다. 하지만 급박한 움직임이 일반적으로 그렇듯, 쑨얏센은 막판에 계획을 변경하고 아모이 항구로 전력의 방향을 틀었다. 쑨얏센은 아모이 항구에서 일본군의 무기를 수송받아 합류할 계획이었다. 하지만 일본은 러시아의 반응을 유발할까 봐 걱정했고, 전체 계획에서 손을 뗐다. 쑨얏센의 반란군은 고립되었고 무기 부족으로 파멸을 맞이했다.[10]

아모이 항구에서 배신을 당했음에도, 쑨얏센은 일본 정부를 주요 후원자라고 생각했고, 혁명파는 대만의 문제를 무시했다. 개혁파도 섬에 거의 관심이 없었다. 1907년 대만의 주요 운동가 린셴탕(林獻堂, 임헌당)이 량치차오를 만났을 때, 량치차오는 린셴탕에게 본토가 도와줄 수 없으니, 일본의 통치를 타도하는 데 목숨을 바치지 말라고 충고했다. 둘 다 상대방의 토포렉트를 구사할 수 없었기에, 둘은 '필담'을 나누어야 했다. 말을 글로 쓰니 더 가슴 아프게 들린다. '(우리는) 본래 한 뿌리입니다. 하지만 이제 각각 다른 국가에 속합니다.'[11] 청 조정과 혁명파, 개혁파는 모두 같은 관점을 가지고 있었다. 조약으로 대만은 일본에 할양되었고, 이미 중국의 수중에 없었다. 대만의 정치적인 위치로 오늘날 갈등이 과열되었다는 점을 고려했을 때, 이는 놀랍기만 하다. 하지만 대만은 1911~1912년 혁명(신해혁명)이 일어나기 전 10년 동안 정치적인 논의에서 사실상 사라졌었다. 심지어 혁명 이후, 쑨얏센이 일본의 지원이 더 이상 필요하지 않을 때도 쑨얏센과 그의 지지자들은 대만의 운명을 계속해서 무시했다.

대만의 운동가 린센탕의 모습

몇몇 혁명가는 뼛속까지 순수 '한족'인 국가를 세우려고 대청국 주변 영토를 할양할 준비가 되어 있던 반면, 쑨얏센과 량치차오는 민국이 구 제국(대청국)의 모든 영토를 물려받아야 한다는 결심을 공유했다. '비非한인' 지역(만주, 몽골, 티베트, 신장)은 국토의 절반 이상을 차지했고, 주요 천연자원을 보유했다. 국토를 지키고자 하는 소망을 표출하기 위해서 쑨얏센과 량치차오, 그리고 그들의 지지자들은 이를 설명하는 새로운 단어들을 만들어 내야 했다.

중국어로 '장소'를 의미하는 단어는 여러 개가 있었다. 하지만 영유권과 주권의 함의를 담은, 영토와 동일한 단어는 없었다. 전통적으로 쓰인 단어는 강역(疆域, 국가의 영토 또는 면적을 가리킨다. - 옮긴이)이었는데,

말 그대로 제국 영역(域)의 경계(疆)를 뜻했다. 왕조 시대에 국가의 영역은 황제의 권위가 닿는 곳까지 뻗어 있었고 고로 적어도 이론적으로는 조공국과 속국까지 포함했다.[12] 하지만 그 의미는 모호했고, 확실히 정의된 국경이 존재한다는 것을 시사하지는 않았다.

'영토'의 새로운 중국어 단어는 일본어에서 유래했다. 특히, 영국의 사회적 다윈주의자 허버트 스펜서(제3장 참고) 책의 일본어 번역본에서 따왔다. 허버트 스펜서의《정치체제》1883년 번역본에서, 사다시로 하마노는 두 간지자, 료-도(영토領土의 간지자를 일본어로 읽으면 りょうどい다.-옮긴이)―말 그대로 '통치받는 땅'―를 '영토'의 대응어로 선택했다. 게이오 대학교 총장이었던 하마노는 권위 있는 인물이었고, 그의 번역본은 곧 널리 사용되게 된다. 15년 후, 량치차오가 도카이 산시의 민족주의적 소설《가인의 기우(佳人之奇遇)》를 일본어에서 중국어로 번역하여, 자신의 신문《청의보》에 실었을 때도 같은 한자를 썼다.[13] 고전 중국어에서 이는 링-투라고 (일본어와는 다르게) 발음되지만, 정확히 같은 의미를 지닌다―'통치받는 땅'. 그래서 영토는 정의된 국경으로 둘러싸인 주권 국가라는 분명한 의미를 지닌다.

이 단어는 쑨얏센의 지지자 중 한 명인 후한민에 의해 채택되었다. 혁명파 동맹회 운동에서 후한민이 맡은 역할 중 하나는 쑨얏센의 정책에 이론적 정당성을 부여하는 것이었다.[14] 후한민은 1904년에서 1905년 동안 혁명파 신문《민보》여러 호에 실린 긴 기사('반외국인 정서와 국제법'―배외여국제법排外與國際法)에서 영토의 정치적 함의를 자세히 설명했다. 그는 국제법의 기초는 영토 주권領土主權이며, 논리적으로 혁명파

는 외세가 요구한 '불평등한 조약'
에 반대할 필요가 있다고 주장했
다. 후한민의 사상―그리고 새로운
단어들―은 일본 법학자 타카하시
사쿠에가 전년도에 출판한《평화시
대의 국제법》이라는 1000쪽짜리
책에 크게 기초했는데, 타카하시의
두꺼운 책은 결과적으로 지난 수십
년 동안 출판된 여러 서양 서적의
요약이었다.[15] 다시 말해 혁명가들

쑨얏센의 지지자 후한민의 모습

이 새롭게 찾은 영토를 향한 열정은 19세기 말 유럽 민족주의에서 직
접적으로 유래한 것이었다.

　유라시아에서 나온 사상은 알을 낳아 10년 후 중화민국 헌법을 둘
러싼 논쟁에서 등장했다. 혁명 직후 1912년 3월 11일에 쑨얏센 정부가
승인한 '임시 헌법'에는 민국의 영토가 어떠해야 하는지에 대한 믿음이
상대적으로 자세하게 제시되어 있다. 사실상 헌법에는 혁명이 일어났
을 때 대청국의 국경을 그대로 물려받았다고 쓰였다. 제3조에는 단지
'중화민국의 영토는 22개의 성과 내몽골, 외몽골, 티베트로 구성되어
있다'라고 써 있다.[16] 대만이 23번째 성이었으므로 '22'개의 성은 큰 의
미를 지닌다. 3개월 전에 외몽골이 독립을 선언하고, 티베트에서는 끊
임없이 반란이 일어났으며, 신장은 당시 사실상 독립한 상태였음에도
불구하고, 헌법 본문은 여전히 외몽골과 티베트, 신장에 대한 소유권을

주장하고 있다는 점을 고려할 때 이는 대만 영토를 주장하는 걸 공식적으로 포기했다는 명백한 증거로 보인다.

그러나 1914년 5월, 쑨얏센을 강제로 대총통 자리에서 물러나게 한 장군 위안스카이가 새로운 '중화민국 약법(中華民國約法, 약법은 잠정 헌법이라는 뜻이다.-옮긴이)'을 국가에 도입하면서 국토의 정의는 바뀌었다. 제3조는 얼핏 보기엔 지나치게 유의어를 반복하는 내용이 되어 버렸다. '중화민국의 영토는 이전 제국의 강역과 같다.'[17] 새로운 단어에도 불구하고, 1914년 영토의 헌법상 정의는 과거 제국의 강역의 정확한 범위에 대한 추가적인 질문을 회피할 뿐이었다.

1916년 위안스카이가 사망한 후, 중화민국 약법은 중지되었고, 첫 번째 헌법(임시 헌법)이 부활했다. 그래서 1916년 6월 29일부터 국토의 정의는 '22개의 성, 내몽골, 외몽골, 티베트, 신장'으로 되돌아갔다. 7년 후, 민국은 같은 뜻의 말을 표현만 달리하여 되풀이했다. 1923년 10월 10일 승인된 헌법은 제3조를 '중화민국의 국토는 물려받은 강역을 기반으로 한다'로 대체했다.[18] 다시 한번, 영토나 강역에 대한 정의는 제공되지 않았다. 그로부터 8년 뒤인 1931년 6월 1일 창카이섹의 국민당 정부가 공포한 새로운 '임시 헌법'은 타협점에 이르렀다. 제1조는 '중화민국의 영토는 여러 성과 몽골, 티베트로 구성되어 있다'라고 명시함으로써 모호함과 구체성을 결합했으나[19], 몇 개의 성인지는 밝히지 않았다. 1931년 칭하이(青海, 티베트 고원 북동부에 있는 중화인민공화국 서부의 성-옮긴이)는 강제로 국가에 편입되었고 성의 지위를 부여받았다. 이 시점에서 몽골과 티베트는 민국으로부터 거의 20년 동안 독립한 상태였지만, 그런데도 창카이섹은 아직도 민국의 땅이라고 주장했다. 여기서 주목해야 할 점은 대만을 아직도 민국의 영토로 고려하지 않았다는 것이다. 내전(국공내전)이 발생하기 전에 마지막으로 공포된 민국의 헌법은 국토를 정의하려는 시도조차 하지 않았다. 1946년 12월 25일 승인된 중화민국 헌법의 제4조는 단순히 '현재 존재하는 국경에 따르는 중화민국의 영토는 국회의 의결을 제외하고는 변경되어서는 안 된다'라고만 명시한다.[20]

헌법상의 결론 없는 논쟁은 이 기간 내내, 그리고 심지어 이 기간 이후에도 국가의 경계를 정확히 어떻게 그어야 하는지 정하는 데 엄청난 어려움이 있었다는 것을 보여 준다. 먼저 가장 근본적인 질문이 답해질 필요가 있었다. 무엇보다도, 1912년에 민국이 대청국으로부터 표면상으로 물려받은 경계는 무엇인가? 민족주의 근대화론자들은 외세와 전문가들과의 접촉을 통해 형성한, 국경에 대한 관점을 바탕으로 이 질문에 대한 간단한 답을 내놓을 수 있으리라고 생각했다. 하지만 현실은 그렇게 단순하지 않았다.

대청국은 사실상 다민족 연방국을 건설했다. 이 연방국에는 5개의 '문자 구역'—중국어, 만주어, 몽골어, 티베트어, 투르크어—이 있었고 자체적인 조직을 통해, 각각 다른 규칙을 따르며 통치받았다. 중국의 통치 방법은 상대가 누구냐에 따라 달랐다. 이러한 접근법을 중국어로는 기미(羈縻, 굴레와 고삐라는 뜻으로 속박하거나 견제함을 비유적으로 이르는 말이다. - 옮긴이)—느슨한 고삐—라고 한다.[21] 하지만 쑨얏센과 같은 혁명파들의 사명은 단일한 일련의 조직과 규칙을 통해, 중앙의 통치를 받는 하나의 일원화된 민족국가를 탄생시키는 것이었다. 앞서 제5장에서 보았듯이, 이전 제국의 체계를 통해 부상하여 권력을 잡은 위안스카이는 서구식 교육을 받은 민족주의자들의 신사상이 담긴 통치보다는 전통적인 통치 기법에 훨씬 더 친숙했다. 그의 타고난 보수적인 성향은 국가를 더 '애매'하게 정의하게 했다. 한편, 근대화론자들은 국가적인 문제를 명료화하고 싶었고 이는 정확한 정의를 추구하는 것으로 이어졌다. 하지만 강력한 지방 통치자들에게 단결을 요구하면 할수록, 더 많은 군벌은 더 멀어져 갔고, 정작 통일해야 하는 국가는 분열되었다.

둥베이 지방에서 러시아와 경계를 그은 1689년 네르친스크조약부터, 서남쪽의 당시 버마와의 부분적인 경계를 표시한 1894년 영국과 체결한 조약을 거치기까지, 청 제국은 다른 강대국들이 국경을 정하라고 강요하는 곳에서만 공식적으로 국경을 정의했다.[22] 그 외의 지역의 상황은 전혀 명확하지 않았다. 영역의 경계—강역—는 어디까지 뻗어 나갔을까? 1796년 건륭제 치세 말기, 청 조정은 신강성新疆省보다 더 서쪽에 있는 영토를 다스리던 13명의 통치자와 티베트 너머 있는 구르카(Ghurkha, 네팔 출신 용병들-옮긴이)의 통치자로부터 조공을 받고 있었다. 그 어떤 국가도 청나라에 속하지는 않았지만 말이다.[23] 그렇다면 강역은 이 지역들도 포함하는 걸까? 한편, 심지어 청의 강역 안에서도, 조정은 지방 통치자를 통해 멀리 떨어지고 인구가 적은 지역에 통제권을 행사했다. 지방 통치자들은 자신만의 통제권과 충성심을 가지고 있었지만 완전한 것은 아니었다. 예를 들어, 티베트의 동쪽 캄 지역은 오랫동안 라싸에 본거지를 둔 통치자에게 명목상으로만 종속되어 있던 독립적인 족장들의 통치를 오랫동안 받았고, 이를 통해 명목상으로는 베이징의 황제에게 종속되었다.[24] 청나라 관리들은 전략적인 장소에 본거지를 두었음에도 불구하고 넓은 지역은 방치되었다. 1745∼1756년까지 캄 지역을 중앙에서 통치하려는 군사 작전은 실패했고 그 대가는 컸다. 그래서 '기미' 통치로 복귀했다.

그 결과, 19세기에 중앙아시아를 통제하려는 청나라의 노력은 외부자의 약탈로부터 '자신의' 영토를 지키려는 시도가 아니라, 동쪽의 청나라와 북쪽과 서쪽의 러시아, 그리고 남쪽의 인도를 쥐고 있는 영국, 세 제국이 영토와 영향력을 두고 서로 쉬지 않고 경쟁하는 움직임으로 보아야 한다. 19세기와 20세기 초 내내, 세 국가는 모두 수십 명의 지역 통치자나 군벌, 영적·임시 지도자들과 같은 다른 종류 지도자들의 지지를 얻거나 그들을 지배하기 위해 싸움을 벌였다. 일례로 중국어 단어 변강(邊疆, 나라의 경계가 되는 변두리 땅-옮긴이)의 의미 변화에서 경쟁이 심해졌다는 걸 찾아볼 수 있다. 호주에서 활동하는 역사가 제임스 레이볼드에 따르면 18세기와 19세기 초에 이 단어는 두 국가의 중간지대를 가리키는 데 쓰였다고 한다. 하지만 19세기 말 동안, 몇몇 지역에서 변강은 정해진 국경선을 의미하게 되었다.[25]

내륙 아시아의 통치 전통을 이어받은 만주 청 조정은 어떻게 이 게임을 해야 할지 알았다. 여러 세대 전부터 만주족은 다른 내륙 아시아 민족과 관계를 맺었다. 하지만 새로운 민국은 서구의 주권 개념과 강력한 국경에 기초하여 전적으로 다른 정치 질서를 도입하려고 시도하고 있었다. 지도자들은 변강 문제―국경 문제―의 해답을 찾지 않을 수 없었다. 국가가 무너져 내리는 과정 중에 있는데, 어떻게 국토를 '정하려던' 걸까? 하지만 더 큰 문제 또한 있었다. 어떻게 하면 신생국가가 국민이 서로 서로에게, 그리고 직접 보지 못하고 갈 일이 없다는 것도 거의 확실하지만 국가의 생존에 필수적이라고 추정되는 장소에 충성심을 느끼게 할 수 있을까? 이 두 가지 임무는 새로운 부류의 '특수 요원'들에게 맡겨졌다. 바로 지리학자들이다.

중국에서 지리학이라는 근대 학문의 아버지라 간주되는 이 남성은 상하이 남쪽 첸탄강 어귀에 황주(탁주의 일종 – 옮긴이)로 유명한 사오싱(紹興市, 소흥시) 근교에서 6남매 중 막내로 태어났다. 강 삼각주 지역의 비옥한 토양과 물자가 풍부한 시장은 주커전(竺可楨, 축가정)의 가족에게 안성맞춤이었다. 조상들은 대대로 논농사를 지어 왔지만, 해안 도시가 확장되고 도시로 유입되는 인구가 늘어나면서 주커전의 아버지는

중국의 기후학자이자 지리학자 주커전의 모습

쌀농사를 짓는 것보다 무역상으로 사는 게 생계에는 더 낫다는 걸 깨달았다. 6남매 중 막내였던 주커전은 세 살 때부터 부모님이 가장 편애하는 자녀가 되었다. 형제들은 노동으로 생계를 이어 가기 위해 준비했던 반면에 부모님은 주커전을 지식의 길로 인도했다. 그는 상하이에서 150킬로미터 떨어진 사립학교로 보내졌고, 그 후에는 탕산

광업 대학에 진학하기 위해 훨씬 더 북쪽에 있는 톈진에서 살았다.[26]

지역 환경의 자연적 이점과 해안 지역의 경제 호황으로 이득을 본 주커전은 그다음 국제 정세로 뜻밖의 횡재를 얻게 되었다. 서양에는 의화단운동이라 알려진 1900년 봉기의 여파로, 청나라는 서구 열강에 배상금으로 4500만 은냥을 지급할 수밖에 없었다. 미국 정부는 2500만 달러를 요구했는데, 이는 베이징 주재 미국 외교관들조차도 과도하다고 생각했다―유혈 사태로 인해 당시 미국 시민들과 정부가 입은 실제 피해액의 대략 두 배에 해당했기 때문이다. 시어도어 루스벨트Theodore Roosevelt 정부가 청 정부에 부과한 빚의 어마어마한 짐을 덜어 주기 위해 무언가를 해야 한다는 압박이 높아졌다. 1909년, 절충안이 등장했다. 초과 금액 약 1100만 달러를 중국 학생들의 교육을 위한 기금에 넣겠다고 했다. 루스벨트는 중국 학생과 미국 대학교에 모두 도움이 되는 한편, 미래의 중국 엘리트를 일본에서 멀어지게 하고 미국과 가까워지도록 방향을 돌릴 수 있으리라고 생각했다.[27] 가장 먼저 마음을 바꾼 사람 중 한 명은 주커전이었다. 스물여덟 번째로 의화단 사건의 배상금 장학금을 받았다.

1910년 주커전은 스무 살의 나이로 농학을 공부하기 위해 일리노이 대학교에 입학했다. 하지만 더 훌륭한 농부가 되기 위해 미국에 온 건 아니었다. 과학자가 되고 싶었다. 학위를 받은 후에 하버드 대학교에서 기상학 박사 과정에 등록했다. 지도 교수는 미국 최초의 기후학 교수 로버트 드코시 워드Robert DeCourcy Ward였다. 하지만 그의 학문적 범주는 기후학보다는 훨씬 넓었다. 1894년, 그는 이민 제한 동맹을 공동으로 창립했고, 기상학과 우생학을 결합한 학문적 주장을 펼쳤다. 그는 기후가 문명을 결정한다고 믿었다. 그는 지구 온대 지방의 계절 변동에 '정력, 야심, 자력, 갱생, 근면, 주민들의 절약이라는 대부분의 비밀이 숨어 있다'라고 했다. 정반대로, 열대 지방의 기후는 기력을 떨어뜨리기에, '고차원 문명을 향해 자발적으로 진보하리라고 기대할 이유가 없다'라고 했다.[28] 그 결과, 워드의 관점에서는 온대 지방의 백인들이 지구의 열대 지역을 개발하고, 심지어 필요하면 노예를 노역시키는 게 완전하게 정당화되었다. 특히 그는 어떤 조건에서도 일할 수 있는 중국인 '쿨리(19세기에서 20세기 초까지의 중국, 인도 사람을 중심으로 하는 아시아계 외국인, 이민자들을 일컫는 말로 정규적인 일자리가 없는 단순 노동자 ─ 옮긴이)'의 능력에 깊은 인상을 받았다. 주커전은 워드의 이론 전부를 선뜻 받아들였고, 박사 학위를 취득한 후 1919년 중국으로 돌아와 우창 사범대학교의 첫 번째 지리학 교수가 되었다. 이듬해에는 난징 동남 사범대학으로 옮겼다.[29]

난징에서는 새로운 국가를 건설하는 데 한 몸 바칠 다음 세대의 지리학자를 가르쳤다. 이 시기에 활동한 역사학자 천즈훙(陳志紅, 진지홍)에 따르면, 주커전의 작업에는 워드의 색채가 분명하게 드러났다.[30] 미국 학자 워드의 환경 결정론은 당대를 지배했던 한족 종족주의에 학문적 기반이 되고 새롭게 부상하던 지리학의 기준이 되었다. 주커전에 따르면 온대 기후로 중국인은 백인과 흑인 중간 피부색을 가지게 되었고, 모든 환경에 적응할 수 있는 강한 능력을 기를 수 있었다. 주커전은 다음과 같은 근거를 댔다.

열대 기후에 적응된 사람들은 온대 지역의 겨울을 견딜 수 없
다… 온난한 기후에 익숙한 사람들은 열대 기후나 추운 날씨를
견딜 수 없다… 하지만 중국인은 예외다! 아무리 날씨가 덥고
춥더라도 중국인의 발자국이 있다… 파나마운하를 팠을 때도
다른 나라 출신 일꾼들이 일할 수 없었을 때마저도, 중국인들은
지치지 않고 효율적으로 일했다. 이게 바로 외국인들이 중국인
을 '황화(黃禍, 백인종의 일부에서 염려하는, 황인종으로부터의 침해나 압
력을 말한다.-옮긴이)'라고 부르는 이유이다. 또, 미래 중국을 비춰
줄 한 줄기 아침의 빛이다!

1920년대 주커전이 난징에서 가르쳤던 학생 중에는 장치윈(張其昀,
장기윤)이 있었다. 장치윈은 이후 30년이 넘는 시간 동안 중국 국토 찾
기의 화신이었다. 장치윈은 국토를 정의하고 선전했으며 측량했다. 또
정부에 국토를 확보하라고 조언했다. 학술적 커리어, 그리고 그 후에
정치적인 커리어를 추구하는 동안 그는 생존을 위한 국가적 투쟁에 통
찰력을 주었다. 그 과정 동안 장치윈은 자신과 정치 스승의 운명의 끈
을 대만에 묶어 두었다.[31]

장치윈이 주커전의 지리 수업을 처음으로 들은 건 1920년이다. 3년
후에는 대학을 졸업하고 학교 동기의 형이 저명한 편집인으로 있는, 상
하이 상무인쇄관유한회사의 직원이 되었다.[32]

편집인은 천부레이(陳布雷, 진포뢰)로, 그 또한 민족주의 정치에 주요
한 역할을 하게 된다. 장치윈과 천부레이, 주커전은 학계와 언론, 선전

중국의 지리학자 장치원의 모습   천부레이의 모습

의 교차로에서 영향력 있는 파벌을 형성했다. 이 세 명은 지리학을 중국 정치사상의 중심 그리고 국민당의 민족주의적 임무 안으로 밀어넣었다.

장치원은 그 후 4년간 지리학 교과서를 집필했는데, 이 교과서는 1920년대 말과 그 이후 중국 학교 대부분에서 사용되었다.[33] 그의 회고록은 주커전이 교과서 내용에 큰 영향을 끼쳤다는 걸 보여 준다. 천부레이가 중국에서 세 번째로 많이 유통되는 신문인《상보商報》(상업 신문)의 편집인이 된 후에는 장치원에게 지리를 주제로 논평을 써 달라고 의뢰했다. 1927년, 주커전의 추천으로 장치원은 난징 중앙 대학교 지리학 강사로 임명되었다.

다음 10년, 즉 '난징 시대(창카이섹이 난징시를 거점으로 한 국민 정부 시대 -옮긴이)'는 중화민국의 정치 및 교육 시스템 모두에서 심오한 변화가 있던 시기였다. 1927년 3월, 국민당은 난징과 상하이를 점령했고, 18개월 이내에 명목상으로는 전국을 통제했다. 국민당의 창카이섹이 국가 주석으로 취임하면서, 민족주의 정부는 국가의 통일이라는 비전을 전국에 강요하기 시작했다. 이러한 비전은 차이점을 관용하는 위안스카이의 관점보다 쑨얏센의 중화 민족 사상에 더 큰 영향을 받았다. 1912년 이후 국가를 이끌어 온 '오족공화' 이념은 버려졌다. 1928년 12월 29일, 그러한 취지를 표하기 위해 민국이 탄생했을 때부터 펄럭였던 '오족' 색깔 띠가 있는 깃발을 동맹회 원조 국기이자 쑨얏센이 좋아했던 '청천백일기'가 그려진 빨간 깃발로 공식적으로 변경했다. 이는 오늘날까지 중화민국(대만)의 국기로 남아 있다. 이러한 새로운 민족주의는 국경 문제와 변방에 사는 소수민족에 대한 전반적인 접근법을 결정했다.

새로운 정부의 관점에서, 변방 주민을 민국에 충성하는 시민으로 확실하게 만들면 변방을 '지킬 수 있었다.' 이 시기는 '민족자결주의'—미국 우드로 윌슨Woodrow Wilson 대통령이 1918년에 선언했다—의 시대여야 했음에도, 국민당은 티베트, 신장, 몽골, 만주의 주민들에게 그러한 선택권을 줄 용의가 없었다. 그들의 눈에는, 민족 자결의 권리는 외세와 맞서 투쟁하는 중화 민족을 위한 것이었다. 그것은 단순한 학문적인 논의라기보다는 삶과 죽음 사이의 투쟁이었다. 왜냐하면 외세 중 하나인 일본이 이미 '민족 자결'의 주장을 일본 제국의 목적을 위해 효율적으로 사용하고 있었기 때문이다. 일본 관료들은 과거 대청국 내부의 민족적 차이를 부각하여, 그러한 집단(소수민족)은 민족 자결의 권리와 화華가 지배하는 민국에서 분리 독립할 권리가 있다고 주장했다. 1931년 만주를 일본에 합병하고, 몽골과 신장의 분리 독립을 장려하면서 일본은 사실 이 원칙을 견지하고 있다고 주장했다.

이러한 상황 속에서 국민당은 역사와 지리 연구를 무기로 사용했다. 1928년 난징 정부의 선전부 부장인 타이츠타오(戴季陶, 대계도. 동시에 광저우 중산 대학교 총장이었다)는 지리학이 국방에서 중요한 역할을 한다고 주장하며 전국 주요 대학에 지리학과를 설립할 것을 호소했다. 최초의 지리학과는 1929년 장치원이 교수로 있던 중앙 대학교에 설립되었다. 이후 8년간 9개 주요 대학에 지리학과가 신설되었다. 교수진 대부분은 주커전에게 배웠던 학생이었다.[34] 이 지리학과들의 결과물은 국가를 위해 봉사하고 변방의 임무를 다하는 데 쓰였다. 중국의 역사학자 거자오광(葛兆光, 갈조광)은 학계의 이 시기를 '구망압도계몽(救亡壓倒啓蒙, 국가와 민족 멸망으로부터 구제가 계몽을 압도한다)'이라고 불렀다. 1920년대를 인종 집단 간의 차이점과 국가의 변방을 두고 경쟁한 역사를 연구하는 데 보낸 많은 전문가는 일본의 위협이 커지면서 1930년대 말 동안에는 공개적인 관점을 바꾸거나 근신했다. 여기에는 류즈정(柳詒徵, 유이징), 구제강(顧頡剛, 고힐강), 페이샤오퉁 등 저명한 지리학자와 역사가, 인류학자가 포함되어 있었다. 이들 그리고 다른 사람들은 '계몽'보다 '구국'을 택했다.[35]

1927년까지 지역 엘리트들은 학교 교육을 관장했고 그 내용과 질은 매우 달랐다. 국민당이 전국을 장악하기 전에도, 국민당 지도부는 신흥 국가를 건설하는 노력에 교육이 얼마나 중요한 역할을 하는지를 인지하고 있었었다. 1928년 1월에 열린 국민당 제4차 전체 회의에서 교육은 사실상 중국 공민公民의 생사가 걸린 문제이고, (공산주의와 같은) '그릇된 이데올로기'에 맞선 국민당의 싸움에서 중요한 역할을 해야 한다고 선언했다.[36] 몇 달 후인 1928년 5월, 난징에서 국민당이 '국민 정부'를 수립한 직후, 국민당은 '제1차 전국교육회의'를 소집했다. 이 회의에서는 쑨얏센의 '삼민주의', 즉 민족주의·민권주의·민생주의를 바탕으로 한 새로운 국가 교육과정을 채택하기로 결의했다. 몇 달 안에 국민당은 베이징을 점령하고 전국적으로 새로운 국가 '임시 교육과정'을 매우 신속히 도입하기 시작했다. 1929년부터 모든 학교는 역사와 지리학을 가르쳐 학생들을 강한 애국심으로 물들이고 결집할 것이었다.[37] 학생들은 '국민정신'을 고양하기 위해 다양한 지역을 공부할 예정이었다.

장치원이 쓴 일련의 교과서들은 애국 교육 운동에 크게 이바지했다. 1928년 상무인쇄관유한회사는 《본국지리本國地理》(우리의 지리)라는 제목의 교과서를 발표했다. 교과서는 큰 땅덩어리와 다양성에도 불구하고 중국이 자연적인 단위를 형성했다는 핵심 메시지를 담고 있다. 장치원은 자신의 지리학 지식을 활용하여 환경과 주민들의 삶의 방식에 따라 중국을 23개 '자연' 지역으로 나누었다. 그런 다음 이 지역들을 비교하면서 예를 들어 장강 삼각주가 농사짓기에는 좋은 지역이지만 광물이 나지 않고, 산시성은 석탄이 풍부하나 농사를 짓기에는 기후가 건조하며, 만주에는 숲이 많은 반면 몽골은 방목에 적합하다는 등의 내용을 학생들에게 가르쳤다. 그는 각각 다른 부분은 일관적인 전체를 구성하는 필수적인 부분이기 때문에, 이러한 다양성은 사실 국가 통일의 필요성을 증명한다고 젊은 학생들에게 말했다.[38]

그런데 장치원이 교과서에 묘사한 '전체'는 현실에서는 존재하지 않는 영토였다. 교과서에 실린 다양한 지도는 나머지 국가들이 보이지 않도록 백지에 중국만 그린 형태였다. 국경을 표시하는 단순한 검은색 선은 실제로 정부의 통제를 받지 않는 광활한 지역, 즉 독립 국가인 몽골과 티베트를 포함했다. 장치원은 그런데도 이 지역을 민국의 자연스러운 부분으로 묘사했다. 현실과 지도를 어떻게 일치시킬지는 제자들에게 설명하지 않았다. 놀랍게도, 오늘날의 정치적 상황을 고려해 보면 장치원의 지도에는 생략된 부분이 상당히 많았다. 교과서에 실린 어떤 국가 지도에도 대만은 그려지지 않았다. 아무래도 장치원의 관점에서 민국의 '자연스러운' 형태는 1911년 청 제국이 멸망했을 때 영토의 형태와 정확히 일치한 것처럼 보인다. 몽골은 포함되었지만, 대만은 없었다. 남중국해의 암석과 암초는 단 하나도 중요하게 다뤄지지 않았다.

이러한 견해는 비주류가 아니었다. 장치원의 《본국지리》는 지대한 파급력을 미쳤다. 1930년 7월 이전에는 10판이 인쇄되고, 1932년 이후에는 7판을 추가로 인쇄했으며, 당대 국내에서 가장 중요한 세 권의 교과서 중 하나로 선정되는 영예를 안았다.[39] 이 교과서만 대만을 누락한 건 아니었다. 1920년대와 1930년대에는 수십 권의 지리 교과서들이 출판되었는데, 모든 교과서는 몽골과 티베트의 중요성은 강조하는 한편 대만은 모른 체했다. 1933년, 장치원이 공동 집필한 또 다른 교과서 《외국지리外國地理》(외국의 지리)는 대만 사람을 중국 민족, 즉 중화 민

족에게 버림받고 새엄마 일본에 학대를 받은 '고아'로 묘사했다.[40]

장치원과 다른 교과서 저자들은 젊은 독자들의 마음에서 국가와 영토에 대한 충성심을 불러일으키려는 민족주의자들이었다. 그들은 교육적이면서도 매우 정치적인 문제에 직면했다. 예를 들어, 연안 대도시에 사는 아이에게 신장의 양치기와 연결되어 있다고 느끼라고 어떻게 설득할 수 있을 것인가? 심지어 왜 관련 있어야 하는가? 인문 지리학의 전반적인 목적은 어떻게 가지각색의 환경이 각각 다른 문화를 가진 집단을 만들었느냐를 설명하는 것이다. 하지만 민족주의는 서로 다른 집단이 단일한 문화 일부라고 느끼게 하고 하나의 국가에 충성을 요구했다. 퍼즐을 맞추는 건 민족주의 지리학자의 몫이었다. 민족주의 지리학자들은 그렇게 하는 두 가지 방법을 발견했다. 한 교과서 집필진은 단지 모든 중국인 공민은 같다고 적었다. 즉, 하나의 '황'인종이자 단일민족의 일원이기에 상세히 설명할 필요가 없었다. 하지만 두 번째 그룹의 저자들은 서로 다른 집단이 존재하지만, 그런데도 더 위대한 무언가로 단합되었다고 주장했다. 이들 중 '황인종' 개념을 사용한 저자도 있었고, 공유되고 문명화된 화華 문화의 개념을 가져온 저자도 있었다. 한편 다른 저자들은 국가의 물리적 경계의 '자연스러움'을 강조했다.

교과서 저자들은 '국경 문제'에 대한 답은 주민들을 '문명화'하는 것이라고 주장했다. 그중 한 명인 거쑤이청(葛绥成, 갈수성. 경쟁 출판사이지만, 비슷하게 민족주의적 성향을 띄는 중화서국中華書局이 그를 고용했다)은 자신이 국민당 정부와 같은 딜레마에 직면했다는 것을 발견했다. 거쑤이청과 국민당은 모든 민족의 이론적인 평등함을 강조하는 동시에 '한족'

문화를 기반으로 단일 중화 민족에 모든 민족이 섞였다는 걸 강조해야 했다.[41] 거쑤이청의 관점에서, 지리학 연구는 국가의 다양한 사람들이 자신의 특정 출신 지역을 사랑하게 만들고, 더 넓은 국토와 정서적으로 연결되게도 만들어야 했다. 하지만 동시에 거쑤이청이 편찬한 교과서에는 '몽골족, 회족(이슬람 신도)과 티베트족이 제국주의자들에게 현혹되지 않도록 문화 변용(이질적인 문화를 가진 두 사회가 지속적이고 직접적인 접촉을 통해 서로가 가진 문화에 변화를 일으키는 현상 – 옮긴이)을 긴급히 촉진해야 한다. (그리고 우리는 반드시) 식민지화를 위해 (한족) 주민을 국경 지역으로 이주시켜야 한다…'라는 말이 있었다.[42]

장치윈의 1928년 교과서에도 배타적 애국주의는 깊이 각인되어 있었다. 교과서가 수백만 명의 어린 독자들에게 전하는 메시지 중 한 부분은 이 나라는 야만에서 문명으로 가는 여정에 있으며, 소수민족이 사는 미개한 변방을 길들이고 발전시켜야 한다는 것이었다. 이 책은 민족이 한족의 '본체'(주체主體)에 얼마나 동화되었는지를 보여 주는 표를 담았다. 시난의 묘족을 묘사할 때 장치윈은 '그들은 아주 오래된 풍습을 유지하므로 한족과 공존하는 것은 완전히 불가능하다. 미개함을 지우고 관습과 습관을 바꾸는 것은 한족 책임이다'라고 썼다. 장치윈에게 한족은 다른 집단이 자신의 문명화 수준을 판단할 수 있도록 비교하여 평가할 수 있는 '기준'을 제공하였다. 다른 집단도 '한족'이 되어야 했다. 장치윈은 기후가 문명의 확산을 결정짓는 요소라는 주커전의 의견을 공유했다. 1933년 교과서에서 그는 윈난성 서남부의 원주민은 덥고 습한 저지대에 사는 한편 한인漢人은 서늘한 고원에서 살았다고 말했다. 시베이 산악 지대의 한족은 따듯한 기후의 계곡에서 사는 한편 원주민은 더 추운 고지에서 살았다. 그러므로 '온대 지역에서 사는' 한인은, '퇴보'하는 환경의 영향을 받지 않기 때문에 소수민족—토인(土人, 미개한 곳의 토착민, 경시의 뜻을 담고 있다. - 옮긴이)—에 영향력을 행사해야 했다.[43] 다른 교과서들도 인구의 90퍼센트를 차지하고 있는 한족에 다른 집단이 동화되는 것은 당연한 이치라는 쑨얏센의 주장을 강조하며, 같은 요지를 담았다.[44] (제5장 참조)

이러한 논리는 수십여 년 전 량치차오의 주장으로 거슬러 올라간다 (제4장 참조). 량치차오는 황하 유역의 요람에서 문명화된 영토가 바깥으로 확장하는 연속적인 이야기를 창조했다. 새로운 지리학자들은 이 문명화된 영토가 민국의 끝자락까지 뻗어 나간 내용으로 교과서의 마지막 장을 쓰고 싶어 했다. 또 특정한 강과 산맥의 범위가 국가에 '자연적' 경계를 형성한다는 량치차오의 이론을 빌렸다. 이게 바로 거쑤이청이 1933년 교과서에서, 그리고 뤼쓰몐(呂思勉, 여사면. 둘 다 상무인쇄관 유한회사와 중화서국에서 일했다)이 펼친 주장이다. 가장 시적인 기법은 상상 속의 국가의 형태를 베고니아나 뽕나무 잎 반대 면과 단순하게 비교하는 것이다. 잎꼭지는 톈진항이고 거기서부터 서쪽으로 흐르는 중앙의 '잎맥'은 신장의 카슈시 너머까지 쭉 뻗어 가는 대칭적인 선이 된다. 물론 이 대칭성은 외몽골과 티베트를 포함하고 대만을 제외할 때만 말이 된다. 역사학자 로버트 컬프Robert Culp와 피터 자로우는 추정적인 민국의 국경이 '자연스럽다고' 학생들에게 설득하기 위해, 다르고 가끔은 모순되는 주장과 비유를 드는 다른 지리 교과서들의 많은 예시를 기록

했다.[45]

이러한 교과서에서 계속해서 등장하는 주제는 국가의 모서리를 조금씩 갉아먹는 외국인들의 위협이었다. 이전 세기에 '잃어버린' 영토에 관해 학교에서 가르치면서 이러한 추세는 강화되었다. 교사들은 민족주의 지도학의 중국적인 형태─'국치 지도(國恥地圖, 1927년에 제작되어 1938년 중국 초등학교 검정 교과서용으로 사용됐다. 많은 영토를 상실해 치욕을 당하고 있으니 힘을 길러 잃어버린 땅을 반드시 회복하자는 의미를 담고 있다. ─ 옮긴이)'를 사용할 수 있었다. 1910년대, 1920년대, 1930년대에 상무인쇄관유한회사, 중화도서, 그리고 다른 출판사들은 그러한 지도 수십 개를 교과서나 지도첩에 수록하거나 교실과 공공건물 전시용 포스터로 제작했다. 일반적으로 이러한 지도들은 이전 세기 동안 이웃 국가에 '할양'된 땅을 보여 주었는데, 때때로 밝은 색으로 칠했다.[46] 이러한 지도를 만드는 이면에는 분명한 정치적인 목적이 있었다.─'나라를 지키는 데 실패했다'라는 것을 보여 줌으로써─청조의 정당성을 박탈하는 효과가 있었고, 따라서 혁명에 정당성을 부여했다. 하지만 또한 새로운 민국을 향한 충성심을 고취하기 위해 국경의 취약성에 대한 불안감을 의도적으로 조성했다. 이 수법은 젊은 마오쩌둥에게도 먹힌 듯하다. 그는 훗날 미국 언론인 에드거 스노Edgar Snow에게 국가 치욕에 관한 이야기가 자신을 운동가로 만들었다고 말했다.[47] 마오쩌둥만 그런 건 아니었다. 국토 노이로제도 탄생했다.

지리학자들은 '영토'라는 민족주의 사상을 취해, 정해진 국경이 거의 없었던 '강역'의 시대로 거슬러 올라간다. 1933년 거쑤이칭의 교과서에 실린 국치 지도는 중앙아시아, 시베리아 및 사할린섬의 광대한 지역이 러시아에 '잃어버린' 영토라는 걸 보여 주었다. 이 지도는 다른 많은 지역을 '영토', '조공국' 또는 '속국'으로 표시했을지도 몰라도, 이 모든 지역은 본질적으로 '중국'으로 분류되었다. 당시에 '잃어버렸던' 영토는 어느 특정 제국에도 분명하게 복속되지 않고, 여러 국가가 세력 다툼을 벌이는 지역이었을 수도 있다는 교훈을 얻지 못했다. 이 지역들은 단순히 도둑맞았었던 '중국' 땅으로 표시되었다. 거쑤이청은 교과서를 읽는 젊은 학생들에게 잃어버린 모든 영토를 회복하기 위해서 할 수 있는 일을 하라고 촉구했다. 하지만 이 말은 '잃어버린' 영토가 국가의 적법한 경계 안에 포함되어야 한다는 것을 뜻하는 걸까 아닐까? 당시 국가의 형태는 자연스러운 걸까 아닐까? 이러한 질문들에 답변을 주기는커녕, 교과서에서 이런 질문은 제기조차도 되지 않았다. 거쑤이청 등 저자들에게 중요했던 건 학생들이 상실감, '국치'의 집단적인 감각을 느끼도록 조장함으로써 국가에 애국적인 애착을 형성하는 것이었다. 영토 상실에 대한 불안은 애초부터 민족주의 교육 프로젝트의 근본적인 부분이었다.

그 누구도, 심지어 지리학자들도 국경이 실제로 어디에 있는지 몰랐기 때문에 불안감은 복합적이었다. 역사가 다이애나 래리Diana Lary는 시난의 광시성에서 정확한 국경선은 거의 중요하지 않았다는 걸 보여 준다. 1894년에 인도차이나를 식민 지배하던 프랑스와 국경을 공식적으로 합의하였지만, 민국 관리의 의견으로는 국경은 산 어딘가에 있었다. 높고 외지며 닿기 어려운 어딘가에 말이다. 정부는 토사土司(중국의 중앙 정부가 중국 내의 소수민족의 토착 지배자들에게 부여하는 관직에 대한 총칭. 직접 통치가 어려운 원거리, 오지에 대해 선택한 중세 중국의 간접 통치 방식이다. - 옮긴이)라 불리는 제도를 통해 남부 산악 지대의 소수민족을 일반적으로 관리했으며, 그 제도 안에서 지역 지도자들은 주민들의 행동에 책임을 졌다.[48] 국경은 크게 관련이 없었다. 당국과 문제를 일으키지 않는 한 산악 지대에 사는 사람들을 일반적으로 내버려 두었다. 래리의 말을 빌리자면 '중국의 세계는 접경지대 전에 완전히 멈췄다.'[49] (상황은 변했다. 1979년 바로 그 국경에서 수천 명의 중국과 베트남 군인들이 싸우다가 목숨을 잃었다)

1928년, 원조 지리학자 주커전은 중국의 지도 제작술이 유럽의 기술보다 약 1세기 뒤처져 있다고 밝혔다. 당시에 대중이 사용할 수 있었던 지도는 여전히 청 초기에 시행한 200년 된 측량을 기반으로 했다.[50] 1930년 1월, 정부는 공식 '토지 지도 및 수계도 심사 규정(수륙지도심사조례水陸地圖審查條例)'을 발표하여, 내무부·외무부·해군·교육부·몽골·티베트 위원회가 협력하여 국가의 지도 제작을 표준화하라고 지시했다. 하지만 공식 '수륙 지도 심사 위원회水陸地圖審查委員會'가 첫 회의를 개최한 1933년 6월 7일까지는 사실 아무런 활동도 없었다.[51] (위원회에 대한 자세한 내용은 제8장 참조).

정부가 아무런 조처를 하지 않자, 몇몇 학자와 민간 조직은 그 공백을 메우려 했다. 1930년, 상하이에 본사를 둔 영향력 있는 신문《신보申報》의 선임들은 신보 창간 60주년 기념차 변경으로의 원정을 준비하자고 논의했다. 그들은 중국 전국 지리 측회 학회中國全國地理側繪學會의 저명

인사 두 명, 딩원장(丁文江, 정문강)과 윙원셴(翁文顯, 옹문현), 그리고 지도 제작자인 청스잉(曾世英, 증세영)에게 활동을 이끌어 달라고 요청했다. 그러나 계획 회의를 하는 동안, 그 누구도 실제 변경이 어디 있는지 모른다는 게 밝혀졌다. 청스잉은 모인 사람들에게 이렇게 말했다. "중국 변경으로 연구 여행이 성공하려면, 먼저 지도가 필요합니다… 하지만 나라 전체의 지도를 정확하고 완전하게 그린 사람은 아무도 없습니다. 따라서 여행을 준비하기 전에 중국 지도를 그리는 작업을 먼저 해야 합니다." 그래서 기존의 60주년 계획은 새로운 국가 지도첩을 출판하는 프로젝트로 발전했다. 그 결과 1934년,《신보》는《중화민국 신지도》를 발행하였다.[52]

지도첩은 잘 제작되어 베스트셀러가 되었다. 정부가 이와 비슷한 지도첩을 하나도 편찬하지 않았기에, 1950년대까지는 순조롭게 국가적 표준이 되었다.[53] 하지만 대부분 지역에서 변경은 허구적으로 묘사되었다. 당시 시대에서 표준으로 여겨진 중국 지도에는 티베트와 외몽골을 국가의 일부로 묘사하였다. 반면 대만은 아니었다. 민국을 둘러싼 깔끔한 점선은 현실보다는 욕망을 반영했다. 1920년대와 1930년대에 이 지역을 탐사한 미국 학자 오웬 래티모어Owen Lattimore에 따르면, '관습적으로 지도에는 변경이 선으로 묘사되어 있지만, 현장 탐사를 해 보면 변경은 선이라기보다는 구역임이 늘 증명되었다.'[54] 다른 미국 출신 역사가 제임스 밀워드가 더 최근에 한 말을 빌려 보자면, 변방은 하나의 '과정'이었지 장소가 아니었다.[55] 넓은 지역은 충돌과 갈등에 노출되어 있었다.

1928년 12월, 정부는 모든 성과 현에 해당 행정구역 하위 지역을 다루는 '관보'— 방지(方志, 지방의 지리·역사·풍속 등을 기록한 책 - 옮긴이)— 를 새롭게 편찬하라고 명했다. 방지는 수 세기 전부터 지방정부가 사용해 온 기존의 도구였으나, 새로운 방지는 근대의 지리 관행에 따라 작성되어야만 했다. 정확한 지도와 통계를 사용하는, 새롭게 훈련을 받은 전문가들의 도움을 받아 제작되어야 했다. 정부의 통제력이 약했던 '변방' 지역에 특별한 초점을 맞췄다.[56]

방지의 초점은 장치원의 관점과 비슷했다. 그는 중학교에서 인문 지리 교육을 장려하기 위해 《지리잡지地理杂志》라는 새로운 학술지를 공동 창간했다.[57] 1929년 초, 장치원은 《지리잡지》에 기고한 한 기사에서 신세대 방지가 사람들 사이에서 '고향의 감정'을 불러일으킬 것이라고 주장했다. '고향의 감정은 민족주의의 기반'이므로, 방지 출간을 긍정적인 발전이라고 보았다. 《지리잡지》 다른 호에서, 그는 중학교 교육과정이 쑨얏센의 민족주의 원칙을 바탕으로 해야 한다고 촉구했다. 추후 1929년에 발표한 '지리 교육과정 잠정안(中國地理課程芻議, 중국지리과정추의)'이 새로운 교육과정의 기초로 채택되면서 그는 엄청나게 영향력 있는 인사가 되었다. 잠정안은 두 가지 주요 요소로 구성되었다. 민족주의 정신을 고취하기 위해 국내 전 지역의 자연적 조건과 사회적 관습을 설명하고, 국가가 처한 국제적인 상황을 설명했다. 그 결과, 그는 '애국심과 구국 정신이 자연스럽게 함양'되리라고 주장했다.[58] 민족주의의 진흥은 장치원의 지리학 활동의 목표가 됐다.

이러한 공로로 장치원의 글은 국민당 고위 인사들의 주목을 받게 되었고, 1930년 12월 국민당 집행 위원회는 입당을 권했다. 아마도 전 편집자였던 천부레이의 추천을 받아서였을 것이다. 천부레이는 1927 년 2월 1927년 2월 국민당에 입당하여 빠르게 당의 지도적인 선전가 자리를 꿰찼다.[59] 장치원은 거절했으나, 1932년 11월 1일에는 1931년 9월 일본의 만주 침략에 대응하고 신장에서 증가하는 소요 사태에 대 항하기 위해 창설된 정부 산하 '국방 설계 위원회'[60]의 40명 회원 중 한 명, 그러니까 창립 회원이 되었다. 위원회의 주요 목적은 군사적인 준 비와 경제 같은 전략적인 이슈에 조언하는 것이었다. 장치원은 위원회 에서 두 가지 임무를 부여받았는데, 이는 당대의 지리학자들이 이중적 인 역할을 했다는 것을 보여 준다. 초기에는 국가의 생존을 위해 청소 년들에게 올바른 가치관을 심어 주는 임무와 더불어, 국가의 지리 교 과서를 준비하는 책임을 맡았다. 장치원의 지휘 아래 지리 교육과정은 중국의 영토 보존을 수호해야 할 필요성을 강조하며 더 노골적이 되었 다.[61] 그 후 1934년 9월, 장치원은 산시성·간쑤성·영하성·칭하이성 등 시베이 변방을 2년 동안 연구하는 '지리 책임자'로 발령받았다.[62]

이는 전략적인 중요성을 띤 학술 임무였다. 티베트가 사실상 독립 을 쟁취하고 군벌이 신장을 통치하면서, 난징 정부는 티베트와 신장을 둘러싼 성들이 분리하려고 시도할지 안 할지 노선을 정할 필요가 했다. 또한 지리학자들은 중심부와 해당 지역을 더 가깝게 연결하기 위해, 지 역의 경제 발전 계획 초안을 작성하는 임무를 맡았다. 이 모든 프로젝 트는 조용히 추진할 계획이었지만, 1934년 12월 간쑤성에서 연구를 진 행하던 장치원은 자신이 정치가보다는 학자라는 것을 증명해 보이고 말았다. 국방 설계 위원회 프로젝트를 주제로 연설을 했는데, 지역의 경제 개발은 국가 안보를 위해 중요하다는 점을 강조했다. 그는 자신의 연구를 3세기 전, 시베이 변방 지역을 침략으로부터 지키기 위해《천하군국이병서天下郡國利病書》(명나라 말기 청나라 초기의 고염무가 엮은 책. 중국의 사서史書, 지지地誌 중에서 천하의 정치 중 득실에 관한 부분을 뽑아 엮은 것으로, 명대 사회 경제 연구에 귀중한 사료였다.-옮긴이)를 쓴 명나라 학자 고염무의 연구와 비교했다.[63] 본래 기밀이어야 했던 활동들이 신문에 줄기차게 보도되면서 장치원은 심각한 곤경에 처하게 되었다.

4개월 후 국방 설계 위원회는 '전국 자원 위원회'로 개편되어 국민 정부 군사 위원회 산하에 편입됐고, 장치원은 학계로 쫓겨났다. 하지만 얼마 지나지 않아 국민당 내 지리학자들은 장치원를 복귀시켰다. 오랜 친구 천부레이가 당시 창카이섹의 참모진이었기 때문이다.[64] 1936년 4월, 천부레이는 창카이섹을 설득해 주커전을 항저우 저장 대학교 총장으로 임명했다. 총장에 오른 다음 주에, 주커전은 장치원에게 저장 대학교 역사·지리학과장 자리를 제안했다.[65] 장치원은 고마운 마음에 1938년 7월 천부레이의 추천을 받아 결국 국민당에 입당하는 데 동의했다. 이후 10년 동안 그는 저장 대학교의 터줏대감으로서 교정을 떠나지 않은 채 정치계와 학계에서 동시에 활동했다.[66]

한편 국가의 상황은 그 어느 때보다 심각해졌다. 1937년 7월, 일본은 '중국 본토'를 침공했고 연말에 일본군은 베이징과 상하이, 난징까지 점령했다. 위기가 심각해지자 창카이섹은 지리와 역사를 도구로 사용하여 젊은이들 사이에서 국민당의 이데올로기를 퍼뜨릴 것을 촉구했다. 1938년 8월 28일, 창카이섹은 한구漢口에 있는 중앙 훈련단(中央訓練團, 육군 장교와 고위 공무원 교육을 위한 준군사 조직 ─ 옮긴이) 1기 수료식에서 다음과 같은 연설을 했다.

> 우리나라 사람들이 국사의 영광을 모른다면 오늘날의 치욕을 어떻게 온전히 인식할 수 있겠습니까? 그들이 국가 지리에 대해 잘 모른다면 어떻게 잃어버린 영토를 탈환할 결심을 할 수 있겠습니까? 오늘 이후로, 우리는 더는 이 참담한 길을 디딜 수 없습니다. 국가 수호를 위해 시민들의 애국심을 고취하고 인민의 빛나고 찬란한 새 운명을 열어 나가기 위해서는, 역사와 지리 교육에 전적으로 특별히 주안점을 두어야 합니다!

그 결과 '학생들에게 동기를 부여하고 국가 인민의 부흥 결의를 다지기 위해' 대학의 교육과정과 중고등학교 교육과정이 역사와 지리 교육을 강화하도록 개정되었다.[67]

1939년 12월, 일본군이 남부와 동부로 진격하자 창카이섹은 저장 대학교를 안전한 곳으로 옮기기 위해 장치원을 부른다. 그러나 두 사람은 1년이 넘은 후에야 실제로 만난 듯싶다. 1941년 3월 15일, 창카이섹과 장치원은 충칭에서 천부레이와 함께 만찬을 가졌다. 그들의 일기에 따르면, 이 셋은 '역사와 지리 교육뿐만 아니라… 변경 문제에 관해서도' 논의했다. 지리학자와 대총통은 탄탄한 우정을 쌓았다. 둘 다 고향이 같았고, 창카이섹은 일기에 장치원을 '사랑스럽다'라고 묘사했다. 장치원에게 주요 결과는 학술지《사상과 시대(思想與時代)》창간을 위해 5만 달러의 지원금을 받은 것이었다. 그 이후 장치원은 사실상 창카이섹의 지정학 고문이 되었다. 1942년 장치원은《중국의 국제적 발전(中國的國際發展)》과《동북 문제東北問題》(일본의 만주 점령을 일컫는다)를 출판했다. 1942년과 1943년 사이에 그는 지리 환경이 군사적 승리에 미치는 중요성을 설명한 시리즈《중국군사사략中國軍事史略》을 현대 사상 학회 학술지에 기고했다.[68] 그 후 1943년 6월, 주커전의 추천을 받아 장치원은 미국 국무부가 초청한 학술 대표단의 일원으로 미국에 파견되었다. 본래는 6개월만 머무르려고 했으나 1945년 가을까지 체류를 연장했다. 미국에서 발표한 글 중에는 수십 년 전 주커전의 연구의 근본으로 거슬러 올라가는 '중국의 기후와 인간'이라는 제목의 글[69]과, 뉴욕에 신설된 싱크탱크 중국-국제 경제 연구 센터의 '중국의 천연자원'에 관한 첫 번째 책자가 포함되었다.[70] 장치원은 국민당 정부에 미래 정책에 관한 아이디어를 주는 한편, 미국 관료에게 중국의 지리를 설명하는 핵심 인물로 거듭났다.[71]

일본의 침략으로 창카이섹이 지정학에 더 큰 관심을 기울일 수밖에 없었던 건 놀랍지 않다. 1938년 초, 일본군은 베이징과 난징 사이의 지역을 점령하기 시작했다. 3월 25일에는 북부와 남부 수도(베이징과 난징을 일컫는다.-옮긴이)의 중간 지점쯤 되는 주요 교통의 중심지 타이얼좡(台兒莊, 태아장)을 손에 넣으려고 시도했다. 이 전투는 군대가 사실상 정부를 통제하게 하는 안을 승인해 달라고 국민당 임시전국대표회의를 소집했을 때와 맞물린다. 4월 1일, 임시전국대표회의는 창카이섹을 당 '총재'로 선출했다. 타이얼쾅에서의 전투가 격렬해지자, 한구에서 회의를 열어 정부의 외교 정책과 전쟁을 어떻게 다룰지 논의했다.[72] 창카이섹의 연설과 결의안에서 지정학 사상의 부상을 엿볼 수 있다. '반일 저항 전쟁과 당의 미래'에 관한 연설에서 창카이섹은 "한국과 대만이 독립과 자유를 회복하고, 중화민국의 국방을 공고히 하며, 동아시아의 평화 기반을 공고히 할 수 있도록 해야 한다"라고 연설했다. 중요한 점은, 대만이 과거 중국의 주권 영토의 일부였다고 언급했음에도, 한국이나 대만이 중국에 편입되어야 한다고는 촉구하지 않았다는 점이다.[73] 중요했던 건 두 영토의 전략적인 위치와 중화민국의 국경에서 충돌을 완충할 수 있는 국가로서의 잠재적인 역할이었다.

뒤돌아보면, 놀라운 점은 이 주장이 당시에 논란이 되지 않았다는 것이다. 공산당은 오랫동안 중국으로의 재편입보다 대만의 독립을 지지했었다. 1928년 제6차 전국대표대회에서 공산당은 대만인들을 별개의 국적으로 인정했다. 1938년 11월, 중국 공산당 전체 회의 통과 결의에서는 중국인, 한국인, 대만인과 다른 인민들 간에 '항일 통일전선'을 구축할 것을 결의했는데, 암묵적으로 중국인과 대만인을 구분한 것이다. 당시 공산당은 대만인을 별도의 민족이라고 여겼다.[74] 저우언라이 (周恩來, 주은래)가 1941년 7월에, 주더(朱德, 주덕) 원수가 1941년 11월에 대만을 개별적인 민족국가로 미래를 묘사하는 기사를 씀으로써, 이러한 관점은 1940년대 초반까지 이어졌다. 1941년 12월 공산당이 일본에 선전포고했을 때마저도, 포고문에는 대만인을 중국인과 별도로 언

저우언라이의 모습　　　　　주더 원수의 모습

급했다.[75]

　　적어도 1942년까지, 대만이 별개의 국가라는 시각에 중국 정치인들은 의견이 일치했다. 하지만 세 가지가 상황을 바꾼 것처럼 보인다. 첫째, 1941년 12월, 미국이 전쟁을 시작하면서 일본의 패배를 상상하는 게 가능해졌다. 그때서야 국민당 정부는 일본에 공식적으로 전쟁을 선포하고 시모노세키조약을 일방적으로 버렸다. 그 결과 창카이섹의 관심은 전후 지정학으로 옮겨 갔다. 둘째, 창카이섹은 대만과 같이 일본이 지배하는 지역에서 불안을 조장함으로써 일본의 전쟁 노력을 분산시키는 방법을 찾고 있었다.[76] 셋째, 일본의 식민주의를 피해 중국 본토로 망명한 대만인 소수는 대만을 중국으로 편입시켜 달라며 국민당을 적극적으로 설득했다.

　　1920년대와 1930년대 중국에서 수십 개의 소규모 대만인 망명 단체들이 결성되었지만, 일본과의 전쟁을 시작된 후에야 단결하고 정치적 영향력을 얻기 시작했다. 일본어를 구사할 수 있다는 점은 이들을 정보 및 선전 업무에 유용하게 만들었고, 군사 지도자들에게 접근할 권한을 주었다. 그중 많은 사람은 일본인으로부터 최신 의료 기술 훈련을 받았고, 최전방에서 의료 서비스를 제공하였다. 1912년 열아홉 살의 학생으로 쑨얏센의 동맹회에 입회했었던 의사 웡쥔밍(翁俊明, 옹준명)도 주요 인물로 부상하였다. 1940년 9월, 웡쥔밍의 설득으로 국민당은 '대만 당 본부 준비처'를 설립했다. 1941년 2월, 몇몇 소규모 대만인 단체 연맹이 합심하여 대만 혁명 동맹을 결성했고, 1942년 6월, 국민당의 공식 승인을 받았다.[77]

국민당의 대만에 대한 논의가 극적으로 바뀐 건 이 시점이었다. 1942년 중반부터 국민당은 광복光復이라는 단어를 사용하기 시작했는데, 특히나 민족주의적 의미를 띤다. 광복은 당나라(618년~906년) 동안 다른 외국인들이 이전에 점령했던 땅의 통제권을 되찾는 걸 표현하기 위해 쓰였다. 스스로를 당조와 비교하는 건 국민당이 일본과의 전쟁을 치르는 암흑기 동안 선전의 효과를 높이는 유용한 도구가 되었고, 공산당을 향한 적대감을 증가시켰다. 하지만 흥미로운 것은 국민당이 광복의 정당함을 입증해야 한다고 느꼈다는 것이다. 역사학자 스티브 필립스Steve Phillips의 연구는 국민당이 여러 가지 방법을 써서 광복의 정당함을 입증했다는 걸 보여준다. 인종적 연대 사상(대만인은 한족 혈통이다)과 역사적 전례(2세기 동안 청나라가 통치했다), 시모노세키조약의 불법성, 대만인도 광복을 원한다는 주장을 호소했다.[78]

하지만 창카이섹의 글을 보면, 그가 대만을 중화민국에 편입시키고
자 했던 건 주로 지정학적인 이유에서였다. 1942년 11월 그는 대필 작
가들의 도움을 받아, 책 한 권의 길이의 전후 선언문,《중국지명운中國之
命運》》(중국의 운명)을 썼다. 대필 작가 중 가장 중요한 인물은 천부레이
였다.[79] 이 글은 지리학자들의 강력한 영향력을 보여 주기도 한다. 장치
윈은 창카이섹과 약 2년간 개인적인 친분을 쌓은 시점이었고, 책이 출
판된 지 석 달 후인 1943년 6월까지 미국으로 떠나지 않았다.[80]《중국
지명운》에 따르면 국가는 '자족적인 구성단위'를 형성하고 '각 지역은
지역만의 특정한 토양과 천연자원을 가지고 있으며', '대체로 거주민의
신체조건에 따라 결정되는… 노동의 분업'을 한다. 장치윈이 이전에 집
필한 교과서 내용이 되풀이된다는 것은 자명하다. 이후 이 책은 국방
에 관한 주제로 넘어간다. '어떤 지역이 다른 종족에게 정복당하면, 민
족과 국가 전체는 자기를 방어할 수 있는 자연적인 장벽을 잃는다. 따
라서 대만과 펑후, 둥베이 4성, 내몽골, 외몽골, 신장, 티베트는 모두 국
가의 생존을 위한 거점이다.'[81] 여기서 배외주의적排外主義的인 국가관이
드러난다. '중국'을 지키기 위해서, 중국을 둘러싼 지역을 민족 구성과
관계없이 방어의 범위에 포함해야 한다는 것이다.

그래서 1942년 내내 대만은 외세의 침략에 맞서는 방어벽이자, 국
가적 치욕을 끝내겠다는 약속의 증거로서 창카이섹과 국민당 모두에
게 중요해진 듯싶다. 창카이섹은 또한 다른 영토들도 민국에 '반환'되
어야 한다고 압박하기 시작했다. 티베트가 민국 땅이라는 주장에 대한
지지를 얻기 위해 인도 민족주의자들을 설득하고 홍콩의 신제(新界, 신

계)를 영국으로부터 조기 반환받을 수 있도록 노력했다.[82] 영국은 둘 중 하나도 양보할 준비가 되어 있지 않았지만, 일본이 만주와 대만을 중국에 다시 넘겨주는 걸 기꺼이 보고 싶어 했다. 1943년 11월, 창카이섹과 처칠, 루스벨트는 카이로회담에서 타협안을 체결했다. 그렇게 대만의 광복이 처리되었다.

그렇게 대만의 광복은 1945년에 이루어졌다. 9월 9일, 대만에 주둔하던 일본군의 참모총장 이사야마 하루키 장군은 난징으로 도망쳐 정식으로 항복했다. 10월 25일, 국민당의 군대는 마침내 대만에 도착했다. 하지만 대만에는 중국으로의 편입을 원하지 않는 사람들이 많았다. 일본의 지배로 이득을 본 사람들도 있었고, 국민당의 부패에 반대한 사람도 있었다. 한편으로는 대만에서 살기 위해 온 외성인外省人들에게 단순히 적대적인 사람들도 있었다. 창카이섹이 새로운 대만 총독으로 임명한 관리 천부레이는 현지 감정을 서투르게 처리하여 문제를 악화시켰고 불만은 커졌다. 결국 1947년 2월 28일, 항의는 폭발하였고 극심한 폭력이 더해졌다(2·28 사건, 1947년 2월 28일부터 같은 해 5월 16일까지 대만 전역에서 일어난 민중 봉기 사건이다. 중화민국 정부 관료의 폭압에 맞서 대만의 다수 주민인 본성인本省人들이 불만을 표출하며 항쟁을 일으키자, 중국 국민당을 위시한 외성인들은 본성인을 폭압적으로 학살했다.-옮긴이). 천부레이의 본토 군대는 3월 말까지 적어도 5000명의 대만인을 학살했다(약 2만 명이 사망했다는 설도 있다). 이 모든 것은 광복의 필요성을 뒷받침했던, 민족주의적 통일의 선언을 약화시켰다.

그런데도 학살이 일어난 지 2년이 지나지 않아 대만은 국민당의 생존에 매우 중요해졌다. 내전(국공내전)에서 공산당이 우위를 점하면서, 창카이섹에게 사상은 생존 문제와 결부되었다. 그의 정부가 후퇴하기에 가장 좋은 곳은 어딜까? 창카이섹은 전시 수도였던 충칭 일대의 시난 지역이나 하이난다오를 선호했다. 1948년 후반, 그는 지정학 고문 장치원과 상의했다. 장치원은 중국 지방 지리에 대한 이해와 정통함을 살려 국민당의 최후의 보루가 될 수 있는 지역의 목록을 작성했다. 쉽게 방어할 수 있으면서도 본토에서 멀리 떨어진 장소가 필요했다. 농업을 위해 비옥하고 수백만 명을 먹여 살릴 수 있을 정도의 넓은 땅, 잘 발달한 인프라와 산업 기반을 보유하면서, 전반적으로 공산당을 지지하는 사람들로부터 벗어나야 했다. 창카이섹의 지리학자의 의견에 따르면 최선책은 대만이었다.[83]

장치원의 말이 맞았다. 충칭과 하이난은 공산당에 무너졌지만, 대만은 버텼다. 궁극적으로 대만에 중화인민공화국과 별개의 정부가 들어서게 하고 대만의 공식적인 독립을 선포하라는 목소리가 더욱 커진 이유는 저장 대학교의 지리학 교수의 조언 때문이었다. 1949년 5월에 공산군이 상하이를 급습하기 직전 장치원 자신도 결국 상하이를 떠나 대만으로 갔다. 그의 스승이자 멘토였고, 국민당과 사이가 틀어졌던 주커전은 상하이에 남아 공산당의 통치 아래서 살기로 했다. 두 사람은 다시는 만나지 않았다. 대만에 도착하자, 장치원은 창카이섹이 개편한 국민당의 고위 인물이 되었다. 초기에는 행정과 물류에 대한 책임을 맡았다.[84] 이후 차례로 제1차 국민대회 대표, 국민당 중앙 위원회 비서장, 교육부장을 역임했다. 그 후 타이베이에 '중국 문화 대학'을 설립하여 본토에서 떨어진 섬을 더 중국답게 만드는 데 전념했다—지적 '광복'의 한 형태였다.

2019년 3월 26일 화요일은 런던 정치 경제 대학교 학장과 교직원에게 자랑스러운 날이었다. 터너상Turner Prize 수상자 예술가 마크 월링거Mark Wallinger의 새로운 조각상이 최근 완공된 학생회관 바로 앞에서 공개됐다. 작품명은 '완전히 뒤바뀐 세계The World Turned Upside Down'로, 제목은 말 그대로 작품을 묘사했다. 약 4미터 높이 지구본의 북극은 땅에 맞닿아 있고, 남극은 하늘과 아주 가까이 있다. '완전히 뒤바뀐 세계'는 17세기의 잉글랜드 내전과 구질서가 뒤집힌 걸 의미한다. 월링거는 "우리가 다른 관점에서 알고 있는 그 세계입니다. 익숙하지만 이상하고 변화하기 쉬운 곳이죠"라고 말했다. 월링거의 작품은 종종 민족주의를 다룬다. 2001년 베니스 비엔날레 출품작 '반어법Oxymoron'은 본래 빨간색, 흰색, 파란색의 영국 국기를 아일랜드 국기의 세 가지 색상 녹색, 하얀색, 오렌지색으로 칠한 작품이다. 런던 정치 경제 대학교 학장 미노체 샤피크Minouche Shafik는 지구본 조각상 공개를 취재하는 기자들에게 이 작품은 연구와 가르침이 "종종 다르고 낯선 관점에서 세상을 바라보는 것을 뜻하는", 학계의 사명을 반영한다고 말했다.

하지만 한 무리의 학생들은 다른 관점에서 세상을 볼 준비가 되어 있지 않았다. 조각상이 공개된 지 몇 시간 만에, 중화인민공화국 학생들은 중화인민공화국이 노란색인 한편 대만이 분홍색으로 칠해져 있으며, 타이베이가 지방 도시를 뜻하는 검은색 점 대신 국가의 수도를

영국의 예술가 마크 월링거의 모습 ⓒdaisybush

뜻하는 빨간색 사각형으로 표시되었다는 것을 알아차렸다. 그들은 학장에게 항의하며 작품을 시정해 달라고 요구했다. 그들의 관점에서 작가의 의도는 상관없었다. 대만은 본토처럼 노란색이어야 했다. 런던 정치 경제 대학교는 '갭 사태의 순간'을 마주하고 있었다. 중화인민공화국의 학생들이 전체 학생의 13퍼센트를 차지하고 있었기에,[85] 보이콧이 일어나면 감당할 수 없을지도 몰랐다. 동시에 학교의 대만 학생들과 대만을 지지하는 학생들도 집회를 열었다. 그들은 대만 총통 차이잉원(蔡英文, 채영문)이 런던 정치 경제 대학교의 졸업생이라고 강조했는데, 차이잉원이 대만 총통으로 선출되었을 때 런던 정치 경제 대학교는 이 사실을 자랑스럽게 알렸었다. 이틀 후, 작품에 다음 공지문을 포함하기에 이르렀다. '런던 정치 경제 대학교는 대학 공동체 내의 모든 사람의 존엄성과 존중이 동등하게 보장되도록 할 것입니다.'[86]

긴급회의가 소집됐다. 샤피크가 의장을 맡고, 학교 의사회와 내부 소통팀, 신앙 센터, 두 명의 중국 학생과 한 명의 대만 학생이 참석했다. 이스라엘과 팔레스타인 학생들도 참석했다(중동을 묘사하는 방식에 화가 났다). 중국 학생들은 중국과 인도 국경을 묘사하는 방식에서도 화가 났다며, 토론의 범위를 넓히려고 했다. 회의에 참석한 대만 학생에게 듣자 하니 샤피크는 바로 그 순간 '공책을 꺼냈다'고 한다.[87] 윌링거는 런던 정치 경제 대학교 학보 《더 비버The Beaver》를 제외하고는 언론 인터뷰를 피했다. 윌링거는 《더 비버》와의 인터뷰에서 "전 세계에는 많은 분쟁 지역이 있습니다. 그건 그냥 사실에 불과합니다"라고 말했다. 논쟁은 2019년 7월 런던 정치 경제 대학교와 윌링거가 아주 조금 양보할 때까지 몇 달 동안 지속되었다. 그들은 지구본의 '중화민국(대만)' 옆에 별표를 붙였고, 표시 아래 '전 세계 곳곳에서는 국경 분쟁이 발생하고 있으며, 작가는 그중 일부를 별표로 표시했습니다'라는 문구를 덧붙였다.[88] 하지만 대만의 색깔은 다르게 유지되었다. 런던 정치 경제 대학교와 윌링거는 긴장 속에서도 차분함을 잃지 않았다. 그들은 '겁과 같은 행보를 취하지' 않았고, 작품은 온라인과 오프라인에서 중국인들이 상상하는 '최대로 확장한 중국'의 이상적인 버전보다는 계속해서 정치적인 현실을 반영하고 있다.

국경과 공식적으로 정해진 영토는 아시아 엘리트들이 피비린내 나는 지난 1세기 동안 도입하고 채택한 근대의 유럽 발명품이다. 청나라의 폐허 속에서 떠오른 중국의 신민족주의는 산업 강국과 어깨를 나란히 하고 국제 질서의 일부가 된 '정상 국가'가 되고자 하는 욕구로 발현되었다. 민족주의자들은 자신이 무슨 일을 하는지도 모른 채 선택을 내렸다. 신한족배외주의적 관점에서 다민족이 사는 강역이 중국에 속한다고 주장하기로 선택함으로써, 민국의 범위를 가장 멀리 떨어져 있는 주변부 지역까지 확장하도록 강요했다. '한인'의 통치가 한 번도 닿지 않았던 장소까지 범위를 확장하는 건 사실상 신식민주의이다. 지리학자들의 지도와 측량이 길을 이끌었고 교과서와 국치 지도는 핵심 지역에서 이 프로젝트를 뒷받침했다. 지리학자들과 국민당은 힘을 합쳐 상상 속의 국경을 현실화했고, 국토—영토—를 땅 위와 시민들에 마음속에 창조했다. 상실과 굴욕에 대한 두려움을 만들어 국토를 창조했고, 이러한 두려움은 오늘날의 중국의 정책을 계속해서 움직이게 한다.

중화인민공화국은 1946년 중소 우호 동맹 조약 조건에 따라 몽골의 독립만 공식적으로 인정했고, 그 후 몽골인들은 국민투표를 통해 명목상으로 자결권을 행사했다. 1689년 네르친스크조약에서 표면상으로 합의된 중국과 러시아의 국경은 2008년 10월 14일 아무르강에 있는 섬들에 대한 합의를 통해 마침내 결정되었을 뿐이다. 광시창족자치구와 베트남의 국경은 1894년에 합의되었으나, 2009년에야 공식적으로 확정되었다. 티베트는 1950년에 강제로 중화인민공화국에 편입되어, 중국은 처음으로 인도와 국경을 두고 마주하게 되었다. 나이아가라 폭포의 티셔츠 구매자들이 잘 알고 있듯이, 히말라야에 대한 합의가 계속해서 존재하지 않는 현상은 핵무기를 보유한 두 국가의 군대의 전면전을 유발할 수도 있다. 대만의 분리 독립은 현재진행형인 위기이다. 게다가 해상 경계에 관한 문제도 있다. 이 내용은 다른 장에서 살펴볼 것이다.

제8장

중국이 남중국해를

가지게 된 이유

2019년 5월 말, 사푸라 에스페란사_{Sapura Esperanza} 바지_{barge}형 굴착선이 남중국해 남부에서 작업을 하고 있었다. 굴착선이 떠 있는 곳 100미터 해저 지역은 말레이시아 당국이 정한 SK320 탐사 블록이다. 해저 3000미터에는 페가가_{Pegaga} 가스전이 있다. F14라 알려진 광구를 시추하면 직경이 약 1미터인 파이프라인을 따라 하루에 약 141억 리터의 가스를 뽑아낼 수 있다. 이 가스는 약 250킬로미터 떨어진 빈툴루시로 보내져 사라왁주의 가정용·상업용 전기의 원료로 쓰인다.

남중국해 한가운데에 떠서 3킬로미터 길이의 굴착 파이프를 관리하는 것은 까다로운 일이다. 엔지니어들은 절대 한눈을 팔아서는 안 된다. 5월 어느 날 아침 이른 시각에 달갑지 않은 손님이 도착했다. 중국 해경선 CCG 35111호였다. CCG 35111호는 그저 인근의 항구에 정박하러 지나가는 게 아니었다. 참견하고 방해하기 위해 온 것이었다.

CCG 35111호는 빠른 속도로 굴착선 주위를 빙빙 돌며 국제 해상 규칙을 위반하였다며 선박 통과를 막았다. 약 한 달 전, 사푸라 에스페란사선이 시추를 시작했을 때 말레이시아 왕립 해군은 이런 날이 오리라는 걸 예상했었다. 그래서 케다급 초계함 KD 켈라탄Kelatan호를 현장에 보냈다. CCG 35111호가 접근할 때, KD 켈라탄호는 루코니아 브레이커스Luconia Breakers라 알려진 암초 동편에 있었다. 이 암초는 더 큰 크기의 일련의 바위층 일부를 이루며, 이를 다 합쳐서 루코니아 암사Luconia Shoals라고 지칭한다. 1803년에 암사의 위치를 표시한 영국 선박의 이름을 땄다.[1] 말레이시아어로는 이를 베팅 헴파산 반틴이라고 부른다. KD 켈라탄호는 위험한 여울을 조심스럽게 통과하며, CCG 35111호와 굴착선 사이에 자리를 잡기 위해 움직였다. CCG 35111호는 메시지를 받고 자리를 떠났다. 하지만 다음 날, 그리고 또 다음 날 다시 돌아왔다. 사흘 동안 이 두 선박은 CCG 35111호가 안전거리를 유지할 때까지 산호초 주위에서 돌며 술래잡기를 했다. CCG 35111호는 완전히 후퇴하지는 않았고, 3일 후 심지어 더 큰 중국 해양 경비정이 대체할 때까지 수평선에 즈음에 자리 잡아 시추 작업을 지켜보고 있었다.

2013년 중반부터 루코니아 암사 근처에는 최소 한 척의 중국 해안 경비대가 있다. 표면상의 이유를 파악하기는 어렵다. 일단 사람이 살 수 없는 장소이기 때문이다. 때로는 산호초 위에 조약돌이 쌓여 조그만 사주(沙洲, 하천에 의하여 바다로 유입된 토사가 해안이나 사막에서 바람에 의하여 운반·퇴적되어 이루어진 모래 언덕이자 해안 지형을 말한다. - 옮긴이)를 형성하기도 하지만, 한 번의 폭풍으로 씻겨 내려갈 수도 있다. 유럽 항해사들은 지도에 암사를 '위험 구역'이라고 표시해 놓았고 대체로 출입을 금지했다. 하지만 여러 나라가 바다의 한 부분을 탐내는 데는 그 나름의 이유가 있다. 산호초 주변에는 물고기들이 많이 살고 암석 아래는 천연가스와 석유가 풍부하기 때문이다. 이는 바로 1982년에 대부분의 나라가 전 세계의 해저 자원을 분배하는 규칙에 합의한 이유 중 하나다. 해양법에 관한 국제연합 협약은 영해기선으로부터 200해리(약 400킬로미터)를 '배타적 경제 수역(EEZ)'으로 선포했다. 해양법에 관한 국제연합 협약은 루코니아 암사 사태와 같은 일이 일어나는 걸 막기 위해 마련되었다. 하지만 중국 해안경비대는 분쟁이 없는 중국 땅의 가장 가까운 부분인 하이난다오에서 1500킬로미터나 떨어진 루코니아 암사에 있다.

루코니아 암사에는 위치를 바꾸는 사구밖에 없고 심지어 영토가 존재하지 않음에도 중국은 루코니아 암사가 국토의 일부라 주장한다. 중국은 서남쪽으로 120킬로미터 떨어진 제임스 암사James Shoal까지 국토에 속한다고 하면서, 그 주장을 더욱 초현실적으로 만든다. 제임스 암사는 아마 사라왁주를 통치한 '브룩 왕조'의 제임스 브룩 경James Brooke의 이름을 땄을 것이다. 제임스 암사는 수심이 약 22미터밖에 되지 않는 천해(淺海, 대개 해안에서부터 수심이 대략 130~200미터 정도의 얕은 바다까지를 말한다.-옮긴이)의 한 부분일 뿐 땅은 전혀 존재하지 않는다. 하지만 제임스 암초는 공식적으로 중국 영토의 최남단에 있다. 심지어 오늘날까지도 중국 학교의 지리 수업의 흔한 과제는 러시아와 중국의 국경에서 그로부터 100킬로미터 떨어진 보르네오 해안의 한 부분까지 거리를 측정하는 것이다. 교사들은 학생들에게 왜 중국의 영토가 아닌 부분이 중국에 마땅히 속해야 하는가에 관해서 설명해 주지 않는다. 중국에서 그 이유를 아는 사람은 거의 없다. 전형적인 답변은 '고대부터' 중국에 속했다고 말하는 것이다. 하지만 사실은 1930년이 되어서야 중국 관리들의 일련의 실수로, 이는 중국의 남중국해 영토 주장의 일부가 되었다. 1946년 이전에 어떤 중국 정부도 제임스 암사와 루코니아 암사를 자신의 영토라고 주장할 생각조차도 하지 않았다.

달갑지 않은 관심의 대상이 된 건 말레이시아만이 아니다. 중국은 다른 수중 지형지물에서도 석유와 가스 시추를 방해하고 있다. 베트남 동남부 해안에는 1846년에 이 지역을 발견한 영국 범선의 이름을 따 뱅가드 천퇴Vanguard Bank라고 불리는 천해 지역이 있다.[2] 석유와 가스가 풍부하게 매장되어 있기에 이곳에서도 1990년대 초부터 베트남과 중국은 여러 차례 해상에서 대치했다. 필리핀은 1776년 암사를 발견한 동명의 선박 이름을 따 시호스 암사Sea Horse Shoal라 불리는 지형지물 근처에서 같은 상황에 놓여 있다. 2016년 필리핀은 국제 중재 재판소로부터 승소 판결을 받아 해당 지역 해양자원의 적법한 소유국이라는 사실을 분명히 했다. 중국은 이 판결을 받아들이지 않았다. 로드리고 두테르테Rodrigo Duterte 필리핀 대통령에 따르면, 인근이라고 알려진 지역에서 천연가스를 개발하려 한다면 전쟁이 일어날 것이라고 시진핑 주석에게 위협을 받았다고 한다.

중국은 다른 나라 연안으로부터 아주 가까운 곳의 해양자원 소유권을 주장하면서도 한 번도 정확한 법적인 근거를 명쾌하게 댄 적이 없다. 우리는 1948년 중국 지도에 처음 등장한 선과 관련이 있다는 것만 알고 있다. 애초에 이 선을 구체화했을 때 남중국해를 감싸던 'U자형 점선'은 11단으로 구성되어 있었다. 하지만 1953년에 통킹만(베트남 북부와 중국 남부 하이난다오 사이에 있는 해역으로 그동안 양국은 영유권을 둘러싼 분쟁으로 무력 충돌을 자주 벌였다.-옮긴이)에 있던 2단선이 사라졌는데, 아마 베트남 공산당과 합의한 내용 중 일부일 것이다. 그렇게 오늘날의 공식 지도에는 9단선(중화인민공화국과 중화민국이 주장하는 남중국해의 해상 경계선. 9단선 안에 남중국해의 80퍼센트 이상이 포함되면서 베트남을 포함한 필리핀, 말레이시아 등 인접 국가들과 영유권 갈등을 벌이고 있다.-옮긴이)이 남았다. 최근 몇 년 동안, 중국은 여권에 9단선을 인쇄하고 중국에 있는 모든 지도에 9단선이 포함되도록 법제화함으로써 그 위상을 거의 종교적인 수준까지 높였다. 중국 정부는 선 한 땀 한 땀을 지키기로 맹세하고, 이 선을 침범하려는 국가에 전쟁을 일으킬 것이라고 위협한다. 그런데 이 선은 어떻게 그려진 것이고 왜 이런 형태를 가질까? 남중국해 분쟁에서 가장 비극적인 부분은 20세기 중반의 서투른 번역과 부정확한 지도 제작으로 세계가 초강대국 간의 분쟁을 목격하고 있다는 점이다.

1907년 6월 11일, 류스푸(劉師復, 유사복)는 급하게 폭탄을 조립했다.[3] 류스푸는 전날 밤늦게까지 깨어 있으면서 여자 친구와 몇몇 여자 친척들에게 유서를 쓰느라 늦잠을 잤다. 류스푸는 광저우에 있는 어떤 집 3층에 있는 책상에 기대 몸을 구부린 채, 뇌산수은(뇌홍이라고도 하는, 상

리준 장군의 모습

업상·군사상의 기폭약 - 옮긴이)을 혼합하여 금속 틀에 부었다. 그 집은 광저우의 한 교사가 마련해 주었는데, 조그만 사립학교가 소유한 집이었고 이 지역의 가장 높은 관료인 양광(광시와 광둥) 총독 관아 길모퉁이에 있었다.[4] 하지만 류스푸는 총독이 아니라, 총독을 방문하리라고 예상되는 손님을 위해 그곳에 있었다.

그 손님이 암살 대상으로 선택된 이유는 당시 그가 지휘하던 군대가 총독의 관아에서 동쪽으로 약 120킬로미터 떨어진 후이저우시 외곽에서 반란군의 폭동을 진압하고 있었기 때문이다. 리준(李準, 이준) 장군은 특히 혁명파의 미움을 받았다. 지난달에 리준의 군대는 황강黃岡에서 또 다른 봉기를 진압했다. 역사학자 에드워드 로즈에 따르면, 리준 장군은 광둥에서 '빠르게 중추적인 군대 인사로 급부상하였다.'[5] 그는 으레 매달 음력 초하루와 15일에 총독에게 보고하러 왔다. 혁명가들은 이를 알았고 준비되어 있었다.

하지만 계획을 실행하기도 전에, 3층 방에서 류스푸가 허둥지둥 다루고 있던 뇌산수은 일부가 폭발했다. 방을 구해 주고 망을 봐 주고 있던 장구산(張孤山, 장고산)은 위층으로 급하게 올라갔다. 그는 류스푸가 왼손이 잘려 나간 채 피로 뒤덮여 침대에 누워 있는 것을 발견했다. 여전히 의식이 있던 류스푸는 방에 남아 있던 폭탄을 조심스레 요강에 넣고, 유서를 숨겨 달라고 장구산에게 부탁했다. 당국이 현장에 도착했을 즈음 그날 아침 폭파 활동의 정확한 목적은 숨겨져 있었다. 그런데도 류스푸는 팔 아랫부분이 절단된 채 재판을 거치지 않고 투옥됐다. 한편 리준 장군은 온전히 목숨을 부지했다. 하지만 또 다른 혁명 계획도 실패했다. 실패는 습관처럼 되어 가고 있었다.

이 모든 일이 광저우에서 펼쳐지고 있던 한편, 서남쪽으로 450킬로미터 떨어진 곳에서 훨씬 더 조용한 드라마의 서막이 올라가고 있었다. 프라타스 군도(Island of Pratas, 동사군도東沙群島)는 홍콩과 대만 사이 바다에 있는 고리 모양의 암초 위에 진주처럼 놓여 있다. 거의 완전한 무인도다. 가장 높은 지점은 불과 파도 몇 미터 위고, 해변은 몇 그루의 야자나무로 뒤덮여 있으며, 조수가 석호를 채우고 비운다. 천수(淺水, 얕은 물)에서는 거북이와 물고기를 잡을 수 있다. 하지만 해류는 위험하고 산호는 날카롭다. 휴식을 취하고 그물을 수리하기 위해 이곳에 오는 용감한 어부들이 있었지만, 비옥한 땅은 없고 최소한의 담수만 있다. 영국의 자연학자 커스버트 콜링우드Cuthbert Collingwood는 1867년 HMS 서펜트Serpent 호를 타고 항해하다가 프라타스 군도에 들렀다. '가끔

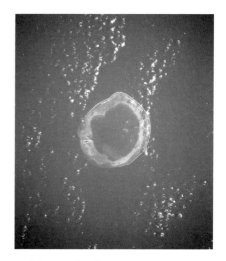

프라타스 군도의 모습

중국 어부들이 들르는 곳'이라 보고했으며, 나무로 지은 낡은 사원을 발견했다. 중국 어부들을 제외하고 섬을 유일하게 찾아오는 건 수백만 마리의 새들뿐이었다. 하지만 한 일본인 사업가가 프라타스 군도에 매력을 느낀 이유는 바로 이 새들 때문이었다.[6]

일본의 산업 노동자들은 값싼 쌀이 필요했고 농부들은 비료가 필요했는데, 프라타스 군도는 비료로 뒤덮여 있었다. 석화된 새의 배설물로 질소·인산염·칼륨이 다량 함유되어 있는 구아노guano가 섬에 몇 미터 깊이로 쌓여 있었다. 1910년, 독일 화학자 프리츠 하버Fritz Haber와 칼 보쉬Carl Bosch는 암모니아를 만드는 촉매 과정을 완성했다(프리츠 하버와 칼 보쉬는 공기 중 질소로 암모니아를 합성하는 데 성공했다. 이렇게 생성된 암모니아는 질산, 황산과 혼합하여 화학비료가 된다. 이 기술을 활용하여 구아노를 화학비료로 만들었다.─옮긴이). 그때까지 구아노는 산업사회에서 밭을 비옥하게 하는 역할을 했다. 구아노 무역으로 태평양 전역의 섬들은 눈 깜짝할 사이에 부를 거머쥐었고 영구적인 환경 파괴를 초래했다. 그리고 일본 상인들은 보상을 위해서 큰 위험을 감수할 의향이 있었다. 그렇게 1907년 중반, 오사카 출신 기업가 니시자와 요시지는 부를 찾아 프라타스 군도에 도착했다. 100명이 넘는 노동자들을 이끌고 와서 섬에 숙소와 사무실을 설치하고, 구아노를 새들이 배출한 장소에서 아래 있는 해변으로 옮기기 위해 선로를 놓았다.

구아노가 오사카에 도착하기 시작하면서, 프라타스 군도에서 진짜로 일어나고 있는 일에 관한 소문이 퍼지기 시작했다. 1907년 9월 초부터 해군 기지를 건설 중일지도 모른다고 암시하는, 우려가 담긴 기사가 서구의 신문에 등장하기 시작했다. 미국이 최근 식민지화한 필리핀 제도와 가까웠기 때문에, 특히나 미국은 걱정이 많았다. 1907년 12월 윌리엄 하워드 태프트William Howard Taft 미국 전쟁 장관이 상하이를 방문했을 때(필리핀 국회 개회식에 참석하고 돌아오는 길이었다), 이에 대해 아는 게 있는지 청나라 정부에 물어보라는 지시가 담긴 긴급 전보를 워싱턴으로부터 받았다. 누구에게 들어도, 관리들은 이 사안에 대해 정말 아무것도 모르고 있었지만, '반박할 여지도 없이' 프라타스 군도는 청 제국에 속한다고 분명하게 주장했다.[7]

하지만 제국의 구아노 자원을 훔쳐 가는 외국 상인에게는 1년이 넘는 시간 동안 아무런 제재가 가해지지 않았다. 언론 보도는 멈췄고 당국은 더 시급한 해양 문제에 관심을 돌렸다. 태프트 장관이 방문하기 바로 직전, 홍콩의 영국 당국은 식민지 주변 해역에서 심각해져 가는 해적 문제를 해결하기 위해 무언가를 해야 한다고 마음먹었다. 광둥 전역의 질서가 서서히 무너지자, 누가 범죄자고 누가 혁명가인지, 누가 도적이고 누가 공식적인 인맥이 있는지 구분하기 어려울 때도 있었다. 성 당국을 향한 신뢰는 거의 바닥났고, 홍콩의 상인들은 행동을 요구했다. 그 결과 영국과 다른 유럽 열강들은 광저우에서 내륙으로 흘러 들어가는 서강西江을 순찰하기 위해 포함砲艦을 파견하겠다고 발표했다.

이 조치는 일부 대중에게 큰 반향을 불러일으켰다. 1907년 11월 22일, 한 무리의 학생들은 '국권 수복 협회'를 설립하여 영국의 서강 순찰에 반대하는 캠페인을 벌였다. 이들은 '월상자치회(粵商自治會, 월상은 광둥 상인을 뜻한다.-옮긴이)'에 가입되어 암암리에 총독의 지원을 받았다.

이 위기는 1908년 1월, 총독이 리준 장군을 광둥성 수사 제독으로 지명하여 해적 토벌 임무를 맡기자 그제야 해결되었다. 영국은 포함을 철수하기로 했고, 민족주의자들은 이를 큰 승리로 여겼다. 리준 제독은 시대의 영웅이 되었다. 그의 위상은 다음 달, 외국에 있는 혁명가들이 밀수할 무기 화물을 실은 일본 타츠마루 화물선을 나포하는 작전을 이끌 때까지 높아져만 갔다.

그러나 일본 정부는 타츠마루선 나포에 대한 공식 사과와 배상금 그리고 관련 관료들의 처벌을 요구했다. 그 결과, 3월 18일 이에 반대하던 2만 명의 군중이 월상자치회가 주관한 시위에 동참했다. 시민들의 반대에도 불구하고 청 당국은 사과하고, 일본 국기에 대한 상징적인 경례를 하며, 배를 석방하는 데 동의했다. 하지만 압류된 총과 탄약을 돌려주는 것은 거부했다. 대신 일본 정부에 2만 1400엔의 배상금을 지불했다.[8] 이틀 후, 월상자치회는 타츠마루선을 석방한 날을 '국치 기념일'로 지정했다.[9] 월상자치회는 또한 일본 상품에 대한 보이콧을 선언했으나, 중앙 정부는 일본 외교관들의 압박에 못 이겨 보이콧을 금지했다. 위기는 일단락되었지만, 분노는 사라지지 않았다.

이 사건의 중심에는 리준이 있었고, 일본인들은 리준이 처벌받기를 원했다. 그러나 청의 총독은 리준을 유능한 지휘관이라고 생각했고, 영국은 해적을 소탕하려는 노력을 높게 샀기에 리준은 자리를 지킬 수 있었다. 리준은 1908년이 끝날 때까지 광둥과 광시에서 민란을 진압하여 홍콩과 광저우에서 급격한 인기를 얻었다. 리준은 영어로 된 언론의 인터뷰에 흔쾌히 응했고 그로 얻는 매스컴의 관심을 즐겼다. 타츠마루선 사건 바로 직후, 한 기자는 프라타스 군도에서 보내온 보고서에 관한 질문을 던졌다. 싱가포르《자유신문》은 '일본이 프라타스 군도라 불리는 홍콩 남쪽의 섬을 점령했다는 게 사실인지에 관해 물었을 때, 리준 제독은 조사 중이라고 답하며, 그 질문에 대해 길게 답하는 데 관심이 없었다'라고 보도했다.[10] 실제로 입을 연 건 약 1년이 지난 후였다.

1900년대에 청나라에 해군은 거의 존재하지 않는 것과 마찬가지였다. 조선소를 건설하고 숙련된 기술자와 근대적인 해군을 양성하고자 한, 20년간 '자강 운동' 정책(이러한 정책들은 서양의 사회 및 정치 이론을 번역한 서적이 중국 독자들에게 닿는 의도치 않은 결과를 가져왔다. 제3장 참조)의 결과물(건조한 선박)은 1894~1895년 일본과의 전쟁(청일전쟁) 중 말 그대로 침몰하거나 일본에 포획되었다. 살아남은 함선은 너무 작은 나머지 강이나 아주 가까이 있는 해안선을 순찰하는 임무 정도만 할 수 있었다. 청나라 해관이 보유한 선박만이 그보다 더 멀리 항해할 수 있었다. 해관은 정부 기관이었지만, 주로 외국인이 운영하는 혼합 조직이었다(앞서 제1장에서 살펴보았듯, 이 기관도 많은 서양 사상을 중국 사회에 도입하는 역할을 담당했다).

진정한 의미의 해군의 부재로, 해관이 프라타스 군도에서 전개되는 일들을 조사하는 임무를 맡았다. 조사를 시작하게 된 결정적인 이유는 니시자와의 일꾼들이 섬에서 쫓아낸 어부들이 항의했기 때문으로 보인다. 해관의 범선을 보냈고, 1909년 3월 1일, 영국의 젊은 장교 해밀턴 푸트-케리Hamilton Foote-Carey를 실은 범선은 프라타스 군도에 도착했다.[11] 짧은 논의를 마친 후 범선은 항구로 돌아왔다. 2주 후, 범선은 당시 영웅이었던 리준 제독을 실은 포함과 함께 프라타스 군도로 다시 갔다. 그들은 욱일승천기를 꽂고 100명이 넘는 노동자들이 구아노를 채굴하는 것을 보고 경악했다. 하지만 니시자와는 꿈쩍하지 않았다. 그가 구아노를 발견했고 아무도 섬을 점령하지 않았기에 구아노는 자기 거라고 주장했다.

이 소식이 광둥에 이르렀을 때 이미 반일 감정은 고조된 상태였고 거리로 군중이 쏟아져 나왔다. 홍콩 주요 일간지 《남화조보》는 '현지 중국인들의 감정을 다소 자극했고', '화난의 중국인들이 이 문제를 호의적으로 받아들이고 있지 않다'라고 건조한 어투로 보도했다. 3월 19일, 《남화조보》의 보도에 따르면, '총독은 이 소식이 강한 분노를 유발한다는 이유와 또 다른 이유를 들면서, 평화를 위해 자국어(중국어) 언론이 이 주제를 추가로 언급하는 걸 금지했고 이를 편리하다고 여겼다'라고 밝혔다. 자치회와 다른 사람들은 불법임에도 반일본 불매운동을 부활시켰다. 불매운동으로 수출이 압력을 받자, 일본은 프라타스 군도의 운명을 협상하는 데 동의했다. 만약 청 당국이 프라타스 군도를 소유하고 있다고 증명할 수만 있다면, 도쿄는 주장을 인정할 것이었다.

남중국해의 섬이 중국의 소유라는 증거를 추적하는 행위는 이때 시작되어 오늘날까지 이어진다. 민족주의 선동가와 공무원 모두 똑같이 모두 증거를 찾으려고 혈안이 되었다. 항해의 세부 사항을 들으러 어민들과 면담을 하러 간 사람들도 있었지만, 리준 제독은 기록 보관소로 가서 문서를 찾았다. 수년 후에 출판한 자서전에 따르면, 쉽지 않은 일이었다고 고백했다. '중국의 옛 지도와 서적, 광둥성 방지를 뒤져 봐도 그런 이름(프라타스)을 찾아볼 수 없었다. 다독가였던 왕빙언(王秉恩, 왕병은)이 이렇게 이야기해 주었다. "건륭제(1735~1796년) 시대에 가오량(高涼, 고량) 총병(總兵, 명·청 시대 때 군대를 통솔하고 한 지방을 지키는 벼슬-옮긴이) 진륜형陳倫炯은《해국견문록海國聞見錄》이라는 제목의 책을 저술했는데 거기서 섬의 이름이 기록되어 있다." 우리는《해국견문록》을 이용하여 일본과 군도 반환을 협상했다.' 한마디로, 청 당국이 수집할 수 있었던 유일한 증거는 최소 1세기 이상 된 책이었다. 하지만 일본은 니시자와가 작업을 중지한 대가로 배상을 받는 한, 이를 받아들일 용의가 있었다.

그다음 5개월간은 배상금을 협상했다. 10월, 총독은 구아노 채취 활동을 포기하고 일본이 청나라의 주권을 인정하는 대신, 니시자와에게 16만 은화를 지불하기로 합의했다. 니시자와는 섬에서 발견한 사원을 파괴한 대가로 2만 달러를 청에 배상하기로 했다. 양쪽 다 명예를 챙길 수 있었다. 총독은 구아노를 채취해서 배상금을 회수하고 그 이익이 광저우로 흘러 들어가길 희망했다. 하지만 경제 발전의 현실성은 그가 깨달은 것보다 더 척박했다. 그로부터 약 1년 후인 1910년 8월에 광둥성 당국은 프라타스 군도에서 구아노 채취를 재개하려 하였다. 그런데 채굴 지식이 부족했던 나머지 니시자와 회사와 계약을 체결해 대리 운영을 맡겼다.[12]

이 모든 상황이 전개되고 있을 때, 리준 제독은 이전에 몰랐던 해상 영토에 관해 듣게 되었다. 홍콩 서남쪽 인도차이나 방향에 있는 파라셀 군도Paracel Islands였다. 나중에 말하길, '좌함대'의 지휘관이자 경험이 풍부한 항해사였던 린귀샹(林國洋, 임국상)으로부터 파라셀 군도에 관해 보고를 받았을 뿐이라고 했다. 리준은 일본의 구아노 채굴자들이 파라셀 군도에 진출하지 못하도록 막겠다며, 총독에게 파라셀 군도 원정 비용을 대 달라고 설득했다. 하지만 리준의 해군은 그렇게 멀리까지 항해할 능력이 없었고, 다시 한번 해관에 지원을 요청했다. 1909년 3월 말, 해관의 카이반Kaiban 순양함은 총독 휘하의 관료 세 명을 싣고 파라셀 군도로 갔다. 프랑스 영사관의 기록에 따르면, 4월 15일 홍콩으로 돌아왔을 때, '여러 무인도에서 20마리 이상의 아주 거대한 거북이를 데려와 전시하여 현지인들의 궁금증을 자아냈다.'[13] 이러한 희귀한 생물에 관심과 놀라움을 보이는 전반적인 분위기는 1909년 이전 청 관리들과 일반 대중이 이 군도에 대해 얼마나 알지 못했는지를 보여 준다. 몇몇 어부들을 제외하고는, 일본인들이 등장하기 전까지 그 군도의 존재에 대해 신경을 쓰는 사람은 거의 없었다. 하지만 상황은 급격하게 역전됐다.

첫 번째 원정이 소소한 성공을 거두자, 리준 제독은 파라셀 군도로의 두 번째 원정의 비용을 지원해 달라고 총독에게 부탁했다. 두 가지 목적이 있었다. 항해를 통해 군도에 대한 주권을 공식적으로 주장할 수 있었다. 또 애국심을 부추기는 행동은 외국인에 맞서 싸우는 것처럼 보이기에 관료들의 엄청난 지지를 얻을 수 있었다. (프랑스 영사관이 묘사한 바에 따르면) 이번 파견에는 소형 광둥식 포함 세 척—복파함(伏波艦, 침항함探航艦, 그리고 광금함廣金艦—이 동원됐고, 리준 제독, 도태(道台, 청대에 한 성 각 부처의 장관이나 또는 각 부 현의 행정을 감찰하는 관리 - 옮긴이), 성부 재정 관리, 성부 소금 관리 등 106명이 원정길에 올랐다. 모두 고위

급인 사절단이었다. 홍콩 미디어에 소함대의 진척 상황을 상세히 보도하는 역할을 맡은 독일 라디오 기자 브라운스Brauns와 홍콩에 근거지를 두고 쑨얏센의 흥중회가 발행하는 친혁명 신문《중국일보》기자 한 명도 승선했다. 리준 제독은 이번 원정이 뉴스 1면에 실리길 원했다. 보도에 언급되지 않은 내용은 사실상 이 원정을 독일인이 지휘했다는 것이다. 그는 홍콩에 있는 무역 회사 카를로위츠앤드컴퍼니Carlowitz & Co.의 부사장이었다. 유럽인들은 전반적으로 현지 관료들보다 파라셀 군도에 훨씬 더 친숙했는데, 그 이유는 그들이 고향과 중국을 오가는 동안 자주 파라셀 군도를 지나갔기 때문이다.

세 척의 배로 구성된 소함대는 1909년 5월 14일경 광저우를 떠나 5월 21일까지 홍콩에 잠시 머물렀다. 그리고 해안과 근접한 거리를 유지하면서 하이난다오로 향했고, 태풍으로 항해가 지체되어 하이커우海口, 사마만薩瑪灣, 유림항榆林港에서 멈췄다. 이 시점에서 광금선은 하이커우로 돌아와야 했다. 나머지 배 두 척은 파라셀 군도로 향했고, 3일 동안 군도를 탐험했다. 리준은 제국들에 익숙한 방식으로 파라셀 군도에 대한 중국의 주권을 주장했다. 대포를 쏘고 깃발을 올렸으며 섬들에 중국식 이름을 부여했다. 배의 이름을 따서 한 섬은 푸보다오(伏波島, 복파도), 또 다른 섬은 천항다오(龍口島, 침항도)라는 이름을 붙였다. 또 다른 섬은 우물이 있었기 때문에 간취안다오(甘泉島, 감천도)라 불렀고 또 다른 섬의 이름은 고위 관료의 이름을 따서 지었다. 거의 정확하게 1세기 전 영국이 한 행동과 놀라울 정도로 똑같았다. 영국은 파라셀 군도 일부(앤텔로프Antelope 암초와 디스커버리Discovery 암초를 포함한다)를 영국 선박과 동인도회사 중역의 이름을 따서 드러먼드Drummond섬, 덩컨Duncan 섬, 머니Money섬, 패틀Pattle섬, 로버츠Roberts섬이라고 이름을 붙였다.

6월 9일 선박은 홍콩으로 돌아왔고, 이는 리준과 광동 당국이 애국 심을 증명할 기회였다. 하지만《남화조보》는 원정에 참여한 관리들이 기자들에게 '극히 말을 아꼈다'고 보도했다.[14] 아마 자신들이 발견한 것에 전혀 감동하지 않은 것 같았다. 파라셀 군도는 상상했던 기회의 땅이라기보다는, 작은 불모지였던 것으로 밝혀졌다. 《남화조보》에 따르면 6월 말 파라셀 군도에 거는 기대치가 너무 낮은 나머지 광동 당국은 '파라셀 군도에서 사람이 살 수 없는 지역을 죄수 유형지로 전환하여, 죄수들을 농업과 트리섬Tree island 벌목 작업에 동원하는 걸 제안했다'.[15] 이런 필사적인 아이디어도 아무런 결과를 내지 못했다. 총독은 다른 직책을 맡았고, 이 모든 일은 기억 속에 잊혀 갔다.

하지만, 파라셀 군도가 중국 땅이라고 주장하던 대표단은 소기의 목적을 달성하였다. 무너져 가는 광동의 정권을 강화했고, 사람들은 몇 주간 반외세 집회를 열었다. 3일간의 홍보 활동은 오늘날까지 남중국해 영토 주장의 토대를 형성하고 있다. 하지만 그로부터 거의 20년간 그 어떤 중국 관료도 파라셀 군도를 방문하지 않았다. 신경 써야 할 더 중한 일들이 있었기 때문이다. 그러는 와중에 일본 구아노 상인들은 주권 문제를 완전히 무시하고 파라셀 군도에 상륙했다. 홍남공업회사興南工業會士 등은 1910년대와 1920년대에 걸쳐 다량의 비료를 채취했지만, 본토의 그 누구도 조치를 취하지 않았다.

한편 리준 제독은 반란을 진압하는 기존의 업무로 복구했다. 에드워드 로드에 따르면 1911년에 '혁명가들이 광둥에서 가장 미워하는 관료는 압도적으로 리준 장군이었다고 한다. 1907년부터 일어난 모든 봉기를 진압하는 데 리준의 부대가 동원되었었다.' 리준은 다시 한번 혁명가들의 표적이 되어 가고 있었다. 1909년 말, 리준의 파라셀 군도 원정 몇 달 후 리준의 암살을 시도한 류스푸가 감옥에서 풀려났다. 사대부였던 친척들은 류스푸를 고향으로 되돌려 놓기 위해 모든 연줄을 동원했고 폭탄 테러 시도를 한 지 2년 만에 자유의 몸이 되었다. 감옥은 류스푸의 사상을 바꿔 놓기보다는, 이데올로기적 무정부주의자로 만들었다. 감옥에서 풀려난 지 얼마 되지 않아, 그는 홍콩으로 돌아와 지나 암살단支那暗殺團을 설립하는 것을 도왔다. 그러나 첫 작전을 개시하기도 전에, 한 혁명당원은 광저우의 항공기 전시회를 방문하는 리준을 혼자 힘으로 총살하려고 했다. 하지만 총알은 리준을 빗겨 나갔고 그 대신 혁명당원은 다른 관료를 살해했다. 살해된 사람은 만주족 장군 푸치(孚琦, 부기)로 밝혀졌다. 그 결과 보안이 강화되었고 리준에게 접근하기는 더 어려워졌다.

1911년 8월 13일, 류스푸는 세 번째로 암살을 시도한다. 류스푸의 무리는 가마에 폭탄을 던질 수 있을 만큼 리준에게 가까이 다가갔다. 경비병 중 일부는 목숨을 잃었지만 리준은 갈비뼈 두 대만 부러졌다.[16] 하지만 그때 입은 부상은 몇 달 동안 공직에서 물러나기에는 충분했다. 한 보고서에 따르면 그동안 서예로 덕담 글을 써 주고 형제들의 결혼식에 참석했다고 한다.[17] 혁명이 일어났을 때도 리준은 여전히 병가 중이었다. 10월 10일 우창에서 일어난 군대의 반란(우창 봉기, 1911년 10월 10

일 중국 후베이성 우창에서 일어난 봉기로 청조를 무너뜨리고 중화민국을 세운 신해혁명의 시발점이 된 봉기를 말한다. - 옮긴이)은 주변 지역으로 퍼져 나갔고, 성은 하나하나씩 청 제국으로부터 독립을 선언했다. 정치적 상황이 악화되었음에도 불구하고, 리준은 정권을 지키자는 새로운 양광 총독 장밍치(張鳴岐, 장명기)가 해 온 일련의 요청을 무시했다. 개인적인 이유에서였다. 장밍치는 일찍이 리준이 광둥성 예비 부대를 더 이상 지휘하지 못하도록 파면시켰기에, 리준은 지금 장밍치를 도울 이유가 없다고 보았다. 이 무렵 리준이 한족주의에 더 공감하게 되어 만주 정권을 더 이상 지지하지 않기로 마음먹었다는 설도 있다.[18]

2주 후, 암살된 푸치의 자리를 메우기 위해 청 조정은 장군을 보냈지만, 광저우에 도착한 지 몇 분 지나지 않아 무정부주의자 류스푸의 지휘 하에 만들어진 폭탄으로 암살되었다.[19] 도시는 공포에 휩싸이기 시작했다. 반란군의 공격, 한인 종족주의자가 만주족을 학살할 수도 있다는 두려움, 강도 및 약탈 행위로 상점은 줄줄이 문을 닫고 사람들은 도시를 떠났다. 이에 대한 대응으로, 리준은 지난 4년간 자신의 목숨을 노린 사람들과 항복을 협상하기로 마음먹었다. 그는 혁명파와 연줄이 있는 홍콩의 두 유명 인사와 접촉했다. 며칠이 지나지 않아 사이공에서 갓 홍콩으로 돌아온 쑨얏센의 대표적인 이론가 후한민과 편지를 주고받았다. 11월 7일, 리준은 후한민을 만나 자신과 가족의 목숨을 살려 주는 대신 광저우를 혁명파에게 넘겨주기로 동의했다. 11월 9일, 총독은 영국령 홍콩으로 피신했고 리준 제독은 하루 동안 총독 후임이 되었다. 그는 혁명파에게 광저우를 인계하는 행사에 참여한 후 홍콩으로 도망쳤다. 혁명을 진압하는 데 거의 10년을 보냈지만, 결국 혁명파에게 첫 번째 중요한 승리를 거머쥐게 해 줬다.

이것이 리준 경력의 끝은 아니었다. 그는 살아남는 방법을 알고 있었고 곧 새로 들어선 정권에 도움이 되는 법을 찾았다. 아이러니하게도 새로운 혁명 정부는 1913년 8월 리준을 그가 예전에 활동하던 성, 광둥의 선위사(宣慰使, 재해, 병란 등이 지난 뒤 백성의 질고를 위문하던 임시 벼슬-옮긴이)로 임명했다.[20] 1914년 7월 그는 푸젠성 도독都督에 올랐고, 다음 달에 제1차세계대전이 발발하자, 국방 감찰청장이 되었다.[21] 프라타스 군도의 채굴자들은 운이 좋지 않았다. 1909년 암초의 정식 소유권을 획득한 후, 광둥 당국은 구아노 생산을 재개하려고 했다. 하지만 1911~1912년 혁명(신해혁명)이 일어나는 동안 노동자들은 완전히 잊혔다. 본토 당국은 식량을 재보급하는 데 실패했고 그들은 굶어 죽었다.[22]

인도차이나의 프랑스 식민지 당국은 리준 장군이 파라셀 군도를 중국 땅이라고 주장하는 것을 거리를 두고 멍하니 지켜보았다. 그 당시에 프랑스는 파라셀 군도에 거의 관심이 없었다. 하지만 상황은 막 바뀌려던 참이었다. 18세기와 19세기 베트남 조정은 어부들이 암초에 난파된 선박에서 대포와 다른 보물을 건지는 것을 허락했다. 하지만 프랑스의 점령 후(1859년 사이공 점령으로 시작되어 1887년 청나라 국경에 다다랐다), 보물 인양은 중단된 것으로 보인다. 진취적인 해양 생물학자 아르망 크렘프Armand Krempf는 학계에서 별 주목을 받지 못하자, 명성을 떨쳐 보고자 산호 형성에 관한 연구에 나섰고, 그제야 프랑스 당국은 관심을 갖게 되었다. 크렘프와 인도차이나 해양학 연구소의 동료 연구원들은 1925년 파라셀 군도로 첫 항해를 떠났다. 얼마 지나지 않아 기업가들은 구아노가 돈이 된다는 냄새를 맡았고, 몇몇 기업가들은 프랑스 총독부에 파라셀 군도의 개발을 허락해 달라고 청원했다.[23] 1928년 12월, 인도차이나 피에르 파스키에Pierre Pasquier 총독은 파리의 프랑스 식민지 장관에게 파라셀 군도의 병합을 촉구하는 서신을 보냈다.[24] 하지만 중국 땅에 관한 관심을 중국이 알게 되면 어떻게 반응할지 두려워한 프랑스 당국은 그렇게 할 의향이 없었다.

그러나 크렘프의 1931년 군도 원정단에는 이미 일본 회사들이 채취 활동을 했었더라도 로버츠섬(Roberts Island, 감천도)에 남아 있는 구아노 양만으로도 20년 동안 인도차이나의 수요에 충분히 대응할 수 있으리라고 추정한 광업 엔지니어가 있었다.[25] 비슷한 시기에 프랑스와 영국 정부는 이 군도들에 대한 일본의 군사적 관심과 이것이 동남아 식민지에 잠재적인 위협이 되지 않을까 점점 더 우려했다. 이 두 가지는 프랑스가 1931년 12월 4일에 파라셀 군도에 대한 주권을 공식적으로 주장할 수 있는 충분한 동기가 되었다. 중국 정부는 대응하기까지 거의 8개월이 걸렸지만 1932년 7월 27일, 파리에 있는 중국 영사관은 프랑스의 주장을 공식적으로 반박하라는 지시를 받았다. 그들은 서신에서 파라셀 군도가 중국 영토의 최남단에 있는 지점이라고 주장했다.

그리고 이듬해 1933년 7월 14일 프랑스혁명 기념일에 프랑스 정부는 파라셀 군도에서 남쪽으로 750킬로미터 떨어지고 파라셀 군도와는 완전히 별개인 작은 섬들의 집합, 스플래틀리 군도Spratly Islands 중 6개 섬을 병합했다고 발표했다. 그러자 중국에서 엄청난 논란이 일었다. 그리고 혼란스럽기도 했다. 당시의 신문 보도와 정부 문서를 비추어 볼 때, 관료나 대중은 실제로 스플래틀리 군도가 어디에 있었는지 전혀 알지 못한 게 분명하다. 프랑스와 중국이 이미 분쟁을 벌이고 있던 똑같은 지형지물―파라셀 군도―이라고 가정하고 있었다. 1933년 7월 17일 중국 외교부가 마닐라 주재 중국 영사에게 보낸 공식 전보에는 "이 섬들은 정확히 어디에 있습니까? 파라셀 군도입니까?"라는 질문이 포함되어 있다. 비슷한 전보를 외교부는 해군에게 보냈는데, 중국이 '고대부터' 이 섬들을 통치해 왔다는 오늘날의 주장을 생각해 보면, 그 답변은 정말 놀랍다. 해군부장 천사오콴(陳紹寬, 진소관)은 외교부에 이렇게 답했다. "필리핀과 베트남 사이 북위 10도, 동경 150도에는 '9개의 섬'이 없습니다. 필리핀과 베트남 사이의 9개 섬은 더 북쪽에 있습니다. 이 섬들은 시사(西沙, 파라셀)로, 충저우다오(하이난다오의 별칭이다.―옮긴이)와 매우 가깝습니다."[26] 하이난다오의 동북쪽에 있고, 파라셀 군도에서 북쪽으로 300킬로미터 떨어진 열도인 칠주열도七洲列島, 즉 '7개의 섬'(영어로는 타야 군도Taya Islands라고 한다)을 언급함으로써 혼란은 가중되었다.

미국 기록에 따르면 마닐라 주재 중국 총영사 쾅광린(鄺光林, 광광림)은 7월 26일 미국 연안 측지·측량국를 방문하여 스플래틀리와 파라셀이 별개의 군도라는 사실을 발견하고 놀랐다. 이 정보는 무엇을 해야 할지 진퇴양난에 빠져 있는 중국 정부에 다시 전달되었다. 심사숙고하는 동안, 신문은 항의 편지와 시위 소식, 국민당 정부의 리더십에 불만이 있는 관료들의 비판으로 가득 찼다. 이 이슈에 대한 중국과 외국의 보도는 극명한 대조를 이뤘다. 중국의 관리들과 언론인들은 혼란스러워했던 반면,《남화조보》와 다른 해외 신문들은 남중국해의 지리를 더 잘 알았다. 여러 기사에서 이 신문들은 파라셀과 스플래틀리가 별개의 군도라는 사실을 지적했는데, 이러한 명료함은 중국의 논의에서 찾아보기 어려웠다.

이 무렵, 퇴역했었던 리준 제독은 초야로부터 돌아와 이 문제에 개입했다. 이 개입은 오늘날까지 지속되는 혼란의 유산을 남겼다. 8월 15일, 병합 소식이 전해진 지 한 달 후, 상하이에서 출간되는 신문《신보申報》는 리준의 프라타스 군도와 파라셀 군도로의 최초의 항해(1909)에 관한 이야기를 다룬 장문의 기사를 실었다. 일주일 후인 8월 21일,《국문주보國聞周報》는 리준이 '신문사로 찾아와 직접 기자에게 이야기했다'라고 보도하고, 리준이 최초로 보고했다고 주장하는, 파라셀에서 '11개의 산호섬'을 발견했다는 내용도 보도했다. 그달 말까지 리준의 이야기를 조금이라도 싣지 않은 중국 신문은 거의 없었다. 그 결과, 거의 모든 중국 신문의 독자들은 프랑스가 막 합병한 섬이 파라셀 군도라고 알게 되었다.

당시 민국 외교부는 마닐라와 파리에 있는 관료들로부터 정보를 받아 파라셀과 스플래틀리가 별개의 군도라는 걸 알고 있었다. 중요한 점은, 이 정보에 따르면 중국이 스플래틀리 군도를 영토로 주장할 근거가 없었고 프랑스의 합병에 반대하지 않았다는 것이다. 파라셀로 만족할 터였다. 이로 인해 정부와 대중의 여론은 충돌했다. 무엇보다도 리준 제독 개입으로, 과거 1909년에 중국이 스플래틀리 군도를 합병했다고 이미 확신하고 있었기 때문이다. 중국에는 이제 해상권에 대한 두 가지 주장이 있었다. 파라셀 군도만 포함하는 정부의 주장과 정확히 이해하지는 못했으나 그 범위가 스플래틀리 군도까지 이미 미쳤다며 분노하는 대중의 주장이었다. 이러한 혼란은 21세기에 심각한 결과를 가져온다.

혼란을 수습하기 위해 정부는 이전에 활동을 멈춘 기관에 조사를 명령했다. '수륙 지도 심사 위원회'는 지도 제작 규칙을 세우고 국경을 정의하기 위해 1930년에 설립된 기관이었지만(제7장 참조), 프랑스가 스플래틀리 군도를 병합했다고 선언하기 바로 전인 1933년 6월까지 실제로 모인 적은 없었다. 위기가 진정되자 위원회는 비슷한 오해가 재발하지 않게 확실히 하는 임무를 부여받았다.

하지만 위원회는 자체적으로 측량할 능력이 없었다. 그래서 다른 사람들이 만든 지도를 분석하고, 다른 기관이 제작한 지도를 분석하며 이름과 위치에 대한 합의를 보는 탁상공론식 작업에 착수했다. 위원회 자체 학술지에 따르면, 위원회는 630개의 중국 지도와 120권의 국사 서적, 그리고 명시되지 않은 수의 외국 지도를 검토했다고 한다. 남중국해에 있어서 영국 자료를 가장 중요한 자료로 참고했다는 것이 위원회의 결론에서 분명하게 보이며, 이는 광범위한 영향을 미쳤다. 1934년 12월 21일, 심사 위원회는 제25차 회의를 열고 남중국해 132개 지형지물의 중국 명칭을 합의했다. 모두 영국 지도에 표시되어 있는 명칭을 번역하거나 음역했다. 예를 들어, 파라셀 군도의 Antelope Reef는 잉양자오(羚羊礁, 영양초), Money Island는 진인다오(金銀島, 금은도)가 되었다―둘 다 직역이다. 리준 제독이 1909년 파라셀 군도에 붙인 이름은 채택되지 않았다. 스플래틀리 군도에 속한 North Danger Reef는 베이셴자오(北險礁, 북험초)가 되었는데 이 또한 영어를 번역한 것이다. Spratly Island는 쓰-바-라-다오(斯巴拉島, 사파랍도, 영국의 함장 리처드 스프래틀리Richard Spratly의 음역이다)가 된 한편, Luconia Shoals은 루-캉-니-야(路康尼亞暗沙, 로강니아 암사)로 음역됐다.

　수륙 지도 심사 위원회의 섬 목록의 출처는 정확하게 알 수 있다. 이 목록에는 몇 가지 오류가 있는데, 1906년 영국 수로국에서 출판한 《중국해 항해 지침서China Sea Directory》에도 똑같은 오류가 발견되기 때문이다. 영국의 목록은 현재 중국이 사용하는 남중국해 지명의 기원이다. 목록에 있는 몇 가지 이름 중, 스플래틀리 군도의 저벽초(Subi Reef, 渚碧礁) 같은 경우는 중국어에 기원을 두고 있는 한편, 말레이어에 기원을 둔 이름들도 있다(예를 들어, 파라셀 군도의 파수 케아(Passu Keah, 盤石嶼, 반석서)가 그렇다). 하지만 90퍼센트 이상은 영국 항해사들에 의해 만들어졌다. 이러한 명칭을 번역하는 것은 다소 어려웠고, 오늘날까지도 지역에 혼란을 주는 유산을 남겼다.

　위원들이 영어로 '천퇴bank'와 '암사shoal'를 혼동한 것은 자명하다. 두 단어 모두 바다의 수심이 얕은 바다 지역을 의미한다. 전자는 비교적 수심이 얕은 해저 융기부고, 후자는 '얕다'라는 뜻의 고대 영어에서 유래한 해양 용어다. 그러나 위원회는 두 단어 모두 탄灘으로 번역했는데, 이는 해저에도 해수면 위에도 존재할 수 있는 지형인 '사주'의 모호한 번역이다. 필리핀에서 멀리 떨어져 있는 시호스 암사Sea Horse Shoal에는 해마탄海馬灘이라는 이름이 붙었고, 보르네오 연안에서 불과 100킬로미터 떨어진 제임스 암사James Shoal에는 증모탄曾母灘이라는 이름이 붙었다. 베트남 동남부 해안의 뱅가드 천퇴Vanguard Bank는 전위탄前卫灘으로 명명했다. 증모는 단순히 'James'의 음역이고 해마는 Seahorse를 뜻하는 중국어다. 전위는 'Vanguard'의 번역이고, 탄은 '천퇴'와 '암사'의 오역이다. 관료들의 실수로 중국인들의 상상 속에서 여러 수중 지형지물은 섬이 되었다. 이러한 실수는 결국 85년 후에 중국이 제임스 암사 근처에서 가스를 채굴하는 사푸라 에스페란사 굴착선을 괴롭히는 원인이 되었다. 번역 실수를 두고 중국은 전쟁에 돌입할 준비가 되어 있었다.

1935년 4월, 마무리 작업으로 심사 위원회는 '새로운' 명칭이 포함된 남중국해의 지도를 인쇄했다. 지도는 《중국남해각도서도中國南海各島嶼圖》로 이름도 애매했다. '남해에 있는 중국 섬의 지도'로 번역될 수도, '남중국해에 있는 섬의 지도'로도 번역될 수 있기 때문이다. 이 시점에서도 수륙 지도 심사 위원회가 실제로 스플래틀리 군도를 중국의 영토라고 주장하고 있었다는 증거는 없다. 지도에는 경계선이 없었고, 어느 지형지물을 위원회가 중국으로 간주했는지 표시되어 있지도 않았다. 위원들은 바다 중앙에 있는 수중 지형지물인 메클스필드 천퇴Macclesfield Bank를 가리키기 위해서 난사—'남쪽 모래'—라는 이름을 사용하기로 했다. 그것이 당시에 중국이 주장한 최남단의 지형지물이었기 때문에 관료들은 그렇게 한 듯하다. 둥사군도(동쪽 모래/프라타스 군도)와 시사군도(서쪽 모래/파라셀 군도)에 이어 이제 난사군도(남쪽 모래/메클스필드 천퇴)는 삼각형의 세 번째 꼭짓점이 되었다. 위원회는 스플래틀리 군도에 퇀사(團沙, 단사)라는 중국 이름을 붙였다. 이 명칭은 모호하게 '사주 지구(모래로 주를 이룬 지역)'라고 번역된다. 1935년에는 위원회도, 중국 정부도 스플래틀리 군도의 권리를 주장할 준비가 안 되어 있었다.

중국이 중국 해안에서 수백 킬로미터 떨어진, 존재하지 않는 섬의 영유권을 주장하게 만든 사람은 아마 평생 육지 밖으로 나가보지 않은 만주인이었다. 바이메이추(白眉初, 백미초)는 1876년 현 허베이성에 해당하는, 자금성으로부터 동쪽으로 200킬로미터 떨어진 지역의 상대적으로 변변치 않은 집안에서 태어났다. 루룽현盧龍縣에서 자란 바이메이추의 어린 시절은 트라우마로 가득 찼다. 1876년부터 1879년까지는 대기근이 발생했는데, 티모시 리처드의 급진적인 사상이 부상한 시기였다. 1894~1895년에는 청일전쟁, 1899년부터 1901년까지 의화단운동이 일어났다. 바이메이추는 전통 사대부 교육을 받은 마지막 세대였다. 가족은 바이메이추를 사립학교에 보낼 만큼 돈이 충분히 있었고, 15세의 나이에 과거에 급제하면서 수재(秀才, 청대에는 생원을 수재라 불렀다. 각 성에서 선발된 수재는 각 시·도 대표급에 해당하는 우수 인재다. - 옮긴이) 타이틀을 얻었다. 성공 사다리의 첫 발판이었다. 하지만 사다리를 오르기도 전에 대청국이 마지막 쇠퇴기에 접어들면서 사다리는 무너지고 말았다. 바이메이추는 극단적으로 불확실한 시기에 휘말린 세대였다. 안토

니오 그람시(Antonio Gramsci, 사회주의와 공산주의를 주장한 이탈리아의 정치인이자 사상가-옮긴이)의 말을 빌리자면, 그를 둘러싼 구세계는 죽어 가고 있었지만, 신세계는 아직 태동하지 않았다.

중국 지리학자 바이메이추의 모습

바이메이추는 최근에 설립된 '근대적' 학교 중 하나인, 허베이성의 영평부(永平府, 현 루룽현)에 있는 경승서원敬勝書院에 다녔는데 중국과 서양의 과목을 모두 가르쳤다. 그는 고전에 드러난 전통적인 지리학 사상과, 선교사와 개항항을 통해 들어오는 새로운 사상 간의 충돌을 경험한 최초의 세대였다. 나중에 그는《산해경》과《우공禹貢》,《상서尙書》를 읽었다고 했지만, 2000년 전에 쓰인 이런 서적들은 지금 바이메이추 주위에서 일어나는 변화를 설명하기에는 부족한 지침서였다. 한때 바이메이추는 관직 등용을 위해 필요한 시험들을 통과하기 위해 이 책들을 공부하리라고 생각했겠지만, 1905년 9월 황실의 과거제도는 폐지되었다. 그 대신 같은 해에 바이메이추는 스물아홉의 나이에 북양 사범학교北洋师范学堂에 입학했다. 북양 사범학교는 새롭고 개혁적인 교육 시스템에 걸맞은 교사를 양성하는 것을 목적으로 했다.

그는 '거인擧人'이라는 명예로운 타이틀을 안고 졸업했는데, 이는 옛 과거제도의 유산이다(거인이란 본래 명·청 시대에 3년마다 열리는 향시鄕試에 합격한 사람을 뜻한다. 이와 비슷한 맥락에서 뛰어난 성적으로 졸업한 학생을 칭한 것이다.-옮긴이). 바이메이추는 학교 교사가 되었고 그 이후에는 톈진 여자 사범학교 교사들을 가르치는 교사가 되었다. 그중에서도 바이메이추는 덩잉차오(鄧穎超, 등영초)를 가르쳤는데, 덩잉차오는 후에 중국 공산당의 고위 간부이자 저우언라이의 부인이 된다. 동시에 그는 지리학에서 새로운 분과를 개척했다. 후대에 주커전과 장치윈이 정의한 지리학(제7장 참조)은 아직 아니었지만, 구사상과 신민족주의를 섞어 놓았다. 1909년 바이메이추는 중국지학회中國地學會(중국 지구-학문 학회) 창립자 중 한 명이 되었다. 역사가 혼쯔기에 따르면, 학회 회원 중 이 주제에 관해 전문적인 교육을 받은 사람은 아무도 없었다. 대신 구지식인 중에 회원을 모집했다. 그들은 바이메이추처럼 한때 과거에 응시하여 관리로 임명되는 걸 기대했지만, 새로운 체제에 적응하기 힘들어 하는 사람들이었다. 회원 중 다수는 중학교와 여학교에서 교편을 잡는 등 특권이 적은 직업을 가지고 있었다.[27]

중국지학회 회원들은 사회적 다원주의에 지대한 영향을 받았다. 중국지학회 학술지 《지학잡지地學雜誌》(지구-학문 학술지) 1호에서 학회는 다 같이 선언했다. '(강대국이 흥하고 망하는) 이유는 각 집단의 지리학적 지식수준에 달려 있다. 따라서 지리 지식의 수준은 국가에 직접적인 영향을 미치며, 인종을 파멸시킬 수 있다. 이는 사실 경쟁에 기초한 자연선택의 법칙(발현)이다.' 다시 말해 모든 집단의 영토 크기는 상대적인 문명화의 정도에 따라 작아지기도 커지기도 한다. 학회의 관점에서 중국은 일찍이 발전을 이뤘지만, 서구 세계의 발전을 마주하면서 퇴보

했다. 국력을 되찾을 수 있는 유일한 방법은 지리학을 통달하는 것이었다. 1913년 바이메이추는 "지리학을 배우는 목적은 국가 건설인 한편, 지리학을 배우는 데 있어 가장 중요한 건 애국이다"라고 말했다.[28] 1917년 8월, 바이메이추는 애국적인 노력을 인정받아 베이징 사범대학에 취직했다.

이 지리학자들은 1911~1912년 혁명(신해혁명) 전후로 국가에 이바지했고 그 대가로 상당한 재정적 지원을 받았다. 바이메이추는 지방 정부의 경계를 다시 정하고 수도를 어디로 정할 것인지 건의했다(그는 난징보다 베이징을 선호했다). 당대의 많은 지식인과 마찬가지로, 1919년 체결된 베르사유조약의 결과는 바이메이추에게 전환점이 되었다. 독일이 차지하고 있었던 산둥반도의 조계를 일본에 넘기기로 한 중국의 결정은 학생들과 지학회 회원들을 분노하게 했다. 지학회 학술지는 결정을 비난하고 일본 정부가 산둥반도에 영향력을 확대하는 것을 막으라고 촉구했다. 바이메이추의 학생들은 그를 국권을 열정적으로 수호했던 사람이라고 회상한다. 그의 강의는 톈진 여자 사범학교 학생들에게 엄청난 영향을 끼쳤다고 한다.

리다자오의 모습

이 무렵 바이메이추는 청년 리다자오(李大釗, 이대소)의 멘토가 되었다. 리다자오 또한 경승서원에서 공부했고, 1921년에는 공산당을 창립한 사람 중 한 명이 되었다. 1919년 원단元旦에 리다자오는 바이메이추를 급진파 청년 마오쩌둥에게 소개했고, 마오쩌둥과 바이메이추는 세 시간 동안 국토 문제를 논의했다. 믿기 힘들겠지만, 보수적인 학자 바이메이추와 새롭게 떠오른 공산주의자 혁명가인 마오쩌둥은 1927년 리다자오가 처형될 때까지 친구로 지냈다. 지리와 국토에 대한 바이메이추의 열정적인 관점 일부가 공산주의 운동에 직접적인 영향을 미쳤을 수도 있다.[29]

1923년, 러시아에 다롄항과 뤼순항(아서항)을 조차하는 계약이 만료되자, 지학회는 정부에 두 항구의 반환을 요구하라고 큰 목소리를 냈다. 바이메이추는 남은 생애 동안 계속해서 항구를 되찾으려고 노력했다. 1928년부터 1930년 사이, 그는 펜마(片馬, 편마)에서 영국과 벌어진 국경 분쟁에 관해 긴 에세이를 연재했다. 펜마는 윈난성과 미얀마 사이 국경 지역에 있는 조그만 땅 한 조각에 불과했지만 바이메이추에게 큰 상징적인 의미를 띠었다. 바이메이추는 '중국 시민들의 약점이 세계 앞에 노출되지 않도록' 무력을 사용하여 영유권을 주장할 것을 정부에 촉구했다. 바이메이추는 점점 더 호전적이 되어 갔다. 영토의 배치를 문명 성쇠의 반영이 아닌, 약탈 국가가 약소국을 빼앗으려는 음모의 결과라고 보았다. 특히 외딴 지역에 광물자원이 있다는 지식이 널리 알려지면서, 멀리 있는 국경을 방어할 중요성도 커졌다. 그의 관점에서 국토를 지키는 건 중국 인민들의 임무였다.

하지만 바이메이추는 점점 더 시대적 흐름과 뒤떨어져 갔다. 특히 자신들만의 협회를 창립하고 오래된 중국지학회와 거의 연관이 없는 주커전이나 장치윈(제7장에서 만나보았다)과 같은 전문 교육을 받은 지리학자가 등장하면서 더더욱 그랬다. 1925년 9월, 바이메이추는 중국 지리에 관해 400만 자 분량의 책을 출판했으나 신식 지리학자들은 비과학적인 방법을 사용했다고 비판했다. 바이메이추는 그때까지도 학교에서 배웠었던 고전 작품에서 강한 영향을 받았던 것 같다. 1929년 그는 베이징 사범대학에서 해임되어 베이징 여자 사범대학으로 옮겨야 했다. 결국 1935년에는 대학 강단을 완전히 떠났다. 정계의 황무지 속에 있는 동안, 그는 우연히 1920년 쑨얏센이 발표한 《건국방략》(국가 재건을 위한 계획, 제5장 참조)을 접하게 되었다. 바이메이추의 이야기에 따르면, 이 책은 생의 남은 시간을 쑨얏센의 사명, 즉 지리학을 이용하여 국가를 재건하는 임무에 바치는 데 영감을 주었다.

1936년 바이메이추는 남중국해를 관통하는 선을 그림으로써 영원한 유산을 세상에 남겼다. 남중국해 지도는 바이메이추가 학교에서 쓰려고 출판한 새로운 지도책인 《중화건설신도中華建設新圖》(중국의 건설을 위한 새로운 지도책)에 실렸다. 그는 《중화건설신도》에 작년에 발표했었던, 정부의 지도 심사 위원회가 합의한 장소 이름과 변경 지역의 새로운 정보 일부를 포함했다. 이 시기의 전형적인 지도가 그렇듯이, 바이메이추의 지도책에 등장하는 많은 지역은 허구로 만들어 낸 것이었다. 중국과 이웃 국가를 깔끔하게 구분하는 밝은 적색 경계선은 국가를 따라 뻗어 나가 있었다. 그 선 안에는 몽골, 티베트, 만주와 실제로 민국 정부의 통제를 받지 않았던 몇몇 다른 지역들이 있었다. 하지만 남중국해에 있어서 허구는 특히 그 정도가 심각했다.

바이메이추는 남중국해의 지리를 잘 몰랐고 직접 측량 작업을 하지 않은 것이 분명하다. 대신 다른 지도들을 단순히 베낀 후 수십 개의 잘못된 정보를 자기 지도에 실었다.―오늘날까지도 문제가 되는 오류이다. 수륙 지도 심사 조례 위원회의 지도처럼, 그는 영국과 다른 외국 지도가 천수 지역을 묘사하는 방식에 혼란스러웠다. 그는 수륙 지도 심사 위원회의 1934년 목록의 이름에서 힌트를 얻어 이러한 지형지물 주위에 실선을 그렸고 색칠했다. 사실 해저지형인 것들을 자신의 지도에는 섬처럼 시각적으로 표시했다. 그는 무리를 이루고 있는 섬들 전체가 바다 가운데를 가로질러 존재하는 것처럼 마법을 부린 후, 이를 난사군도―'남쪽 모래 군도'―라고 표기했다. 그보다 더 남쪽에는, 필리핀 연안과 평행하게 몇 개의 점을 찍고 퇀사군도, 그러니까 '모래 군도 지역'이라고 썼다. 가장 멀리는 3개의 섬, 즉 해마탄(시호스 암사), 증모탄(제임스 암사), 전위탄(뱅가드 천퇴)을 검은색으로 윤곽을 그리고 분홍색으로 칠했다.

따라서 바이메이추의 상상 속에서 해저의 '암사暗沙'와 '천퇴(灘)'는 해수면 위의 '사주沙洲'가 되었고 이를 지도에 실물로 그렸다. 그다음에는 자신만의 혁신을 더했다. 몽골, 티베트와 나머지 '중국' 영토를 따라 그린 똑같은 국경선을, 동쪽 가장 끝으로는 시호스 암사까지, 남쪽 가장 끝으로는 제임스 암사까지, 서남쪽 가장 끝으로는 뱅가드 천퇴까지 남중국해 위에 구불구불 이어 나간 것이다. 바이메이추가 의도하는 바는 명확했다. 밝은 적색 선은 중국이 '과학적으로' 적법하게 주장할 수 있는 범위였다. 이러한 선이 중국 지도 위에 그려진 것은 이번이 처음이었다. 중국의 남중국해 주장에 대한 바이메이추의 견해는 수륙 지도

심사 위원회나 외교부가 상황을 바라보는 관점을 반영하지 않았다. 그 것은 리준 제독의 1933년 스플래틀리 군도 위기 개입과 공식 학문 교 육을 받지 않은, 감원 조치 당한 지리학자의 민족주의적 상상력이 결합 해서 나온 결과였다. 이게 바로 바이메이추가 쑨얏센의 국가 재건 임무 에 이바지한 내용이다.

하지만 바이메이추의 지도는 국가가 채택한 공식 지도는 아니었다. 영향력은 있었으나 단순히 한 개인이 제작한 지도였을 뿐이다. 정부는 제2차세계대전까지 파라셀 군도를 중국 영토의 최남단으로 계속해서 간주했다. 1943년, 중화민국 국제 선전처는 중국의 지리, 역사, 정치, 경 제에 대한 포괄적인 안내서인 《중국수책中國手冊》(1937~1943)을 발간했 다. 첫 쪽에는 이렇게 적혀 있다. '중화민국의 영토는 북쪽 사얀산맥에 서… 파라셀 군도의 트리톤섬까지 뻗어 있다.' 하지만 해양 영토를 바라 보는 중국의 시각은 향후 3년에 걸쳐 크게 변화할 것이었다. 이러한 변 화는 바이메이추가 가르쳤던 두 명의 학생들의 주도로 이루어졌다.

1927년, 바이메이추가 베이징 사범대학의 역사·지리학과장으로 있 던 동안 가르친 학생 중에는 푸자오진(傅角今, 부각금)과 정쯔웨(郑资约, 정 자약)가 있었다. 졸업 후, 푸자오진은 독일 라이프치히 대학에서 학문 을 이어 갔다. 1938년 중국으로 돌아왔을 때, 그는 상하이 복단 대학교 교수로 임명되었다. 한편, 정쯔웨는 일본 쓰쿠바 대학교에 진학하였고, 중국에 돌아와서는 시안의 서북 대학교西北大学校 지리학과 학과장으로 임명되었다. 과장을 더하지 않아도, 1930년대 독일과 일본에서 가르쳤 던 종류의 지리학에는 영토를 확장하려면 민족이 필요하다는 날카로운 견해들이 넘쳐났다. 1946년, 교수직에 있던 푸자오진과 정쯔웨 둘 다 명을 받아 중화민국 내정부방역사中華民國內政部方域司(중국 내무부 국토 관리국)에서 일하게 되었을 당시 이 관점을 지지한 듯하다. 푸자오진은 방역사 사장, 정쯔웨은 지리과 과장의 직책을 맡았다. 이 둘이 맡은 일은 제2차세계대전 여파 속에서 중국이 얼마만큼의 영토를 주장해야 하는지 결정하는 것이었다.[30]

정쯔웨 교수가 처음으로 맡은 임무 중 하나는 1946년 9월 25일 여러 정부 부처 대표들이 모이는 회의를 위해 '남중국해 섬들의 위치 약도'를 그리는 것이었다. 중국이 무슨 섬의 영유권을 주장해야 하는지를 정하려는 목적으로 특별히 소집된 회의였지만, 정쯔웨의 지도는 이 질문에 대략적인 답변을 제공해 주었다. 그의 '약도'는 바이메이추 지도의 시호스 암사, 제임스 암사, 뱅가드 천퇴라는 상상의 섬들까지 동쪽·남쪽·서쪽으로 뻗은 선을 그대로 가져왔다. 가장 크고 유일한 차이점은 정쯔웨의 선은 실선이 아니라 8단선이었다는 점이다. 남중국해의 거의 모든 바위와 암초가 선 안에 있었다. 지도가 한층 더 발전하면서 몇몇 명칭도 바꿔야 했다. '남쪽의 모래'—난사—가 남중국해 중앙에 위치하는 건 더 이상 말이 되지 않았다. 그래서 이 이름을 남쪽으로 옮겼고, 스플래틀리 군도의 중국명은 난사 군도가 되었다. 가운데 지역에는 사실 그 어떤 섬도 존재하지 않았음에도 중사—'중앙의 모래—로 개칭되었다! 이게 바로 실제로는 3개의 군도만 존재하지만, 오늘날까지 중국 정부가 남중국해에 4개의 군도가 있다고 주장하는 이유다. 정쯔웨의 지도는 남중국해 주변의 U자형 선을 포함한, 중국 정부가 최초로 제작한 문서였다는 데 의의가 있다. U자형 선이 있었던 이유는 바이메이추가 10년 전에 그린 지도에 기초하기 때문이었다.

회의를 한 지 두어 달 후, 최초로 중국 해군은 남중국해 섬들로 파견되었고 정쯔웨가 동행했다. 최근 미국과 영국이 제공한 함선과 훈련이 있었기에 가능한 일이었다. 소함대의 목적은 비록 공산주의의 위협을 퇴치하도록 돕는 거였지만, 그 대신 방향을 바꿔 정부의 민족주의적 정통성을 강화하기 위해 애국심을 부추기는 행위에 동원되었다. 1946년 12월 12일, 정쯔웨는 스플래틀리 군도에서 가장 큰 이투아바_{Itu Aba} 섬에 처음으로 발을 디딘 중국 공식 상륙대의 일원이었다. 이후 그들을 실었던 배의 이름을 따서, 섬의 공식 명칭을 태평_{太平}(미 해군이 중국으로 보내기 전 본래 이름은 USS Decker였다)으로 바꾸었다.

하지만 문제는 여전히 해결되지 않았다. 스플래틀리 군도 원정 지휘관 린준(林遵, 임준) 중령은 1947년 2월 해군 사령부에 보고서를 제출했다. 보고서에서 스플래틀리 군도가 중국에 속한다는 의견에 이의를 제기했다. 스플래틀리 군도가 하이난다오에서 500해리 이상 떨어져 있고, 필리핀에서 200해리 밖에 떨어져 있지 않으므로, 스플래틀리를 '인정하는' 범위를 추가로 연구해야 한다고 지적했다. 4월 14일에 열린 내무부 회의에서 문제를 해결할 때까지, 정부 내부에서 두 달간의 논의가 이어졌다. 중국 영토의 최남단은 제임스 암사이므로, 파라셀 군도와 스플래틀리 군도 모두에 대한 주권을 주장해야 한다는 결론을 내렸다. 하지만 1947년판《중국수책》에 실리기에는 이 결정이 너무 늦게 내려졌다. 중국 편람에는 '최남단의… 국경은 정해졌다… 그리고 남쪽의 단사

군도(여기서는 아직도 구 명칭이 사용되었다)의 주권을 놓고 중국과 필리핀 연방, 인도차이나는 경쟁하고 있다'라고 쓰여 있다.

사실, 중국과 최근에 독립한 필리핀이 스플래틀리 군도를 나눠 가져야 한다는 린준 중령의 지속적인 주장으로, 정부 내부에서 논쟁은 계속되고 있었다. 6월 10일 추가 회의가 열렸다. 대만 학자 천홍위(陳鴻瑜, 진홍유)에 따르면, 내무부 국장 푸자오진은 "중일전쟁 이전 중국의 기관과 학교가 발간한 남중국해 섬의 주권에 관한 출판물이 영토 수복에 관한 지침으로 되어야 한다"라고 말했다. 즉 중국 정부는 1930년대에 신문에 실렸던, 추정을 바탕으로 한 주장을 지침으로 삼겠다는 것이었다. 회의에서 중국은 스플래틀리 군도 전체를 중국의 영토로 주장해야 한다고 의견의 일치를 보았다. 하지만 이투아바섬(타이핑다오太平島, 태평도)만 물리적으로 점령했다는 점을 고려할 때, 다른 섬들에 직접 가 봐야 할 때까지 기다려야 한다는 데 뜻을 같이했다. 다른 섬들에 가 보는 일은 생기지 않았지만, 그런데도 정부는 스플래틀리 군도를 자기네 땅이라고 주장했다.

영토 주장의 핵심은 정부가 해양 지형지물의 이름이 더 중국답게 들리도록 만드는 것이었다. 1947년 10월, 내무부는 섬 명칭의 새로운 목록을 발표했다. 1935년에 번역하고 음역한 명칭 대부분을 새롭고 더 위대해 보이는 이름으로 대체했다. 예를 들어, 스플래틀리 군도의 중국어명은 스-바-라-투어斯巴拉脫島에서 난웨이다오(南威島, 남위도, 남쪽의 위엄)로 변경했고, 스카버러 암사Scarborough Shoal는 스-카-버-러(斯卡伯勒, 음역)에서 민주자오(民主礁, 민주초, 민주 암초)로 바꿨다. 뱅가드 천퇴의 중국명은 쳰웨이탄(前衛灘, 전위탄)에서 완안탄(萬安灘, 만안탄, 1만 개의 평화로운 천퇴)으로 변경했다. 루코니아 암사는 루-캉-니-야由康尼亞서 '건강'을 뜻하는 캉康만 남겨 축약되었다(난캉안사南康暗沙로 축약되었다. -옮긴이). 이름 대부분이 외래어에서 기원했다는 걸 숨기면서, 이 과정은 군도의 모든 섬에 반복되었다. 그러나 몇몇 이름은 남아 있다. 파라셀 군도에 속한 머니섬은 아직도 진인다오라는 중국 이름을 계속 쓰고 있고, 앤텔로프 암초는 잉양자오로 남았다. 이 두 명칭은 오늘날까지 동인도회사의 관리자와 선박을 각각 기념한다.

이 시점에서, 정부 부처는 '암사shoal'와 '천퇴bank'의 번역에 문제가 있다고 인식했었던 것으로 보인다. 과거에는 탄灘이 (의도치 않은 지정학적인 결과와 함께) 두 단어를 대신했지만, 이를 대체하기 위해 1947년에는 암사暗沙—말 그대로 '숨은 모래'—라는 새로운 단어를 만들었다. 이 신조어는 몇몇 수중 지형에 사용되었다. 제임스 암사도 그중 하나였는데, 증모암사曾母暗沙로 재명명되었다.

1947년 12월, 국방부 '측회국測繪局'은 공식적인《남해제도위치도南海諸島位置圖》를 편찬했다. 1년 반 전 정쯔웨가 그린 '약도'와 거의 똑같았다. 밑으로 제임스 암사에 이르는 지역까지 둘러싼 11단의 'U자형 선'을 포함했다. 1948년 2월, 이 지도는《중화민국행정구획도집中華民國行政區劃圖集》에 실렸고, U자형 선은—그 선 안에 있는 모든 지형지물이 중국의 것이라고 암시적으로 주장하며—공식적인 선이 되었다.

그러므로 중국이 남중국해의 영토 주장 범위를 공식적으로 스플래틀리 군도까지, 남쪽으로는 제임스 암사까지 확장하기 시작한 시점은

1948년이다. 민국 정부가 스플래틀리 군도의 존재를 몰랐던 1933년 7월부터 영토의 최남단 지점이 제임스 암사라는 것을 '재확인'할 수 있었던 1947년 4월 사이에 분명 무언가가 바뀌었다. 1930년대와 제2차 세계대전의 혼란 와중에 관료들의 마음속에서 1930년에 진짜로 일어난 일에 대한 새로운 기억이 형성된 것처럼 보인다. 관료들과 지리학자들은 중화민국 내무부가 1932년 파라셀 군도에서 행한 프랑스의 활동에 실제로 항의했던 일과 1933년 스플래틀리 군도에서 프랑스의 활동에 대한, 실제로 존재하지 않았던 항의를 혼동한 것 같다(1933년 프랑스 정부가 스플래틀리 군도의 6개 섬을 병합한다고 발표했을 때, 중국 정부는 공식적으로 항의하지 않았다. 하지만 관료와 지리학자들은 구아노 채취 금지를 위해 1932년에 프랑스에 제출한 항의서와 혼동했다. - 옮긴이). 여기다가 리쥰 제독의 개입과 1933년 프랑스가 합병한 스플래틀리 군도가 중국 땅이 틀림없다던 주장은 추가적인 혼란을 불러일으켰다. 위기 속에서 각각 다른 군도 간의 혼란이 상상의 주장을 만들어 냈고 이는 실제 영토 주장이 되었다.

프라타스 군도는 오늘날 생태 보호 구역으로 지정되어있다. 한때 구아노를 파며 곡괭이와 삽이 쨍그랑거리는 소리가 울려 퍼졌던 곳에는 평화가 지배한다. 나무는 울창하게 자랐고 '동사도 국립공원東沙島國家公園'으로 밀려드는 관광객을 맞을 준비가 진행 중이다. 1세기 전 불편한 교통편과는 대조적으로, 이제는 예정된 항공편으로 프라타스 군도에 닿을 수 있다. 매주 목요일마다 대만 남부의 가오슝(高雄, 중화민국 타이완섬 남쪽에 있는 도시로 대만에서는 세 번째로 큰 도시 - 옮긴이)에서 출발하는 하나의 항공편이 있지만, 표를 사려면 특별 허가가 필요하며 방위시설에 관한 정보를 누설하지 않기로 서약해야 한다. 프라타스 군도에서의 삶은 평화로울지도 모르나, 사실 계속해서 초강대국 간 갈등의 최전선이 되고 있다. 대만의 통제 하에 있으나, 중국 지도부에게는 언젠가 중화인민공화국이 지배해야 할 또 하나의 자그마한 영토일 뿐이다. 대만 지도부는 대만이 이 섬을 '문명화'했다고 강조했다. 이제는 해군이 아닌 해안경비대가 주둔하지만, 특별한 종류의 해안경비대이다. 침입자를 쫓아내기 위해 박격포와 기관총으로 무장하고 있다.

거대한 산호초 위를 비행하면, 승객들은 아래에 몇 척의 선박을 볼 수 있다. 불법 어선과 해안경비대원들이 가끔 술래잡기를 한다. 아마 '부자가 되려면 동사(프라타스 군도)로 가라'라는 오래된 말을 들어서였을 것이다. 오늘날 이는 대만이 아주 민감하게 다뤄야 할 사안이다. 보호 규정을 엄격하게 고수하고 대립의 위험을 무릅쓸 것인가, 아니면 가끔은 못 본 체해야 하는가? 1909년, 프라타스 군도는 중국의 떠오르는 영토 야욕의 최전선에 있었다. 프라타스 군도는 남중국해 분쟁이 진짜로 시작된 곳이다. 프라타스 군도에 대한 지배권 주장은 열강의 손에서 이리저리 휘둘린 지 약 반세기 만에 중국이 처음으로 성공한 반격이다. 오늘날 프라타스 군도는 다시 전방이 되었다.

암초의 서쪽에 있는 섬은 악어의 머리 모양을 하고 있다. 활주로는 '턱 윗부분' 대부분을 차지하고, 얕은 호수를 절반쯤 에워싼 안쪽에는 거북이와 바다 새가 서식하고 있다. '두개골'에는 태풍으로부터 안전한 마을이 자리 잡았다. 위장한 탑이 나무 사이로 튀어나와 있으며 해안경비대와 방문객들을 위한 숙소 또한 자리 잡고 있다. 새로운 연구 센터에는 전 세계에서 온 해양생물학자가 일하며, 국가의 행정 통제를 보여주기 위해 최근에는 우체국이 세워졌다. 여행객들은 쾌활한 표정을 한 상어 모양 플라스틱 우편함에 엽서를 넣어 집으로 보낼 수 있다. 그곳으로부터 멀지 않은 곳에는 산호초와 풍부한 해양 생태계의 자연사를 설명하는 신설 과학 전시장이 있다. 연병장을 내려다보는 곳에는 밀짚모자를 쓴 창카이섹의 황금 동상이, 그의 등 뒤에는 어린아이들이 지은 모래성의 확대판처럼 생긴 작은 전시관이 있다.

이 박물관은 사실상 남중국해 분쟁 해결의 열쇠를 쥐고 있다. 군도에 대한 중국의 주장을 살펴보면 민족주의적 지도 제작과 실제 행정 간에는 차이가 존재한다. 바이메이추는 1936년에 실제로 존재하지 않는 여러 섬 주위에 적색 선을 그어 중국의 영토라고 주장했으나, 이 장소들을 방문한 중국 관료는 단 한 명도 없다. 박물관의 벽에 걸린 지도와 문서는 1946년 12월 중화민국의 이투아바 원정과 1956년 몇몇 필리핀 모험가들과의 대립에 대해 다루지만, 증거의 부재 속에 박물관은 중국이 모든 섬을 점령하거나 통제한 적이 없다는 것을 보여 준다. 1974년 중화인민공화국 군대가 쳐들어가 베트남 주둔군을 파라셀 군도에서 쫓아내기 전까지 중국은 하나 또는 몇 개의 섬을 점령했을 뿐이다. 스플래틀리 군도의 경우, 중화민국은 하나 또는 두 개의 섬을 점령했다. 중화인민공화국은 1988년에 6개의 암초를, 1994년에 또 다른 암초를 점령했다.

그동안 남중국해 주변 국가들―베트남, 필리핀, 말레이시아―은 다른 지형지물을 장악했다. 이 군도들에서 물리적으로 주둔한 실제 역사를 살펴보면, 한 국가의 주장이 얼마나 부분적으로만 타당한지를 알 수 있다. 몇몇 예외가 있을지라도 국가들이 지형지물을 점령하기 위해 경쟁하는 오늘날의 혼란은 역사상 전례가 없다. 이를 이해하면 남중국해 분쟁을 해결할 수 있는 길이 열린다. 점령했다는 역사적 증거를 조사함으로써, 자기 영토라고 주장하는 상대 국가들은 모든 섬에 대한 영유권을 주장할 근거가 없다는 것을 이해해야 한다. 또, 특정 지형지물에 대한 다른 국가들의 탄탄한 주장도 인정하며 타협하는 데 동의해야 한다. 'uti possidetis, ita possideatis'라는 법률 구절이 있다. '너희들이 가지고 있는 대로 (계속) 가지게 될 것이다'라는 뜻이다(양국의 영토를 서로 합의한 것이 아니라면 기존의 국경을 유지하거나, 식민지 시대의 행정구역 경계를 신생 독립국 국경으로 그대로 유지해야 하는 국제법상의 원칙을 의미한다.―옮긴이) 그게 왜 그렇게 어려운가? 결국 계속해서 영토를 주장하는 이유는 감정의 힘 때문이다. 그리고 이러한 감정은 1909년 광저우를 처음으로 흔들어 놓았다.

맺는 글 – 중국몽

모든 것을 다 손에 넣은 공산당 총서기에게 무엇을 줄 수 있을까? 2014년 3월 말 베를린에서 시진핑 주석을 접견했을 당시 앙겔라 메르켈 총리가 마주한 난제였다. 이 사안을 해결하기 위해 메르켈 총리의 참모진들은 흔치 않은 선물을 선택했다. 바로 1750년 독일에서 인쇄된 지도였다. 프랑스의 지도 제작자 장-밥티스트 부르기뇽 당빌Jean-Baptiste Bourguignon d'Anville이 그린 지도의 사본으로, 1735년에 파리에서 출판된 지도책에 수록되었다. 그 지도 자체는 사본이었다―1718년 청조 강희제를 위해 만든 지도책 사본이다. 그 지도책이 청나라 관료들이 10년 동안 작업한 뛰어난 측량 작업의 결과물을 담고 있음은 틀림없었다. 지도책을 제작하는 과정에서 프랑스 국왕이 파견한 예수회 사제-과학자들의 조언을 받았는데, 이는 17년 후 사본이 프랑스에서 만들어질 수 있었던 이유다. 부르기뇽 당빌 지도의 원본들은 국제 경매장에서 고가에 팔린다. 장당 몇천 달러의 가격이다. 1750년 독일판은 그보다 덜 비싸다. 아마 메르켈 총리실은 대략 미화 500달러를 내고 지도를 매입했고, 액자 가격을 추가로 지불했을 것이다.[1] 황제가 가진 지도 원본들은 진귀하다.

강희제-예수회가 만든 지도책에 부여한 중국 명칭은《황여전람도 (皇輿全覽圖)》(제국의 넓은 땅을 펼쳐 보는 지도)이다. 사실상 국명이 없었기 때문에, 조정은 어떤 국가가 그려졌는지 명시할 필요성을 찾지 못했다. '제국'만으로도 충분했다. 불어 번역본을 만들 때만 나라 이름을 추가하라고 지도 제작자들에게 주문했다. 강희제-예수회 지도책에는 청나라 성 각각의 상세한 지도와 제국 전체와 서쪽으로는 카스피해부터 동쪽의 사할린섬에 이르기까지 주변을 보여 주는 또 다른 지도가 포함되었다. 하지만 이 지도는 메르켈 휘하의 관료들이 시진핑 선물용으로 선택한 지도가 아니었다.《황여전람도》대신,《Regni Sinae(레그니 시내, 라틴어로 Regni는 왕국, Sinae는 중국이라는 뜻이다-옮긴이)》라는 라틴 명칭—'중국 왕국—을 가진 다른 지도의 사본을 내빈에게 선물했다.

총리실에서 열린 증정식 사진에는 한 발짝 떨어져 냉랭하게 지켜보는 시진핑과 대조적으로 지도의 세세한 부분을 짚어 가리키는 메르켈의 모습이 담겨 있다. 값이 덜 나가는 독어본 지도를 택해서, 또는 그 지도에 그려진 게 마음에 들지 않아서 기분이 상했을 확률은 낮다. 그 지도가 보여 주지 않은 내용 때문에 기분이 상했을 확률이 훨씬 높다. 《Regni Sinae》지도의 부제는 Sinae Propriae(중국 본토)로, 과거 명조의 성들만 포함했다. 따라서 청이 손에 넣은 다른 영토들, 즉 만주 몽골,

티베트, 신장 대부분은 제외됐다. 설상가상으로 대만의 윤곽선은 색깔이 달랐다.

중국 대표단은 어떻게 대응해야 할지 몰랐다. 외교 의전에 따라 적절한 감사의 인사를 해야 했지만, 중국으로 돌아가 기념해야 할 만한 선물은 아니었다. 단순히 악의 없는 선의의 제스처였을까 아니면 독일 정부가 고의로 모욕을 주려 했던 걸까? 중국 관영 매체의 편집자들은 곤경에 처했고, 일당제 국가의 전통적인 방식으로 문제를 해결했다. 가짜 뉴스를 만들었다. 지도를 선물 받았다고 보도했지만, 메르켈 총리가 시진핑 주석에게 준 실제 지도의 사진을 훨씬 큰 영토가 그려진, 완전히 다른 지도로 대체했다. 이는 1세기 후인 1844년에 영국의 지도 제작자 존 다우어John Dower가 그린 지도로, 18세기에 청이 정복한, 제국의 변방 안에 있던 티베트와 신장을 국경 안에 포함했다.[2] 실제로 이 지도는 현재 중화인민공화국의 국경보다 훨씬 더 넓게 그린 변방 지역을 보여 준다. 보도의 부정확성은 중국 언론의 문제는 아니었다. 심지어 명문으로 손꼽히는 인민 대학 국제 사무 연구소 왕이웨이(王義桅, 왕의외) 소장도 속임수를 썼다. 그는 예일 글로벌Yale Global 웹사이트에 메르켈이 중국 국경 안에 러시아 영토가 있는 걸 보여 주는 지도를 시진핑에게 선물했다면서 독일-러시아 관계의 중요성에 관한 기사를 썼다.[3]

표면상으로는 단순히 흥미로운 일화처럼 보일지 몰라도, 오늘날 중국 정치 표면 바로 밑에 숨어 있는 불안과 편집증을 보여준다. 만약 시진핑이 메르켈에게 서독 대부분을 제외한 18세기의 프로이센 지도를 선물로 줬다면, 독일은 이 지도를 흥미로운 골동품으로 다뤘을 것이다. 반면 중화인민공화국의 자의식은 지도상 국가의 모양이 300년 전과 다를 수도 있단 것을 인정하기에는 너무 취약하다. 중국의 '핵심 관심사'인 영토 보전에 대한 어떠한 논의도 허용되지 않았고, 과거와 다른 이야기를 뒷받침하는 역사적 증거가 있어도 터무니없게 부정해 버리는 결과를 낳았다. 유일하게 받아들일 수 있는 역사의 버전은 공산당 현 지도부의 요구에 맞는, 발명한 역사관이다.

공산당은 스스로 발명한 내러티브에 기댄다. 20세기 후반, 마오쩌둥의 공산주의와 거리를 두면서, 공산당은 시민의 충성심을 배양할 새로운 방법을 모색했다. '업적 정당성Performance Legitimacy'은 공산당이 통치할 권리의 핵심 기반이 되었다. 즉, 국가 인구 대부분이 더 높은 생활 수준을 누릴 수 있도록 하는 것이다. 그러나 프롤레타리아와 부르주아 계급은 빵으로만 살 수 없었다. 그래서 공산당은 인민들의 영혼을 풍요롭게 하고 올바른 방향으로 인도할 새로운 사상을 추구했다. 그래서 민족주의는 인민의 새로운 아편이 되었다. 폭도에게 거리로 나가라고 부추기는 민족주의가 아니라, 지도부가 정의하고 동질성과 복종을 강조하는 공식적인 민족주의 말이다.

영국의 사회학자 앤서니 스미스Anthony D. Smith가 오래전에 주장했듯이, 국가 정체성은 역사적 신화에 기반을 둔다. 그리고 역사적 신화에는 사회적 목적이 있다. 신화를 믿는 사람과 믿지 않는 사람을 구분하는 것. 신화를 믿는 사람은 내부자가 되고, 외부자와 구별되는 정체성을 갖기에 그 신화가 얼마나 허무맹랑한지는 중요하지 않다. 아주 오래전 몇몇 유전자 돌연변이가 인간의 두뇌에 터무니없는 신화를 믿는 능력을 주었고, 의도치 않게 진화에 이점을 부여했을 수도 있다. 집단의 정체성 및 응집력을 강화하는 유전자 돌연변이는 광야에 혼자 있는 사람들보다 집단 구성원들에게 더 높은 생존 확률을 준다.[4] 허버트 스펜서가 분명하게 인정했듯이, 자연선택의 법칙은 신화를 믿는 돌연변이의 DNA가 신화를 믿지 않는 사람들의 DNA보다 후대에 전달될 가능성이 크다는 걸 보증한다.

무엇보다도 10억 명이 훌쩍 넘는 인구의 정치적 복종을 추구하는 레닌주의 국가에 공식적인 민족주의는 매우 유용한 도구라 판명되었다. 중국 공산당은 량치차오와 쑨얏센과 같은 사람들이 1890년대에 시작한 기존의 민족주의 프로젝트를 다른 목적에 맞게 고쳤다. 그런 다음, 상대적으로 적은 숫자의 사람들—대부분 새로운 세계에서 방황하는 젊은이들—은 새로운 국가 신화를 수십 년 동안 개발해 다음 세대에 동기를 부여했다. 이러한 신화는 누가 중화 민족에 포함되고 누가 배제되는지를 정의한다. 전 세계 민족주의자들과 다름없이, 량치차오와 쑨얏센을 비롯해 이 책에 등장하는 인물들은 외부자와의 차이를 강조하기 위해, 새로운 국가 안에 존재하는 차이점을 계속해서 축소시키려 했다.

1930년대 동안, 신문과 학교 수업, 그리고 공공 담론을 통제함으로써 국민당은 새로운 공화국 공민에게 집합적 기억을 주입할 수 있었다. 전반적으로 완전한 발명은 아니었다. 이 책 앞 장들에서 보았듯, 중국은 이미 존재하는 많은 믿음을 동원하고, 민족주의적 대의에 맞게 이를 수정하여 감정의 힘을 만들어 냈다. 인종, 역사, 민족, 언어와 영토에 관한 새로운 사상은 오래된 사실을 최신화하고 더 과학적으로 검토한 버전으로 나타낸 것에 불과하다. 이러한 사상은 민족이 집합적으로 발전하고 집단의 구성원들이 개인적으로 쇄신할 기회를 주었다. 그 누가 이를 마다하겠는가?

그래서 1989년 천안문 사태와 뒤이은 대학살 이후, 공산당이 거의 재앙급의 정당성 위기를 겪었을 때 중국 사회가 지도층에게 다시 충성하도록 민족주의로 눈을 돌린 건 놀랍지 않다. '애국 교육 운동'은 천안문 사건이 발생한 지 2년 후인 1991년 8월에 최초로 도입되었다. 3년 후 발표한 지침에는 애국 교육 운동의 목적이 '민족정신을 고취하고, 응집력을 강화하며, 민족 자존심과 긍지를 드높이고, 애국 통일전선을 최대한 넓게 통합하고 발전시키며, 대중의 애국에 대한 열정을 중국 특색의 사회주의 건설이라는 대의로 향하게 하고 결집하는 것'이라고 선언되었다.[5] 애국 교육 운동을 최초로 분석한 학자 왕쟁(王征, 왕정)의 말을 빌리자면, 이 운동은 주로 중국을 계속 당하기만 하는 희생자로, 서양을 오랫동안 중국을 공격해 온 침략자로만 묘사하는데, 이는 '중국의 정치적 정체성이 크게 변화했다는 것을 상징한다'.[6] 새로운 교육과정은 국공내전의 역사 그리고 공산당과 국민당의 20세기 갈등 비중을 줄였고(정치 분열을 잠식시키고 민족 단결을 하라는 새로운 메시지를 담았다) 그 대신 다른 '중국'과 서양 강대국 사이의 초기 갈등을 더 부각해 다른 분열을 강조했다.

애국주의 교육 운동을 이끄는 사람들은 새로운 집단 기억(Collective Memory, 한 집단이 함께 겪은 기억으로, 한 민족이나 한 사회 혹은 사회집단이 공통으로 겪은 역사적 경험은 그것을 직접 체험한 개개인의 생애를 넘어 집단적으로 보존된다. - 옮긴이)을 부여하기 위해 초기 민족주의자들이 사용했던 기법을 베꼈고, 일당 체제의 힘으로 강하게 뒷받침했다. 그들은 언론, 교과서, 공공 담론을 활용하여 과거에 관해 말할 수 있는 내용과 없는 내용의 범위를 정한다. 또한, 대의를 위해 텔레비전, 영화, 온라인 매체를 동원하고, 규정을 준수하도록 당의 규율과 법적 권한을 이용했다. 다음 한 예시는 많은 예시를 대표할 것이다. 2006년, 공식적으로 인정하는 역사가 바뀐 것에 대해 중국 공산주의 청년단 주간지 《빙점(冰點)》은 이를 비판하는 기사를 게재했다가 두 달 동안 발행 정지를 당했다. 은퇴한 철학과 교수 위안웨이스(袁偉時, 원위시)는 자신이 저술한 기사에서, 중국 학교에서 가르치는 새로운 버전의 역사를 '늑대의 젖을 마시는 것'에 비유하면서, '아무것도 모르는 아이들이 가짜 약을 삼킨다면, 평생 편견에 사로잡혀 살다가 잘못된 길을 가게 될 것이다'라고 주장했다. 공산당은 동의하지 않았고, 교수의 입장을 반박하는 긴 기사를 싣는 경우에만 발행 정지를 철회해 주겠다고 했다.

시진핑 휘하 공산당의 내러티브는 더 강력해졌다. 2012년 11월 29일, 시진핑이 공산당 총서기로 공식으로 선임된 이후, 천안문 광장에 있는 중국 국립 박물관에서 한 연설에서, 자신의 큰 포부인 '중국몽'(중국의 꿈)을 발표했다. '현대 중국 민족의 가장 큰 꿈은 중화 민족의 대부흥을 이룩하는 것이다'라고 선언했다. 시진핑이 말한 '민족의 부흥'의 의미에 대해 학자들은 다양한 설명을 내놓았지만, 베이징 청화 대학교 국제 문제 연구소 옌쉐퉁(閻学通, 염학통) 소장이 내놓은 분석을 가장 권위 있는 설명으로 본다. 옌쉐퉁에 따르면 중국몽의 목표는 '중국의 국제적 역사적 위상을 재점유'하는 것이다.[7]

이 책에서 살펴보았듯이, 5단어로 구성된 이 문장에는 많은 사상이 응축되어 있다. 옌쉐퉁의 '재점유', '중국' 또는 '위상'이 의미하는 바는 무엇인가? 역사의 어느 시기가 기준점인가? 같은 인터뷰에서 옌쉐퉁은 2000년 전 한조, 1000년 전 당조, 그리고 300년 전 청조 초기 역사를 줄줄이 언급한다. 완전히 다른 세 국가를 모두 본질적인, 시대를 초월한 '중국'을 대표하는 국가들로 보기 위해서는 민족주의적인 상상력이 필요하다. 스스로를 민족이라고 간주하기로 선택한 모든 집단이, 이에 성공한다면 신화를 둘러싸고 어떻게 국가를 재구성할 수 있는지를 보여 준다. 과거의 동아시아 국가('왕조')도 바로 이렇게 했다. 자신이 무너진 전 왕조의 정당한 계승자인 것을 보여 주려고 했다. 공산주의자도, 그들 이전의 민족주의자와 다를 게 없다.

이 모든 발명은 중국을 어디로 데려가는가? 부당한 취급을 받았지만, 덕망 높은 문명국가이자 아시아 국가들의 위계적인 배열의 중심에 있다는 중국의 자화상은, 이미 부분적으로 자국민을 억압하고 이웃 국가들에 걱정을 불러일으키며 지역 평화와 안보를 불안정하게 만든다. 중화인민공화국은 이제 19세기 후반과 20세기 초반에 구성된 민족주의적 신화에 사로잡힌 민족정Ethnocracy—민족적으로 정의된 국가—이다. 시진핑 치하에서 공산당은 중국다움의 적법한 표현을 둘러싸고 역대급으로 엄격한 경계를 도입하려고 노력했다.

시진핑 주석과 당 대표부는 '네 가지 정체성'을 크게 강조하면서 다섯 번째 정체성을 추가했다. 그들은 모든 중국 공민이 조국과 중화 민족, 중국 문화, 중국 사회주의, 그리고 현재 중국 공산당 자체와 자신을 동일시해야 한다고 주장한다. 티베트인이나 위구르인이 다른 정부 하에서 살기를 선호할 수도 있다던가, 몽골인이 동질한 민족관을 수용할 용의가 없을 수도 있다던가, 지역 토포렉트의 구사자들이 보통화 사용을 선호하지 않을 수도 있다던가, 공산당의 선도적인 역할을 거부할 수도 있다는 암시가 담긴 모든 것을 반역이라고 간주한다는 점은 말할 필요도 없다. (이 글을 쓰는 시점에서) 홍콩 사태에서 살펴볼 수 있듯이, 시진핑의 문제는 공산당이 국가의 분열을 더 걱정할수록, 민족 단결을 더욱더 강요하고 더 강력한 반발을 낳는다는 것이다. 결국, 2019년 재교육 센터에 수백만 명의 위구르인이 강제로 감금된 것처럼, 결국 시진핑 주석에게 유일한 답은 강요나 물리적 힘 또는 대량 감시인 것처럼 보인다.

19세기 말에 등장한 이래, 강요된 단일 문화주의는 민족주의 프로젝트의 주요 요소를 형성했다. 그러나 '중화 민족'을 어떻게 정의할 것인가에 대한 문제는 수십 년 동안 사상가와 정치인을 똑같이 괴롭혔다. 오랫동안 소련의 영향 아래 있던 공산당은 차이를 인정할 준비가 되어 있었고, 동질적인 단일민족을 창조하는 꿈은 먼 미래로 연기해 두었다. 그러나 소비에트연방과 유고슬라비아 해체에 뒤이어, 일부 중국 이론가들은 새롭게 접근해야 한다고 큰 목소리로 외쳤다—민족 단결을 위해 차이점이 근절되는 '용광로'를 만들자는 것이다. 시진핑은 그들의 목소리에 귀 기울인 듯하다.

천안문 사태 이후 정통 공산주의 이념이 후퇴함에 따라 공산당의 선언에는 '민족'이라는 단어가 더 전통적인 용어 '인민'과 함께 자주 등장했다. '인민'이 사회주의자만을 일컫는다면 공산당의 정의에 따르면 '민족'은 모든 계급적 배경을 가진 사람을 포함할 수 있다. 시진핑 주석이 2012년 말에 집권한 이후 공산당은 줄곧 민족적 단일성을 강조해 왔다. 중화인민공화국이 자체적인 역사관을 강요할수록, 대안적인 역사관을 위한 공간은 줄어든다. 하나의 결과는 소수민족이나 체제에 반대하는 모든 류의 사람들의 삶이 더 고달파진다는 것이다. 이들은 내러티브에 대한 위협이자 현대화를 방해하는 존재로 여겨지고, 이에 따른 처우를 받는다.

이 새로운 정치 이데올로기, 즉 한 명의 '핵심' 지도자가 주연이고, 민족적 동일성을 지속적으로 주장하며, 차이를 용납하지 않고, 법률이 아니라 정당이 통치하고, 협동조합주의적 경제 정책을 사용하며, 종족적 배외주의를 바탕으로 하는 이데올로기—국가의 대규모 감시가 이 모든 것을 뒷받침하는 이데올로기를 뭐라고 불러야 할까? 중국의 공산당은 오랫동안 '중국적 특성이 있는 사회주의'를 건설하자고 이야기해 왔다. 시진핑은 이제 '중국적 특성이 있는 민족 사회주의' 건설에 더 관심이 많은 것 같다.

21세기에 우리 앞에 출현한 중국은 서구보다 더 서구적인 모습을 하고 있고 전반적으로 인식하기에 서양 국가와 다름없다. '동양적 가치'의 기수가 아니라 정체성과 주권, 민족주의, 영토 확장의 사명감을 지닌, 사실상 서양식 모델의 거푸집을 씌운 나라이다. 어떻게 이런 국가가 등장했는지 살펴보면 놀라운 일이 아니다. 두 종류의 핵심 전달자들이 다른 시기에서 활동했다. 첫 번째 시기에는 선교사, 군인, 외교 사절들로 청나라 내부의 외국인이 주를 이뤘다. 두 번째이자 더 중요한 시기는 망명자들과 청나라 밖의 화교들이 지배했다—일본에 있든 미국, 동남아시아에 있든 말이다. 그들은 해외에서 얻은 감수성을 가지고 조국을 되돌아보았다. 이들은 '차이나China'라고 불리던 국가에 대한 외국인들의 생각을 '중국'이라는 장소로 옮겼다. 오늘날의 중국을 들여다보면 엘리트 근대화론자가 채택하고 받아들인 후 '중국인'이라고 불리는, 새롭게 정의된 사람들에게 제시된 서구적 국가관이 구체화된 게 보인다.

유럽 국가들은 피에 물든 1세기—1848년부터 1945년까지—를 민족, 국가, 민족국가에 관한 질문을 헤쳐 나가면서 보냈다. 국가를 민족이라는 틀에 맞추려는 시도들은 두 차례의 세계대전으로 이어졌다. 민족을 국가라는 틀에 맞추려는 시도는 자주 대량 학살을 낳았다. 결국 유럽 정부는 미래에 파멸을 피하고자 민족주의적 충동을 희석하고, 상호 협력하는 초국가적 구조를 형성하기로 합의했다. 또한, 유럽은 소수민족이 설 자리를 제공하기 위해 권력을 분권화하고 연방 체제를 만들었다. 그 결과 수십 년간 유럽은 평화와 자유를 누렸고 크게 번영했다. 중화인민공화국은 유럽의 경험으로부터 배울 준비가 되어 있지 않은 듯싶다. 세계는 중국이 정반대의 방향, 즉 파시즘을 향한 어둡고 익숙한 길을 따를 건지 말 건지의 문제를 마주하고 있다.

중국의 이웃 국가들이 직면한 문제들은 중국이 과거를 바라보는 두 가지 상반된 시각에서부터 비롯된다. 첫 번째, 중국은 스스로를 제국의 관점에서 바라본다. 권력 앞에 국경은 중요하지 않은, 동아시아의 자연스러운 중심지이다. 두 번째, 중국은 스스로를 베스트팔렌조약의 관점에서 바라본다. 모든 영토의 파편과 바위, 산호초를 중국의 '신성한' 국경 안에 넣을 준비가 되어 있다. 하지만 이웃 국가들은 다른 방식으로 바라보는 걸 선호한다. 권력에 있어 더욱 베스트팔렌조약의 태도를 선호하고—국경 안에 있는 영토는 그 국가 소유다—, 영토 분쟁에서는 덜 원리주의적인 태도를 보인다—평화를 위해 타협한다.

중국의 경제력과 군사력은 주변국들을 불안하게 만든다. 주변국을 향한 중국의 제국주의적 태도로 인해 불안감은 더욱 높아지고 있다. 2010년 7월, 하노이에서 열린 아세안 지역 포럼에서 중국 외교부 양제즈(楊潔篪, 양결지) 장관은 싱가포르 외교부 조지 여George Yeo 장관을 똑바로 쳐다보며 "중국은 대국이고 다른 나라는 소국입니다. 그리고 그건 그냥 사실입니다"라고 상기시켰다. 중국 사회 각층에서 자국은 단지 '동등한 국가 중 최고' 이상이라고 믿지만, 새로운 제국주의적 자태를 합리화하기 위해서 과거에 대한 특정한 비전을 사용하는 사람은 분명히 많다. 외국인을 향한 한족 중심 배외주의와 '재외 동포'를 '인종적 맹우'이자 국가 정책의 도구로서 대하는 것을 표현함으로써 상황은 더 심각해졌다.

중국의 영토 근본주의의 기원을 이해하는 것은 지역 평화를 위해 필수적이다. 작은 바위와 해수면 아래 암초를 자국이 소유했다고 공격적으로 주장한다든가, 대만의 독립국 지위 자체에 대한 의문을 제기한다든가, 히말라야에서 빈번한 도발을 하는 행위는 청나라의 변경을 계승하겠다는 량치차오와 쑨얏센의 결의에서 그 기원을 찾아볼 수 있다. 하지만 증거들을 꼼꼼하게 감별해 보면, 이런 '신성한' 경계는 대부분 민족주의적 상상력을 발휘하여 만들어 낸 20세기의 혁신이라는 게 드러난다.

이것은 오늘날 중국의 상황이 가지고 있는 아이러니 중 하나다. 국가 사안에 관해서는 외국의 간섭을 거부하지만, 주권에 대한 집착과 영토에 대한 근본주의적 태도는 판연히 외국 사상이다. 시진핑의 중국은 '민족 부흥'이라는 명목으로, 제국주의 열강들의 행태를 그대로 따르고 있다. 그러한 제국주의의 유산은 지워져야 마땅하지만 말이다. 왜곡된 역사관에서 파생한 목표를 좇음으로써 중국은 오늘날의 이익을 놓치고 있다. 동쪽과 남쪽의 이웃 국가들과 평화로운 관계를 맺어야 중국이 미래에 발전할 수 있을 텐데, 이웃 국가들은 현재의 영토를 바꾸려고 시도하는 것처럼 보이는 나라를 신뢰하지 않을 것이다. 베이징 지도부는 지금의 영토가 '고대부터' 중국에 속했다고 고집하지만, 여기까지 책을 읽은 독자라면 변경에 대한 관점과 절대 주권에 대한 중국이 관점은 명백히 현대의 발명품이라는 것을 이해할 것이다.

20세기 초, 중국의 도시 거주자들은 '중국인'이 되는 것이 무엇을 의미하는가에 관해 머리를 싸매고 고민했다. 이전에 자국을 그런 이름(중국)으로 부른 적이 없었고, 그러한 정의에 누가 포함되는가는 전혀 분명하지 않았다. 하지만 유럽과 일본의 제국주의 열강은 그들에게 해답을 주었다─민족주의 지지자들이 자신의 정당한 고향이라고 주장하는 영토를 침해함으로써 말이다. 상실의 내러티브는 암묵적으로 반환을 요구했다. '빼앗긴' 영토를 조국에 수복하고 집단적으로 민족을 구원하기 위한 몇몇 향후 행동으로 이어졌다. 진정한 중국인이 되고, 민족에 속한다는 건, 영토 장악에 분노하고 이를 모든 집단 일원의 존엄성을 향한 공격으로 간주하는 걸 의미했다. 민족주의자들의 영토 주장은 소속의 표식이 되었다. 증거는 감정에 부수적인 역할을 했다. 우리는 여전히 이러한 감정적인 주장의 영향력과 함께 살아간다.

그렇다면 이러한 역사적 신화에 대해 지역과 세계는 어떻게 대응해야 할까? 중국의 행동 동인動因으로 진지하게 받아들여야 하는 건 맞지만, 역사적 사실의 서술로서 받아들여서는 안 된다. 올바른 사회 질서 또는 지역적 관계에 대한 지침은 더더욱 아니다. 이는 너무 많은 사람에게 이미 받아들여졌다. '5000년의 우월한 문명'이나 '한족의 단결'에 관해, 이러한 개념이 어디서 왔는지 이해하지도 못하면서도 즐겁게 말을 따라 하는 외국 평론가들이 너무 많다. 그 결과 중국 민족주의에 무임승차권을 주었다. 우월한 문명을 가지고, 사람들이 나머지 인류와는 개별적으로 진화했으며, 제국적 질서 위 특별한 위치에 있다고 생각하는 국가는 이웃 국가뿐만 아니라 전 세계에 위협적으로 보여질 것이다. 중국의 민족주의는 예를 들자면 독일, 터키, 영국과 같은 타국의 민족주의와 마찬가지로 비판의 대상이다. 이 책에 담긴 이야기들이 독자들이 더 튼튼한 반론을 펼치는 데 도움이 되었으면 한다. 마오쩌둥의 말을 빌려 보자면 중국은 사실에서 진실을 찾아야 한다. 중화인민공화국 관료들이 영토, 민족, 인종과 역사 문제에 관해 이야기할 때 가장 효과적인 대응은 당연히 웃음과 조롱뿐일 것이다.

　시진핑의 '중국몽'이 세계에 시사하는 바는 무엇일까? 더더욱 1930년대의 꿈을 꾸는 것처럼 느껴진다. 전 세계를 파멸시킬 뻔했던 과거에 대한 향수를 불러일으키는 처방이다. 중국몽은 1세기 전, 아주 특별한 상황에서 만들어진 과거관에 기초하여 만들어지고, 오늘날 유럽에서 대부분 없어진 유럽적 개념의 영향을 받았다. 자국의 동질성에 대한 욕구와 외국으로부터 존경을 받고자 하는 욕구는 자국을 억압하고 외국을 위협하는 결과를 낳았다. 시진핑의 중국은 행복의 나라가 아니다. 독단적이고, 강압적이며, 불안하고, 자신감이 부족하며, 단결이 언제라도 무너질까 두려워하는 곳이다. 신화는 잠시 중국을 한데 모으겠지만, 중화 민족 내부의 균열은 애초부터 존재했다.

등장인물

건륭제乾隆帝. 1711년~1799년. 청나라 제4대 황제. 건륭제 치세는 일반적으로 대청국의 최고 전성기로 여겨진다.

광서제光緒帝. 1871년~1908년. 1898년 '백일유신'을 추진했으나 이모 서태후에 의해 권력에서 밀려났다. 가택연금 중에 사망했는데, 서태후의 명에 따라 독살되었으리라 추정된다.

량치차오(梁啓超, 양계초). 1873년~1929년. 민족주의 개혁가이자 언론인으로 여러 개혁파 출판물의 편집자였다. 보황회를 공동으로 설립했다.

리우스페이(劉師培, 유사배). 1884년~1919년. 1904년 스무 살의 나이에, 반만주주의 서적《양서》(추방에 대한 책) 집필. 스스로를 무정부주의자라고 선언했으나 후에 청 관료가 되었다.

리준(李準, 이준). 1907년 준장으로 광둥성에서 혁명 운동을 진압했다. 1908년 제독으로 임명되어 1909년 프라타스 군도와 파라셀 군도로의 해군 원정을 이끌었다. 1911년 혁명파를 지원하는 쪽으로 입장을 바꾸었다.

리훙장(李鴻章, 이홍장). 1823년~1901년. 청나라 말기의 정치인이자 직례성(베이징을 둘러싸고 있는 성) 총독과 북양통상대신을 역임했다. 1890년대에 외교 위기를 협상하고 1895년 일본과 시모노세키조약을 체결했다(신해혁명 이전의 인물이라 이 책에서는 '이홍장'으로 썼다.-옮긴이).

바이메이추(白眉初, 백미초). 1876년~1940년. 중국지학회(중국 지구-연구 학회) 공동 창립자이다. 지리학 교수이자 남중국해 지도의 'U자형 선'을 최초로 고안하였다.

서태후西太后. 1835년~1908년. 1861년부터 1909년까지 '수렴청정' 하며 국가 통치권을 실질적으로 장악한 인물. 만주족 출신인 서태후는 함풍제의 첩이자 동치제의 어머니였고, 이후 조카인 광서제의 양어머니가 되어 광서제를 감금하였다.

시진핑(習近平, 습근평). 1953년~. 중국 공산당 중앙 위원회 총서기.

쑨얏센(孫逸仙, 손일선). 1866년~1925년. 1894년 혁명 결사 흥중회를 공동으로 창립했다. 1905년 다른 결사들과 합병하여 중국 동맹회를 설립했다. 1912년 중화민국의 첫 총통으로 임명되었으나 불과 6주 후에 위안스카이에게 대총통 자리를 내어줘야 했다(쑨얏센은 대만식 발음이다. 쑨이센/쑨이시앤이라고도 하며 한국에서는 쑨원(孫文, 손문)으로 널리 알려져 있다.─옮긴이).

옌푸(嚴復, 엄부). 1854년~1921년. 허버트 스펜서와 토마스 헉슬리의 글을 중국의 도시에 소개하는 임무를 맡은 번역가이다.

왕롱바오(汪榮寶, 왕영보). 1878년~1933년. 장쑤성 동부 출신의 언어 개혁가로, 동문관에서 공부한 후 일본에서 유학했다.

왕자오(王照, 왕조). 1859년~1933년. 직례성 북부 출신 언어 개혁가로 1901년에 출판된《관화합성자모》의 원작자이다.

왕징웨이(汪精衞, 왕정위). 1883년~1944년. 1904년, 열아홉 살의 나이로 광둥성에서 일본 호세이 대학으로 유학을 위해 보내졌다. 동맹회에 가입하며 손문의 사상 고문이 되었다.

위안스카이(袁世凱, 원세개). 1859년~1916년. 북양군사지휘관北洋軍事指揮官을 거쳐 1912년부터 1916년까지 중화민국 대총통이었다.

장더이(張德彛, 장덕이). 1847년~1918년. 1862년, 동문관에서 처음으로 어학 수업을 들은 학생 중 한 명이 되었다. 1866년~1871년 미국과 유럽 청나라 사절단의 일원으로 참여했다.

장빙린(章炳麟, 장병린). 1869년~1936년. 1901년 '명나라 충신들'을 기리고 만주족의 통치를 반대하는 것을 보여 주기 위해 장태염이라는 이름을 사용했다. 반만주주의 도서《구서》의 저자이다. 1903년 황제를 모욕하는 신문 기사를 투고해 상하이에서 3년간 투옥 생활을 했다. 석방된 후, 그는 혁명파 정치인들에게 더욱 종족주의적 접근법을 취하라고 설파하는 주요 인물로 자리 잡았다. 1906년 혁명파 동맹회의 기관지《민보》편집장으로 임명되었다.

장치윈(張其昀, 장기윤). 1901년~1985년. 대표적인 2세대 중국 지리학자로, 비공식적으로 창카이섹의 지정학 고문이었다.

주커전(쓰可楨, 축가정). 1890년~1974년. '근대 중국 지리학의 아버지'로 1910년
~1919년에 미국에서 공부했다. 1920년대와 1930년대에는 중국의 2세대
지리학 교수들을 지도했다.

쩌우롱(鄒容, 추용). 1885년~1905년. 반만주주의 혁명가이자, 열여덟 살의 나이
로 일본에서 유학하면서 민족주의 색채가 짙은 에세이《혁명군》을 저술하였
다(신해혁명 이전의 인물이라 이 책에서는 '추용'으로 썼다. - 옮긴이).

쩡구어판(曾國藩, 증국번). 1811년~1872년. 태평군을 진압하는 데 주도적인 역할
을 한 청 고위 관료이자 군사 지도자이다. 일찍부터 '자강 운동'의 중요성을
의식했고 이홍장의 멘토였다(신해혁명 이전의 인물이라 이 책에서는 '증국번'으로
썼다. - 옮긴이).

창카이섹(將介石, 장개석). 1887년~1975년. 민족주의 정치인, 혁명가, 군사령관,
1928년~1975년 중화민국 총통(창카이섹은 대만식 발음이다. 장제스로 널리 알려
져 있다. - 옮긴이).

캉요우웨이(康有爲, 강유위). 1856년~1928년. 급진주의적 학자, 개혁파(유신파), 량
치차오의 멘토이자 보황회를 공동으로 설립했다(영어로 중국 제국 개혁 위원회
Chinese Empire Reform Association라고 한다).《대동서》(위대한 화합의 책)를 집필했다.

후앙쭌시앤(黄遵憲, 황준헌). 1848년~1905년. 도쿄, 샌프란시스코, 런던, 싱가포르
에서 근무한 청나라 외교관이다. '화교'라는 용어를 창조했고《일본국지》를
저술했다. 량치차오와 담사동과 함께 개혁주의 잡지《강학보》를 공동 창립했
다. 객가인 출신이다(신해혁명 이전의 인물이라 이 책에서는 '황준헌'으로 썼다. - 옮긴
이).

후한민(胡漢民, 호한민). 1879년~1936년. 혁명주의 잡지《민보》편집인으로, 쑨얏
센의 사상 고문 중 한 명이다.

미주

서문

1. Xi Jinping, Report at the 19th National Congress of the Communist Party of China, *China* Daily, 18 October 2017, Xinhua, http://www. chinadaily.com.cn/m/qingdao/2017-11/04/ content_35234206.htm.

2. Geremie R. Barmé, *The Forbidden City*, Cambridge, MA: Harvard University Press, 2011.

3. Timothy Brook, *Great State: China and the World*, London: Profile Books, 2019.

제1 외부인의 시선에서 탄생한 이름, 중국

1. Xi Jinping, Toast at the Welcoming Banquet of The Second Belt and Road Forum for International Cooperation, Beijing, 26 April 2019, https://www.chinadaily.com.cn/a/ 201904/27/ WS5d9d3688a310cf3e3556f508.html

2. Matthias Mertens, 'Did Richtofen really coin "The Silk Road"?', *The Silk Road*, vol. 17 (2019). Tamara Chin, 'The Invention of the Silk Road, 1877', *Critical Inquiry*, 40/1 (2013), pp. 194-219, doi:10.1086/673232.

3. C. R. Boxer (ed.), *South China in the Sixteenth Century: Being the Narratives of Galeote Pereira*, Fr. Gaspar de Cruz, O.P., Fr. Martin de Rada, O.E.S.A., London: The Hakluyt Society, second series, 106, 1953.

4. Matteo Ricci, *China in the Sixteenth Century: The Journals of Matthew Ricci*, 1583-1610, compiled by Nicholas Trigault, translated from the

Latin by Louis Gallagher, New York: Random House, 1953, pp. 6 -7.

5. Richard J. Smith, *Mapping China and Managing the World: Culture, Cartography and Cosmology in Late Imperial Times*, New York: Routledge, 2013.

6. Peter K. Bol, 'Middle-period Discourse on the Zhong Guo: The Central Country', in *Hanxue Yanjiu (Chinese Studies)*, Taipei: Center for Chinese Studies, 2009, pp. 61 - 106.

7. Denis Twitchett, John King Fairbank and Michael Loewe, *The Cambridge History of China: Volume 1, The Ch'in and Han Empires*, 221 BC - AD 220, Cambridge: Cambridge University Press, 1987, p. 31.

8. Constance A. Cook and John S. Major, *Defining Chu: Image and Reality in Ancient China*, Honolulu: University of Hawaii Press, 1999, p. 4.

9. Pamela Kyle Crossley, 'The Rulerships of China: A Review Article', *American Historical Review*, 97/5 (1992), pp. 1471 - 2.

10. Junsei Watanabe, 'Manchu Manuscripts in the Toyo Bunko', in Luís Saraiva (eds), *Europe and China: Science and Arts in the 17th and 18th Centuries*, Singapore; Hackensack, NJ: World Scientific, p. 187.

11. Cristina Costa Gomes and Isabel Murta Pina, 'Making Clocks and Musical Instruments: Tomás Pereira as an Artisan at the Court of Kangxi (1673 - 1708)', *Revisita de Cultura* (International Edition), 51 (2016).

12. Gomes and Pina, 'Making Clocks and Musical Instruments', p. 9.

13. Sebes, 'The Jesuits and the Sino-Russian Treaty of Nerchinsk (1689) The Diary of Thomas Pereira, S. J.', *Bibliotheca Instituti Historici*, vol. XVIII (1962), pp. 114 and 207.

14. Arif Dirlik, 'Born in Translation: "China" in the Making of "Zhongguo"', *Boundary* (2015).

15. Lydia Liu, *The Clash of Empires: The Invention of China in Modern World Making*, Cambridge, MA: Harvard University Press, 2004, p. 76.

16. Hans van de Ven, *Breaking with the Past: The Maritime Customs Service and the Global Origins of Modernity in China*, New York: Columbia University Press, 2014.

17. Zhang Deyi (trans. Simon Johnstone), *Diary of a Chinese Diplomat*, Beijing: Chinese Literature Press, 1992, p. 11.

18. Zhang Deyi, *Sui Shi Fa Guo ji* ('Random Notes on France'), Hunan: Renmin chuban she, 1982, p. 182; Liu, *Clash of Empires*, p. 80.

19. Luke S. K. Kwong, 'What's In A Name: Zhongguo (Or "Middle Kingdom") Reconsidered', *Historical Journal*, 58/3 (2015), p. 799; Elisabeth Kaske, *The Politics of Language in Chinese Education: 1895–1919*, Leiden: Brill, 2008, p. 80.

20. Nicolas Tackett, *The Origins of the Chinese Nation: Song China and the Forging of an East Asian World Order*, Cambridge: Cambridge University Press, 2017, p. 3; Liu, *Clash of Empires*, p. 76, quoting Zhang, Riben Guo Zhi.

21. Julia C. Schneider, *Nation and Ethnicity: Chinese Discourses on History, Historiography and Nationalism (1900–1920s)*, Leiden: Brill, pp. 69–70.

22. John Fitzgerald, *Awakening China: Politics, Culture, and Class in the Nationalist Revolution*, Stanford, CA: Stanford University Press, 1996, p. 117.

23. Viren Murthy, *The Political Philosophy of Zhang Taiyan: The Resistance of Consciousness*, Leiden: Brill, p. 67.

24. Ibid., p. 76.

25. Schneider, *Nation and Ethnicity*, p. 145.

26. Ibid., chapter 3.

27. Yunzhi Geng, *An Introductory Study on China's Cultural Transformation in Recent Times*, Berlin: Springer, 2015, p. 146.

28. Frank Dikötter (ed.), *The Construction of Racial Identities in China and*

Japan, Hong Kong: Hong Kong University Press, 1997, p. 45.

29. Schneider, *Nation and Ethnicity*, pp. 222–3.

30. Harold Schiffrin, *Sun Yat-Sen and the Origins of the Chinese Revolution*, Berkeley, CA: University of California Press, 1968, chapter 2.

31. 驱逐鞑虏[Qūzhú dá lǔ], 恢复中华[Huìfù zhōnghuá] – with the Xingzhonghui's anti-Manchu oath rendered similarly with only a slight change to: 驱除鞑虏[Qūchú dá lǔ], 恢复中华[Huìfù zhōnghuá].

32. Tze-ki Hon, *Revolution as Restoration: Guocui Xuebao and China's Path to Modernity, 1905-1911*, Leiden: Brill, 2013, p. 3.

33. Kenji Shimada, *Pioneer of the Chinese Revolution: Zhang Binglin and Confucianism*, Stanford, CA: Stanford University Press, 1990, p. 20; Murthy, Political Philosophy of Zhang Taiyan, p. 110.

34. Liu, *Clash of Empires,* p. 77.

35. Schneider, *Nation and Ethnicity*, p. 154.

36. Ibid., p. 158.

37. Arif Dirlik, 'Born in Translation: "China" in the Making of "Zhongguo"', paper presented at Institute for Social Sciences of the University of California Davis, co-hosted by Kreddha, 22–4 September 2016

제2장 중국의 주권은 어떻게 발명되었는가?

1. John Vidal and Jonathan Watts, 'Agreement Finally Reached: Copenhagen 9.30 a.m., Saturday 19 December 2009', *The Observer,* 20 December 2009.

2. John M. Broder and Elisabeth Rosenthal, 'Obama Has Goal to Wrest a Deal in Climate Talks', *New York Times*, 17 December 2009.

3. Mark Lynas, 'How do I know China wrecked the Copenhagen deal? I was in the room', *The Guardian*, 22 December 2009.

4. Robert Falkner, 'The Paris Agreement and the New Logic of

International Climate Politics', *International Affairs*, 92/5, pp. 1107 –
25 (2016).

5. François Godement, *Expanded Ambitions, Shrinking Achievements: How China Sees the Global Order*, London: European Council on Foreign Relations, 2017, p. 10.

6. Opening ceremony of the 19th CPC National Congress, http://live.
china.org.cn/2017/ 10/17/opening-ceremony-of-the-19th-cpc-national-congress/

7. Jonathan Spence, *The Search for Modern China*, New York: W. W. Norton & Co., 2001, p. 122.

8. George R. Loehr, 'A. E. van Braam Houckgeest: The First American at the Court of China', *Princeton University Library Chronicle*, 15/4 (Summer 1954), pp. 179 –93.

9. André Everard Van Braam Houckgeest, *An Authentic Account of the Embassy of the Dutch East-India Company, to the Court of the Emperor of China, in the Years 1794 and 1795* (Vol. 1), Cambridge: Cambridge University Press, 2011, p. 250. https://books.google.co. uk/ books?id=KGxCAAAAcAAJ&dq

10. J. K. Fairbank, 'Tributary Trade and China's Relations with the West', *Far Eastern Quarterly*, 1/2 (February 1942), p. 135.

11. Zhiguang Yin, 'Heavenly Principles? The Translation of International Law in 19th-century China and the Constitution of Universality', *European Journal of International Law*, 27/4 (1 November 2016), pp. 1005 –23.

12. Alejandra Irigoin, 'A Trojan Horse in Daoguang China? Explaining the Flows of Silver In and Out of China', LSE Working Paper No. 173/13, London School of Economics, 2013.

13. Jonathan Spence, *Chinese Roundabout: Essays in History and Culture*,

New York: W. W. Norton, 1992, pp. 233 – 5.

14. Takeshi Hamashita, 'Tribute and Treaties: East Asian Treaty Ports Networks in the Era of Negotiation, 1834 – 1894', *European Journal of East Asian Studies*, 1/1 (2001), p. 61.

15. James M. Polachek, *The Inner Opium War*, Cambridge, MA: Harvard University Press, 1992, p. 2.

16. Alicia E. Neve Little, *Li Hung-Chang: His Life and Times* [1903], Cambridge: Cambridge University Press, 2010, p. 1.

17. PärKristoffer *Cassel, Grounds of Judgment: Extraterritoriality and Imperial Power in Nineteenth-Century China and Japan*, Oxford; New York: Oxford University Press, 2012.

18. Tobie Meyer-Fong, 'Urban Space and Civil War: Hefei, 1853 – 1854', *Frontiers of History in China*, 8/4, pp. 469 – 92.

19. Dong Wang, *China's Unequal Treaties: Narrating National History*, Lanham, MD: Lexington Books, 2005, p. 17.

20. S.C.M. Paine, *The Sino-Japanese War of 1894–1895: Perceptions, Power, and Primacy*, Cambridge: Cambridge University Press, 200, pp. 70 – 71.

21. Ssu-yü Teng and John King Fairbank, *China's Response to the West: A Documentary Survey, 1839–1923*, Cambridge, MA: Harvard University Press, p. 47.

22. Richard J. Smith, *Robert Hart and China's Early Modernization: His Journals, 1863–1866*, Cambridge, MA: Harvard University Press, p. 99.

23. Pamela Kyle Crossley, *Orphan Warriors: Three Manchu Generations and the End of the Qing World*, Princeton, NJ: Princeton University Press, 1990, p. 143.

24. Smith, *Robert Hart and China's Early Modernization*, p. 100.

25. Kwang-ching Liu, 'The Confucian as Patriot and Pragmatist: Li Hung-

chang's Formative Years, 1823 – 1866', *Harvard Journal of Asiatic Studies*, vol. 30 (1970), pp. 5 – 45.

26. Teng and Fairbank, *China's Response to the West*, p. 53.

27. Liu, 'The Confucian as Patriot and Pragmatist', p. 18.

28. Ibid., p. 30.

29. William Charles Wooldridge, 'Building and State Building in Nanjing after the Taiping Rebellion', *Late Imperial China*, 30/2 (2009), pp. 84 – 126.

30. Melissa Mouat, 'The Establishment of the Tongwen Guan and the Fragile Sino-British Peace of the 1860s', *Journal of World History*, 26/4 (2016), p. 741.

31. Ibid.

32. Smith, *Robert Hart and China's Early Modernization*, p. 283.

33. Yin, 'Heavenly Principles?', p. 1013.

34. Lydia Liu, *The Clash of Empires: The Invention of China in Modern World Making*, Cambridge, MA: Harvard University Press, 2004, p. 116.

35. Ibid., p. 128.

36. William A. Callahan, *Contingent States: Greater China and Transnational Relations*, Minneapolis; London: University of Minnesota Press, 2001, pp. 76 – 7.

37. Liu, *Clash of Empires*, p. 123.

38. Teng and Fairbank, *China's Response to the West*, p. 98.

39. Rune Svarverud, *International Law as World Order in Late Imperial China: Translation, Reception and Discourse 1847–1911*, Leiden: Brill, 2007, p. 91.

40. http://www.dartmouth.edu/~qing/WEB/WO-JEN.html

41. David Pong, *Shen Pao-chen and China's Modernization in the Nineteenth Century*, Cambridge: Cambridge University Press, 2009, p.

146.

42. Knight Biggerstaff, 'The Secret Correspondence of 1867 – 1868: Views of Leading Chinese Statesmen Regarding the Further Opening of China to Western Influence', *Journal of Modern History*, 22/2 (June 1950), pp. 122 – 36.

43. J. L. Cranmer-Byng, 'The Chinese Perception of World Order', *International Journal*, 24/1 (Winter 1968 – 9), pp. 166 – 71.

44. Chris Feige and Jeffrey A. Miron, 'The Opium Wars, Opium Legalization and Opium Consumption in China', *Applied Economics Letters*, 15/12 (2008), pp. 911 – 13.

45. Jennifer Rudolph, *Negotiated Power in Late Imperial China: The Zongli Yamen and the Politics of Reform*, Ithaca, NY: Cornell University East Asia Program, 2010, p. 222.

46. 'American Who Advised Li-Hung-Chang is Dead', *New York Times*, 21 December 1901.

47. 'Li Hung-Chang's American Secretary For 25 Years: A Power Behind The Throne In China', *St Louis Post-Dispatch*, 5 August 1900.

48. Michael H. Hunt, *The Making of a Special Relationship: The United States and China to 1914*, New York: Columbia University Press, 1983, p. 118; Chad Michael Berry, 'Looking for a Friend: Sino-U.S. Relations and Ulysses S. Grant's Mediation in the Ryukyu/Liuqiu 琉球 Dispute of 1879', thesis, University of Ohio, 2014, https://etd.ohiolink.edu/!etd. send_file?accession=osu1397610312&disposition=inline

49. Richard J. Smith, 'Li Hongzhang's use of Foreign Military Talent: the formative period, 1862 – 1874' in Chu, Samuel C and Kwang-Ching Liu, *Li Hung-chang and China's Early Modernization*, M.E. Sharpe, 1994, p. 137

50. J. K. Fairbank and Merle Goldman, *China: A New History*, Cambridge,

MA, Harvard University Press, 2006, p. 196.

51. J. L. Cranmer-Byng, 'The Chinese View of Their Place in the World: An Historical Perspective', *China Quarterly*, 53 (January–March 1973), pp. 67–79.

52. Jennifer Wayne Cushman, *Fields From the Sea: Chinese Junk Trade with Siam During the Late Eighteenth and Early Nineteenth Centuries*, Ithaca, NY: Cornell University Press, 1993, pp. 137–41.

53. T. Hamashita 'The Tribute Trade System and Modern Asia', chapter 6 in Kenneth Pomeranz (ed.), *The Pacific in the Age of Early Industrialization*, Farnham: Ashgate, 2009.

54. Hyman Kublin, 'The Attitude of China during the Liu-ch'iu Controversy, 1871–1881', *Pacific Historical Review*, 18/2 (May 1949), pp. 213–31.

55. Liu, Clash of Empires, p. 106; Svarverud, *International Law as World Order*, p. 93.

56. Li Hongzhang, 'Fu He Zi'e' 覆何子峨('Reply to He Zi'e [He Ru Zhang]'), 30 May 1878, in Li Wenzhong gong quanzi: Yeshu han'gao 李文忠公全集: 譯署函稿 (Complete Works of Li Wenzhong [Li Hongzhang]: Translation Office Letters), vol. 5, Taipei: Wenhai chubanshe (1962), 8/4, p. 191.

57. The Sino-Japanese Friendship, Commerce and Navigation Treaty, 13 September 1871, http://www.fas.nus.edu.sg/hist/eia/documents_archive/tientsin-treaty.php

58. Letter from Ulysses S. Grant to Adolph E. Borie, 6 June 1879, *The Papers of Ulysses S. Grant*: October 1, 1878–September 30, 1880, p. 146, https://books.google.co.uk/books?id=3zBLjHeAGB0C&l

59. Hunt, *Making of a Special Relationship*, p. 121.

60. Charles Oscar Paullin, 'The Opening of Korea by Commodore Shufeldt', *Political Science Quarterly*, 25/3 (September 1910), pp. 470–

99.

61. *The Directory and Chronicle for China, Japan, Corea, Indo-China, Straits Settlements, Malay States, Sian, Netherlands India, Borneo, the Philippines*, &c, Hongkong Daily Press Office, 1882, p. 319; U.S. Government Printing Office, 1876 House Documents, Volume 15; Volume 284, p. 263.

62. Oscar Chapuis, *The Last Emperors of Vietnam: From Tu Duc to Bao Dai*, Westport, CT: Greenwood Press, 2000, p. 61.

63. Bradley Camp Davis, *Imperial Bandits: Outlaws and Rebels in the China-Vietnam Borderlands*, Seattle, University of Washington Press, 2016.

64. 'Peking Dispatch no. 230 (confidential)', 8 August 1883, quoted in Robert Hopkins Miller, *The United States and Vietnam 1787–1941*, Forest Grove, OR: University Press of the Pacific, 2005, pp. 95–6.

65. K. W. Taylor, *A History of the Vietnamese*, Cambridge: Cambridge University Press, 2013, p. 475.

66. *Directory and Chronicle for China, Japan, Corea, Indo-China, Straits Settlements, Malay States, Sian, Netherlands India, Borneo, the Philippines* &c, Hongkong Daily Press Office, 1888.

67. J.J.G. Syatauw, *Some Newly Established Asian States and the Development of International Law*, Springer, 1961, p. 123; Frank Trager, 'Burma and China', *Journal of Southeast Asian History*, 5/1 (1964), p. 39.

68. Paine, *Sino-Japanese War of 1894–1895*, p. 191.

69. Ibid., p. 121.

70. Niki Alsford, *Transitions to Modernity in Taiwan: The Spirit of 1895 and the Cession of Formosa to Japan*, London: Routledge, 2017.

71. Yi Wang, 'Wang Huning: Xi Jinping's Reluctant Propagandist', www.limesonline.com, 4 April 2019, http://www.limesonline.com/en/wang-

huning-xi-jinpings-reluctant-propagandist

72. Haig Patapan and Yi Wang, 'The Hidden Ruler: Wang Huning and the Making of Contemporary China', *Journal of Contemporary China*, 27/109 (2018), pp. 54–5.

제3장 황제 헌원의 자손들이라는 신화, 한족

1. Lia Zhu, 'Families Thanked For Opening Homes', *China Daily USA*, 7 December 2015, http://usa.chinadaily.com.cn/us/2015-12/07/content_22653417.htm

2. Yap Jia Hee, 'Chinese Ambassador Visits Petaling Street on Eve of Rally', *MalaysiaKini*, 25 September 2015, https://www.malaysiakini.com/news/313484; ChinaPress.com.my, '"亲望亲好, 邻望邻好"黄惠康: 两国关系良好', 28 September 2015, http://www.chinapress. com. my/20150928/親望親好鄰望鄰好黃惠康兩國關係良好

3. China News Network, 'The Overseas Chinese Affairs Office Will Build 60 "China Aid Centers" Around the World', 19 March 2014.

4. Xinhua, 'Central Committee of the Communist Party of China Issues "Regulations on Chinese Communist Party United Front Work (Trial)"', 22 September 2015, translation, http://www.xinhuanet.com/politics/2015-09/22/c_1116645297_5.htm

5. James Kynge, Lucy Hornby and Jamil Anderlini, 'Inside China's Secret "Magic Weapon" for Worldwide Influence,' *Financial Times*, 26 October 2017, https://www.ft.com/content/ fb2b3934-b004-11e7-beba-5521c713abf4

6. Xi Jinping, 'Secure a Decisive Victory in Building a Moderately Prosperous Society in All Respects and Strive for the Great Success of Socialism with Chinese Characteristics for a New Era,' 19th National Congress of the Communist Party of China, Beijing, 18 October

2017, http://www.xinhuanet.com//politics/19cpcnc/2017-10/27/
c_1121867529.htm

7. Wang Gungwu, *Community and Nation: Essays on Southeast Asia and
the Chinese*, Singapore: Heinemann Educational Books (Asia), 1981,
pp. 123−5.

8. Wang Gungwu, 'A Note on the Origins of Hua-ch'iao', in Wang,
Community and Nation, pp. 118−27.

9. Huang Jianli, 'Chinese Overseas and China's International Relations', in
Zheng Yongnian (ed.), *China and International Relations: The Chinese
View and the Contribution of Wang Gungwu*, London: Routledge,
2010, p. 147.

10. An Baijie, 'Overseas Chinese Can Help Build Belt, Road', *China Daily*,
13 June 2013, http://www.chinadaily.com.cn/china/2017-06/13/
content_29719481.htm

11. Harry J. Lamley, 'Hsieh-Tou: The Pathology of Violence in
Southeastern China', *Ch'ing-shih wen-t'I*, 3/7 (1977), pp. 1−39, https://
muse.jhu.edu/ (accessed 14 January 2019).

12. May-bo Ching, 'Literary, Ethnic or Territorial? Definitions of
Guangdong Culture in the Late Qing and Early Republic', in Tao Tao
Liu and David Faure (eds), *Unity and Diversity: Local Cultures and
Identities in China*, Hong Kong: Hong Kong University Press, 1996.
p. 58; Jessieca Leo, *Global Hakka: Hakka Identity in the Remaking*,
Leiden: Brill, p. 47.

13. Michael Keevak, *Becoming Yellow: A Short History of Racial Thinking*,
Princeton, NJ: Princeton University Press, 2011, pp. 57−65.

14. Chow Kai-wing, 'Imagining Boundaries of Blood: Zhang Binglin and
the Invention of the Han "Race" in Modern China', in Frank Dikötter
(ed.), *The Construction of Racial Identities in China and Japan*, London:

Hurst & Co., 1997.

15. Pamela Kyle Crossley, 'The Qianlong Retrospect on the Chinese-martial (*hanjun*) Banners', *Late Imperial China*, 10/1, June 1989, pp. 63–107.

16. Yang Shao-Yun, 'Becoming Zhongguo, Becoming Han: Tracing and Reconceptualizing Ethnicity in Ancient North China, 770 BC – AD 581', MA thesis, National University of Singapore, 2007.

17. Edward Rhoads, *Manchus and Han: Ethnic Relations and Political Power in Late Qing and Early Republican China, 1861–1928*, Seattle: University of Washington Press, 2000, chapter 1.

18. Herbert Spencer, *The Principles of Biology*, volume 1, London: Williams & Norgate, 1864–7, p. 444.

19. Herbert Spencer, *Social Statics*, New York: D. Appleton & Co., 1865, p. 46.

20. Michio Nagai, 'Herbert Spencer in Early Meiji Japan', *Far Eastern Quarterly*, 14/1 (1954), pp. 55–64. Nagai was later Japan's minister of education.

21. Noriko Kamachi, *Reform in China: Huang Tsun-hsien and the Japanese Model*, Cambridge, MA: Harvard University Press, 1981, pp. 3–29.

22. Frank Dikötter, *The Discourse of Race in Modern China*, Oxford: Oxford University Press, 2015, p. 41.

23. Kamachi, *Reform in China*, p. 300, fn 49.

24. J. D. Schmidt, *Within the Human Realm: The Poetry of Huang Zunxian 1848–1905*, Cambridge: Cambridge University Press, 1994, p. 246.

25. Benjamin I. Schwartz, *In Search of Wealth and Power: Yen Fu and the West*, Cambridge, MA: Harvard University Press, 1964, pp. 22–6.

26. David Pong, *Shen Pao-chen and China's Modernization in the Nineteenth Century*, Cambridge: Cambridge University Press, 2009,

pp. 108 – 28.

27. Benjamin A. Elman, 'Toward a History of Modern Science in Republican China', in Jing Tsu and Benjamin A. Elman (eds), *Science and Technology in Modern China, 1880s–1940s*, Leiden: Brill, 2014, p. 22.

28. Junyu Shao, ' "Chinese Learning for Fundamental Structure, Western Learning for Practical Use?" The Development of Late Nineteenth Century Chinese Steam Navy Revisited', unpublished PhD thesis, King's College, London, 2015, p. 117.

29. Schwartz, *In Search of Wealth and Power*, p. 33.

30. Herbert Spencer, *The Study of Sociology*, London: Henry S. King & Co., 1873, pp. 34 – 5.

31. Ibid., pp. 193 – 4.

32. Melissa Mouat, 'The Establishment of the Tongwen Guan and the Fragile Sino-British Peace of the 1860s', *Journal of World History*, Volume 26, Number 4, December 2015, p. 745.

33. Schwartz, *In Search of Wealth and Power*, p. 33.

34. James Reeve Pusey, *China and Charles Darwin*, Cambridge, MA: Harvard University Press, 1983, p. 8.

35. Ibid., p. 61.

36. Schmidt, *Within the Human Realm*, p. 17.

37. Schwartz, *In Search of Wealth and Power*, p. 82.

38. Pusey, *China and Charles Darwin*, p. 67.

39. 'Àodàlìyă huáqiáo huárén jǔxíng gōng bài xuānyuán huángdì dàdiǎn' (Australian overseas Chinese hold a ceremony to worship the Xuanyuan Yellow Emperor), 16 April 2018, http:// www.zytzb.gov.cn/gathwxw/42451. jhtml

40. Chen Mingjie, 'Major Ceremonies to Worship the Yellow Emperor

Held Majestically Around the Globe', *China Times*, 16 April 2018, https://www.chinatimes.com/cn/newspapers/ 20180416000149-260302

41. Dikötter, *Discourse of Race*, p. 101.

42. Chow, 'Imagining Boundaries of Blood'.

43. Dikötter, *Discourse of Race*, p. 70.

44. Schwartz, *In Search of Wealth and Power*, p. 184.

45. May-bo Ching, 'Classifying Peoples: Ethnic Politics in Late Qing Native-place Textbooks and Gazetteers', in Tze-ki Hon & Robert Culp (eds), *The Politics of Historical Production in Late Qing and Republican China*, Leiden: Brill, 2007, pp. 69 – 70.

46. Ching, 'Literary, Ethnic or Territorial?'; Ching, 'Classifying Peoples', pp. 69 – 70.

47. Laurence A. Schneider, *Ku Chieh-kang and China's New History: Nationalism and the Quest for Alternative Traditions*, Berkeley: University of California Press, 1971, pp. 34 – 5.

제4장 역사를 자르고 붙여 새로운 역사 만들기

1. http://www.iqh.net.cn/english/Classlist.asp?column_id=65&column_cat_id=37 (accessed 2 March 2020).

2. Pamela Kyle Crossley, 'Xi's China Is Steamrolling Its Own History', ForeignPolicy.com, 29 January 2019.

3. Zhou Ailian and Hu Zhongliang, 'The Project of Organizing the Qing Archives', *Chinese Studies in History*, 43/2 (2009), pp. 73 – 84.

4. 'Firmly Holding the Right of Discourse in Qing History Research', *People's Daily*, 14 January 2019, http://opinion.people.com.cn/n1/2019/0114/c1003-30524940.html (accessed 2 March 2020)

5. Thomas Jansen, *Timothy Richard (1845–1919): Welsh Missionary, Educator*

and Reformer in China, Swansea: Confucius Institute at the University of Wales - Trinity Saint David, 2014.

6. Society for the Diffusion of Christian and General Knowledge Among the Chinese, Eleventh Annual Report, Shanghai, 1898.

7. Eunice Johnson, *Timothy Richard's Vision: Education and Reform in China, 1880–1910*, Eugene, OR: Pickwick Publications, 2014, pp. 67 - 8.

8. Mary Mazur, 'Discontinuous Continuity: New History in 20th Century China', in Tze-ki Hon and Robert Culp (eds), *The Politics of Historical Production in Late Qing and Republican China*, Leiden: Brill, 2007, p. 116. Eunice V. Johnson, *Timothy Richard's Vision: Education and Reform in China, 1880–1910*, p.65

9. Xiantao Zhang, *The Origins of the Modern Chinese Press: The Influence of the Protestant Missionary Press in Late Qing China*, London: Routledge, 2007, pp. 67 - 8.

10. Johnson, *Timothy Richard's Vision*, p. 60.

11. Harriet T. Zurndorfer, 'Wang Zhaoyang (1763 - 1851) and the Erasure of "Talented Women" by Liang Qichao', in Nanxiu Qian, Grace Fong and Richard Smith (eds), *Different Worlds of Discourse: Transformations of Gender and Genre in Late Qing and Early Republican China*, Leiden: Brill, 2008.

12. Yuntao Zhang, 'Western Missionaries and Origins of the Modern Chinese Press', in Gary D. Rawnsley and Ming-yeh T. Rawnsley (eds), *Routledge Handbook of Chinese Media*, London: Routledge, 2018, pp. 73 - 4

13. Johnson, *Timothy Richard's Vision*, p. 69.

14. *Shiwu Bao*, No. 26, 1897.

15. Joseph Richmond Levenson, *Liang Ch'i-ch'ao and the Mind of Modern*

China, Cambridge, MA: Harvard University Press, pp. 31 – 2.

16. Xiaobing Tang, *Global Space and the Nationalist Discourse of Modernity: The Historical Thinking of Liang Qichao*, Stanford, CA: Stanford University Press, 1996, p. 15.

17. Rebecca E. Karl, *Staging the World: Chinese Nationalism at the Turn of the Twentieth Century*, Durham, NC; London: Duke University Press, pp. 69 – 70.

18. Tang, *Global Space*, pp. 34 – 5.

19. Ibid., p. 33.

20. Xu Jilin, 'Tianxia–ism, the Distinction Between the Civilised and Uncivilised, and Their Variations in Modern China', in Gao Ruiquan & Wu Guanjun (eds), *Chinese History and Literature: New Ways to Examine China's Past*, Singapore: World Scientific Publishing, 2018, p. 137.

21. Peter Zarrow, 'Old Myth into New History: The Building Blocks of Liang Qichao's "New History" ', *Historiography East and West*, 1/2 (2003), p. 228.

22. Schneider, Julia C., *Nation and Ethnicity: Chinese Discourses on History, Historiography, and Nationalism (1900s–1920s)*, Leiden: Brill, 2017, p. 98.

23. Tang, *Global Space*, pp. 44 – 5; Rebecca E. Karl, 'Creating Asia: China in the World at the Beginning of the Twentieth Century', *American Historical Review*, 103/4 (1998), p. 1098.

24. Tang, *Global Space*, p. 47.

25. Ibid., p. 62.

26. Zarrow, 'Old Myth into New History', p. 211.

27. Schneider, *Nation and Ethnicity*, p. 106.

28. Tang, *Global Space*, p. 242.

29. Schneider, *Nation and Ethnicity*, pp. 107 – 8.

30. Ibid., p. 108.

31. Ibid., p. 87.

32. Ibid., p. 90.

33. Ibid., p. 98.

34. Ibid., p. 100.

35. Ibid., p. 121.

36. Tze-ki Hon, 'Educating the Citizens', in Tze-ki Hon and Robert Culp (eds), *The Politics of Historical Production in Late Qing and Republican China*, Leiden: Brill, 2007, p. 83.

37. Lü Junhua, 'Beijing's Old and Dilapidated Housing Renewal', *Cities*, 14/2, pp. 59~69, 1997.

38. Xinhua, 'Over 500 Confucius Institutes Founded in 142 Countries, Regions', *China Daily*, 7 October 2017, http://www.chinadaily.com.cn/china/2017-10/07/content_32950016.htm

39. Office of Chinese Language Council International, *Common Knowledge About Chinese History*, Beijing: Higher Education Press, 2006, pp. 123, 138.

40. Hidehiro Okada, 'China as a Successor State to the Mongol Empire', in Reuven Amitai- Preiss and David O. Morgan (eds), *The Mongol Empire and Its Legacy*, Leiden: Brill, 1999, pp. 260 –72.

41. Naomi Standen (ed.), *Demystifying China: New Understandings of Chinese History*, Lanham, MD: Rowman & Littlefield, 2013.

42. Tim Barrett, 'Chinese History as a Constructed Continuity: The Work of Rao Zongyi', in Peter Lambert and Björn Weiler (eds), *How the Past was Used: Historical Cultures, c. 750–2000*, Oxford: Oxford University Press, 2017, chapter 11.

43. Johnson, *Timothy Richard's Vision*, p. 124.

44. Eleanor Richard, 'A Foster Father of the League of Nations', *Peking*

and Tientsin Times, March 1919.

45. Limin Bai, 'Reappraising Modernity after the Great War' (blog post), 17 September 2015, National Library of New Zealand.

46. Tang, *Global Space*, p. 175.

47. Richard, 'A Foster Father'.

48. Handwritten page from Dr Wyre Lewis's box at the National Library of Wales relating to Liang Ch'i-ch'ao's visit to T. R. at Golders Green in London. Many thanks to Eunice Johnson, Jennifer Peles, Peter Thomas and Meryl Thomas for locating this document.

49. Jonathan D. Spence, *The Gate of Heavenly Peace: The Chinese and Their Revolution*, Harmondsworth: Penguin, 1982, p. 115.

50. Bruce Elleman, *Wilson and China: A Revised History of the Shandong Question*, London; New York: Routledge, 2015, pp. 24–9

51. Erez Manela, *The Wilsonian Moment: Self-Determination and the International Origins of Anticolonial Nationalism*, Oxford: Oxford University Press, 2009, pp. 114–17.

제5장 단일한 중화 민족이라는 꿈과 균열

1. United Front Work Leading Group Office of the Tibet Autonomous Region Committee of the Communist Party of China, 'Panchen Erdeni Visits Shannan for Buddhist Activities', 28 August 2018, http://www.xztzb.gov.cn/news/1535419327828.shtml (accessed 2 March 2020)

2. W.J.F. Jenner, 'Race and History in China', *New Left Review*, 1 September 2001, p. 55.

3. Chiang Kai-shek, *China's Destiny*, Westport, CT: Greenwood Press, 1985, p. 13.

4. Thomas Mullaney, *Coming to Terms with the Nation: Ethnic Classification in Modern China*, Berkeley, CA: University of California Press, 2011.

5. Jenner, 'Race and History in China', p. 77.

6. Lai To Lee and Hock Guan Lee (eds), *Sun Yat-Sen, Nanyang and the 1911 Revolution*, Singapore: Institute of Southeast Asian Studies, 2011, pp. 18 – 19.

7. Patrick Anderson, *The Lost Book of Sun Yatsen and Edwin Collins*, London: Routledge, 2016, pp. 22 – 3.

8. *Daily News*, 'The Politics of Sun Yat-sen: Why His Head is in Peril', 26 October 1896, quoted in Anderson, *Lost Book of Sun Yatsen*, p. 15.

9. Harold Schiffrin, *Sun Yat-sen and the Origins of the Chinese Revolution*, Berkeley, CA: University of California Press, 1968, p. 128.

10. Marie-Claire Bergère (trans. Janet Lloyd), *Sun Yat-sen*, Stanford, CA: Stanford University Press, 1998, pp. 65 – 6.

11. James Leibold, 'Positioning "Minzu" Within Sun Yat-Sen's Discourse Of Minzuzhuyi', *Journal of Asian History*, 38/2 (2004), p. 168.

12. Harold Schiffrin, *Sun Yat-sen*, p. 139.

13. Ibid., p. 148.

14. Bergère, *Sun Yat-sen*, pp. 77 – 8.

15. Leibold, 'Positioning "Minzu" ', p. 170.

16. Kenji Shimada, *Pioneer of the Chinese Revolution: Zhang Binglin and Confucianism*, Stanford, CA: Stanford University Press, 1990, p. 28.

17. Julia C. Schneider, *Nation and Ethnicity: Chinese Discourses on History, Historiography, and Nationalism (1900s–1920s)*, Leiden: Brill, 2017, pp. 80 – 82.

18. Cheng Zhongping, 'Kang Youwei's Activities in Canada and the Reformist Movement Among the Global Chinese Diaspora, 1899 – 1909', *Twentieth-Century China*, 39/1 (2014).

19. 'A Drifting Stranger from 20000 Li Away', https://baohuanghui.

blogspot.com/2013/06/a-drifting-stranger-from-20000-li-away.html

20. Jonathan D. Spence, *The Gate of Heavenly Peace: The Chinese and Their Revolution*, Harmondsworth: Penguin, 1982, pp. 35−6.

21. Frank Dikötter, *The Discourse of Race in Modern China*. Oxford: Oxford University Press, p. 56.

22. Marc Andre Matten, *Imagining a Postnational World: Hegemony and Space in Modern China*, Leiden: Brill, 2016, p. 241.

23. 'Life and Legacy of Kang Tongbi', Barnard, https://barnard.edu/headlines/life-and-legacy-kang-tongbi

24. Xiaobing Tang, *Global Space and the Nationalist Discourse of Modernity: The Historical Thinking of Liang Qichao*, Stanford, CA: Stanford University Press, p. 139.

25. Zou Rong, *The Revolutionary Army: A Chinese Nationalist Tract of 1903*, Paris: Éditions de l'École des Hautes Études en Sciences Sociales, 1968, p. 58.

26. Leibold, 'Positioning "Minzu"', p. 174.

27. Ibid., p. 186.

28. So Wai Chor, 'National Identity, Nation and Race: Wang Jingwei's Early Revolutionary Ideas, 1905−1911', *Journal of Modern Chinese History*, 4/1 (2010), pp. 63−7.

29. Leibold, 'Positioning "Minzu"', p. 176.

30. Ma Mingde, 'Tang Hualong in the 1911 Revolution', in Joseph W. Esherick and C. X. George Wei (eds), *China: How the Empire Fell*, London; New York: Routledge, 2013, p. 141.

31. James Leibold, 'Xinhai Remembered: From Han Racial Revolution to Great Revival of the Chinese Nation', *Asian Ethnicity*, 15/1 (2014), p. 3.

32. Edward J. M. Rhoads, *Manchus and Han: Ethnic Relations and Political Power in Late Qing and Early Republican China, 1861–1928*, Seattle:

University of Washington Press, 2000.

33. Edward Rhoads, *Manchus and Han: Ethnic Relations and Political Power in Late Qing and Early Republican China, 1861–1928*, Seattle: University of Washinton Press, 2000, pp. 114 – 16.

34. Pamela Kyle Crossley, *A Translucent Mirror: History and Identity in Qing Imperial History*, Oakland: University of California Press, 1999.

35. Gray Tuttle, *Tibetan Buddhists in the Making of Modern China*, New York: Columbia University Press, p. 61.

36. Rhoads, *Manchus and Han*, p. 214.

37. Leibold, 'Positioning "Minzu" ', p. 180.

38. Tuttle, *Tibetan Buddhists*, p. 62.

39. Tjio Kayloe, *The Unfinished Revolution: Sun Yat-Sen and the Struggle for Modern China*, Singapore: Marshall Cavendish International (Asia), 2018.

40. Henrietta Harrison, *The Making of the Republican Citizen: Political Ceremonies and Symbols in China 1911–1929*, Oxford: Clarendon Press, 2000, p. 101.

41. Li Xizhu, 'Provincial Officials in 1911/12', in Joseph W. Esherick and C. X. George Wei (eds), *China: How the Empire Fell*, London; New York: Routledge, 2013.

42. Leibold, 'Positioning "Minzu" ', p. 181.

43. Tuttle, *Tibetan Buddhists*, p. 64.

44. Bergère, *Sun Yat-sen*, p. 228.

45. Leibold, 'Positioning "Minzu" ', pp. 184 – 6.

46. Bergère, *Sun Yat-sen*, p. 236.

47. Richard Louis Edmonds, 'The Legacy of Sun Yat-Sen's Railway Plans', *China Quarterly*, 421 (1987).

48. Leibold, 'Positioning "Minzu" ', p. 197.

49. Ibid., p. 191.

50. James Leibold, *Reconfiguring Chinese Nationalism: How the Qing Frontier and its Indigenes Became Chinese*, Basingstoke: Palgrave Macmillan, 2008, p. 58.

51. Edmonds, *Legacy of Sun Yat-Sen's Railway Plans*.

52. Chien-peng Chung, 'Comparing China's Frontier Politics: How Much Difference Did a Century Make?', *Nationalities Papers*, 46/1, p. 166.

53. Leibold, 'Positioning "Minzu"', p. 183.

54. Xinhua, 'Slandering Xinjiang as "No Rights Zone" Against Fact, Chinese Official Told UN Panel', *ChinaDaily*.com, 14 August 2018, http://www.chinadaily.com.cn/a/201808/14/WS5b7260a6a310add14f385a92.html

55. James Leibold, 'Hu the Uniter: Hu Lianhe and the Radical Turn in China's Xinjiang Policy', *ChinaBrief*, 18/16 (10 October 2018).

56. Leibold, '9 The Spectre of Insecurity: The CCP's Mass Internment Strategy in Xinjiang', *China Leadership Monitor*, Hoover Institution, 1 March 2019.

57. James Leibold, 'A Family Divided: The CCP's Central Ethnic Work Conference', *ChinaBrief*, 14/21, Hoover Institution (7 November 2014).

제6장 민족주의자들을 위한 하나의 국어

1. Xinhua, 'Proposal for News in Mandarin Angers Guangzhou Citizens', 9 July 2010, http:// www.china.org.cn/china/2010-07/09/content_20463001.htm; Sihua Liang, *Language Attitudes and Identities in Multilingual China: A Linguistic Ethnography*, Cham: Springer, 2015, pp. 5-6.

2. Xuesong Gao (2012), '"Cantonese is Not a Dialect": Chinese Netizens' Defence of Cantonese as a Regional Lingua Franca', *Journal of*

Multilingual and Multicultural Development, 33/5 (2012), p. 459.

3. Ibid., p. 459.

4. Verna Yu and *SCMP* Reporter, 'Hundreds Defy Orders Not to Rally in Defence of Cantonese', *South China Morning Post*, 2 August 2010, https://www.scmp.com/article/ 721128/hundreds-defy-orders-not-rally-defence-cantonese

5. Rona Y. Ji, 'Preserving Cantonese Television & Film in Guangdong: Language as Cultural Heritage in South China's Bidialectal Landscape', *Inquiries Journal*, 8/12 (2016), http:// www.inquiriesjournal.com/ articles/1506/3/preserving-cantonese-television-and-film-in-guangdong-language-as-cultural-heritage-in-south-chinas-bidialectal-landscape

6. Mimi Lau, 'Guangdong TV News Channel Quietly Changing from Cantonese to Putonghua', *South China Morning Post*, 11 July 2014, https://www.scmp.com/news/china/ article/1552398/guangdong-tv-news-channel-quietly-changing-cantonese-putonghua

7. Xinhua, 'China to Increase Mandarin Speaking Rate to 80%', 3 April 2017, http://english. gov.cn/state_council/ministries/2017/04/03/content_281475615766970.htm

8. Minglang Zhou and Hongkai Sun (eds), Language Policy in the People's Republic of China: Theory and Practice Since 1949, Boston; London: Kluwer Academic Publishers, 2004, p. 30.

9. Dan Xu and Hui Li, 'Introduction', in Dan Xu and Hui Li (eds), *Languages and Genes in Northwestern China and Adjacent Regions*, Singapore: Springer, 2017, p. 3.

10. Stephen Chen, 'Beyond the Yellow River: DNA Tells New Story of the Origins of Han Chinese', *South China Morning Post*, 23 May 2019.

11. Jerry Norman, *Chinese*, Cambridge: Cambridge University Press, 1988,

chapter 1.

12. Victor H. Mair, 'What is a Chinese "Dialect/Topolect"?', *Sino-Platonic Papers*, 29 (September 1991).

13. Ibid., pp. 15 – 16.

14. Norman, *Chinese*, pp. 2; 183.

15. Elisabeth Kaske, *The Politics of Language in Chinese Education: 1895–1919*, Leiden: Brill, 2008, p. 32.

16. Mair, 'What is a Chinese "Dialect/Topolect"?', pp. 11 – 12.

17. Murata Yujiro, 'The Late Qing "National Language" Issue and Monolingual Systems: Focusing on Political Diplomacy', *Chinese Studies in History*, 49/3 (2016), pp. 108 – 25.

18. Kaske, *Politics of Language*, pp. 24 – 6.

19. Ibid., pp. 91 – 3.

20. John DeFrancis, *Nationalism and Language Reform in China*, Princeton, New Jersey: Princeton University Press, 1950, p. 33.

21. Yixue Yang, 'Language Reform and Nation Building in Twentieth-Century China', *Sino-Platonic Papers*, 264, University of Pennsylvania, December 2016, pp. 74 – 6.

22. Ni Haishu, 'Qieyinzi', in *Zhongguo da baike quanshu*, Yuyan wenzi, Beijing/Shanghai: Zhongguo da baike quanshu chubanshe, 1988, pp. 315 – 17, http://www.chinaknowledge. de/Literature/Script/qieyin. html

23. Jing Tsu, *Sound and Script in Chinese Diaspora*, Cambridge, MA: Harvard Univeristy Press, 2010, p. 23.

24. Kaske, *Politics of Language*, p. 146.

25. Quoted in ibid., p. 122.

26. Ibid., p. 366.

27. Ibid., pp. 356 – 7.

28. Ibid., p. 378.

29. Ibid., p. 292.

30. Ibid., p. 293.

31. Christopher Rea, *The Age of Irreverence: A New History of Laughter in China*, Oakland, CA: University of California Press, pp. 97 – 101.

32. Kaske, *Politics of Language*, pp. 407; 410.

33. DeFrancis, *Nationalism and Language Reform*, p. 57.

34. Tsu, *Sound and Script*, p. 194; S. Robert Ramsey, *The Languages of China*, Princeton, NJ: Princeton University Press, 1987, pp. 7 – 8.

35. DeFrancis, *Nationalism and Language Reform*, p. 66.

36. Kaske, *Politics of Language*, p. 428; Peter Peverelli, *The History of Modern Chinese Grammar Studies*, Berlin: Springer, 2015, p. 28.

37. Kaske, *Politics of Language*, p. 463; Peverelli, *History of Modern Chinese Grammar Studies*, pp. 28 – 9.

38. Quoted in Tsu, *Sound and Script*, p. 196.

39. David Moser, *A Billion Voices: China's Search for a Common Language*, London: Penguin Books, 2016, p. 27.

40. John DeFrancis, 'Language and Script Reform in China', in Joshua A. Fishman (ed.), *Advances in the Sociology of Language, vol. II: Selected Studies and Applications*, The Hague; Paris: Mouton, 1972, p. 458.

41. Harriet C. Mills, 'Language Reform in China: Some Recent Developments', *Far Eastern Quarterly*, 15/4 (August 1956), pp. 521 – 7.

42. *People's Daily*, 26 October 1955, quoted in Longsheng Guo, 'The Relationship Between Putonghua and Chinese Dialects', in Minglang Zhou and Hongkai Sun (eds), *Language Policy in the People's Republic of China: Theory and Practice Since 1949*, Boston; London: Kluwer Academic Publishers, 2004, pp. 45 – 6.

43. Yanyan Li, *The Teaching of Shanghainese in Kindergartens*, PhD

dissertation, Benerd School of Education, 2015, pp. 49 - 52.

44. Qing Shao and Xuesong (Andy) Gao, 'Protecting Language or Promoting Dis-citizenship? A Poststructural Policy Analysis of the Shanghainese Heritage Project', *International Journal of Bilingual Education and Bilingualism*, 22/3 (2019), pp. 352 - 64.

45. Mark MacKinnon, 'Mandarin Pushing Out Cantonese', *Globe and Mail* (Toronto), 20 November 2009, https://www.theglobeandmail.com/news/world/mandarin-pushing-out- cantonese/article4293285; He Huifeng, 'Why Has Cantonese Fallen Out of Favour with Guangzhou Youngsters?', *South China Morning Post*, 12 March 2018, https://www.scmp. com/news/china/society/article/2136237/why-has-cantonese-fallen-out-favour-guangzhou- youngsters

46. Shao and Gao, 'Protecting Language', p. 357.

47. Moser, *A Billion Voices*, p. 90.

48. Quoted in Natalia Riva 'Putonghua and Language Harmony: China's Resources of Cultural Soft Power', *Critical Arts*, 31/6 (2017), pp. 92 - 108.

제7장 왜 청 조정과 혁명가들은 대만을 무시했는가

1. Gap Inc., Gap Inc. Company-Operated Store Count by Country 2017, http://www.gapinc. com/content/dam/gapincsite/documents/Gap%20Inc.%20Company%20Owned%20 Store%20Count%20by%20 Country.pdf; Gap Inc., Gap Inc. Factory List April 2019, https://www.gapincsustainability.com/sites/default/files/Gap%20Inc%20 Factory%20List.pdf

2. 'MAC Apologizes for Omitting Taiwan on Map of China in Promotional Email', *Global Times*, 10 March 2019, http://www.globaltimes.cn/content/1141581.shtml

3. Christian Shepherd, 'China Revises Mapping Law to Bolster Territorial Claims', Reuters, 27 April 2017.

4. Zhang Han, 'China Strengthens Map Printing Rules, Forbidding Publications Printed For Overseas Clients From Being Circulated in the Country', *Global Times*, 17 February 2019.

5. Laurie Chen, 'Chinese City Shreds 29000 Maps Showing Taiwan as a Country', *South China Morning Post*, 25 March 2019, https://www.scmp.com/news/china/society/ article/3003121/about-29000-problematic-world-maps-showing-taiwan-country

6. A. J. Grajdanzev, 'Formosa (Taiwan) Under Japanese Rule', *Pacific Affairs*, 15/3 (September 1942), p. 312; Andrew Morris, 'The Taiwan Republic of 1895 and the Failure of the Qing Modernizing Project', in Stéphane Corcuff and Robert Edmondson (eds), *Memories of the Future: National Identity Issues and the Search for a New Taiwan*, Armonk, NY: M.E. Sharp, 2002; Harry J. Lamley, 'The 1895 Taiwan Republic: A Significant Episode in Modern Chinese History', *Journal of Asian Studies*, 27/4 (1968), pp. 739–62

7. Alan M. Wachman, *Why Taiwan? Geostrategic Rationales for China's Territorial Integrity*, Stanford, CA: Stanford University Press, 2007, p. 69.

8. Ibid., pp. 50–60.

9. S.C.M. Paine, *Imperial Rivals: China, Russia, and Their Disputed Frontier*, Armonk, NY: M.E. Sharpe, 1996, p. 352.

10. Marie-Claire Bergère (trans. Janet Lloyd), *Sun Yat-sen*, Stanford, CA: Stanford University Press, 1998, pp. 92–6.

11. Shi-Chi Mike Lan, 'The Ambivalence of National Imagination: Defining "The Taiwanese" in China, 1931–1941', *China Journal*, 64 (2010), p. 179.

12. Marc Andre Matten, *Imagining a Postnational World: Hegemony and Space in Modern China*, Leiden: Brill, 2016, p. 126.

13. Jingdong Yu, 'The Concept of "Territory" in Modern China: 1689 – 1910', *Cultura: International Journal of Philosophy of Culture and Axiology*, 15/2 (2018), pp. 73 – 95.

14. So Wai Chor, 'National Identity, Nation and Race: Wang Jingwei's Early Revolutionary Ideas, 1905 – 1911', *Journal of Modern Chinese History*, 4/1 (2010), p. 73.

15. Matten, *Imagining a Postnational World*, pp. 88 – 9.

16. Republic of China, 'The Provisional Constitution of the Republic of China', *American Journal of International Law*, 6/3, Supplement: Official Documents (July 1912), pp. 149 – 54.

17. William L. Tung, *The Political Institutions of Modern China*, The Hague: M. Nijhoff, 1964, p. 326.

18. Matten, *Imagining a Postnational World*, p. 152. But see Tung, *Political Institutions of Modern China*, p. 332, for an alternative translation.

19. Matten, *Imagining a Postnational World*, p. 152; Tung, *Political Institutions of Modern China*, p. 344.

20. Tung, *Political Institutions of Modern China*, p. 350; Matten, *Imagining a Postnational World*, pp. 152 – 3.

21. James Leibold, *Reconfiguring Chinese Nationalism: How the Qing Frontier and its Indigenes Became Chinese*, Basingstoke: Palgrave Macmillan (2007), p. 4.

22. Frank Trager, 'Burma and China', *Journal of Southeast Asian History*, 5/1 (1964), pp. 38 – 9.

23. Ning Chia, 'Lifanyuan and Libu in the Qing Tribute System', in Dittmar Schorkowitz and Ning Chia (eds), *Managing Frontiers in Qing China: The Lifanyuan and Libu Revisited*, Boston: Brill, 2016, p. 168.

24. Yingcong Dai, *The Sichuan Frontier and Tibet: Imperial Strategy in the Early Qing*, Seattle: University of Washington Press, 2011, p. 124.

25. Leibold, *Reconfiguring Chinese Nationalism*, p. 11.

26. Chiao-Min Hsieh and Jean Kan Hsieh, *Race the Rising Sun: A Chinese University's Exodus During the Second World War*, Lanham, MD: University Press of America, 2009, p. 103.

27. Michael H. Hunt, 'The American Remission of the Boxer Indemnity: A Reappraisal', *Journal of Asian Studies*, 31/3 (May 1972).

28. Zhihong Chen, '"Climate's Moral Economy": Geography, Race, and the Han in Early Republican China', in Thomas S. Mullaney et al. (eds), *Critical Han Studies: The History, Representation, and Identity of China's Majority*, Berkeley, CA: University of California Press, 2012, p. 76–8.

29. Hsieh and Hsieh, *Race the Rising Sun*, p. 104.

30. Chen, '"Climate's Moral Economy"', p. 90.

31. Zhihong Chen, 'The Frontier Crisis and the Construction of Modern Chinese Geography in Republican China (1911–1949)', *Asian Geographer*, 33/2 (2016).

32. Timothy Cheek, *The Intellectual in Modern Chinese History*, Cambridge: Cambridge University Press, 2015, p. 134.

33. e.g. Zhang Qiyun, *Chuzhong jiaokeshu rensheng dili* [Human Geography for Junior Middle Schools], 3 volumes, Shanghai: Shanghai Commercial Press, 1925.

34. Chen, 'Frontier Crisis', p. 156; Zhihong Chen, 'Stretching the Skin of the Nation', PhD thesis, 2008, p. 197.

35. Ge Zhaoguang, *What is China? Territory, Ethnicity, Culture and History*, Cambridge, MA: Belknap Press, 2018, pp. 86–93.

36. Chiu-chun Lee, 'Liberalism and Nationalism at a Crossroads: The Guomindang's Educational Policies 1927–1930', in Tze-ki Hon and

Robert Culp (eds), *The Politics of Historical Production in Late Qing and Early Republican China*, Leiden: Brill, 2007, p. 303.

37. Hsiang-po Lee, 'Rural-Mass Education Movement In China, 1923 – 1937, PhD thesis, University of Ohio, 1970, pp. 60 – 61.

38. Robert Culp, *Articulating Citizenship: Civic Education and Student Politics in Southeastern China, 1912–1940*, Cambridge, MA: Harvard University Press, 2007, pp. 85 – 7.

39. Fangyu He, 'From Scholar to Bureaucrat: The Political Choice of the Historical Geographer Zhang Qiyun', *Journal of Modern Chinese History*, 10/1 (2016), p. 36.

40. Lan, 'The Ambivalence of National Imagination'.

41. Peter Zarrow, *Educating China: Knowledge, Society and Textbooks in a Modernising World, 1902–1937*, Cambridge: Cambridge University Press, 2015, p. 239.

42. Culp, *Articulating Citizenship*, p. 81.

43. Chen, ' "Climate's Moral Economy" ', pp. 80 – 81.

44. Zarrow, *Educating China*, p. 242.

45. Culp, *Articulating Citizenship*, chapter 2; Zarrow, *Educating China*, chapter 8.

46. William A. Callahan, 'The Cartography of National Humiliation and the Emergence of China's Geobody', *Public Culture*, 21/1 (2009).

47. Wachman, *Why Taiwan?*, p. 86.

48. Laura Hostetler, *Qing Colonial Enterprise: Ethnography and Cartography in Early Modern China*, Chicago: University of Chicago Press, 2001, pp. 117 – 20.

49. Diana Lary, 'A Zone of Nebulous Menace: The Guangxi/Indochina Border in the Republican Period', in Diana Lary (ed.), *The Chinese State at the Borders*, Vancouver: University of British Columbia Press, 2007.

50. Chen, *Stretching the Skin*, pp. 196 – 7.

51. Li Jinming and Li Dexia, 'The Dotted Line on the Chinese Map of the South China Sea: A Note', *Ocean Development & International Law*, 34 (2003), p. 289.

52. Shenbao, Shenbao, *Zhonghua minguo xinditu* (New Maps of the Chinese Republic), Shanghai: Shenbao, 1934, preface.

53. Chen, Stretching the Skin, p. 205; Shenbao, 'New Maps'; Chi-Yun Chang, 'Geographic Research in China', *Annals of the Association of American Geographers*, 34/1 (March 1944), p. 47.

54. Owen Lattimore, 'The Frontier In History' (1955), in Owen Lattimore, *Studies in Frontier History: Collected Papers, 1928–1958*, London: Oxford University Press, 1962, pp. 469 – 70.

55. James A. Millward, 'New Perspectives on the Qing Frontier', in Gail Hershatter, *Remapping China: Fissures in Historical Terrain*, Stanford, CA: Stanford University Press, 1996, pp. 114 – 15.

56. Chen, 'Frontier Crisis', p. 153.

57. The other co-founder was a colleague of his at Zhongyang University, Hu Huanyong, also a former student of Zhu Kezhen.

58. Chen, 'Frontier Crisis'.

59. Dahpon D. Ho, 'Night Thoughts of a Hungry Ghostwriter: Chen Bulei and the Life of Service in Republican China', *Modern Chinese Literature and Culture*, 19/1 (2007), p. 14; Cheek, Intellectual in Modern Chinese History, p. 134.

60. He, 'From Scholar to Bureaucrat', pp. 35 – 51.

61. Zarrow, *Educating China*, p. 221.

62. Chen, *Stretching the Skin*, p. 203.

63. Chen, 'Frontier Crisis', p. 155.

64. 'Night Thoughts of a Hungry Ghostwriter', p. 14.

65. He, 'From Scholar to Bureaucrat', p. 37.

66. Ibid., p. 41.

67. Li Xiaoqian, 'Predicament and Responses: Discussions of History Education in Early Modern China', *Chinese Studies in History*, 50/2, (2017), p. 161.

68. Chi-Yun Chang, 'Geographic Research in China', pp. 58–9.

69. Chi-Yun Chang, 'Climate and Man in China', *Annals of the Association of American Geographer*, 36/1, 1946, pp. 44–73.

70. Chang Ch'i-yün, 'The Natural Resources of China', No. 1. Sino-international Economic Research Center, 1945.

71. He, 'From Scholar to Bureaucrat', p. 43.

72. Nelson Trusler Johnson, Letter from the Ambassador in China to the Secretary of State, 26 April 1938, *Foreign Relations Of The United States Diplomatic Papers, 1938, The Far East, volume III, document 154*, https://history.state.gov/historicaldocuments/frus1938v03/ d154

73. Frank S. T. Hsiao and Lawrence R. Sullivan, 'The Chinese Communist Party and the Status of Taiwan, 1928–1943', *Pacific Affairs*, 52/3 (1979), p. 463; Steve Phillips, 'Confronting Colonization and National Identity: The Nationalists and Taiwan, 1941–45', *Journal of Colonialism and Colonial History*, 2/3 (2001); Steve Tsang, 'From Japanese Colony to Sacred Chinese Territory: Putting the Geostrategic Significance of Taiwan to China in Historical Context', unpublished paper, 2019.

74. Hsiao and Sullivan, 'Chinese Communist Party', p. 446.

75. Wachman, *Why Taiwan?*, pp. 88–90.

76. Xiaoyuan Liu, *Partnership for Disorder: China, the United States, and their Policies for the Postwar Disposition of the Japanese Empire, 1941–1945*, Cambridge: Cambridge University Press, 1996, p. 65.

77. J. Bruce Jacobs, 'Taiwanese and the Chinese Nationalists, 1937 –
1945: The Origins of Taiwan's "Half-Mountain People" (Banshan ren)',
Modern China, 16/84 (1990).

78. Phillips, 'Confronting Colonization'.

79. Among others who assisted was Tao Xisheng, a former professor
who served on several key committees within the government, then
defected to Wang Jingwei's pro-Japanese govern- ment and then
returned to the GMD in early 1940. Until 1925, he was a relatively
unknown legal historian and an editor at the Commercial Press.

80. It was published on 10 March 1943.

81. Phillips, 'Confronting Colonization'. NB the Chinese text is different
from the English- language version published in 1947.

82. Melvyn C. Goldstein, *A History of Modern Tibet*, Berkeley: University
of California Press, 2007, pp. 314 –49; Simon L. Chang, 'A "Realist"
Hypocrisy? Scripting Sovereignty in Sino- Tibetan Relations and the
Changing Posture of Britain and the United States', *Asian Ethnicity*, 26
(2011), pp. 325 –6.

83. Chen Ching-Chang (陳錦昌), 'Record of Chiang Kai-shek's retreat to
Taiwan' (蔣中正遷台記) (2005), p. 50.

84. He, 'From Scholar to Bureaucrat', p. 46.

85. LSE Undergraduate and Postgraduate Students Headcount: 2013/14 –
2017/18, https:// info.lse.ac.uk/staff/divisions/Planning-Division/
Assets/Documents/Student-Statistics- 2018.pdf

86. CAN, 'Lúndūn zhèng jing xuéyuàn gōnggòng yìshù jiāng bǎ táiwān
huà wéi zhōngguó wàijiāo bù kàngyì', 7 April 2019, https://www.
cna.com.tw/news/firstnews/201904040021. aspx (accessed 2 March 2020).

87. Isabella Pojuner, 'China-Taiwan Tension Feeds LSE Globe Furore',
BeaverOnline, 6 April 2019, https://beaveronline.co.uk/china-taiwan-

tension-feeds-lse-globe-furore

88. Keoni Everington, 'LSE ignores Chinese cries, adds asterisk next to Taiwan on globe', Taiwan News, 10 July 2019, https://www. taiwannews.com.tw/en/news/3742226 (accessed 2 March 2020).

제8장 중국이 남중국해를 가지게 된 이유

1. James Horsburgh, *India Directory*, vol. 2, London: William H. Allen & Company, 1852, p. 369.

2. Bureau of Navigation, Navy Department, 'A List of the Reported Dangers to Navigation in the Pacific Ocean, Whose Positions are Doubtful, Or Not Found on the Charts in General Use', Washington: Government Printing Office, 1866, p. 71.

3. 1st of the 5th lunar month 1907.

4. Edward S. Krebs, *Shifu, Soul of Chinese Anarchism*, London: Rowman & Littlefield, 1998, p. 44.

5. Edward J. M. Rhoads, *China's Republican Revolution: The Case of Kwangtung, 1895–1913*, volume 81, Cambridge, MA: Harvard University Press, 1975, pp. 111 and 114.

6. Cuthbert Collingwood, *Rambles of a Naturalist on the Shores and Waters of the China Sea: Being Observations in Natural History During a Voyage to China, Formosa, Borneo, Singapore, etc in Her Majesty's Vessels in 1866 and 1867*, London: John Murray, 1868, p. 147.

7. 'US Concern Over Pratas', *Hong Kong Daily Press*, 7 December 1907, p. 2.

8. Wong, Sin-Kiong, 'The Tatsu Maru Incident and the Anti-Japanese Boycott of 1908: A Study of Conflicting Interpretations', *Chinese Culture*, 34/3 (1993), pp. 77–92.

9. Rhoads, *China's Republican Revolution*, pp. 135–7.

10. 'The French in South China', *Singapore Free Press and Mercantile*

Advertiser, 20 April 1908, p. 5.

11. 'The Pratas', *China Mail*, 16 March 1909, p. 4; 'The Pratas Island Question', *Japan Weekly Chronicle*, 15 July 1909, p. 106; 'A New Pilot for Lower Yangtze', *North China Daily News*, 28 May 1926, p. 18.

12. *Straits Times*, 23 December 1910, p. 7.

13. Monique Chemillier-Gendreau, *Sovereignty over the Paracel and Spratly Islands*, The Hague; Boston: Kluwer Law International, 2000, pp. 200–203.

14. 'Paracels Islands: Chinese Official Mission Returns', *South China Morning Post*, 10 June 1909, p. 7.

15. 'Local News', *South China Morning Post*, 21 June 1909, p. 2.

16. Rhoads, *China's Republican Revolution*, p. 211; Krebs, *Shifu*, p. 68.

17. 'Li Chun Recovering Rapidly', *Hong Kong Telegraph*, 13 September 1911, p. 4.

18. Mary Man-yue Chan, *Chinese Revolutionaries in Hong Kong, 1895–1911*, MA thesis, University of Hong Kong, 1963, p. 233.

19. Ibid., pp. 230–32.

20. Woodhead, H.G.W., and H. T. Montague, *The China Year Book*, London: G. Routledge & Sons, 1914, p. 575.

21. 'Promotion for Li Chun', *China Mail*, 23 July 1914, p. 7; 'Li Chun', *China Mail*, 7 August 1914.

22. Li Zhun, 'Li zhun xun hai ji' (On Li Zhun's patrol of the sea), *Guowen zhoubao* 10, 33 (Aug.), p. 2.

23. Gerard Sasges, 'Absent Maps, Marine Science, and the Reimagination of the South China Sea, 1922–1939', *Journal of Asian Studies* (January 2016), pp. 1–24.

24. Chemillier-Gendreau, *Sovereignty over the Paracel and Spratly Islands*, p. 107.

25. Sasges, 'Absent Maps', p. 13.

26. Republic of China Ministry of Foreign Affairs, 外交部南海諸島檔案彙編 (Compilation of archives of the South China Sea islands of the Ministry of Foreign Affairs), Taipei, 1995, p. 28.

27. Tze-ki Hon, 'Coming to Terms With Global Competition: The Rise of Historical Geography in Early Twentieth-century China', in Robert Culp, Eddy U, Wen-hsin Yeh (eds), *Knowledge Acts in Modern China: Ideas, Institutions, and Identities*, Berkeley, CA: Institute of East Asian Studies, University of California, 2016.

28. Wu Feng-ming, 'On the new Geographic Perspectives and Sentiment of High Moral Character of Geographer Bai Meichu in Modern China', *Geographical Research* (China), 30/11, 2011, pp. 2109–14.

29. Ibid., p. 2113.

30. Tsung-Han Tai and Chi-Ting Tsai, 'The Legal Status of the U-shaped Line Revisited from the Perspective of Inter-temporal Law', in Szu-shen Ho and Kuan-Hsiung Wang (eds), *A Bridge Over Troubled Waters: Prospects for Peace in the South and East China Seas*, Taipei: Prospect Foundation, 2014, pp. 177–208.

맺는 글 – 중국몽

1. https://www.swaen.com/antique-map-of.php?id=22295

2. Marijn Nieuwenhuis, 'Merkel's Geography: Maps and Territory in China', *Antipode*, 11 (June 2014), https://antipodefoundation.org/2014/06/11/maps-and-territory-in-china/

3. Wang Yiwei, 'Economic Interests Attract China to Russia, Not Edgy Policies', *YaleGlobal*, 3 February 2015, https://yaleglobal.yale.edu/content/economic-interests-attract-china-russia-not-edgy-policies

4. See, for example, Dean H. Hamer, *The God Gene: How Faith Is*

Hardwired into Our Genes, New York: Doubleday Books, 2004.

5. Zheng Wang, *Never Forget National Humiliation: Historical Memory in Chinese Politics and Foreign Relations*, New York: Columbia University Press, 2014, p. 99.

6. Zheng Wang, 'National Humiliation, History Education, and the Politics of Historical Memory: Patriotic Education Campaign in China', *International Studies Quarterly*, 52 (2008), p. 784.

7. http://www.chinafile.com/library/books/China-Dreams

추천 문헌

수많은 학자의 선행 연구가 없었다면 이 책은 세상에 나올 수 없었을 것이다. 다음은 내가 참고한 서적과 작가의 목록으로, 이 책에서 다룬 주제를 더 깊게 알고 싶은 독자에게 추천한다.

서문

Barmé, Geremie R., *The Forbidden City*, Cambridge, MA: Harvard University Press, 2011 Brook, Timothy, *Great State: China and the World*, London: Profile Books, 2019

Mullaney, Thomas S., et al. (eds), *Critical Han Studies: The History, Representation, and Identity of China's Majority*, Berkeley, CA: University of California Press, 2012

Waley-Cohen, Joanna, 'The New Qing History,' *Radical History Review*, 88 (2004)

제1장 외부인의 시선에서 탄생한 이름, 중국

Bol, Peter K., 'Middle-period Discourse on the Zhong Guo: The Central Country', in *Hanxue Yanjiu (Chinese Studies)*, Taipei: Center for Chinese Studies, 2009, pp. 61–106

Boxer, C. R. (ed.), *South China in the Sixteenth Century: Being the Narratives of Galeote Pereira, Fr. Gaspar de Cruz, O.P., Fr. Martin de Rada, O.E.S.A.*, London: The Hakluyt Society, second series, 106, 1953

Chin, Tamara, 'The Invention of the Silk Road, 1877', *Critical Inquiry*,

40/1 (2013), pp. 194 – 219, doi:10.1086/673232

Cook, Constance A., and John S. Major, *Defining Chu: Image and Reality in Ancient China*, Honolulu: University of Hawaii Press, 1999

Costa Gomes, Cristina, and Isabel Murta Pina, 'Making Clocks and Musical Instruments: Tomás Pereira as an Artisan at the Court of Kangxi (1673 – 1708)', *Revisita de Cultura* (International Edition), 51 (2016)

Crossley, Pamela Kyle, 'The Rulerships of China: A Review Article,' *American Historical Review*, 97/5 (1992)

Dikötter, Frank (ed.), *The Construction of Racial Identities in China and Japan*, Hong Kong: Hong Kong University Press, 1997

Dirlik, Arif, 'Born in Translation: "China" in the Making of "Zhongguo" ', *Boundary* (2015)

—, 'Born in Translation: "China" in the Making of "Zhongguo" ', paper presented at Institute for Social Sciences of the University of California Davis, co-hosted by Kreddha, 22 – 4 September 2016

Fitzgerald, John, *Awakening China: Politics, Culture, and Class in the Nationalist Revolution*, Stanford, CA: Stanford University Press, 1996, p. 117

Geng, Yunzhi, *An Introductory Study on China's Cultural Transformation in Recent Times*, Berlin: Springer, 2015

Hon, Tze-ki, *Revolution as Restoration: Guocui Xuebao and China's Path to Modernity, 1905–1911*, Leiden: Brill, 2013

Kaske, Elisabeth, *The Politics of Language in Chinese Education: 1895–1919*, Leiden: Brill, 2008 Kwong, Luke S. K., 'What's In A Name: Zhongguo (Or "Middle Kingdom") Reconsidered', Historical Journal, 58/3 (2015)

Liu, Lydia, *The Clash of Empires: The Invention of China in Modern World Making*, Cambridge, MA: Harvard University Press, 2004

Murthy, Viren, *The Political Philosophy of Zhang Taiyan: The Resistance of Consciousness*, Leiden: Brill, 2011

Ricci, Matteo, *China in the Sixteenth Century: The Journals of Matthew Ricci, 1583–1610*, compiled by Nicholas Trigault, translated from the Latin by Louis Gallagher, New York: Random House, 1953

Schiffrin, Harold, *Sun Yat-Sen and the Origins of the Chinese Revolution*, Berkeley, CA: University of California Press, 1968

Schneider, Julia C., *Nation and Ethnicity: Chinese Discourses on History, Historiography, and Nationalism (1900s–1920s)*, Leiden: Brill, 2017

Sebes, Joseph, 'The Jesuits and the Sino-Russian Treaty of Nerchinsk (1689) The Diary of Thomas Pereira, S. J.', *Bibliotheca Instituti Historici*, vol. XVIII (1962)

Shimada, Kenji, *Pioneer of the Chinese Revolution: Zhang Binglin and Confucianism*, Stanford, CA: Stanford University Press, 1990

Smith, Richard J., *Mapping China and Managing the World: Culture, Cartography and Cosmology in Late Imperial Times*, New York: Routledge, 2013

Tackett, Nicolas, *The Origins of the Chinese Nation: Song China and the Forging of an East Asian World Order*, Cambridge: Cambridge University Press, 2017

Twitchett, Denis, John King Fairbank and Michael Loewe, *The Cambridge History of China: Volume 1, The Ch'in and Han Empires, 221 BC–AD 220*, Cambridge: Cambridge University Press, 1987

Ven, Hans van de, *Breaking with the Past: The Maritime Customs Service and the Global Origins of Modernity in China*, New York: Columbia University Press, 2014

Watanabe, Junsei, 'Manchu Manuscripts in the Toyo Bunko', in Luís Saraiva (ed.), *Europe and China: Science and Arts in the 17th and 18th*

Centuries, Singapore; Hackensack, NJ: World Scientific, 2013

Zhang, Deyi (trans. Simon Johnstone), *Diary of a Chinese Diplomat*, Beijing: Chinese Literature Press, 1992

—, *Sui Shi Fa Guo ji* ('Random Notes on France'), Hunan: Renmin chuban she, 1982

제2장 중국의 주권은 어떻게 발명되었는가?

Alsford, Niki, *Transitions to Modernity in Taiwan: The Spirit of 1895 and the Cession of Formosa to Japan*, London: Routledge, 2017

Berry, Chad Michael, 'Looking for a Friend: Sino-U.S. Relations and Ulysses S. Grant's Mediation in the Ryukyu/Liuqiu 琉球 Dispute of 1879', thesis, University of Ohio, 2014

Biggerstaff, Knight, 'The Secret Correspondence of 1867 – 1868: Views of Leading Chinese Statesmen Regarding the Further Opening of China to Western Influence', *Journal of Modern History*, 22/2 (June 1950), pp. 122 – 36

Broder, John M., and Elisabeth Rosenthal, 'Obama Has Goal to Wrest a Deal in Climate Talks', *New York Times*, 17 December 2009

Callahan, William A., *Contingent States: Greater China and Transnational Relations*, Minneapolis; London: University of Minnesota Press, 2004

Cassel, Pär Kristoffer, *Grounds of Judgment: Extraterritoriality and Imperial Power in Nineteenth-Century China and Japan*, Oxford; New York: Oxford University Press, 2012

Chapuis, Oscar, *The Last Emperors of Vietnam: From Tu Duc to Bao Dai*, Westport, CT: Greenwood Press, 2000

China Internet Information Center, 'Opening ceremony of the 19th CPC National Congress' 17 October 2017, http://live.china.org.cn/2017/10/17/opening-ceremony-of-the-19th-cpc-national-congress (accessed 2 March 2020)

Cranmer-Byng, J. L., 'The Chinese Perception of World Order', *International Journal*, 24/1 (Winter 1968–9), pp. 166–71

—, 'The Chinese View of Their Place in the World: An Historical Perspective', *China Quarterly*, 53 (January–March 1973), pp. 67–79

Crossley, Pamela Kyle, *Orphan Warriors: Three Manchu Generations and the End of the Qing World*, Princeton, NJ: Princeton University Press, 1990

Cushman, Jennifer Wayne, *Fields From the Sea: Chinese Junk Trade with Siam During the Late Eighteenth and Early Nineteenth Centuries*, Ithaca, NY: Cornell University Press, 1993

Davis, Bradley Camp, *Imperial Bandits: Outlaws and Rebels in the China-Vietnam Borderlands*. Seattle, University of Washington Press, 2016

Fairbank, J. K. 'Tributary Trade and China's Relations with the West', *Far Eastern Quarterly*, 1/2 (February 1942)

—, and Merle Goldman, *China: A New History*, Cambridge, MA, Harvard University Press, 2006

Falkner, Robert, 'The Paris Agreement and the New Logic of International Climate Politics', *International Affairs*, 92/5, pp. 1107–25 (2016)

Feige, Chris, and Jeffrey A. Miron, 'The Opium Wars, Opium Legalization and Opium Consumption in China', *Applied Economics Letters*, 15/12 (2008), pp. 911–13

Godement, François, *Expanded Ambitions, Shrinking Achievements: How China Sees the Global Order*, London: European Council on Foreign Relations, 2017

Hamashita, Takeshi, 'Tribute and Treaties: East Asian Treaty Ports Networks in the Era of Negotiation, 1834–1894', *European Journal of East Asian Studies*, 1/1 (2001), p. 61

—, 'The Tribute Trade System and Modern Asia', chapter 6 in Kenneth Pomeranz (ed.), *The Pacific in the Age of Early Industrialization*, Farnham: Ashgate, 2009

Hunt, Michael H., *The Making of a Special Relationship: The United States and China to 1914*, New York: Columbia University Press, 1983

Irigoin, Alejandra, 'A Trojan Horse in Daoguang China? Explaining the Flows of Silver In and Out of China', LSE Working Paper No. 173/13, London School of Economics, 2013

Kublin, Hyman, 'The Attitude of China during the Liu-ch'iu Controversy, 1871-1881', *Pacific Historical Review*, 18/2 (May 1949), pp. 213-31

Little, Alicia E. Neve, *Li Hung-Chang: His Life and Times* [1903], Cambridge: Cambridge University Press, 2010

Liu, Kwang-ching, 'The Confucian as Patriot and Pragmatist: Li Hung-chang's Formative Years, 1823-1866', *Harvard Journal of Asiatic Studies*, vol. 30 (1970), pp. 5-45

Liu, Lydia, *The Clash of Empires: The Invention of China in Modern World Making*, Cambridge, MA: Harvard University Press, 2004

Loehr, George R., 'A. E. van Braam Houckgeest: The First American at the Court of China', *Princeton University Library Chronicle*, 15/4 (Summer 1954), pp. 179-93

Lynas, Mark, 'How do I know China wrecked the Copenhagen deal? I was in the room', *The Guardian*, 22 December 2009

Meyer-Fong, Tobie, 'Urban Space and Civil War: Hefei, 1853-1854', *Frontiers of History in China*, 8/4 (2013), pp. 469-92

Miller, Robert Hopkins, *The United States and Vietnam 1787-1941*, Forest Grove, OR: University Press of the Pacific, 2005

Mouat, Melissa, 'The Establishment of the Tongwen Guan and the Fragile Sino-British Peace of the 1860s', *Journal of World History*, 26/4 (2016),

p. 741

Paine, S.C.M, *The Sino-Japanese War of 1894-1895: Perceptions, Power, and Primacy*, Cambridge: Cambridge University Press, 2005

Patapan, Haig, and Yi Wang, 'The Hidden Ruler: Wang Huning and the Making of Contemporary China', *Journal of Contemporary China*, 27/109 (2018), pp. 54 – 5

Paullin, Charles Oscar, 'The Opening of Korea by Commodore Shufeldt', *Political Science Quarterly*, 25/3 (September 1910), pp. 470 – 99

Polachek, James M., *The Inner Opium War*, Cambridge, MA: Harvard University Press, 1992

Pong, David, *Shen Pao-chen and China's Modernization in the Nineteenth Century*, Cambridge: Cambridge University Press, 1994

Rudolph, Jennifer, *Negotiated Power in Late Imperial China: The Zongli Yamen and the Politics of Reform*, Ithaca, NY: Cornell University East Asia Program, 2008

Smith, Richard J., *Robert Hart and China's Early Modernization: His Journals, 1863–1866*, Cambridge, MA: Harvard University Press, 1991

—, 'Li Hung-chang's Use of Foreign Military Talent: The Formative Period, 1862 – 1874', in Samuel C. Chu and Kwang-ching Liu (eds), *Li Hung-chang and China's Early Modernization*, London: M.E. Sharpe, 1994

Spence, Jonathan, *Chinese Roundabout: Essays in History and Culture*, New York: W. W. Norton, 1992

—, *The Search for Modern China*, New York: W.W. Norton & Co., 2001

Svarverud, Rune, *International Law as World Order in Late Imperial China: Translation, Reception and Discourse 1847–1911*, Leiden: Brill, 2007

Syatauw, J.J.G., *Some Newly Established Asian States and the Development of International Law*, The Hague: Martinus Nijhoff, 1961

Taylor, K. W., *A History of the Vietnamese*, Cambridge: Cambridge University Press, 2013

Teng, Ssu-yü and John King Fairbank, *China's Response to the West: A Documentary Survey, 1839–1923*, Cambridge, MA: Harvard University Press, 1979

Trager, Frank, 'Burma and China', *Journal of Southeast Asian History*, 5/1 (1964)

Vidal, John, and Jonathan Watts, 'Agreement Finally Reached: Copenhagen 9.30 a.m., Saturday 19 December 2009', *The Observer*, 20 December 2009

Wang, Dong, *China's Unequal Treaties: Narrating National History*, Lanham, MD: Lexington Books, 2005

Wang, Yi, 'Wang Huning: Xi Jinping's Reluctant Propagandist', www.limesonline.com, 4 April 2019

Wooldridge, William Charles, 'Building and State Building in Nanjing after the Taiping Rebellion', *Late Imperial China*, 30/2 (2009), pp. 84–126

Yin, Zhiguang, 'Heavenly Principles? The Translation of International Law in 19th-century China and the Constitution of Universality', *European Journal of International Law*, 27/4 (1 November 2016), pp. 1005–23

제3장 황제 헌원의 자손이라는 신화, 한족

Ching, May-bo, 'Literary, Ethnic or Territorial? Definitions of Guangdong Culture in the Late Qing and Early Republic', in Tao Tao Liu and David Faure (eds), *Unity and Diversity: Local Cultures and Identities in China*, Hong Kong: Hong Kong University Press, 1996

—, 'Classifying Peoples: Ethnic Politics in Late Qing Native-place Textbooks and Gazetteers', in Tze-ki Hon and Robert Culp (eds), *The Politics of Historical Production in Late Qing and Republican China*,

Leiden: Brill, 2007

Chow, Kai-wing, 'Imagining Boundaries of Blood: Zhang Binglin and the Invention of the Han "Race" in Modern China', in Frank Dikötter (ed.), *The Construction of Racial Identities in China and Japan*, London: Hurst & Co., 1997

Crossley, Pamela Kyle, 'The Qianlong Retrospect on the Chinese-martial (hanjun) Banners', *Late Imperial China*, 10/1 (June 1989), pp. 63 – 107

Dikötter, Frank, *The Discourse of Race in Modern China*, Oxford: Oxford University Press, 2015

Elman, Benjamin A., 'Toward a History of Modern Science in Republican China', in Jing Tsu and Benjamin A. Elman (eds), *Science and Technology in Modern China*, 1880s – 1940s, Leiden: Brill, 2014

Huang, Jianli, 'Chinese Overseas and China's International Relations', in Zheng Yongnian (ed), *China and International Relations: The Chinese View and the Contribution of Wang Gungwu*, London: Routledge, 2010

Kamachi, Noriko, *Reform in China: Huang Tsun-hsien and the Japanese Model*, Cambridge, MA: Harvard University Press, 1981, pp. 3 – 29

Keevak, Michael, *Becoming Yellow: A Short History of Racial Thinking*, Princeton, NJ: Princeton University Press, 2011

Kynge, James, Lucy Hornby and Jamil Anderlini, 'Inside China's Secret "Magic Weapon" for Worldwide Influence', *Financial Times*, 26 October 2017, https://www.ft.com/content/ fb2b3934-b004-11e7-beba-5521c713abf4

Lamley, Harry J., 'Hsieh-Tou: The Pathology of Violence in Southeastern China', *Ch'ing-shih wen-t'I*, 3/7 (1977)

Leo, Jessieca, *Global Hakka: Hakka Identity in the Remaking*, Leiden: Brill, 2015

Mouat, Melissa, 'The Establishment of the Tongwen Guan and the Fragile

Sino-British Peace of the 1860s' in *Journal of World History*, Volume 26, Number 4, December 2015

Nagai, Michio, 'Herbert Spencer in Early Meiji Japan', *Far Eastern Quarterly*, 14/1 (1954)

Pong, David, *Shen Pao-chen and China's Modernization in the Nineteenth Century*, Cambridge: Cambridge University Press, 2009

Pusey, James Reeve, *China and Charles Darwin*, Cambridge, MA: Harvard University Press, 1983

Rhoads, Edward, *Manchus and Han: Ethnic Relations and Political Power in Late Qing and Early Republican China, 1861–1928*, Seattle: University of Washington Press, 2000

Schmidt, J. D., *Within the Human Realm: The Poetry of Huang Zunxian 1848–1905*, Cambridge: Cambridge University Press, 1994

Schneider, Laurence A., *Ku Chieh-kang and China's New History: Nationalism and the Quest for Alternative Traditions*, Berkeley: University of California Press, 1971

Schwartz, Benjamin I., *In Search of Wealth and Power: Yen Fu and the West*, Cambridge, MA: Harvard University Press, 1964

Spencer, Herbert, *The Principles of Biology*, London: Williams & Norgate, 1864 –7

—, *Social Statics*, New York: D. Appleton & Co., 1865

—, *The Study of Sociology*, London: Henry S. King & Co., 1873

Wang, Gungwu, *Community and Nation: Essays on Southeast Asia and the Chinese*, Singapore: Heinemann Educational Books (Asia), 1981

Yang, Shao-Yun, 'Becoming Zhongguo, Becoming Han: Tracing and Reconceptualizing Ethnicity in Ancient North China, 770 BC – AD 581', MA thesis, National University of Singapore, 2007

Bai, Limin, 'Reappraising Modernity after the Great War' (blog post), 17 September 2015, National Library of New Zealand

Barrett, Tim, 'Chinese History as a Constructed Continuity: The Work of Rao Zongyi', in Peter Lambert and Björn Weiler (eds), *How the Past was Used: Historical Cultures, c. 750–2000*, Oxford: Oxford University Press, 2017

Crossley, Pamela Kyle, 'Xi's China Is Steamrolling Its Own History', ForeignPolicy.com, 29 January 2019

Elleman, Bruce, *Wilson and China: A Revised History of the Shandong Question*, London; New York: ME Sharpe, 2002

Handwritten page from Dr Wyre Lewis's box at the National Library of Wales relating to Liang Ch'i-ch'ao's visit to T. R. at Golders Green in London

Hon, Tze-ki, 'Educating the Citizens', in Tze-ki Hon and Robert Culp (eds), *The Politics of Historical Production in Late Qing and Republican China*, Leiden: Brill, 2007

Jansen, Thomas, *Timothy Richard (1845–1919): Welsh Missionary, Educator and Reformer* in China, Swansea: Confucius Institute at the University of Wales – Trinity Saint David, 2014

Johnson, Eunice, *Timothy Richard's Vision: Education and Reform in China, 1880-1910*, Eugene, OR: Pickwick Publications, 2014

Karl, Rebecca E., 'Creating Asia: China in the World at the Beginning of the Twentieth Century', *American Historical Review*, 103/4 (1998)

—, *Staging the World: Chinese Nationalism at the Turn of the Twentieth Century*, Durham, NC; London: Duke University Press, 2002

Levenson, Joseph Richmond, *Liang Ch'i-ch'ao and the Mind of Modern China*, Cambridge, MA: Harvard University Press, 1953

Lü, Junhua, 'Beijing's Old and Dilapidated Housing Renewal', *Cities*, 12/2 (1997), pp. 59–69

Manela, Erez, *The Wilsonian Moment: Self-Determination and the International Origins of Anticolonial Nationalism*, Oxford: Oxford University Press, 2007

Mazur, Mary, 'Discontinuous Continuity: New History in 20th Century China', in Tze-ki Hon and Robert Culp (eds), *The Politics of Historical Production in Late Qing and Republican China*, Leiden: Brill, 2007

Office of Chinese Language Council International, *Common Knowledge About Chinese History*, Beijing: Higher Education Press, 2006

Okada, Hidehiro, 'China as a Successor State to the Mongol Empire', in Reuven Amitai-Preiss and David O. Morgan (eds), *The Mongol Empire and Its Legacy*, Leiden: Brill, 1999

Richard, Eleanor, 'A Foster Father of the League of Nations', *Peking and Tientsin Times*, March 1919

Society for the Diffusion of Christian and General Knowledge Among the Chinese, Eleventh Annual Report, Shanghai 1898

Schneider, Julia C., *Nation and Ethnicity: Chinese Discourses on History, Historiography, and Nationalism (1900s–1920s)*, Leiden: Brill, 2017

Spence, Jonathan D., *The Gate of Heavenly Peace: The Chinese and Their Revolution*, Harmondsworth: Penguin, 1982

Standen, Naomi (ed.), *Demystifying China: New Understandings of Chinese History*, Lanham, MD: Rowman & Littlefield, 2013

Tang, Xiaobing, *Global Space and the Nationalist Discourse of Modernity: The Historical Thinking of Liang Qichao*, Stanford, CA: Stanford University Press, 1996

Xu, Jilin, 'Tianxia-ism, the Distinction Between the Civilised and Uncivilised, and Their Variations in Modern China', in Gao Ruiquan and Wu Guanjun (eds), *Chinese History and Literature: New Ways to Examine China's Past*, Singapore: World Scientific Publishing, 2018

Zarrow, Peter, 'Old Myth into New History: The Building Blocks of Liang Qichao's "New History"', *Historiography East and West*, 1/2 (2003)

Zhang, Xiantao, *The Origins of the Modern Chinese Press: The Influence of the Protestant Missionary Press in Late Qing China*, London: Routledge, 2007

Zhang, Yuntao, 'Western Missionaries and Origins of the Modern Chinese Press', in Gary D. Rawnsley and Ming-yeh T. Rawnsley (eds), *Routledge Handbook of Chinese Media*, London: Routledge, 2018

Zhou, Ailian, and Zhongliang Hu, 'The Project of Organizing the Qing Archives', *Chinese Studies in History*, 43/2 (2009)

Zurndorfer, Harriet T., 'Wang Zhaoyang (1763–1851) and the Erasure of "Talented Women" by Liang Qichao', in Nanxiu Qian, Grace Fong and Richard Smith (eds), *Different Worlds of Discourse: Transformations of Gender and Genre in Late Qing and Early Republican China*, Leiden: Brill, 2008

제5장 단일한 중화 민족이라는 꿈과 균열

Anderson, Patrick, *The Lost Book of Sun Yatsen and Edwin Collins*, London: Routledge, 2017

Barnard College, 'Life and Legacy of Kang Tongbi', 1 April 2009, https://barnard.edu/headlines/life-and-legacy-kang-tongbi (accessed 2 March 2020)

Bergère, Marie-Claire (trans. Janet Lloyd), *Sun Yat-sen*, Stanford, CA: Stanford University Press, 1998

Cheng, Zhongping, 'Kang Youwei's Activities in Canada and the Reformist Movement Among the Global Chinese Diaspora, 1899–

1909', *Twentieth-Century China*, 39/1 (2014)

Chiang, Kai-shek, *China's Destiny*, Westport, CT: Greenwood Press, 1985

Chung, Chien-peng, 'Comparing China's Frontier Politics: How Much Difference Did a Century Make?', *Nationalities Papers*, 46/1 (2018)

Crossley, Pamela Kyle, *A Translucent Mirror: History and Identity in Qing Imperial History*, Oakland: University of California Press, 1999

Dikötter, Frank, *The Discourse of Race in Modern China*, Oxford: Oxford University Press, 2015

Edmonds, Richard Louis, 'The Legacy of Sun Yat-Sen's Railway Plans', *China Quarterly*, 421(1987)

Harrison, Henrietta, *The Making of the Republican Citizen: Political Ceremonies and Symbols in China 1911–1929*, Oxford: Oxford University Press, 2000

Jenner, W.J.F., 'Race and History in China', *New Left Review*, 1 September 2001

Kayloe, Tjio, *The Unfinished Revolution: Sun Yat-Sen and the Struggle for Modern China*, Singapore: Marshall Cavendish International (Asia), 2018

Lee, Lai To, and Hock Guan Lee (eds), *Sun Yat-Sen, Nanyang and the 1911 Revolution*, Singapore: Institute of Southeast Asian Studies, 2011

Leibold, James, 'Positioning "Minzu" Within Sun Yat-Sen's Discourse Of Minzuzhuyi', *Journal of Asian History*, 38/2 (2004)

—, *Reconfiguring Chinese Nationalism: How the Qing Frontier and its Indigenes Became Chinese*, Basingstoke: Palgrave Macmillan, 2007

—, 'A Family Divided: The CCP's Central Ethnic Work Conference', *ChinaBrief*, 14/21, Hoover Institution (7 November 2014)

—, 'Xinhai Remembered: From Han Racial Revolution to Great Revival of the Chinese Nation', *Asian Ethnicity*, 15/1 (2014)

—, 'Hu the Uniter: Hu Lianhe and the Radical Turn in China's Xinjiang Policy', *ChinaBrief*, 18/16 (10 October 2018)

—, '9 The Spectre of Insecurity: The CCP's Mass Internment Strategy in Xinjiang', *China Leadership Monitor*, Hoover Institution (1 March 2019)

Larson, Jane Leung, 'Kang Youwei: A Drifting Stranger from 20,000 Li Away', *Baohanghui Scholarship* (blog) 2 June 2013, https://baohuanghui.blogspot.com/2013/06/a-drifting-stranger-from-20000-li-away.html (accessed 2 March 2020)

Li, Xizhu, 'Provincial Officials in 1911/12', in Joseph W. Esherick and C. X. George Wei (eds), *China: How the Empire Fell*, London; New York: Routledge, 2013

Ma, Mingde, 'Tang Hualong in the 1911 Revolution', in Joseph W. Esherick and C. X. George Wei (eds), *China: How the Empire Fell*, London; New York: Routledge, 2013

Matten, Marc Andre, *Imagining a Postnational World: Hegemony and Space in Modern China*, Leiden: Brill, 2016

Mullaney, Thomas, *Coming to Terms with the Nation: Ethnic Classification in Modern China*, Berkeley, CA: University of California Press, 2011

Rhoads, Edward, *Manchus and Han: Ethnic Relations and Political Power in Late Qing and Early Republican China, 1861–1928*, Seattle: University of Washington Press, 2000

Schiffrin, Harold, *Sun Yat-sen and the Origins of the Chinese Revolution*, Berkeley, CA: University of California Press, 1968

Schneider, Julia C., *Nation and Ethnicity: Chinese Discourses on History, Historiography, and Nationalism (1900s–1920s)*, Leiden: Brill, 2017

Shimada, Kenji, *Pioneer of the Chinese Revolution: Zhang Binglin and Confucianism*, Stanford, CA: Stanford University Press, 1990

So, Wai Chor, 'National Identity, Nation and Race: Wang Jingwei's Early

Revolutionary Ideas, 1905 – 1911', *Journal of Modern Chinese History*, 4/1 (2010)

Spence, Jonathan D., *The Gate of Heavenly Peace: The Chinese and Their Revolution*, Harmondsworth: Penguin, 1982

Tang, Xiaobing, *Global Space and the Nationalist Discourse of Modernity: The Historical Thinking of Liang Qichao*, Stanford, CA: Stanford University Press, 1996

Tuttle, Gray, *Tibetan Buddhists in the Making of Modern China*, New York: Columbia University Press, 2007

Zou, Rong, *The Revolutionary Army: A Chinese Nationalist Tract of 1903*, Paris: Éditions de l'École des Hautes Études en Sciences Sociales, 1968

제6장 민족주의자들을 위한 하나의 국어

Chen, Stephen, 'Beyond the Yellow River: DNA Tells New Story of the Origins of Han Chinese', *South China Morning Post*, 23 May 2019

DeFrancis, John, *Nationalism and Language Reform in China*, Princeton, New Jersey: Princeton University Press, 1950

—, 'Language and Script Reform in China', in Joshua A. Fishman (ed.), *Advances in the Sociology of Language, vol. II: Selected Studies and Applications*, The Hague; Paris: Mouton, 1972

Gao, Xuesong, ' "Cantonese is Not a Dialect": Chinese Netizens' Defence of Cantonese as a Regional Lingua Franca', *Journal of Multilingual and Multicultural Development*, 33/5 (2012)

He, Huifeng, 'Why Has Cantonese Fallen Out of Favour with Guangzhou Youngsters?', *South China Morning Post*, 12 March 2018, https:// www.scmp.com/news/china/society/article/2136237/why-has-cantonese-fallen-out-favour-guangzhou-youngsters

Ji, Rona Y., 'Preserving Cantonese Television & Film in Guangdong: Language as Cultural Heritage in South China's Bidialectal Landscape', *Inquiries Journal*, 8/12 (2016)

Kaske, Elisabeth, *The Politics of Language in Chinese Education: 1895– 1919*, Leiden: Brill, 2008

Lau, Mimi, 'Guangdong TV News Channel Quietly Changing from Cantonese to Putonghua', *South China Morning Post*, 11 July 2014, https://www.scmp.com/news/china/article/1552398/ guangdong-tv-news-channel-quietly-changing-cantonese-putonghua

Li, Yanyan, *The Teaching of Shanghainese in Kindergartens*, PhD dissertation, Benerd School of Education, 2015

Liang, Sihua, *Language Attitudes and Identities in Multilingual China: A Linguistic Ethnography*, Cham: Springer, 2015

MacKinnon, Mark, 'Mandarin Pushing Out Cantonese', *Globe and Mail* (Toronto), 20 November 2009, https://www.theglobeandmail.com/news/world/mandarin-pushing-out- cantonese/article4293285

Mair, Victor H., 'What is a Chinese "Dialect/Topolect"?', *Sino-Platonic Papers*, 29 University of Pennsylvania (September 1991)

Mills, Harriet C., 'Language Reform in China: Some Recent Developments', *Far Eastern Quarterly*, 15/4 (August 1956)

Moser, David, *A Billion Voices: China's Search For a Common Language*, London: Penguin Books, 2016

Norman, Jerry, *Chinese*, Cambridge: Cambridge University Press, 1988

People's Daily, 26 October 1955, quoted in Longsheng Guo, 'The Relationship Between Putonghua and Chinese Dialects', in Minglang Zhou and Hongkai Sun (eds), *Language Policy in the People's Republic of China: Theory and Practice Since 1949*, Boston; London: Kluwer Academic Publishers, 2004

Peverelli, Peter, *The History of Modern Chinese Grammar Studies*, Berlin: Springer, 2015

Ramsey, S. Robert, *The Languages of China*, Princeton, NJ: Princeton University Press, 1987

Rea, Christopher, *The Age of Irreverence: A New History of Laughter in China*, Oakland, CA: University of California Press, 2015

Riva, Natalia, 'Putonghua and Language Harmony: China's Resources of Cultural Soft Power', *Critical Arts*, 31/6 (2017)

Shao, Qing, and Xuesong (Andy) Gao, 'Protecting Language or Promoting Dis-citizenship? A Poststructural Policy Analysis of the Shanghainese Heritage Project', *International Journal of Bilingual Education and Bilingualism*, 22/3 (2019)

Theobald, Ulrich, 'The qieyin fls 切音 Transcription Systems', *ChinaKnowledge.de* (blog), 5April 2011, http://www.chinaknowledge. de/Literature/Script/qieyin.html (accessed 2 March 2020)

Tsu, Jing, *Sound and Script in Chinese Diaspora*, Cambridge, MA: Harvard University Press, 2010

Xinhua, 'Proposal For News in Mandarin Angers Guangzhou Citizens', 9 July 2010, http://www.china.org.cn/china/2010-07/09/content_20463001.htm

—, 'China to Increase Mandarin Speaking Rate to 80%', 3 April 2017, http://english.gov.cn/ state_council/ministries/2017/04/03/content_281475615766970.htm

Xu, Dan, and Hui Li, 'Introduction', in Dan Xu and Hui Li (eds), *Languages and Genes in Northwestern China and Adjacent Regions*, Singapore: Springer, 2017

Yang, Yixue, 'Language Reform and Nation Building in Twentieth-Century China', *Sino-Platonic Papers*, 264, University of Pennsylvania,

December 2016

Yu, Verna, and *SCMP* Reporter, 'Hundreds Defy Orders Not to Rally in Defence of Cantonese', *South China Morning Post*, 2 August 2010, https://www.scmp.com/article/721128/ hundreds-defy-orders-not-rally-defence-cantonese

Yujiro, Murata, 'The Late Qing "National Language" Issue and Monolingual Systems: Focusing on Political Diplomacy', *Chinese Studies in History*, 49/3 (2016), pp. 108−25

Zhou, Minglang, and Hongkai Sun (eds), *Language Policy in the People's Republic of China: Theory and Practice Since 1949*, Boston; London: Kluwer Academic Publishers, 2004

제7장 왜 청 조정과 혁명가들은 대만을 무시했는가?

Bergère, Marie-Claire (trans. Janet Lloyd), *Sun Yat-sen*, Stanford, CA: Stanford University Press, 1998

Callahan, William A., 'The Cartography of National Humiliation and the Emergence of China's Geobody', *Public Culture*, 21/1 (2009)

Chang, Chi-Yun, 'Geographic Research in China', *Annals of the Association of American Geographers*, 34/1 (March 1944)

—, 'Climate and Man in China', *Annals of the Association of American Geographer*, 36/1 (1946), pp. 44−73

Chang, Ch'i-yün, 'The Natural Resources of China', No. 1. Sino-international Economic Research Center, 1945

Chang, Simon L., 'A "Realist" Hypocrisy? Scripting Sovereignty in Sino-Tibetan Relations and the Changing Posture of Britain and the United States', *Asian Ethnicity*, 26 (2011)

Cheek, Timothy, *The Intellectual in Modern Chinese History*, Cambridge: Cambridge University Press, 2015

Chen, Laurie 'Chinese City Shreds 29000 Maps Showing Taiwan as a Country', *South China Morning Post*, 25 March 2019, https://www.scmp.com/news/china/society/article/3003121/ about-29000-problematic-world-maps-showing-taiwan-country

Chen, Zhihong, 'Stretching the Skin of the Nation: Chinese intellectuals, the state and the frontiers in the Nanjing Decade (1927–1937)', PhD dissertation, University of Oregon, September 2008

—, ' "Climate's Moral Economy": Geography, Race, and the Han in Early Republican China', in Thomas S. Mullaney et al. (eds), *Critical Han Studies: The History, Representation, and Identity of China's Majority*, Berkeley, CA: University of California Press, 2012

—, 'The Frontier Crisis and the Construction of Modern Chinese Geography in Republican China (1911–1949)', *Asian Geographer*, 33/2 (2016)

Chor, So Wai, 'National Identity, Nation and Race: Wang Jingwei's Early Revolutionary Ideas, 1905–1911', *Journal of Modern Chinese History*, 4/1 (2010)

Culp, Robert, *Articulating Citizenship: Civic Education and Student Politics in Southeastern China*, 1912–1940, Cambridge, MA: Harvard University Press, 2007

Dai, Yingcong, *The Sichuan Frontier and Tibet: Imperial Strategy in the Early Qing*, Seattle: University of Washington Press, 2011

Gap Inc., Gap Inc. Company-Operated Store Count by Country 2017, https://web.archive. org/web/20180913040043/http://www.gapinc.com/content/dam/gapincsite/documents/ Gap%20Inc.%20Company%20Owned%20Store%20Count%20by%20Country.pdf (Accessed 2 March 2020)

—, Gap Inc. Factory List April 2019, https://web.archive.org/

web/20190425140918/https:// www.gapincsustainability.com/sites/ default/files/Gap%20Inc%20Factory%20List.pdf (Accessed 2 March 2020)

Ge, Zhaoguang, *What is China? Territory, Ethnicity, Culture and History*, Cambridge, MA: Belknap Press, 2018

Goldstein, Melvyn C., *A History of Modern Tibet*, Berkeley: University of California Press, 2007

Grajdanzev, A. J., 'Formosa (Taiwan) Under Japanese Rule', *Pacific Affairs*, 15/3 (September 1942)

Han, Zhang, 'China Strengthens Map Printing Rules, Forbidding Publications Printed For Overseas Clients From Being Circulated in the Country', *Global Times*, 17 February 2019

He, Fangyu, 'From Scholar to Bureaucrat: The Political Choice of the Historical Geographer Zhang Qiyun', *Journal of Modern Chinese History*, 10/1 (2016)

Ho, Dahpon D., 'Night Thoughts of a Hungry Ghostwriter: Chen Bulei and the Life of Service in Republican China', *Modern Chinese Literature and Culture*, 19/1 (2007)

Hostetler, Laura, *Qing Colonial Enterprise: Ethnography and Cartography in Early Modern China*, Chicago: University of Chicago Press, 2001

Hsiao, Frank S. T., and Lawrence R. Sullivan, 'The Chinese Communist Party and the Status of Taiwan, 1928–1943', *Pacific Affairs*, 52/3 (1979)

Hsieh, Chiao-Min, and Jean Kan Hsieh, *Race the Rising Sun: A Chinese University's Exodus During the Second World War*, Lanham, MD: University Press of America, 2009

Hunt, Michael H., 'The American Remission of the Boxer Indemnity: A Reappraisal', *Journal of Asian Studies*, 31/3 (May 1972)

Jacobs, J. Bruce, 'Taiwanese and the Chinese Nationalists, 1937–1945: The Origins of Taiwan's "Half-Mountain People" (Banshan ren)',

Modern China, 16/84 (1990)

Johnson, Nelson Trusler, Letter from the Ambassador in China to the Secretary of State, 26 April 1938, *Foreign Relations of the United States Diplomatic Papers, 1938, The Far East, volume III, document 154*, https://history.state.gov/historicaldocuments/frus1938v03/d15414232

Lamley, Harry J., 'The 1895 Taiwan Republic: A Significant Episode in Modern Chinese History', *Journal of Asian Studies*, 27/4 (1968)

Lan, Shi-Chi Mike, 'The Ambivalence of National Imagination: Defining "The Taiwanese" in China, 1931 – 1941', *China Journal*, 64 (2010)

Lary, Diana, 'A Zone of Nebulous Menace: The Guangxi/Indochina Border in the Republican Period', in Diana Lary (ed.), *The Chinese State at the Borders*, Vancouver: University of British Columbia Press, 2007

Lattimore, Owen, *Studies in Frontier History: Collected Papers, 1928–1958*, London: Oxford University Press, 1962

Lee, Chiu-chun, 'Liberalism and Nationalism at a Crossroads: The Guomindang's Educational Policies 1927 – 1930', in Tze-ki Hon and Robert Culp (eds), *The Politics of Historical Production in Late Qing and Early Republican China*, Leiden: Brill 2007, p. 303

Lee, Hsiang-po, 'Rural-Mass Education Movement In China, 1923 – 1937', PhD thesis, University of Ohio, 1970, pp. 60 – 61

Leibold, James, *Reconfiguring Chinese Nationalism: How the Qing Frontier and its Indigenes Became Chinese*, Basingstoke: Palgrave Macmillan, 2008

Li, Jinming, and Li Dexia, 'The Dotted Line on the Chinese Map of the South China Sea: A Note', *Ocean Development & International Law*, 34 (2003)

Li, Xiaoqian, 'Predicament and Responses: Discussions of History Education in Early Modern China', *Chinese Studies in History*, 50/2

(2017)

Liu, Xiaoyuan, *Partnership for Disorder: China, the United States, and their Policies for the Postwar Disposition of the Japanese Empire, 1941–1945*, Cambridge: Cambridge University Press, 1996

LSE Undergraduate and Postgraduate Students Headcount: 2013/14 – 2017/18, https://info.lse. ac.uk/staff/divisions/Planning-Division/ Assets/Documents/Student-Statistics-2018.pdf

'MAC Apologizes for Omitting Taiwan on Map of China in Promotional Email', *Global Times*, 10 March 2019, http://www.globaltimes.cn/ content/1141581.shtml

Matten, Marc Andre, *Imagining a Postnational World: Hegemony and Space in Modern China*, Leiden: Brill, 2016

Millward, James A., 'New Perspectives on the Qing Frontier', in Gail Hershatter, *Remapping China: Fissures in Historical Terrain*, Stanford, CA: Stanford University Press, 1996, pp. 114 – 15

Morris, Andrew, 'The Taiwan Republic of 1895 and the Failure of the Qing Modernizing Project', in Stéphane Corcuff and Robert Edmondson (eds), *Memories of the Future: National Identity Issues and the Search for a New Taiwan*, Armonk, NY: M.E. Sharp, 2002

Ning, Chia, 'Lifanyuan and Libu in the Qing Tribute System', in Dittmar Schorkowitz and Ning Chia (eds), *Managing Frontiers in Qing China: The Lifanyuan and Libu Revisited*, Boston: Brill, 2016

Paine, S.C.M., *Imperial Rivals: China, Russia, and Their Disputed Frontier*, Armonk, NY: M.E. Sharpe, 1996

Phillips, Steve, 'Confronting Colonization and National Identity: The Nationalists and Taiwan, 1941 – 45', *Journal of Colonialism and Colonial History*, 2/3 (2001)

Pojuner, Isabella, 'China-Taiwan Tension Feeds LSE Globe Furore',

BeaverOnline, 6 April 2019, https://beaveronline.co.uk/china-taiwan-tension-feeds-lse-globe-furore

Republic of China, 'The Provisional Constitution of the Republic of China', *American Journal of International Law*, 6/3, Supplement: Official Documents (July 1912), pp. 149–54

Shenbao, *Zhonghua minguo xinditu* (New Maps of the Chinese Republic), Shanghai: Shenbao, 1934

Shepherd, Christian, 'China Revises Mapping Law to Bolster Territorial Claims', Reuters, 27 April 2017

Trager, Frank, 'Burma and China', *Journal of Southeast Asian History*, 5/1 (1964)

Tsang, Steve, 'From Japanese Colony to Sacred Chinese Territory: Putting the Geostrategic Significance of Taiwan to China in Historical Context', unpublished paper, 2019

Tung, William L., *The Political Institutions of Modern China*, The Hague: M. Nijhoff, 1964

Wachman, Alan M., *Why Taiwan? Geostrategic Rationales for China's Territorial Integrity*, Stanford, CA: Stanford University Press, 2007

Yu, Jingdong, 'The Concept of "Territory" in Modern China: 1689–1910', *Cultura: International Journal of Philosophy of Culture and Axiology*, 15/2 (2018)

Zarrow, Peter, *Educating China: Knowledge, Society and Textbooks in a Modernising World, 1902–1937*, Cambridge: Cambridge University Press, 2015

제8장 중국이 남중국해를 가지게 된 이유

Bureau of Navigation, Navy Department, 'A List of the Reported Dangers to Navigation in the Pacific Ocean, Whose Positions are Doubtful, Or

Not Found on the Charts in General Use', Washington: Government Printing Office, 1866, p. 71

Chan, Mary Man-yue, *Chinese Revolutionaries in Hong Kong, 1895–1911*, MA thesis, University of Hong Kong, 1963

Chemillier-Gendreau, Monique, *Sovereignty over the Paracel and Spratly Islands*, The Hague; Boston: Kluwer Law International, 2000

Collingwood, Cuthbert, *Rambles of a Naturalist on the Shores and Waters of the China Sea: Being Observations in Natural History During a Voyage to China, Formosa, Borneo, Singapore, etc in Her Majesty's Vessels in 1866 and 1867*, London: John Murray, 1868

Hayton, Bill, 'The Modern Origins of China's South China Sea Claims: Maps, Misunderstandings, and the Maritime Geobody', *Modern China*, 45/2, March 2019, pp. 127–70, doi:10.1177/ 0097700418771678

Hon, Tze-ki, 'Coming to Terms With Global Competition: The Rise of Historical Geography in Early Twentieth-century China', in Robert Culp, Eddy U, Wen-hsin Yeh (eds), *Knowledge Acts in Modern China: Ideas, Institutions, and Identities*, Berkeley, CA: Institute of East Asian Studies, University of California, 2016

Horsburgh, James, *India Directory*, vol. 2, London: William H. Allen & Company, 1852

Krebs, Edward S., Shifu: Soul of Chinese Anarchism, London: Rowman & Littlefield, 1998 'Li Chun Recovering Rapidly', *Hong Kong Telegraph*, 13 September 1911, p. 4

Republic of China Ministry of Foreign Affairs, 外交部南海諸島檔案彙編 (Compilation of archives of the South China Sea islands of the Ministry of Foreign Affairs), Taipei, 1995, p. 28

Rhoads, Edward J. M., *China's Republican Revolution: The Case of Kwangtung, 1895–1913*, Cambridge, MA: Harvard University Press,

1975

Sasges, Gerard, 'Absent Maps, Marine Science, and the Reimagination of the South China Sea, 1922 – 1939', *Journal of Asian Studies* (January 2016)

Tai, Tsung-Han, and Chi-Ting Tsai, 'The Legal Status of the U-shaped Line Revisited from the Perspective of Inter-temporal Law', in Szu-shen Ho and Kuan-Hsiung Wang (eds), *A Bridge Over Troubled Waters: Prospects for Peace in the South and East China Seas*, Taipei: Prospect Foundation, 2014

Wong, Sin-Kiong, 'The Tatsu Maru Incident and the Anti-Japanese Boycott of 1908: A Study of Conflicting Interpretations', *Chinese Culture*, 34/3 (1993)

Woodhead, H.G.W., and H. T. Montague, *The China Year Book*, London: G. Routledge & Sons, 1914

Wu, Feng-ming, 'On the New Geographic Perspectives and Sentiment of High Moral Character of Geographer Bai Meichu in Modern China', *Geographical Research* (China), 30/11, 2011.

중국이 말하지 않는 중국

현대 중국 탄생에 숨겨진 빛과 그림자

초판 1쇄 인쇄 2023년 8월 28일
초판 1쇄 발행 2023년 9월 4일

지은이 빌 헤이턴
옮긴이 조율리
펴낸이 김선식

경영총괄이사 김은영
콘텐츠사업본부장 임보윤
책임편집 김상영 **책임마케터** 권오권
콘텐츠개발8팀장 임보윤 **콘텐츠개발8팀** 김상영, 강대건, 김민경
편집관리팀 조세현, 백설희 **저작권팀** 한승빈, 이슬, 윤제희
마케팅본부장 권장규 **마케팅3팀** 권오권, 배한진
미디어홍보본부장 정명찬 **영상디자인파트** 송현석, 박장미, 김은지, 이소영
브랜드관리팀 안지혜, 오수미, 문윤정, 이예주
지식교양팀 이수인, 염아라, 김혜원, 석찬미, 백지은
크리에이티브팀 임유나, 박지수, 변승주, 김화정, 장세진
뉴미디어팀 김민정, 이지은, 홍수경, 서가을
재무관리팀 하미선, 윤이경, 김재경, 이보람
인사총무팀 강미숙, 김혜진, 지석배, 박예찬, 황종원
제작관리팀 이소현, 최완규, 이지우, 김소영, 김진경, 양지환
물류관리팀 김형기, 김선진, 한유현, 전태환, 전태연, 양문현, 최창우

펴낸곳 다산북스 **출판등록** 2005년 12월 23일 제313-2005-00277호
주소 경기도 파주시 회동길 490 다산북스 파주사옥
전화 02-702-1724 **팩스** 02-703-2219 **이메일** dasanbooks@dasanbooks.com
홈페이지 www.dasan.group **블로그** blog.naver.com/dasan_books
종이 아이피피 **인쇄** 한영문화사 **코팅 및 후가공** 제이오엘엔피 **제본** 한영문화사

ISBN 979-11-306-4554-4(03910)

다산북스(DASANBOOKS)는 독자 여러분의 책에 관한 아이디어와 원고 투고를 기쁜 마음으로 기다리고 있습니다.
책 출간을 원하는 아이디어가 있으신 분은 다산북스 홈페이지 '투고원고'란으로 간단한 개요와 취지, 연락처 등을 보내주세요.
머뭇거리지 말고 문을 두드리세요.